本书是国家社会科学青年基金项目"大众媒介对西北地区农村留守儿童社会性发展的影响研究"（项目编号：11CXW029）结项成果

大众媒介

对西北地区农村留守儿童

社会性发展的影响研究

● ● ● ● 杨 靖◎著

中国社会科学出版社

图书在版编目（CIP）数据

大众媒介对西北地区农村留守儿童社会性发展的影响研究 / 杨靖著 . —北京：
中国社会科学出版社，2017.6
ISBN 978 – 7 – 5203 – 0201 – 2

Ⅰ.①大… Ⅱ.①杨… Ⅲ.①大众传播 – 传播媒介 – 影响 – 农村 – 儿童 – 社会
问题 – 研究 – 西北地区 Ⅳ.①D669.5

中国版本图书馆 CIP 数据核字（2017）第 086608 号

出 版 人　赵剑英
责任编辑　曲弘梅
责任校对　刘　娟
责任印制　戴　宽

出　　版　中国社会科学出版社
社　　址　北京鼓楼西大街甲 158 号
邮　　编　100720
网　　址　http：//www. csspw. cn
发 行 部　010 – 84083685
门 市 部　010 – 84029450
经　　销　新华书店及其他书店

印刷装订　北京君升印刷有限公司
版　　次　2017 年 6 月第 1 版
印　　次　2017 年 6 月第 1 次印刷

开　　本　710 × 1000　1/16
印　　张　24.75
插　　页　2
字　　数　408 千字
定　　价　98.00 元

序 一

杨靖是我的学生。记得她第一次找我谈毕业论文选题大约是在博士入学一个月后，她拿着论文题目的设想和大纲打印稿，选题的关键词大致是关于大众媒介和儿童，但并没有明确的研究思路和切入点。就着她的打印稿我们讨论了两个小时。第二次、第三次都是如此，她手拿越来越厚的文本，我们边看边讨论。这样的讨论模式一直持续到她完成毕业论文。在初步确定研究对象为留守儿童后，她利用第一个寒假，去陕西农村进行了试调查，看了试调查的结果，我们最终确定了论文选题方向，研究"大众媒介对留守儿童的影响"。

对于留守儿童，相关的研究并不少见，但实证的调研和跨学科的研究的确不多，以此来看这样的选题相对冷门。无论热门冷门，对博士论文选题来说均属正常，热门往往结合社会和市场需求，研究成果更具实效，容易引发关注；冷门的价值则在于由稀缺而提升为珍贵的机会。当然，这都是以认真做研究为前提，敷衍而为不在此列。难能可贵的是她在毕业从教后将冷门选题一直做下去。回想杨靖在学习期间坚韧、笃定的行事风格，她有这种选择倒很自然。可以说这本书是她坚守与成长的见证。

这本专著是前后两次大规模调研的研究成果，历时四年。无论是以读者还是专业研究人员的视角来看，其中的某些现象描述和结论呈现都有一定的冲击力和相当的启发性。譬如，当我读到有些电视媒体的不健康内容对留守儿童造成的负面影响，在震惊之时引发的是关于媒体失范和媒介监督管理的思考。以读者的身份来看，这本专著呈现的事实足够鲜活，信息足够丰富，结论和建议发人深省。而作为专业研究人员，对于研究结论，还要从方法论层面审视其形成过程，从学理层面解释其成因，从社会现实出发探究其意义和价值。在这些方面，正如作者自己所言"真的尽力了"。

期待这本专著作为杨靖重要的学术成果的同时，成为后续研究的基石，成就更丰厚的研究成果！

黄京华

2017 年 3 月于中国传媒大学广告学院

序 二

拿到杨靖副教授的书稿《大众媒介对西北地区农村留守儿童社会性发展的影响研究》，我的脑中蹦出两个看似与书稿具体内容关联性并不十分紧密的词汇："责任意识"、"科学精神"！但我觉得正是这两个词汇，能够呈现出这部书稿及其作者的境界。

认识杨靖副教授正是从其所承担的此项国家课题开始的，应杨靖副教授所在的单位长安大学之邀听取她的开题报告。那时候站在我面前的是一个细声细气戴着眼镜的瘦弱女子，报告的研究课题与她的形象形成很大的反差——说实话，这样的研究课题既需要良好的理论素养、严谨的科学态度，更需要坚韧的吃苦精神，而隐藏在这背后的则是强烈的社会责任感。

社会转型期，整个中国社会经历着巨大的变革。改革开放的大背景下，当代中国出现的一个前所未有的社会景观，就是人的流动——一种世所罕有的巨量的人或曰劳动力的流动。在这巨量的"劳动力流"中，有一批衣着沾着泥土的农民工，他们中许多人把孩子留在家中，自己穿行在城市的大街小巷、工厂工地。由此在广大农村形成了一个庞大的被称为"留守儿童"的特殊群体。

这个群体的孩子们有父母，但父母远离他们，因此在他们完成其社会化的过程中就欠缺了父母的影响。也许这一点将成为这个群体的生命空间的一个重要特征，成为他们永远无法消除的灵魂印记！

与此同时，现代社会，人的社会化进程中的另一重要因素——传媒，包括大众传媒以及迅速崛起影响日趋强大的网络新媒体，对于留守儿童这样一个群体的影响又必然地表现出不同于其他孩子的特点。这种影响究竟如何？有无负面影响？如果有，社会又可以采取什么样的应对措施？这就是杨靖这一项目所要研究的问题，她选择了社会状况颇为复杂的西北地区农村留守儿童的社会性发展受到大众媒介影响的问题展开研究。

透过这个项目，我们似乎能够感受到这位外表柔弱的女学者深沉凝视的目光。

众所周知，西北地区社会状况的复杂程度在全国是比较突出的，这种复杂性涉及社会生活的许多方面，尤其是民族文化、生活方式方面。因此要完成这样一个课题显然需要下非常大的功夫。

从这项研究的完成情况看，杨靖和她的团队实地调查的足迹包括了陕、甘、宁、青、新五省区的二十余个县区市。在此基础上获得了大量宝贵的一手资料，这使其研究结论有了很具说服力的的依据。

尤其有价值的是课题组对多位留守儿童及其外出务工父母、留守妈妈、留守儿童的爷爷奶奶、非留守儿童及其父母、农村小学教师进行的深度访谈，取得的材料生动、具体，具有多维度研究的材料性意义。从这些访谈材料，我们似乎看到一个个活生生的人就在我们面前。以这些材料为基础，研究者得出的结论非常发人深省。特别是涉及大众媒介在未成年人社会化进程中造成的种种负面影响方面的访谈，发人深思，令人震撼！这也使得研究者的工作更具实践性价值。

的确，对于这样一个群体而言，在其社会化进程中，父母的长期缺位，必然意味着家庭影响的弱化——首当其冲的当然是父母影响的弱化。这就使得这个群体在社会化进程中受到的包括大众传播在内的其他因素的影响更大，使得这些因素所产生的具体影响也因为家庭因素的特殊性而呈现出自身的特点——自然包括负面影响——这似乎也是研究者更为关注的内容。

这项研究的重要价值就在这里。研究者通过艰苦的搜集资料和分析研究工作，向我们冷静、客观地揭示了一幅活生生的有关西北地区"留守儿童"大众媒介接触状况及相关影响状况的图景。

无疑的，这是一项专业性很强的研究工作，一项关涉面非常广的研究工作，一项工作量非常大的研究工作，一项需要谨慎对待研究活动中的每一个环节的工作，一项需要脚踏实地和深入洞察的研究工作，一项颇具开创性意义的研究工作。

因此，这是一项既需要强烈的责任激情，也需要认真的科学探求的工作。

　　本书展示给我们的，是一份分量感十足的答卷。

　　相信当你读罢此书，你一定会掩卷沉思，唏嘘不已。既因为它的学术启示，也因为它的实践伦理。

杨立川

2017 年 6 月 8 日于西北大学

目　录

绪　　论

一　选题研究的意义

20世纪90年代初以来，中国出现了人类历史上规模最大的人口流动潮。

1984年以前，经历过50年代中期短暂的城乡人口流动就业管理制度宽松期后，接着就是近30年的严格控制期。1984年中共中央发布了1号文件，国家准许农民自筹资金、自理口粮，进入城镇务工经商。作为农村劳动力流动政策变动的一个标志，表明在我国实行了近30年的限制城乡人口流动的就业管理制度开始松动。[①]

当代中国人口流动之所以呈现规模化，且这种规模逐年扩大，是与我国经济发展过程中的各种制度和体制的变化密切相关的。改革开放以前，由于存在严格的户籍制度，人口流动一度被限制，大量农村劳动力不得不留在土地上；改革开放后，由于工业化、城市发展的需要，相关的户籍制度政策开始放松，城乡之间经济差异逐渐拉大，便形成人口流动的"推拉"力量，农村人口快速流入城市，即所谓"蓄之愈久，其发必速"[②]。改革开放以来，我国一个很明显的结构变化因素便是区域经济自主性的日益增强与区域经济独特性的日渐凸显，即区域在经济决策、制度供给、组织培育、财政收支、剩余占有与分配、要素报酬、资源配置等制度变迁与制度安排方面有了相当的、显著的独立支配权。[③]

---

① 蔡昉：《中国人口流动方式与途径》，社会科学文献出版社2001年版，第44页。

② 李强：《农民工与中国社会分层》，社会科学文献出版社2004年版，第309页。

③ 把多勋、平惠敏：《制度变迁与东西部农村发展比较研究》，甘肃人民出版社2002年版，第6页。

这种区域经济自主性与独立支配性的增强也使东西部的经济差距相较改革开放以前快速加剧，农村大量劳动力由中、西部地区流向东部地区成为一个渐趋明显的趋势。

自 20 世纪 90 年代形成民工潮之后，2003 年以后农民工总规模加快增长，外出 6 个月及以上的农民工从 1.14 亿增加到 2009 年的 1.45 亿，其中 96% 在城镇就业和居住。这些在城镇就业与居住的迁移劳动力及家属，并没有获得城镇户口，因此也没有均等地享受城市社会福利或公共服务。[①] 2012 年中国农民工就业规模持续扩大，农民工总量达 2.63 亿人，其中长期外出务工农民工 1.63 亿人。[②]

研究者通过西北五省区的调研发现，当下农村劳动力的转移，已不能简单归为"剩余劳动力"的转移，而是青壮年优质劳动力，特别是男性青壮年优质劳动力成批次、接力性地转移。原本该由青壮年男性作为主力军承担的繁重的农田翻耕、水稻插秧、小麦收割等劳作，现在则由老人和妇女承担，农忙时节，甚至不乏儿童的身影。长满杂草、无人耕种的撂荒良田也并不鲜见。向城市转移的西北地区农村劳动力人群正值体力、脑力最好时期，在村子里也属于文化水平较高的群体，他们的大规模外出务工，使西北地区广漠的乡村，就像一片树林，成年强壮林木都被抽走，剩下的多为老树与幼苗。

（一）问题的提出

城乡分割的二元结构使农民工难以实现家庭的完整转移。城市生活成本高，子女就地入学难，绝大部分农民工无法携子女在城市共同生活，只能把子女留在老家，从而产生了一个新的群体——"留守儿童"，留守儿童问题是中国社会转型期产生的一个独特的社会问题。

全国妇联儿童工作部根据 2005 年全国 1% 人口抽样调查数据，确认0—17 周岁留守儿童在全体儿童中所占比例为 21.72%，据此推断，全国农村留守儿童约 5861 万人。在全部农村儿童中，留守儿童的比例达28.29%，即每 4 个农村儿童中就有 1 个多留守儿童。[③] 参照全国妇联课题

---

① 蔡昉：《户籍制度改革与城乡社会福利制度统筹》，《经济学动态》2010 年第 12 期。

② 潘璐、叶敬忠：《"大发展的孩子们"：农村留守儿童的教育与成长困境》，《北京大学教育评论》2014 年第 7 期。

③ 全国妇联儿童工作部：《农村留守流动儿童状况调查报告》，社会科学文献出版社 2011年版，第 7 页。

组的结论可以推断：2005 年，西部地区农村留守儿童已达 1500 万人以上，14 周岁以下的留守儿童不少于 1300 万人。[①] 陕西省约有农村留守儿童 130 多万，在西北 5 省居于首位。2007 年 6 月，陕西省宋庆龄基金会、陕西省妇女联合会先后到关中、陕北、陕南不同地域、不同类型县（区）的农村中、小学，对农村留守儿童问题作了调查研究。12 个县（区）、32 所农村初中、小学，21106 名初中、小学生中，父母出外打工的留守儿童达 13226 名，占农村初中、小学生的 62.66%。大约三名农村初中、小学学生中就有两名留守儿童。[②] 长期致力于留守儿童研究的人口学家段成荣、吕利丹利用 2010 年第六次全国人口普查数据估算，全国农村留守儿童为 6102.55 万。相较 2005 年的 5861 万，5 年间，全国农村留守儿童增加了 242 万。[③] 这也表明留守儿童群体的出现不是短期现象，而是具有常态化与持久性。

　　中国现有的 6000 多万留守儿童群体的整体生存、成长与未来发展状况，相信会对今后中国几十年的社会、经济发展走向，产生直接与深远的影响。留守儿童问题不仅关系到留守儿童自身的健康成长，农民工切身利益保障和农村的繁荣发展，而且关系到我国未来人口整体素质与和谐社会目标的实现。随着我国城市化进程步伐不断加快，农村剩余劳动力转移还将继续，留守儿童将源源不断地产生，农村 80 后作为第一代留守儿童，成年以后，大部分又进入城市谋生，结婚生育子女后，他们的孩子依然在农村留守。这种代继相传的留守儿童问题将在今后一个很长的时期内可能都会存在。留守儿童的问题如果处理不好，不仅会给留守儿童本人的成长及家庭带来深远的负面影响，甚至会影响到几代人的生存与发展，进而影响到整个社会的稳定、有序与健康发展。国务院颁布的《国家中长期教育改革和发展规划纲要（2010—2020 年）》与《国家贫困地区儿童发展规划（2014—2020 年）》中明确提出：建立健全政府主导、社会参与的农村留守儿童关

　　① 任运昌：《空巢乡村的守望》，中国社会科学出版社 2009 年版，第 3 页。
　　② 陕西省妇女联合会：2008 年 9 月，（http://www.sxwomen.org.cn/zxjt/show.asp?id=1638）。
　　③ 段成荣、吕利丹：《我国农村留守儿童生存和发展基本状况——基于第六次人口普查数据的分析》，《人口学刊》2013 年第 3 期。

爱服务体系和动态监测机制。①政府把解决农业、农村和农民的"三农"问题作为举国工作的重中之重，而留守儿童问题又是"三农"问题的重要组成部分。

（二）研究的意义

媒介融合时代的到来，使传统媒体与新媒体无时无刻不在传播着良莠不齐的海量信息。家庭是推动儿童社会性发展的最重要的力量与场所，留守儿童从幼年到少年，这段人生最重要的成长期，父母双方或一方长期缺位。留守妈妈，尤其是留守儿童隔代监护人补位不足，重视身体养育，轻视精神抚育。农村社会生活变迁也使昔日亲厚的村民关系转淡，乡土文化渐趋衰落无力，同村伙伴互相串门、共同外出玩耍的频率降低。传统的电视、报刊、广播，特别是农村日渐兴起的网络，对留守儿童的影响日益深入，大众媒体充当了留守儿童的思想与情感抚育者，成为留守儿童精神领域的"代理父母"。在留守儿童的社会性发展进程中，大众媒介促使留守儿童能够获取丰富的信息资源，发展其对赖以成长的世界的认知能力，并形成自己的意见和见解。在社会生活中，由于留守儿童有了获取适合自己发展的信息资源的机会和能力，留守儿童就有可能比以往获得更平等、更多样的发展机会，使其社会性发展更为充分。但是留守儿童父母的长期缺位使得留守儿童在媒体接触时缺乏必要地陪伴与指导，从而难以正确对待和有效使用媒体。缺乏亲子沟通的他们把大量的时间交给电视，留守男童沉迷于网吧的现象日益突出。无论是传统媒介，还是新媒体中，反映农村儿童日常生活的内容都较少，留守儿童所接触的媒介内容与其所生存的环境反差很大，造成了较大的内心冲击。西北农村地区，安置各种型号的卫星接收器的现象较为常见，大众媒介所传达的暴力、恐怖、两性床上场面、堕胎流产、攀比炫富、奢靡生活等信息，加之新媒介环境下，网络暴力游戏、网络（手机）色情视频、手机色情短信，流动摊贩售卖的含有暴力与色情内容的动漫书籍等，都影响到留守儿童的身心健康成长。

对于经济欠发达的广大西北农村地区，要有效地利用大众媒介促进留守儿童在成长过程中积极适应社会需要与社会变革，实现有益于社会与自

---

① 国家中长期教育改革和发展规划纲要工作小组办公室：《国家中长期教育改革和发展规划纲要（2010—2020 年）》，2010 年 7 月，教育部门户网站（http：//www. moe. edu. cn/srcsite/A01/s7048/201007/t20100729_ 171904. html）。

身的人生理想，就需要着力探寻大众媒介究竟在哪些方面影响着留守儿童的社会性发展，在什么方面阻碍着留守儿童社会性发展的顺利进行，如何提升大众媒介对留守儿童社会性发展的正面影响。

二　研究框架及主要内容

研究首先就儿童社会性发展与留守儿童研究这两方面既有成果进行了梳理。

家庭、大众媒介、学校、伙伴群体是影响儿童社会性发展的最重要的四种力量，就学校与伙伴群体而言，对留守儿童与非留守儿童的影响并没有什么不同。因此本研究从留守儿童的家庭层面入手，因为父母双方或一方的长期缺位，使家庭在留守儿童社会性发展进程中所起的作用弱化。留守儿童对外出务工父母怀有强烈的依恋渴望，同时又保持着情感上的疏离。留守妈妈的专制型养育方式与祖辈监护人的纵容型、忽视型养育方式对留守男童与留守女童的社会性发展产生了各自不同的不利影响。与此同时，留守儿童和大众媒介密切接触的时间，甚至远远超过和父母、祖辈亲密接触的时间。学校及教师的权威与威信在媒介所提供的多样化信息面前趋于下降。大众媒介在留守儿童社会性发展进程中所起的作用快速提升，留守妈妈、祖辈监护人与留守儿童主动沟通的意识薄弱，双向沟通渠道不畅通，促使留守儿童倾向于把学习上、同伴相处中和家庭里感受到的压力，通过长时间收看电视进行缓解与放松，电视成为留守儿童重度依赖的"精神抚育者"。留守儿童进入青春期后，与留守妈妈，尤其是隔代监护人的交流越来越少，产生了难以排解的自我认同困惑，网络为留守儿童提供了一个可以不断探索和尝试自我认同的渠道，一个构想新的生活方式的平台。网络成为留守儿童，特别是留守男童缓解自我认同冲突的减压阀。

大众媒介对留守儿童社会认知的影响集中于四个方面：（1）动画片促进留守幼童语言认知发展。动画片为学龄前儿童塑造了正确的普通话应用模型，以及如何使用规则进行语言交流。（2）媒介中的角色形象定位引导留守儿童性别角色认知。留守儿童通过理解媒介中的角色，习得了我们所在社会与文化认可的、适合于自身性别的行为举止与价值趋向。（3）频繁收看黄金时段播放的鬼片导致留守儿童生命认知产生偏差，难以产生对于生命过程和死亡现象的积极体悟，无法清晰定位"生命""死亡"概念，肉体死亡、灵魂不灭在他们的头脑中扎下根来。（4）电视上高频率播出的商业广告培育了留守儿童的品牌认知，促使留守儿童逐渐增强了对产品的辨别能力。

大众媒介对留守儿童社会态度的影响主要研究三点：（1）高强度收看电视促使留守儿童对社会公平与安全缺乏信心。电视中呈现的不公正、不公平事件与犯罪行为等内容与留守儿童不甚愉快的短期城市生活经历交互影响，使重度收看电视的留守儿童对社会的负面态度加以叠加。（2）媒介中涉性内容，缺乏两性间承诺、责任与坚守信息的传达，加之留守儿童家庭环境的影响，对留守女童悦纳自己的身体特征和性别指向，与异性朋友建立健康的人际关系造成障碍；对留守男童性道德的完善造成阻碍。（3）偶像剧中城市生活浮华呈现激发留守儿童渴望远离乡村生活。农村儿童所处的生活难以在媒体中找到再现与支持，归属与认同。城市生活与农村生活是完全割裂的，农村留守儿童对偶像剧中呈现的流光溢彩的城市生活充满着憧憬与向往，感觉自己的生存空间被社会漠视与遗忘，渴望早日逃离乡村生活。

大众媒介对留守儿童社会行为的影响重点论述三个方面：（1）偶像崇拜对留守儿童模仿与规避行为的双向影响。留守儿童所崇拜的偶像，会成为他们学习的榜样，激活与引导留守儿童产生近似的行为方式；留守儿童对媒介中的偶像呈现的不当行为所引发的规避的敏感与愿望要强于身边普通人出现这种不当行为，从而降低了今后生活出现相关匹配行为的可能性。（2）公益类广告激发留守儿童亲社会行为。留守儿童对所接触的公益广告内容进行消化与吸收，进一步对其进行二次分类与储存，在随后的日常生活情境中，把经过二次分类与储存的相关公益内容从头脑中调用出来，作为自己具体社会行为的范本。（3）留守儿童对媒介中正义暴力行为高度认同与冲突解决行为取向。媒介中出现的正义一方所实施的暴力行为，不管其手段如何血腥与残忍，都获得了留守儿童发自内心的认同与钦佩，并认为"拳头"是解决所面临的棘手冲突的一种有效而迅捷的方式。

本研究的主体框架如下所示。

研究最后一部分提出如何提升大众媒介对留守儿童社会性发展的正面影响。一是改善西北地区农村留守儿童讯息接收环境，包括两个方面：（1）大众媒介层面，改善媒介信息传播环境。提升多类型儿童教育性电视节目自制能力与保证播出时段；细化寒暑假和双休日的黄金时间段电视节目及广告内容的规制；对媒介中的偶像进行多角度呈现；媒体多呈现出

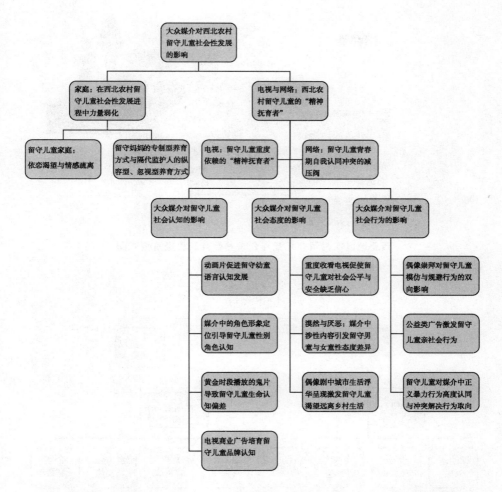

生平民家庭的城市奋斗者的故事；网游内容的净化及农村网吧通宵容留未成年人的监管。（2）公共文化服务层面，建立服务于农村留守儿童的县市级公共图书馆、农村校园图书馆与农村社区图书馆的图书馆三级支撑体系。二是推动西北地区农村留守儿童媒介素养教育，建立留守儿童，留守儿童监护人，农村中、小学教师媒介素养教育的三方联动，提出媒介素养教育"了解媒介""理解媒介""审视媒介"与"利用媒介"四级进阶模式与实践路径。

三 研究方法及方案设计

本研究主要分为两个阶段。

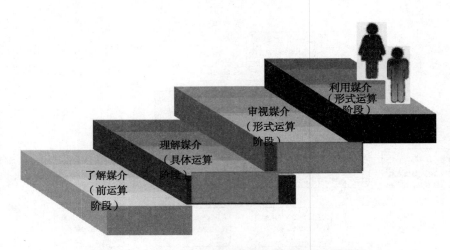

西北地区农村留守儿童媒介素养教育四级进阶模式图

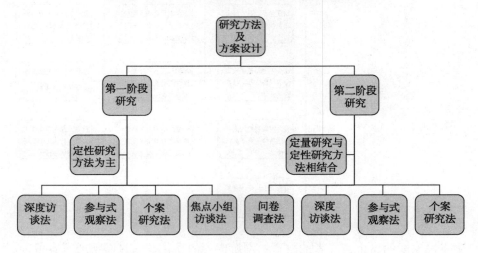

（一）第一阶段研究

研究者从 2009 年开始对留守儿童与媒介研究产生了学术兴趣，并于 2009 年 7 月开始在陕西省汉中地区南郑县着手建立调研点。

在大量文献整理的过程中，研究者发现以往留守儿童研究大部分都是依托农村中、小学校做问卷调查。留守儿童问题研究专家叶敬忠认为：留守儿童的日常生活、学习状况和情感世界不仅与父母是否外出打工相关联，还与村子的总体经济状况、农村社区的社会与文化特点相关联。[①] 这

————————

① 叶敬忠、[美] 詹姆斯·莫瑞：《关注留守儿童：中国中西部农村地区劳动力外出务工对留守儿童的影响》，社会科学文献出版社 2005 年版，第 25、26 页。

给研究者以启发，农村社区作为具备一定社会功能的稳定组织，是基于人缘、地缘和血缘形成的"村庄共同体"，每个农村留守家庭都是农村社区（自然村）的基本组成单位，研究者在进行研究方案设计的时候，以南郑县 C 镇的 G、H 村，Z 镇的 W、Z 四村为核心，四村周边的 W 小学、G 小学、H 小学、N 中学、C 中学为半径进行辐射性研究。这样研究者可以对留守儿童群体进行校园、村子生活的双线索同步考察，这种研究就更为饱满与立体。

在儿童研究领域，深度访谈法、焦点小组访谈法、参与式观察法、个案研究法等定性研究方法一直是比较重要、采用频率较高的研究方法。在研究者初涉留守儿童与大众媒介研究阶段，以灵活多样的定性研究方法为主导，可以在自然的形态下与留守儿童进行面对面地接触，进入到他们的生活圈，观察他们的日常生活，逐步深入到留守儿童的内心世界，以期获得留守儿童在日常情境中的第一手研究资料。深度访谈法、焦点小组访谈法、参与式观察法、个案研究法，这四种定性研究方法在第一阶段研究中都加以交叉使用。

深度访谈法：与留守儿童、留守儿童监护人（多为留守儿童的妈妈及爷爷奶奶）、留守儿童外出务工父母、非留守儿童及其父母、村中中小学教师、村干部、盗版书（碟）商贩、小商（药）店老板进行面对面的深入交流，倾听他们的想法和观点。

焦点小组访谈法：由留守儿童监护人、农村中小学教师构成焦点小组成员，对留守儿童父母长期外出务工所带来的一系列影响进行讨论。

参与式观察法：通过参与正在进行的留守儿童日常活动，如上课、课间活动、吃饭、户外游戏、看电视、听广播、看动漫书、发短信、去网吧等，悉心观察留守儿童的语言与行为，以及在日常活动中发生的各类事件。对年龄相仿的留守儿童与非留守儿童的生活进行为期一周的 24 小时生活形态记录，进行更为全面、真实的同步比较。通过这些观察过程，感受留守儿童的实际生活，以提高一手资料的深度与丰富性。

个案研究法：对一些具有代表性的留守儿童进行个案研究，如学业成绩优异、品行良好的留守儿童；沉湎网络、逃学的留守儿童；暴力行为比较突出的留守儿童；单亲留守儿童；母亲在外务工、父亲在家的留守儿童；自我监护的留守儿童等，使研究更加深入。

（二）第二阶段研究

在使用深度访谈法、焦点小组访谈法、参与式观察法、个案研究法，这四种定性研究方法，以陕西省汉中市南郑县 C 镇的 G、H 村，Z 镇的 W、Z 四村为核心，四村周边的 W 小学、G 小学、H 小学、N 中学、C 中学为半径进行辐射性研究，取得一手资料并进行分析后，研究者对留守儿童这一群体有了逐渐明晰的认识。

2012 年 1—2 月，研究者带领调研团队开展了陕、甘、宁、青、新西北五省区的农村地区，以留守儿童、留守儿童监护人（主要为留守妈妈与隔代监护人）、留守儿童外出务工父母、非留守儿童及其父母等为调研对象的入户调研。

调研区域涉及：陕西省西安市长安区、户县，咸阳市旬邑县、泾阳县，宝鸡市岐山县，渭南市临渭区、富平县，延安市安塞县，安康市旬阳县、石泉县，汉中市南郑县、勉县；甘肃省庆阳市西峰区，定西市安定区；宁夏回族自治区银川市贺兰县，固原市西吉县，石嘴山市平罗县；青海省西宁市大通回族土族自治县、湟中县，海东市乐都县；新疆维吾尔自治区昌吉回族自治州昌吉市、阜康市、玛纳斯县。

入户调研使用了问卷调查法与深度访谈法。问卷调查共包含 260 位留守儿童，最小的 7 岁，最大的 17 岁，平均年龄 14.16 岁，其中男童 115 人，女童 145 人，性别比为 79.31。涉及民族有汉族、土家族、回族、蒙古族与藏族。年龄分布来看，7—10 岁的 28 人，占到 10.8%；11—14 岁的 101 人，占到 38.8%；15—17 岁的 131 人，占到 50.4%。深度访谈法涉及的留守儿童从 5 岁至 17 岁，共 58 人。非留守儿童问卷调查 242 人，最小的 7 岁，最大的 17 岁，平均年龄 13.79 岁。其中男童 118 人，女童 124 人，性别比为 95.16。涉及民族有汉族、土家族与藏族。年龄分布来看，7—10 岁的 40 人，占到 16.5%；11—14 岁的 88 人，占到 36.4%；15—17 岁的 114 人，占到 47.1%。深度访谈法涉及的非留守儿童从 5 岁至 17 岁，共 44 人。问卷调查中没有把学龄前儿童作为问卷对象。考虑到 7—9 岁儿童理解能力有限，问卷采取一问一答式，10 岁及以上儿童采取自填式。留守儿童监护人问卷调查 114 人，深度访谈 28 人。留守儿童外出务工父母问卷调查 123 人，深度访谈 24 人。非留守儿童父母问卷调查 116 人，深度访谈 23 人。农村中、小学教师问卷调查 30 人，深度访谈 8 人。

四　重点难点及创新之处

（一）重点难点

1. 传播学与发展心理学交叉研究

本研究横跨两个学科：传播学与发展心理学。研究者需要对传播学和发展心理学两个学科的理论都要有较为深入的了解与积累。

2. 研究方案的设计

儿童与媒介研究相较传播学其他研究方向的一个特别之处在于：在设计研究方案时，必须非常谨慎，因为研究对象是未成年人，即使是涉及比较微小的伦理问题，也需要每一个儿童研究者认真加以考虑。"不论儿童多么年幼，他都有拒绝与终止研究者进行研究的权利，研究者应该按照儿童的权利来评定研究者所提出的每一个操作。"① 1941 年，丹尼斯夫妇为了研究社会刺激对儿童发展的重要作用，把一对双胞胎隔绝人世地养育了12 个月，虽然他们的研究在儿童社会性发展方面取得了突破性成果，但是因为有违研究伦理，到他们夫妇离世那天，都未曾得到学界原谅，任何一位儿童研究者都不曾引用他们的学术成果。因此研究者在设计研究方案时，特别审慎，可以这样说，为了恪守儿童与媒介研究者的研究准则，研究者放弃了更可能取得较明显研究结论的若干研究方案。

儿童的社会性发展是一个受多因素影响的渐进过程，如何将大众媒介对西北地区农村留守儿童社会性发展的影响进行有效剥离是重点也是难点。本研究对大众媒介对农村留守儿童社会性发展的影响进行了社会认知、社会态度与社会行为三方面的细化分解研究，希冀涵盖大众媒介对留守儿童社会性发展不同阶段的重要影响。

3. 西北五省（区）农村地区入户调研执行

调研实施过程中难度非常大。实地调研不是进入陕、甘、宁、青、新的农村中、小学校，以班级为单位进行整群抽样的问卷调查，而是深入到村子的农户家中，进行面对面的问卷调查、深度访谈与参与式观察。从问卷调查和深度访谈的绝对数量来看，好像并没有那么庞大，但是研究所涉及的留守儿童及其外出务工父母，留守儿童监护人，非留守儿童及其父母

---

① 注：美国心理学会（1982）和儿童发展研究学会（1993）所制定的特别用于研究儿童的准则和原则。

均是一户一户完成的。在入户调研中，调研团队需要托亲靠友，入户时首先迎接我们的就是"虎视眈眈"的看家狗，即便进了大门，也时常遭遇或坚决或婉转地拒绝，其难度远远高于到农村中、小学以班级为单位发放问卷进行调查。调研团队需要耐心、反复地去做说服工作，整整一天，完成四五份问卷的情况并不少见。西北五省区方言差异较大，就以陕西省来说，就有关中、陕北、陕南三种迥然不同的主要方言。面对文化程度不高、习惯于说方言的留守儿童的爷爷奶奶，都需要就问卷逐题进行解释说明。在新疆昌吉回族自治州昌吉市大西渠乡、阜康市水磨沟乡与玛纳斯县北五岔镇调研时遭遇漫天风雪。可以说，本次研究中，每一份问卷和深度访谈都来之不易，这种深入农户家中得到的一手资料是鲜活而珍贵的。

（二）创新之处

1. 以西北地区农村留守儿童为研究群体，把大众媒介对这一群体的社会性发展的影响作为研究主线，研究视角具有一定创新性。

对中国留守儿童研究成果进行梳理，会发现两个集中：一是研究学科集中，成果高度集中于五个学科：人口学、教育学、心理学、社会学与法学，传播学领域研究成果较少；二是研究地域集中，多为中部地区，或是广义的西部地区，西北五省地区少有关注。童年时期的社会性发展对一个人的毕生发展都具有极其重要的影响，留守儿童功能弱化的家庭结构，使得大众媒介在留守儿童社会性发展进程中所起的作用更为重要与特殊。

2. 多种定性研究方法的灵活使用

单一的量化方法，即通过问卷收集资料，然后对一定区域内留守儿童的数量、问题的表现与成因等进行统计分析，这对于宏观把握留守儿童的基本概貌很有帮助，但在微观层面上对问题进行细致的探索、描述和解释却可能有所欠缺，对于那些潜藏在问题背后的深层原因更是不太容易深入剖析，从而不利于有效建构解决问题的对策体系。深度访谈法、焦点小组访谈法、参与式观察法、个案研究法，这四种定性研究方法在本研究中都加以交叉使用。

3. 大众媒体在留守儿童社会性发展进程中所起的作用在快速提升，成为留守儿童重度依赖的"精神抚育者"。既往媒介暴力对儿童的影响研究，多探讨的是暴力行为本身对儿童的影响，本研究特别关注媒介中的"正义暴力"对留守儿童造成的影响。媒介中的恐怖内容对儿童影响的相关研究目前国内还很少。

4. 既往的青少年媒介素养研究较少把发展心理学中的认知发展的相关成果融入。本研究对农村留守儿童媒介素养教育四级进阶模式的构建是基于留守儿童的认知发展规律、留守儿童媒介接触特点和留守儿童媒介素养水平的提升规律三个维度的融合考虑。

5. 既往的研究多属于短期的横断面研究法，本研究进行了两阶段调研，这种相对长期的调研得出的一些研究发现，可能较为可贵和经得起时间的考验。

五　核心概念界定

（一）大众媒介

报刊、广播、电视属于传统的大众媒介。网络传播除了大众传播，还兼具组织传播与人际传播的功能。相对于传统媒体，网络的互动性、开放性较强，但是其本质还是面向大众进行信息传播的媒介，因此本研究所提出的"大众媒介"，是将报刊、广播、电视与网络均纳入研究框架。

（二）农村留守儿童

农村留守儿童问题研究专家中国人民大学社会与人口学院段成荣与河南财经政法大学人口发展研究所周福林在 2005 年、2006 年合作发表了两篇重要文献。一篇是 2005 年发表的《我国留守儿童状况研究》，对留守儿童提出界定，留守儿童是指父母双方或一方流动到其他地区，孩子留在户籍所在地并因此而不能和父母双方共同生活在一起的儿童。在 2005 年的文章中，段成荣与周福林所指儿童是 14 周岁及以下的儿童。① 周福林与段成荣 2006 年发表于《人口学刊》的《留守儿童研究综述》是留守儿童研究领域的另一篇重要文献。在此篇文献中，周福林与段成荣对留守儿童年龄界定有了修正，认为以遵循《联合国儿童公约》的年龄标准（18周岁及以下）为宜。在外出流动的时间长度方面，建议以半年作为时间参考长度为宜。② 留守儿童问题研究专家中国农业大学人文与发展学院叶敬忠提出，留守儿童年龄的界定应根据联合国《儿童权利公约》，指 18周岁以下的未成年人。留守儿童是指农村地区因父母双方或单方长期在外

---

① 段成荣、周福林：《我国留守儿童状况研究》，《人口研究》2005 年第 1 期。
② 周福林、段成荣：《留守儿童研究综述》，《人口学刊》2006 年第 3 期。

打工而交由父母单方或长辈、他人来抚养、教育和管理的儿童。① 关于我国留守儿童的总体规模、性别比构成、年龄分布、地区分布的权威文献全国妇联儿童工作部发布的《农村留守流动儿童状况调查报告》，报告对"农村留守儿童"的概念界定为：父母双方或一方从农村流动到其他地区，自己留在户籍所在地农村，并因此不能和父母双方共同生活的未满18周岁的未成年人。② 郝振与崔丽娟从功能分析的视角，对留守儿童的界定标准进行了实证研究。结果发现留守半年的儿童在自尊、心理控制源以及社会适应能力上都和一般儿童有显著差异。留守半年比三个月更具鉴别力，可作为划分留守儿童的标准。③

依据留守儿童研究领域的重要文献，本研究所指"农村留守儿童"是：父母双方或一方从农村流动到其他地区务工半年以上，孩子留在户籍所在地，并因此不能和父母双方共同生活在一起的18周岁以下的未成年人。

---

① 叶敬忠、[美]詹姆斯·莫瑞：《关注留守儿童：中国中西部农村地区劳动力外出务工对留守儿童的影响》，社会科学文献出版社2005年版，第18页。

② 全国妇联儿童工作部：《农村留守流动儿童状况调查报告》，社会科学文献出版社2011年版，第4页。

③ 郝振、崔丽娟：《留守儿童界定标准探讨》，《中国青年研究》2007年第10期。

第一章

儿童社会性发展与留守儿童研究

第一节 儿童社会性发展的内涵及重要理论

一 儿童社会性发展的内涵

"社会性发展"（social development）这个词汇被广泛应用于心理学，特别是发展心理学领域。理解"社会性发展"的内涵，就要先明晰什么是"社会性"（或称为"社会化"）。人类关于个体社会性发展的学术思考和实践由来已久。在社会性发展研究领域，各种观点从一开始就充满了激烈的碰撞与交锋。心理学、医学、社会学、人类学、传播学等学科，都为社会性发展研究作出贡献。

早在 19 世纪 90 年代，德国社会学家齐美尔用社会化概念来形容群体性的形成过程。美国心理学教授戴维·谢弗（David R. Shaffer）提出，社会化（socialization）指个体获得所属文化或亚文化认为值得拥有的或恰当的信念、价值观和行为方式的过程。[①] 林崇德认为：社会性是指由人的社会存在所获得的一切特征，符合社会规范的典型行为方式。[②] 俞国良提出，社会性是个体与社会系统的相互作用以及在这个作用过程中对社会事物的认识和适应过程及其结果。个体与社会的相互作用主要指人际关系，这既是社会性的内容，也是社会性发展的背景；社会性在过程层面体现为社会认知过程和人际互动过程；这些过程的结果包括与社会认知的知识、

---

① ［美］David R. Shaffer & Katherine Kipp：《发展心理学》第 8 版，邹泓等译，中国轻工业出版社 2009 年版，第 541 页。

② 参见俞国良、辛自强《社会性发展心理学》，安徽教育出版社 2004 年版，第 2 页。

特质、情感、行为，它们既是社会认知和人际互动的结果也是条件。① 学界基本认同：在个体毕生发展过程中，所有连续性和系统的变化规律就是社会性发展的研究对象。

儿童社会性发展（children's social development）的含义十分复杂。研究者们使用的"儿童社会性发展"与"儿童社会化"两个概念，在一定程度上有重叠。儿童社会性发展所涵盖的层面非常宽泛，很难给出特别明确、具体的定义。方建移、何伟强认为："儿童社会性发展指儿童在于他人关系中表现出来的行为模式、情感、态度和观念，以及这些方面随着年龄而发生的变化。在实际研究中，'社会性发展'与'社会化'两者所强调的角度略有不同。'社会化'更注重儿童向社会的接近，注重儿童融入社会群体的过程；而'社会性发展'则是从儿童成长发展的角度，强调儿童个体发展的一个主要内容侧面。'社会性发展'与'社会化'指的都是儿童个体成长和步入社会的过程，因此，儿童社会性发展的过程，也就是儿童社会化的过程。"② 戴维·谢弗提出：世代传承的社会化至少有三方面的重要意义。首先，它是规范儿童的行为，控制其不合期望的冲动的一种方式。其次，社会化可以促进个体的个人成长。儿童与其所处文化的其他成员进行交往，与他们越来越相似，在这个过程中他们所获得的知识、技能、动机和愿望，可以使他们适应自己所处的环境，在社会中很好地生活。最后，社会化良好的儿童会成长为有能力、适应性强、亲社会的成年个体，他们又会把自己学到的东西传给下一代。③

儿童的社会性发展总体来看，就是儿童从独立个体逐步走向社会人的发展过程。童年时期的社会性发展对一个人的毕生发展都具有极其重要的影响，成年人的社会性发展障碍均可不同程度地归因于儿童时期社会性发展的缺陷。

二　儿童社会性发展的重要理论

在儿童社会性发展研究领域，对大多数研究具有指导意义，且其影响

---

① 俞国良、辛自强：《社会性发展心理学》，安徽教育出版社 2004 年版，第 3 页。

② 方建移、何伟强：《家庭教育与儿童社会性发展》，浙江教育出版社 2005 年版，第 23 页。

③ ［美］戴维·谢弗：《社会性与人格发展》第 5 版，陈会昌等译，人民邮电出版社 2012 年版，第 388 页。

持续至今的理论主要有：精神分析理论、学习理论、认知发展理论与生态系统理论。

（一）精神分析理论

精神分析理论主要以弗洛伊德的心理性欲理论与埃里克森的心理社会性发展理论为代表。

弗洛伊德的心理性欲理论认为，人格的三种成分，本我、自我和超我逐渐发展，并组成一个口唇期（0—1 岁）、肛门期（1—3 岁）、性器期（3—6 岁）、潜伏期（6—11 岁）和生殖期（12 岁及以后）的五阶段的心理性欲发展的连续过程（psychosexual stages），个体发展的最佳状态在于环境是否能满足每一个阶段不同的需求。[①] 弗洛伊德认为，儿童很少能够意识到自身行为的动机和发生的原因，他们的心理活动大多都是潜意识的。强调儿童的早期经验，尤其是最开始五年与父母共同生活的经历对后来人格发展的重要决定作用。儿童心理发展的一系列阶段都充满着生理需求和社会需求之间的矛盾。自 20 世纪早期以来，弗洛伊德的理论对儿童人格发展和社会化方面的研究产生了深远的影响。[②]

心理社会性发展（psychosocial development）包括人与人之间的相互了解和相互作用的变化，以及我们作为社会成员对自己的认识和理解（Erikson，1963）。埃里克森认为：发展变化贯穿于我们的生命，并经历了八个不同的阶段：0—1 岁，信任对不信任；1—3 岁，自主对羞愧怀疑；3—6 岁，主动对内疚；6—12 岁，勤奋对自卑；12—18 岁，同一性对角色混乱；18—30 岁，亲密对疏离；30 岁到成年晚期，繁殖对停滞；成年晚期，自我完善对失望。这些阶段以固定的模式出现，并且对所有人都是相似的。个体在每个阶段都要应对和解决一种危机或冲突。与弗洛伊德不同，埃里克森没有将青春期视为发展的完成阶段，他指出，成长和变化贯穿于人的一生。[③]

精神分析理论强调儿童与父母早期相处模式的重要性。儿童的心理需

---

① ［美］戴维·谢弗：《社会性与人格发展》第 5 版，陈会昌等译，人民邮电出版社 2012 年版，第 42 页。

② ［美］约翰·W. 桑特洛克：《儿童发展》第 11 版，桑标等译，上海人民出版社 2009 年版，第 5 页。

③ ［美］罗伯特·费尔德曼：《发展心理学》第 4 版，苏彦捷等译，世界图书出版公司 2007 年版，第 19 页。

求随着年龄增长而发生改变，父母要适应儿童这些不断改变并做出相应调整。有的父母可能很会满足婴幼儿的需求，却无力处理与孩子步入青少年所产生的亲子冲突。儿童最终的人格发展及心理健康程度依赖于其在家庭中所形成的较为稳定的亲子互动模式。

（二）学习理论

学习理论由华生的行为主义、斯金纳的操作学习理论（激进行为主义）和班杜拉的社会—认知学习理论所支撑。

20 世纪 20—30 年代，华生的行为主义占据了主导地位。华生认为，通过改变儿童所处的外部环境可以塑造他们成为任何期许的样子。"给我一打健全的婴儿，在我所设计的环境中抚养长大，不论他的天赋、才能、志趣及家族背景如何，我保证能够任选其一，把他训练成为我所选定的行业专家：医生、律师、艺术家、大亨，甚至是乞丐或小偷……"（Watson，1925）[1] 这段话集中体现了华生是一个绝对的"环境决定论"者。

斯金纳和华生一样，也相信我们每个人养成的习惯都来自我们独特的操作学习经验（operant – learning）。斯金纳的操作学习理论声称，人的发展方向在很大程度上取决于外部刺激（强化和惩罚），而不决定于内部力量，如本能、驱力或生物成熟。[2]

后期的研究者认为斯金纳过分强调了由外部刺激塑造的操作行为，忽视了认知对社会学习的重要作用。阿尔伯特·班杜拉就是这样一位批评者，他提出了如今被获得广泛赞誉的社会—认知学习理论（social – cognitive learning theory）。该理论强调，人们可以通过观察他人的行为而进行学习，被观察的对象称为榜样（Bandura，1977，1994，2002）。与操作学习理论强调的学习是尝试错误有所不同，社会—认知学习理论的观点是，当我们看到榜样的行为受到奖赏，我们就有可能模仿这种行为。[3]

学习理论最大的贡献在于揭示个体各种各样的行为是如何被一步一步学习到的。儿童通过不断重复的条件反射和模仿来学习的。班杜拉引入认

---

① ［美］罗伯特·费尔德曼：《发展心理学》第 4 版，苏彦捷等译，世界图书出版公司2007 年版，第 21 页。

② ［美］戴维·谢弗：《社会性与人格发展》第 5 版，陈会昌等译，人民邮电出版社 2012年版，第 47 页。

③ ［美］罗伯特·费尔德曼：《发展心理学》第 4 版，苏彦捷等译，世界图书出版公司2007 年版，第 23 页。

知、情绪等成分将学习理论进一步深化，给儿童与媒介研究领域带来了深远的影响。

（三）认知发展理论

认知发展理论主要由皮亚杰的认知发展理论、维果斯基的社会文化理论与信息—加工理论构成。

没有哪一个人对认知发展研究产生的影响可以与瑞士心理学家皮亚杰相提并论。皮亚杰通过自己三个孩子的长期观察以及精妙的实验设计来研究儿童思维的发展，提出了著名的认知发展理论。皮亚杰认为儿童积极的建构他们对外部世界的认知，并且经历了认知发展的四个主要时期（或阶段）：感知运动阶段（0—2 岁），前运算阶段（2—7 岁），具体运算阶段（7 岁—11、12 岁），形式运算阶段（11、12 岁及以后）。皮亚杰称这些阶段是恒定的发展顺序（invariant developmental sequence），即所有儿童必定按照上述的顺序发展，不可能发生阶段地跳跃，因为必须在前一阶段的基础上才能顺利进入下一阶段，新的阶段代表着一种更复杂的思维方式。① 皮亚杰深刻影响了我们对认知发展的理解，其阐述经受了成千上万研究的严格检验，总的来说，皮亚杰对于认知发展序列的主要观点是正确的。②

俄国发展心理学家维果斯基的社会文化理论关注文化（一个社会群体的信念、价值观、传统和技能）是如何代代相传的。维果斯基不赞同儿童是独自作出重大发现的独立探索者，相反，他认为认知发展是一个社会文化传递活动，在其中，儿童通过与社会中有更多知识的成员合作对话，逐渐获得新的思维和行为方式。维果斯基也反对皮亚杰的认知恒常发展顺序观。他认为，儿童通过与更有能力的个体交往获得的新技能，通常具有文化特异性而不是普遍性的认知结构。强调社会互动对儿童的社会性发展至关重要。③

皮亚杰指出发展进程分为四个完全不同的阶段，各个阶段的认知性质

---

① ［美］戴维·谢弗：《社会性与人格发展》第 5 版，陈会昌等译，人民邮电出版社 2012 年版，第 56 页。

② ［美］罗伯特·费尔德曼：《发展心理学》第 4 版，苏彦捷等译，世界图书出版公司 2007 年版，第 25 页。

③ ［美］David R. Shaffer & Katherine Kipp：《发展心理学》第 8 版，邹泓等译，中国轻工业出版社 2009 年版，第 52 页。

互不相同。然而，很多社会性发展研究者指出，成长的过程更偏向于连续发展。这些批评引出了被称为"信息—加工理论"（information – processing theory）的新观点，它关注于贯穿一生的学习、记忆、分类和思维的过程。① 信息—加工理论认为，大脑和神经系统的成熟使儿童对信息加工得更快。不断发展的个体能够更好地维持注意，辨认和贮存与任务相关的信息，并利用所存信息回答和解决问题，执行心理程序。儿童注意和贮存信息的策略受他们接收到的问题类型、在家庭和学校受到的教导，以及儿童所在的文化和亚文化规定的必须掌握的技能的影响。②

一种基于皮亚杰研究基础的信息—加工理论被称为新皮亚杰理论（neo – Piagetian theory），与皮亚杰初始的理论不同，新皮亚杰理论并不赞同将认知看作是一个由逐渐复杂的一般认知能力组成的单个系统。该理论认为，认知是由不同种类的独立技能所组成，认知在特定区域发展得较快，而在其他区域则发展较慢。例如，与代数所需要的抽象计算能力相比，阅读能力和回忆故事的技能发展较快。此外，相比传统的皮亚杰理论，新皮亚杰理论认为，经验在促进认知发展过程中发挥了更重要的作用（Case，1999；Case，Demetriou & Platsidou，2001；Yan & Fischer，2002）。③

（四）生态系统理论

美国心理学家尤瑞·布朗芬布伦纳提出了儿童社会性发展的令人激动的新视角。布朗芬布伦纳认为，环境是人类社会性发展的主要影响源。环境是"一组嵌套结构，每一个嵌套在下一个中，就像俄罗斯的套娃一样"。发展的个体处在从直接环境（像家庭）到间接环境（如宽泛的文化）的几个环境系统的中心或嵌套于其中。每一个系统与其他系统以及个体交互作用，影响着个体社会性发展的许多重要方面。④

---

① ［美］罗伯特·费尔德曼：《发展心理学》第 4 版，苏彦捷等译，世界图书出版公司 2007 年版，第 25 页。

② ［美］David R. Shaffer & Katherine Kipp：《发展心理学》第 8 版，邹泓等译，中国轻工业出版社 2009 年版，第 53 页。

③ 参见［美］罗伯特·费尔德曼《发展心理学》第 4 版，苏彦捷等译，世界图书出版公司 2007 年版，第 26 页。

④ ［美］David R. Shaffer & Katherine Kipp：《发展心理学》第 8 版，邹泓等译，中国轻工业出版社 2009 年版，第 57 页。

布朗芬布伦纳提出的生态系统理论，被认为是关于环境对儿童社会性发展影响最深入的分析。这个理论的重点是将发展看成是人与环境相互作用的产物。生态系统模式有三个组成部分：人，行为发生的环境，以及说明发生、发展变化的过程。"发展"遵循"人—环境—过程"的模式，发展是这样一种过程：通过发展人的属性与环境相互作用，因此产生了人的个性的一致性和个性的变化。在理解儿童如何发展方面，生态系统理论最重要的贡献就是对各种各样的环境水平的描述，一个身心处于发展中的儿童与这些环境进行相互作用。布朗芬布伦纳坚持认为，儿童的环境—发展得以发生的社会生态体系远远超过直接影响他们的活动与事件。发生在社区、学校、教堂，以及媒体呈现的事情都通过重要的方式来影响儿童的发展。观察儿童的社会生态环境的方式是观察那些确定了儿童全部环境的不同社会生态体系的特征。① 布朗芬布伦纳的生态系统理论模型对儿童的社会性发展研究产生了与以往研究不同的启发与引导意义。

1978 年以来，国内的社会性发展的研究从简单的现象描述到深入的关系解释，从单一的问卷调查到控制复杂的实验室研究，无论是研究内容还是研究方法都有了巨大的发展，创造了丰富的研究成果。这方面的研究主要集中体现在自我意识、道德发展、情绪情感与社会交往四个方面。我国学者对儿童社会性发展的研究始终与儿童教育紧密结合在一起，既包括德育方面的直接应用，也包括在缓解考试焦虑、提高学业成绩方面的间接应用。而且，近年来，社会性发展的研究对心理健康等影响广泛的社会问题有了越来越多的贡献。②

第二节　留守儿童研究的回顾与反思

"留守儿童"并不是中国独有的问题。发展中国家和地区以寻求经济收入增长为动因的大规模的人口迁移和流动使留守儿童问题成为这些国家共同的议题。联合国儿童基金会（UNICEF）、联合国开发计划署（UNDP）以及南南合作特别局（SU – SSC）的研究指出，大概 100 万斯

① ［加］居伊·勒弗朗索瓦：《孩子们——儿童心理发展》第 9 版，王全志、孟祥芝等译，北京大学出版社 2004 年版，第 83 页。

② 林崇德、陈英和：《中国发展心理学 30 年的进展》，《北京师范大学学报》（社会科学版）2009 年第 1 期。

里兰卡儿童被他们外出寻找工作的母亲留在了家中（Save the Children，2006）。在菲律宾，有 880 万—900 万的儿童与他们的父母一方或双方分离（Kakammpi，in Parrenas，2005）。杨淑爱（Brenda S. A. Yeoh）和 Theodora Lam 对亚洲地区留守儿童问题进行研究。研究发现：在孟加拉，18%—40% 的农村家庭中至少有一个家庭成员迁移到外地工作。这些相关研究主要讨论了父母迁移后，儿童在教育、医疗健康、社会适应等基本权利方面的影响。①

关于中国留守儿童的研究成果目前主要集中于大陆地区，也基本以农村留守儿童为研究对象。

一 留守儿童研究的社会背景及源流

1984 年，中共中央发布了 1 号文件，准许农民自筹资金、自理口粮，进入城镇务工经商。作为农村劳动力流动政策变动的一个标志，表明在我国实行了近 30 年的限制城乡人口流动的就业管理制度开始松动。土地日益减少、比较收益进一步下降和不乐观的生活前景，构成一种推力，推动农村人口进行流动以谋求更好的发展；东南沿海地区经济快速发展，加大了对劳动力的需求，构成农民流动到城市的拉力。面对城乡巨大差距，为寻求更高的收入以及对城市生活的向往，千千万万的农民怀揣梦想，背井离乡，涌向城市，汇成一支浩浩荡荡的流动人口大军。②

在这种社会背景下，留守儿童研究开始萌芽。"留守儿童"这个字眼最早出现在《父母必读》1993 年第 11 期上官子木的文章《隔代抚养与"留守"儿童》中。文中的留守儿童没有特指进城务工者留在家乡的子女，而是泛指"许多年轻的父母出于各种原因，将学龄前幼儿的抚养任务全权交给祖父母，待孩子达至学龄甚至更大一些才接回自己家中。这种分阶段更换抚养人的接力式抚养形式，对儿童的心理发展及人格塑造都有着极为深远的不利影响，同时也是导致亲子关系紧张的一个重要诱因。"③这篇文章使"留守儿童"这个词汇首度进入大众视野。将留守儿童限定为"进城务工者留在家乡的子女"的文章于 1995 年首次出现，孙顺其在

---

① 参见叶敬忠、潘璐《别样童年》，社会科学文献出版社 2008 年版，第 42、62 页。

② 杨正喜：《二元结构下的中国农村人口流动》，《中南民族大学学报》（人文社会科学版）2009 年第 3 期。

③ 上官子木：《隔代抚养与"留守"儿童》，《父母必读》1993 年第 11 期。

《"留守儿童"实堪忧》中提出："随着改革开放的不断深化，市场经济的纵深发展，势必会有更多的农民离开黄土地走向城市，农村留守儿童的队伍将越来越庞大。"① 这篇文章成为严格意义上的留守儿童研究的源流。

二　留守儿童研究的发展脉络

1996—2004 年，长达 9 年的时间里，关于留守儿童的文章只有寥寥八篇，学界对留守儿童问题处于远远静观的状态。

吴霓研究员带队的中央教科所"中国农村留守儿童问题研究"课题组 2004 年发表了《农村留守儿童问题调研报告》，这是早期留守儿童研究领域的一篇重要文献，也是第一篇通过实地调研得出结论的研究成果。调查小组在江苏省沭阳县、宿豫县，甘肃省秦安县、榆中县，河北省丰宁县进行调研，对"农村留守儿童"首次进行了界定："由于父母双方或一方外出打工而被留在农村的家乡，并且需要其他亲人或委托人照顾的处于义务教育阶段的儿童（6—16 岁）。"文章认为：农村留守儿童将会在很长一段时间内大规模存在。留守儿童普遍处于"生活上缺人照应、行为上缺人管教、学习上缺人辅导"的"三缺"状态，面临道德、心理、教育、安全等诸多问题的考验，留守儿童中人格发展不健全、学习成绩滑坡、人际交往出现障碍、道德教育弱化、越轨行为日益趋多等现象凸显，并逐步形成一系列社会问题。②

2004 年有两次级别较高的关于留守儿童的重要学术研讨会。2004 年 5 月，教育部专门召开了"中国农村留守儿童问题研究"研讨会。会上指出：党中央、国务院领导非常关注农村留守儿童问题，教育部将加大研究力度，广泛听取专家的意见，共同努力做好留守儿童的教育工作。这表明国家政策层面对留守儿童问题的高度关注。2004 年 6 月，由中国人口学会和中国人民大学人口与发展研究中心联合组织召开的"现代化进程中的人口迁移流动与城市化研讨会"也专门研讨了留守儿童问题。这两次重要的学术研讨会成为 2005 年留守儿童学术研究的助推力。

由于国家政策层面的高度关注，加之学者自身的学术敏感与问题意

---

① 孙顺其：《"留守儿童"实堪忧》，《教师博览》1995 年第 2 期。

② 中央教育科学研究所"中国农村留守儿童问题研究"课题组吴霓、丁杰、唐以志等：《农村留守儿童问题调研报告》，《教育研究》2004 年第 10 期。

识，2005 年、2006 年两年一共发表了关于留守儿童问题研究的 218 篇文章，留守儿童的研究价值渐趋凸显。

2005 年，关于留守儿童研究的第一本学术专著——叶敬忠与詹姆斯·莫瑞合著的《关注留守儿童：中国中西部农村地区劳动力外出务工对留守儿童的影响》中、英文两个版本同步出版，这本专著也是中国农业大学人文与发展学院与国际计划（Plan China）自 2004 年开始合作开展"中国中西部农村地区劳动力外出务工对留守儿童的影响研究"的成果。既往的实证研究多是以学校为单位，对留守儿童进行以班级为单位的问卷调查，该专著以陕西、宁夏、河北和北京市延庆县地区，在自然条件、社会、经济、文化等方面分别具有特殊性的 10 个农村社区（行政村）的留守儿童为调查对象。研究者提出：留守儿童的日常生活、学习状况和情感世界不光与父母是否外出打工相关联，还与农村社区家庭总体经济状况、社区的社会与文化特点相关联。[①] 以农村社区为留守儿童的观察与研究的出发点，具有创新意义。

2006 年出现了关于留守儿童研究的第一篇博士论文，华东师范大学徐阳的博士学位论文《农村留守儿童教育问题研究》，论文以教育学为研究视角，得出：父亲外出务工的留守儿童整体教育问题并不明显，母亲外出务工的家庭中，儿童的生活质量急速下降，教育出现了缺失；父母双外出务工的完全留守儿童，多是在溺爱纵容型和忽视纵容型两种教育方式中成长起来。[②]

2007—2011 年，5 年时间共发表了关于留守儿童研究的 2670 篇论文，其中 2011 年增幅最为迅速，共 753 篇，相较 2010 年的 552 篇，增幅达 36.41%。这五年不仅论文的数量呈井喷式增长，质量也有了大幅度提升，出现在北大核心和 CSSCI 学术期刊的论文逐渐增多。《河南大学学报》（社会科学版）2008 年第 1 期刊发了《农村留守儿童心理弹性研究》《家庭自我认同意识理论：留守儿童问题研究的新视角》等以"影响留守儿童心理发展因素"为主题的一组文章，这也是 CSSCI 级别的刊物首次刊发以留守儿童研究为主题的一组文章。2009 年第 6 期《河南大学学报》

---

① 叶敬忠、[美] 詹姆斯·莫瑞：《关注留守儿童：中国中西部农村地区劳动力外出务工对留守儿童的影响》，社会科学文献出版社 2005 年版。

② 徐阳：《农村留守儿童教育问题研究》，博士学位论文，华东师范大学，2006 年。

（社会科学版）再次刊发了《农村留守儿童心理学研究述评》《人格特征、社会支持对留守儿童心理弹性的影响》《农村留守儿童依恋特点》《留守儿童歧视知觉特点及与主观幸福感的关系》等以"影响留守儿童心理发展因素"为主题的一组文章。这也表明人文社科重要学术刊物对留守儿童问题研究的重视。

　　2007—2011 年，留守儿童研究的一些重要著作陆续出版。缪建东主编的《同一片蓝天下：流动人口子女教育的探索和建议》（南京师范大学出版社 2007 年 6 月版）对流动儿童和留守儿童的教育问题进行了比较研究，特别是提出了留守儿童的学校教育干预的内容与方式、途径。[①] 吕绍清的《留守还是流动?》（农业出版社 2007 年 8 月版）对留守儿童和流动儿童做了同步调查，专著的独到之处在于研究方法的突破，与既往研究以问卷调查等定量方法为主导研究方法不同，此研究中，焦点小组访谈法、深度访谈法等质性研究方法得到了充分应用。专著中有大量留守、流动儿童及其家长访谈笔录；打工子弟学校创办者和教师访谈笔录，鲜活而珍贵。[②] 刘成斌、吴新慧的《留守与流动——农民工子女的教育选择》（上海交通大学出版社 2008 年 6 月版）从教育社会化、家庭社会化、人际关系交往、身心健康等角度分析了流动儿童与留守儿童的教育选择问题。专著中有一个重要结论：流动儿童的社会化效果普遍优于留守儿童。[③] 叶敬忠、潘璐的《别样童年》（社会科学文献出版社 2008 年 6 月版）是叶敬忠继 2005 年的《关注留守儿童：中国中西部农村地区劳动力外出务工对留守儿童的影响》的第二本关于留守儿童的专著，选取了农村劳动力输出最为集中的五个省区的留守儿童进行了调查研究，依然以村子（农村社区）为调查单位。与 2005 年的专著相比，这本专著研究涉及层面更为丰富，对留守儿童群体多元性的考察、不同角色视角的留守儿童、网吧对留守儿童的影响、留守儿童的标签化、农村家庭生活的儿童中心论等问题的探讨都具有探索价值。[④] 蔡迎旗的《留守幼儿生存与发展问题研究》

---

　　① 缪建东：《同一片蓝天下：流动人口子女教育的探索和建议》，南京师范大学出版社 2007 年版。

　　② 吕绍清：《留守还是流动?》，农业出版社 2007 年版。

　　③ 刘成斌、吴新慧：《留守与流动——农民工子女的教育选择》，上海交通大学出版社 2008 年版。

　　④ 叶敬忠、潘璐：《别样童年》，社会科学文献出版社 2008 年版。

（江苏教育出版社 2009 年 9 月版）对留守幼儿生存状况、特殊困难与需求；留守幼儿的语言、认知、社会性与个性等方面的发展规律与特征进行了研究。① 这是我国第一本关于留守幼儿问题研究的专著。曲凯音的《云南留守女童研究》（人民出版社 2010 年 3 月版）选取了云南省禄劝彝族苗族自治县为调查点，从社会性别和儿童发展理论视角出发，着重对边疆民族地区留守女童的社会歧视进行了分析和探讨。② 这是我国第一本专门针对留守女童问题研究的专著，也是第一本关于少数民族地区留守儿童研究的专著。

2012—2015 年，关于留守儿童研究的专著与论文总体数量有所下降，但是研究角度在不断拓展与纵深，对留守儿童群体更侧重于细化与对比研究。朴婷姬与安花善发现留守儿童问题在朝鲜族社会普遍存在，且具有突出的国际性特点，即朝鲜族留守儿童的父母外出务工的地点多半在韩国。朝鲜族留守儿童在学习成绩、作业完成情况上都超过平均水平，处于正常状态。留守儿童在人际交往能力上也没有表现出懦弱、胆怯、不合群等特点，行为上也很难看出适应不良、偏差现象。③ 邓纯考与何晓雷以西部贵州省的黔西县和湄潭县，东部浙江省的淳安县和瑞安市为样本进行对比研究，发现：东西部农村留守儿童社会化差异显著。由于西部社会经济发展滞后和教育投入不足，家长外出以省际流动为主，社会阶层固化衍生"读书无用论"，使西部农村留守儿童在社会化中处于较为不利的位置。④

三　留守儿童研究的学科视角及所关注的问题

对留守儿童研究既有成果进行梳理，发现两个集中：一是研究学科集中，成果高度集中于五个学科：人口学、教育学、心理学、社会学与法学，其他领域研究成果鲜见；二是研究地域集中，多为中、东部地区，西部地区，特别是西北地区留守儿童专项研究较少。

---

① 蔡迎旗：《留守幼儿生存与发展问题研究》，江苏教育出版社 2009 年版。

② 曲凯音：《云南留守女童研究》，人民出版社 2010 年版。

③ 朴婷姬、安花善：《积极心理学视角下的朝鲜族留守儿童研究》，《民族教育研究》2013 年第 1 期。

④ 邓纯考、何晓雷：《我国东西部农村留守儿童社会化差异研究——基于浙江与贵州两省四县的比较》，《新疆社会科学》2013 年第 1 期。

（一）人口学视阈下的留守儿童研究

人口学对留守儿童的研究主要关注三个问题：（1）"留守儿童"界定；（2）人口学特征；（3）总量推算。这三个问题对制定留守儿童研究指标体系非常重要，也是留守儿童学术研究的一个基础。

农村留守儿童问题研究专家中国人民大学社会与人口学院段成荣与河南财经政法大学人口发展研究所周福林在 2005 年、2006 年合作发表了两篇重要文献。一篇是 2005 年发表的《我国留守儿童状况研究》，其重要意义在于：根据第五次全国人口普查长表 0.95‰抽样数据，计算留守儿童在全体儿童中所占比例为 8.05%。2000 年人口普查得到 14 岁及以下儿童总量为 28452.76 万人。依此推算，全国留守儿童数量在 2290.45 万人。文章对留守儿童提出界定，留守儿童是指父母双方或一方流动到其他地区，孩子留在户籍所在地并因此而不能和父母双方共同生活在一起的儿童。在 2005 年的文章中，段成荣、周福林所指儿童是 14 周岁及以下的儿童。在全部留守儿童中，男女各占 53.88% 和 46.12%，性别比为 116.82。从年龄构成上看，除了 1 周岁以下儿童所占比例较低外，其他年龄留守儿童基本呈均匀分布。6 周岁及以上的学龄儿童占全部留守儿童的 65.28%。在全部留守儿童中，农村留守儿童所占比例高达 86.5%，城市和城镇留守儿童的比例仅为 13.5%。四川、广东、江西、安徽、湖南和海南等 6 个省的留守儿童在全国留守儿童总量中所占比例超过半数，达到 55.2%。[1] 这是第一篇对我国留守儿童的总体规模、性别比构成、年龄分布、地区分布做了清晰论述的文献。周福林、段成荣 2006 年发表于《人口学刊》的《留守儿童研究综述》是留守儿童研究领域的另一篇重要文献。文章对 2006 年以前国内关于留守儿童的文献进行了全面深入的分析，分析发现，尽管对留守儿童问题的多学科研究已经取得了一定的成果，研究的方法也在逐渐规范化，但留守儿童问题的研究缺乏系统性、整体性，研究中的结论存在一些矛盾，需要进一步研究的问题还很多。在此篇文献中，周福林、段成荣对留守儿童年龄界定有了修正，认为以遵循《联合国儿童公约》的年龄标准（18 周岁及以下）为宜。在外出流动的时间长度方面，建议以半年作为时间参考长度为宜。[2] 段成荣、周福林的这两篇

---

[1]　段成荣、周福林：《我国留守儿童状况研究》，《人口研究》2005 年第 1 期。

[2]　周福林、段成荣：《留守儿童研究综述》，《人口学刊》2006 年第 3 期。

文献对留守儿童的后继研究提供了重要的数据依据。

郝振与崔丽娟从功能分析的视角，对留守儿童的界定标准进行了实证研究。结果发现留守半年的儿童在自尊、心理控制源以及社会适应能力上都和一般儿童有显著差异。留守半年比三个月更具鉴别力，可作为划分留守儿童的标准。[①]

2008 年全国妇联发布的《全国农村留守儿童状况研究报告》对我国留守儿童的总体规模、性别比构成、年龄分布、地区分布进行了明晰的论述，报告对"农村留守儿童"界定为：父母双方或一方从农村流动到其他地区，孩子留在户籍所在地农村，并因此不能和父母双方共同生活的 17 周岁及以下的未成年人。根据 2005 年全国 1% 人口抽样调查的抽样数据，可以确认 0—17 周岁留守儿童在全体儿童中所占比例为 21.72%，据此推断，全国农村留守儿童约 5800 万人，其中 14 周岁以下的农村留守儿童约 4000 万人。在全部农村儿童中，留守儿童的比例达 28.29%。在全部农村留守儿童中，男孩占 53.71%，女孩占 46.29%，性别比为 114.75。学龄前（0—5 周岁）、小学学龄（6—11 周岁）、初中学龄（12—14 周岁）和大龄（15—17 周岁）四组中，各组所占全部农村留守儿童的比例分别为 27.05%、34.85%、20.84% 和 17.27%。农村留守儿童集中分布在四川、安徽、河南、广东、湖南等省。[②] 其中该篇文献提到的"全国农村留守儿童约 5800 万人"已经成为最权威、最广泛引用的全国留守儿童总量数据来源。

长期致力于留守儿童研究的人口学家段成荣与吕利丹于 2013 年利用 2010 年第六次全国人口普查数据估算，全国农村留守儿童为 6102.55 万。相较 2005 年的 5861 万，5 年间，全国农村留守儿童增加了 242 万。[③] 6102.55 万留守儿童，这是目前最新的关于全国留守儿童的总体数量推算值。

从人口学重要文献分析可以得出：人口学界已经就"留守儿童"界定、人口学特征与总量推算这三个方面达成基本共识：

"留守儿童"界定：父母双方或一方从农村流动到其他地区务工半年

---

① 郝振、崔丽娟：《留守儿童界定标准探讨》，《中国青年研究》2007 年第 10 期。

② 全国妇联：《全国农村留守儿童状况研究报告》，《中国妇运》2008 年第 6 期。

③ 段成荣、吕利丹：《我国农村留守儿童生存和发展基本状况——基于第六次人口普查数据的分析》，《人口学刊》2013 年第 3 期。

以上，孩子留在户籍所在地，并因此不能和父母双方共同生活在一起的儿童。

"留守儿童"人口学特征：18周岁以下。

留守儿童总量推算：至少不低于5800万人。

这三方面的基本共识对其他学科开展留守儿童研究具有较强的指导意义。

（二）教育学视阈下的留守儿童研究

教育学集中探讨留守生活对留守儿童学业成绩的影响、留守儿童的低龄辍学问题以及教育对策等。

1. 留守生活对留守儿童学业成绩的影响研究

张显宏对安徽六安的留守儿童进行调研，得出留守生活对儿童学习方面的消极影响主要是：增加了留守儿童做家务、农活的负担；祖辈监护人难以给留守儿童的学习提供帮助；父母务工归来带来新的"读书无用论"影响了部分留守儿童完成学业。[1] 李松对河南的留守儿童调查得出：留守儿童学业成绩不如非留守儿童，学业成绩与家庭情感表达呈正相关。[2] 胡枫、李善同以北京、南京、广州和兰州作为劳动力输入地，安徽省亳州市作为劳动力输出地进行双向调研，发现父母外出务工，会导致留守儿童学习成绩下降。当留守家庭的子女数量较多时，留守女童所受到的负面影响更为明显。[3]

大部分研究结果表明：留守经历对儿童的学习成绩的确有不良影响，且留守时间越长，年龄越小，不良影响越大。

2. 留守儿童的低龄辍学问题研究

段成荣、周福林发现：在小学学龄阶段，留守儿童的在校率是很高的，进入初中阶段以后，留守儿童在校率大幅度下降，14周岁留守儿童的在校率仅为88%。[4] 刘斌、艾琼对湘西农村调研得出：留守儿童的辍学率显著高于农村地区儿童的平均辍学率；贫困农村地区辍学的留守儿童

---

[1] 张显宏：《农村留守儿童教育状况的实证分析》，《中国青年研究》2009年第9期。

[2] 李松：《农村"留守儿童"家庭环境、心理健康及学业成绩的分析》，《湖北社会科学》2009年第9期。

[3] 胡枫、李善同：《父母外出务工对农村留守儿童教育的影响》，《管理世界》2009年第2期。

[4] 段成荣、周福林：《我国留守儿童状况研究》，《人口研究》2005年第1期。

中，辍学女童比例高于男童；在经济相对发达的农村地区的辍学留守儿童中，辍学男童的比例高于女童，且大多数是主动辍学。① 丁克贤对甘、宁、青三省的乡中、小学调研发现：农村留守儿童的辍学率明显高于非留守儿童。有过辍学经历的留守儿童，其父亲的受教育程度为小学或从未接受过正规学校教育的占总体的 45.1%；母亲的文化程度更低，只接受过小学或从未接受过正规学校教育的占到了总体的 78.8%。② 申健强、曾宪攀在贵州调研中发现，少数民族边远地区农村留守儿童辍学的比例在扩大，已经超过 10%。③

实证研究的结果表明：农村留守儿童的辍学率高于非留守儿童，特别是留守女童。地区经济状况越差，辍学率越高。

3. 留守儿童教育问题的对策研究

许传新提出，解决留守儿童教育问题的思路就是变"留守儿童"为"随行儿童"，大力兴建"随行儿童学校"，使外来务工人员有条件、有能力将自己的子女带进城。④ 刘岳启和周宏提出三点：开发城市公立学校的潜力；建立留守儿童专项档案；建立家长定期联系制度。⑤ 赵晖提出在农村中、小学校设立"留守儿童之家"或"亲情活动室"，大力建设寄宿制学校，坚持定期家访制度，举办"家长学校"和"监护人培训班"。⑥

学者对策共识是：加大政府与社会力量帮扶留守儿童，特别是低龄辍学留守儿童；建立学校、家庭、社会协作的全方位的监护网络；加强农村寄宿制学校的建设；在挖掘城市公立学校潜力的同时，大力兴办农民工子女学校。

（三）心理学视阈下的留守儿童研究

留守儿童为心理学的研究增添了一个特殊的研究群体。心理学视阈下

---

① 刘斌、艾琼：《湘西农村地区留守儿童辍学问题的研究》，《文史博览（理论）》2008 年第 12 期。

② 丁克贤：《免费义务教育政策实施后西部地区农村留守儿童辍学现状及对策分析》，《教育测量与评价（理论版）》2009 年第 3 期。

③ 申健强、曾宪攀：《浅议少数民族地区留守儿童"控辍"机制》，《教学与管理》2007 年第 7 期。

④ 许传新：《"留守儿童"教育的社会支持因素分析》，《中国青年研究》2007 年第 9 期。

⑤ 刘岳启、周宏：《农村"留守儿童"与和谐农村的建设》，《安徽农业科学》2006 年第 34 卷第 24 期。

⑥ 赵晖：《农村留守儿童问题的现状与对策》，《中小学教师培训》2007 年第 12 期。

的留守儿童研究主要关注：由于父母长期缺位对留守儿童造成的焦虑、抑郁、人际交往障碍等消极心理影响，以及对留守儿童心理健康的有效干预。

1. 留守儿童存在的主要心理问题的研究

徐为民认为留守男童在分裂样、强迫行为、攻击性行为与多动行为问题总分方面显著高于非留守男童。[①] 段玉香提出：初中阶段留守儿童对所遇到的问题以"中间型"和"不成熟型"应付方式为主，而非留守儿童倾向于采用"成熟型"应付方式，两者差异显著。[②] 杨会芹对河北保定和石家庄地区留守儿童进行测查，发现其心理健康问题主要集中在学习焦虑、人际交往、情绪控制等方面。[③] 李光友、陶方标测定：父母外出打工对14—16岁留守儿童心理发育有一定影响，但是除了"自杀意念"外，抑郁、焦虑检出率及自杀计划、自杀行为发生率等与同年龄组无父母外出儿童比较并无明显差异。[④] 王希海和郑凤霞对黑龙江绥化初中学生进行调研发现：留守儿童更容易受到生活事件的干扰和影响；在不同年龄阶段，留守儿童对学习压力的感受、健康适应水平有显著差别；留守儿童在心理健康水平上明显低于非留守儿童。[⑤] 申继亮和胡心怡发现：留守儿童的个体和群体歧视知觉显著高于非留守儿童；家庭收入较低的留守儿童的个体和群体歧视知觉较高；个体和群体歧视知觉对留守儿童的消极情绪有显著的预测作用。[⑥] 孙晓军与周宗奎研究发现，留守儿童表现出更多的友谊冲突或背叛，双亲外出打工的留守儿童孤独感体验显著高于单亲外出打工的

---

① 徐为民：《安徽农村留守儿童行为问题的现状》，《实用儿科临床杂志》2007年第11期。

② 段玉香：《初中阶段农村留守儿童应付方式及其与人格特质、社会支持关系的研究》，硕士学位论文，湖南师范大学，2007年。

③ 杨会芹、张波：《农村留守儿童心理健康状况与教育对策》，《河北师范大学学报》2009年第12期。

④ 李光友、陶方标：《14—16岁留守儿童心理状况及自杀倾向分析》，《中国公共卫生》2009年第8期。

⑤ 王希海、郑凤霞：《生活事件研究：对留守儿童进行心理干预的切入口》，《中小学管理》2009年第10期。

⑥ 申继亮、胡心怡：《留守儿童歧视知觉特点及与主观幸福感的关系》，《河南大学学报》（社会科学版）2009年第6期。

留守儿童和非留守儿童。①

学者目前达成的共识：由于父母长期缺位，留守儿童在人生重要的成长期缺乏亲情抚慰与关怀，导致留守儿童在焦虑、抑郁、敏感性、歧视知觉、社交障碍、自杀意念等心理问题的检出率高于非留守儿童。父亲单方外出的留守儿童的心理健康水平普遍优于父母都外出和母亲单方外出的留守儿童。

2. 解决留守儿童心理问题的对策研究

范方的博士论文初步建构并验证了留守儿童焦虑抑郁情绪的"处境—气质—认知—弹性修复"模型；设计了心理弹性发展团体干预方案，探讨了其对留守儿童焦虑抑郁情绪的干预效果。② 申健强和申利丽提出建立"留守儿童"档案和联系卡制度，配备心理健康教师，设立"倾诉箱"，开通心理咨询热线电话。班主任做到"五必访"：留守儿童情绪不好必访；身体不佳必访；成绩下降必访；旷课逃学必访；与同学争吵必访。③ 徐松竹提出"山田模式"，即湖南浏阳市山田中学，开展"五个一"活动。（1）每周一谈。老师、监护人一周和留守儿童促膝谈心一次。（2）每月一通。设立免费电话，方便留守儿童与家长交流。（3）每季一评。组织留守家庭开展思想评比、学习竞赛，举办亲情运动会。（4）每期一聚。通过组织学生游览革命圣地、开展体育游戏活动。（5）每年一庆。在鲜花、烛光中，庆贺留守儿童的生日。④

王秋香的《农村"留守儿童"社会化的困境与对策》（西南交通大学出版社 2008 年 5 月版）以留守儿童的社会化作为研究主题，重点探讨了家庭、学校、同辈群体、大众传媒、社区环境等因素在留守儿童社会化过程中的影响，试图构建促进农村留守儿童正常社会化的良好机制。⑤

这些解决留守儿童心理问题的对策研究都经过实践检验，有明晰的实

① 孙晓军、周宗奎：《农村留守儿童的同伴关系和孤独感研究》，《心理科学》2010 年第 2 期。

② 范方：《留守儿童焦虑/抑郁情绪的心理社会因素及心理弹性发展方案初步研究》，博士学位论文，中南大学，2008 年。

③ 申健强、申利丽：《发挥学校教育主渠道构建"留守儿童"监护网》，《教学与管理》2007 年第 2 期。

④ 徐松竹：《山田模式：为留守儿童撑起亲情蓝天》，《中小学管理》2007 年第 9 期。

⑤ 王秋香：《农村"留守儿童"社会化的困境与对策》，西南交通大学出版社 2008 年版。

践路径作为依托，操作性强，效果良好，很具有参考和推广意义。

（四）社会学视阈下的留守儿童研究

社会学主要探寻留守儿童形成的社会层面的原因，关注留守儿童的污名化、社会支持等问题，以及留守儿童问题社会层面的解决策略。

任运昌提出：社会各界在广泛关注留守儿童众多生存发展问题的同时，明显存在人为扩大留守儿童负面特征的倾向。社会公众受到了各种社会舆论和极端个案的较大影响，对留守儿童存在一定偏见和刻板印象，使广大留守儿童在一定程度和范围内面临着污名化的危险。[①]

黄颖和叶敬忠认为：农村社区对生活在其中的留守儿童及家庭有重要影响。资金短缺，资源匮乏，有限的组织功能阻碍了作为行动主体的农村社区在留守儿童问题解决上的作用发挥。[②] 王章华、戴利朝认为社会工作对留守儿童问题的介入可以从两个方面进行：一是直接针对留守儿童自身存在的问题进行社会工作介入；二是对影响留守儿童的社会支持体系进行社会工作介入。[③] 赵富才认为要想从根本上解决农村留守儿童问题，就要彻底解决社会二元经济体制问题、二元户籍制度及其相关的教育、就业、福利等制度问题。[④]

城乡二元结构、户籍制度限制、农村欠缺社会保障，是社会学领域普遍认同的，既是留守儿童产生的深层次原因，也是留守儿童问题解决的三个核心。

（五）法学视阈下的留守儿童研究

法学注重探讨留守儿童的人身安全与权益保护问题。

张素凤针对中小学校和教师对农村留守儿童实行"代管"这一现象，分析学校、代管教师与被代管学生之间的法律关系，以及被代管学生在遭受损害以及致第三人损害时的责任承担。[⑤] 张琳认为应修改、完善《未成

---

① 任运昌：《空巢乡村的守望》，中国社会科学出版社 2009 年版，第 187 页。

② 黄颖、叶敬忠：《农村基础教育中村级社区的作用发挥》，《江西教育科研》2007 年第 9 期。

③ 王章华、戴利朝：《社会工作在农村留守儿童教育问题中的介入模式探索》，《现代教育管理》2009 年第 7 期。

④ 赵富才：《农村留守儿童问题研究》，博士学位论文，中国海洋大学，2009 年。

⑤ 张素凤：《农村留守儿童代管中的法律关系及法律责任》，《安徽师范大学学报》（人文社会科学版）2009 年第 7 期。

年人保护法》《义务教育法》。应在法律中明确规定对农民工子女随父母异地上学的相关保障机制和法律责任，明确农民工子女的教育管理主体，从法律制度上为农民工子女随父母进城就读扫除障碍。① 项焱和郑耿扬提到留守儿童普遍面临生存权、受教育权、受保护权、发展权、参与权等诸多权利全面缺失的不利状况。为确保留守儿童群体法定权利的实现，有必要把法律保护作为实现儿童权利的根本途径；加强立法，明确留守儿童之相关权利。② 郭津和衣晶分析了农村留守儿童易发多发的犯罪现象的原因，针对农村留守儿童犯罪的特点、成因，提出建立社会、学校、家庭三位一体的农村留守儿童问题治理体系。③

法学专家达成的基本共识是：加大相关司法保护和救助力度；完善留守儿童法律服务体系；特别要预防侵犯农村留守儿童，尤其是留守女童的恶性案件发生；切实维护留守儿童群体的生存权、教育权与发展权。

四　留守儿童研究的反思

（一）缺乏高中留守儿童及留守幼童研究

既往研究中，研究对象多是处在义务教育阶段的小学、初中留守儿童，年龄段集中在6岁到16岁，6岁以下的学龄前留守儿童和超过16岁的留守高中生群体研究较少。留守幼童，因为年龄小，语言表达受限，研究难度较大。可喜的是，2009年留守幼童研究有所突破，我国第一本留守幼儿专著《留守幼儿生存与发展问题研究》出版，研究者对湖北黄冈10个区县的幼儿园与学前班的留守幼儿进行调研，研究发现：留守幼儿在穿、住、用、行、玩、学、交往与沟通等方面，存在明显的困难，多种正当需求未能得到满足。由于教养环境与条件的不足，他们在语言、认知、思维力、想象力、绘画与歌唱、社会性与个性等方面普遍明显滞后于同地区的其他非留守幼儿。④ 赵俊峰和史冰洁为考察留守与非留守幼童的信息理解能力是否存在差异，对河南省144名4—5岁单、双亲外出务工留守幼童和非留守幼童实施接受意外地点和意外内容任务两个测试。结果表明，单亲外出留守幼童和非留守幼童的测试成绩显著高于双亲外出留守

---

① 张琳：《农村留守儿童的权益保护问题与对策研究》，《中州学刊》2009年第9期。

② 项焱、郑耿扬：《留守儿童权利状况考察报告》，《法学评论》2009年第6期。

③ 郭津、衣晶：《中国农村留守儿童犯罪问题探析》，《中国农学通报》2009年第25期。

④ 蔡迎旗：《留守幼儿生存与发展问题研究》，江苏教育出版社2009年版。

幼童；单亲外出留守幼童和非留守幼童之间没有显著差异，但非留守幼童完成测试的反应时间显著短于单亲外出留守幼童。[①] 目前关于留守高中生群体的专项研究依然鲜见。

（二）缺乏对留守生活之前或曾留守儿童的纵向研究

农村留守儿童群体出现的各种问题，是多种因素共同作用的结果。究竟哪些问题确实是由父母外出务工造成的，哪些又是由于其他因素导致的？农村留守儿童群体出现的问题，农村非留守儿童群体是否就不存在？以往研究多采取的是横断面研究法，就当下的留守生活研究留守儿童，缺乏对儿童留守之前，或曾经是留守儿童，现在父母不再外出务工，已经结束留守生活的儿童群体的纵向研究。这样就难以厘清种种变化的根源到底是不是由"留守"引起的，"留守"所带来的影响到底有多大。作为第一代留守儿童的农村 80 后群体，大部分已经进入城市谋生，在与城市融合的过程中，产生了一系列的问题，问题的根源是不是需要追溯到童年时期的留守经历呢，只有长期的纵向研究才能给出令人信服的结论。目前国内的高校或科研院所的年度量化考核机制，也难以允许研究者就一个选题开展长期的纵向研究。

（三）缺乏深入的定性研究

以往的大多数留守儿童实证研究，多使用单一的问卷调查法。一份调查问卷只有少量问题，这样的问卷结果对留守儿童问题容易做到概貌性、表层性的描述，但很难进行深入地挖掘与探索。吕绍清是较早在留守儿童研究中大量使用深度访谈法、焦点小组访谈法等定性研究方法的学者。通过对 150 位农村留守儿童进行深度访谈，发现留守儿童是一个动态变化的复杂群体，这种复杂性主要通过留守儿童的动态留守、逆向监护以及留守儿童监护软性化这三个特征体现出来。[②] 这些重要结论恐怕都是通过单一的问卷调查法难以取得的。

（四）多是单一学科研究，且高度集中于五个学科

以往的研究多集中在某一单一学科领域，缺乏从跨学科的角度进行综合的研究。人口学、教育学、心理学、社会学和法学是留守儿童研究最为

[①] 赵俊峰、史冰洁：《留守儿童和非留守儿童错误信念理解能力的比较》，《河南大学学报》（社会科学版）2009 年第 6 期。

[②] 吕绍清：《农村儿童：留守生活的挑战——150 个访谈个案分析报告》，《中国农村经济》2006 年第 1 期。

常见的五个学科视角，其他学科领域研究成果则比较缺乏，如传播学、政治学、经济学等。

（五）不同学者关于同一研究内容的结论存在较大差异

这一点突出表现在留守生活对留守儿童学习成绩的影响研究上。吴霓、张显宏、李松、胡枫、李善同等学者均认为留守经历对留守儿童的学业成绩有显著的消极影响。徐阳的博士论文《农村留守儿童教育问题研究》得出结论：留守儿童不等同于差生，儿童间的学习成绩没有明显差异。叶敬忠认为留守儿童与非留守儿童的学习成绩并无明显差别，但留守儿童的学习成绩与父母外出前相比出现了略微下滑的趋势。

今后留守儿童研究更加注重研究视角的挖掘，如大众媒介对留守儿童的影响研究。传统的电视媒体与网络、手机等新兴媒体，对留守儿童的影响力渐趋强大。大众媒介与留守儿童研究相对比较缺乏。叶敬忠和王秋香等学者的专著中，都只把大众媒介对留守儿童的影响作为一个较小章节加以论述。目前的大众媒介与留守儿童研究不仅数量较少，而且多停留在调研层面，缺乏深厚的学理探讨与支撑。

研究对象会进一步延展，如城镇留守儿童与少数民族地区留守儿童。大城市的生活压力越来越大，一些年轻人选择把幼小的孩子托付给在其他城市生活的父母，这就形成了城镇留守儿童群体。城镇留守儿童群体与少数民族地区留守儿童研究相信会逐渐引发关注。王文伶、李佳对海口市美兰区 4—6 年级城镇留守儿童进行调研，以相同年级的非留守儿童为对照组，研究未能发现城镇留守儿童在行为、智力、在校状况等方面与对照组存在显著差异。然而这一结果并非揭示城镇留守儿童心理健康问题少于农村留守儿童，相反城镇留守儿童的情绪等问题被掩盖在"正常"的行为以及学习成绩之下，使其更难发现、更容易被忽略。① 2010 年 3 月出版的《云南留守女童研究》，是我国第一本关于留守女童，也是关于少数民族地区留守儿童的研究。以云南省禄劝彝族苗族自治县的九龙和翠华两乡为调查地点，从留守女童社会性别和儿童发展理论视角出发，重点对边疆民族地区留守女童的社会歧视进行了分析和探讨。②

---

① 王文伶、李佳：《海口市 136 名城镇留守儿童自我意识水平分析》，《中国学校卫生》2009 年第 9 期。

② 曲凯音：《云南留守女童研究》，人民出版社 2010 年版。

　　以往研究基本是关注留守经历对于留守儿童学习、心理等方面造成的消极影响，忽视了留守生活对儿童增强独立生活的能力、更加体恤父母等方面的积极影响，研究的客观度不够，留守经历对儿童的积极影响研究较少。2009 年第 6 期《河南大学学报》的《人格特征、社会支持对留守儿童心理弹性的影响》《农村留守儿童依恋特点》和《留守儿童歧视知觉特点及与主观幸福感的关系》，这三篇论文从积极心理学的视角尝试对留守儿童问题进行考察。①

　　此外，留守儿童研究不会只局限于留守儿童这一单一样本群体研究，会注意与留守儿童相关的儿童群体的交叉研究，如流动儿童，曾留守儿童等。同时对留守儿童群体内部进行更为细化的研究，如父亲单方外出务工、母亲单方外出务工或父母同时外出务工。范兴华和方晓义研究结果发现：在总的社会适应方面，一般儿童最好；流动儿童较好，明显优于双留守儿童（父母均在外务工）；双留守、曾留守儿童的抑郁程度高；流动儿童的孤独感强，但生活满意度高；与双留守儿童相比，流动儿童的自尊高、抑郁低；上述差异在女生和小学生中表现更为明显。② 黄艳苹、李玲对江西农村小学四年级到高中三年级学生进行调查，发现：非留守儿童的心理健康状况好于留守儿童与曾留守儿童；在留守儿童中，同辈看护或无看护的留守儿童心理健康状况最差。母亲看护的儿童好于其他留守类型儿童。曾留守儿童的心理健康状况较差更能好地说明留守经历是对留守儿童的影响的一种长期效应。③ 金灿灿与屈智勇发现：流动儿童、留守儿童和普通儿童的网络成瘾倾向比率分别为 12.99%、6.83% 和 6.82%；男女流动儿童的网络成瘾得分均显著大于对应性别的留守儿童和农村普通儿童。④ 这种交叉研究，可以得出比单一留守儿童研究更具对照性与参考意义的结论。

---

　　① 李永鑫、骆鹏程：《人格特征、社会支持对留守儿童心理弹性的影响》，《河南大学学报》（社会科学版）2009 年第 6 期。

　　② 范兴华、方晓义：《流动儿童、留守儿童与一般儿童社会适应比较》，《北京师范大学学报》（社会科学版）2009 年第 5 期。

　　③ 黄艳苹、李玲：《不同留守类型儿童心理健康状况比较》，《中国心理卫生杂志》2007 年第 21 卷第 10 期。

　　④ 金灿灿、屈智勇：《留守与流动儿童的网络成瘾现状及其心理健康与人际关系》，《中国特殊教育》2010 年第 7 期。

第三节   生态系统论对农村留守儿童社会性
发展研究的启发意义

一   布朗芬布伦纳的生态系统论模型分析

苏联心理学大师维果斯基的学生、美国著名的人类学家和生态心理学家尤·布朗芬布伦纳（U. Bronfenbrenner）1979 年出版了《人类发展生态学》一书，提出了"生态系统论"（Ecological Systems Theory）。认为在研究儿童的社会性发展时，必须考虑到儿童所处的社会系统对儿童行为的影响，强调应在儿童与社会环境相互作用的背景中考察儿童的发展。他强调从人所生活的生态环境来研究人的发展，即十分重视"发展的生态学"问题。布朗芬布伦纳指出，儿童发展是其生态环境作用的结果，该环境是由若干相互关联的子系统所组成，它们涉及范围很广，从一个人与社会化动因的直接相互作用到极为宏观的文化、社会背景方面的影响都涵盖在内。这个理论的重点是将"发展"看成是人与环境相互作用的产物。所以，布朗芬布伦纳的模式由三部分组成：人、行为发生的环境以及说明发生、发展变化的过程。布朗芬布伦纳表述为，"发展"遵循"人—环境—过程"的模式，发展是这样一种过程：通过发展人的属性与环境相互作用，因此产生了人的一致性和个性的变化。[①] 根据布朗芬布伦纳的发展生态理论，个体的发展与周围的环境之间相互联系构成了五个系统，即微系统、中层系统、外层系统、宏系统与时序系统，每个系统都包含角色与规则，可以有力地塑造儿童发展，而且每一个系统内部，各系统之间都是互相作用的，而非单方向起作用。布朗芬布伦纳的儿童发展生态学理论，从本质上反对华生的"环境决定论"，从皮亚杰的认知发展理论中吸取了养分。

第一层系统是微系统（Microsystems），主要是指儿童个体亲身接触与参与其中并产生体验的，与之有着最直接而紧密联系的环境，家庭、学校、教会、伙伴群体是最典型的。在微系统中的每一个因素都会与儿童个体的发展发生直接联系，造成积极或消极的直接影响。布朗芬布伦纳在此

---

① Bronfenbrenner, U. , *The Ecology of Human Development*：*Experiments by Nature and Design.* Cambridge, MA：Harvard University Press, 1979, pp. 36 – 44.

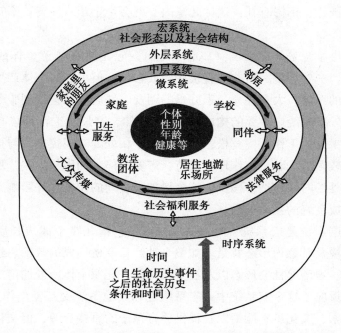

图 1 – 1　布朗芬布伦纳的发展生态模型包括五个环境系统：

微系统、中层系统、外层系统、宏系统与时序系统

资料来源：［美］约翰·W. 桑特洛克著，桑标等译：《儿童发展》第 11 版，2009：43。

特别强调双向影响（bi – directional influences），即微系统中各因素都会对儿童施加影响，反过来，儿童也会对微系统中各因素产生影响。如父母可以影响孩子的信念与行为，孩子同样也可以影响父母的信念与行为。在微系统中，双向的影响是最强的。外部层面的互动也会影响到微系统的内部结构状态。①

　　第二层系统是中层系统（Mesosystems），它是指儿童个体所处的两个或两个以上微系统构成因素之间的相互关系，如学校和家庭、家庭与同伴、教堂团体与家庭等之间的相互联系。中层系统对个体发展的影响取决于微系统各因素之间发生相互联系的数量、质量及程度。② 如家长教导儿童在外面不能吃亏，对待小伙伴要厉害些，不然会受欺负，而学校教育儿

---

　　① Bronfenbrenner, U., *The Ecology of Human Development：Experiments by Nature and Design.* Cambridge, MA：Harvard University Press, 1979, pp. 89 – 121.

　　② Ibid., pp. 139 – 167.

童要懂得谦让，彬彬有礼，这样儿童内心就会产生矛盾冲突，不知该如何择取。

第三层系统是外层系统（Exosystems），它是指在儿童个体成长的生态环境中，一些环境因素并不直接接触或参与，但可以对个体产生直接或间接影响的系统。大众媒介、家庭里的朋友、邻居、社会福利服务、法律服务都是外层系统中重要的构成因素。[①] 比如，家长的工作环境与儿童的关系，如果家长工作环境宽松，那么和孩子相处的时间较多，与孩子的关系就会比较融洽。若是工作环境严苛，需要不停地加班与出差，那么家长和孩子相处的时间自然会减少，这会增加夫妻间的矛盾，并影响家长和孩子之间形成良好的互动关系。

第四层系统是宏系统（Macrosystems），它指儿童个体成长所处的整个社会环境及其意识形态背景。如整个社会长期所形成的政治、经济、文化、法律、习俗等社会形态以及社会结构等。儿童个体所处的前三个层次系统均可反应于这个宏系统中，宏系统也和其他系统交互发生作用。[②] 例如文化因素，文化虽不能给家长提供养育孩子的直接资源，但文化确实在影响着父母功能的发挥。

第五层系统是时序系统（Chronosystem），这个系统是 Bronfenbrenner 在后续的研究中提出的，相对前四个系统的提出要晚一些。时序系统主要是以时间为维度，考察个体的生活环境及其个体的种种心理特征随时间推移所具有的相对恒定性及其变化性。例如，父母离婚对孩子的消极影响通常在离婚后的第一年达到顶峰。从离婚后的第二年开始，家庭成员经历了混乱的调整以后，相互之间的关系开始变得稳定。还有父母的亡故对儿童的影响。再如，由于社会环境的变化，妇女外出就业的行为比二三十年前受到鼓励，全职妈妈显著减少，这种变化趋势对儿童发展的影响。[③] 随着儿童年龄的增长，他们可能对环境的变化有不同的反应，也更能够决定如何根据环境的变化而改变自己、完善自己。

---

① Bronfenbrenner, U., *The Ecology of Human Development: Experiments by Nature and Design.* Cambridge, MA: Harvard University Press, 1979, pp. 186 – 214.

② Ibid., pp. 225 – 248.

③ Ibid., pp. 185 – 246.

二 生态系统论对农村留守儿童社会性发展研究的启发意义

人是不断积极、主动地成长的，环境的特性也是不断变化的。生态环境的变化或者"生态过渡"在儿童发展中具有特殊的重要性。在这些过渡时刻，个体由于面临挑战，必须学会适应，发展就会因此而发生。这两者之间相互适应的过程受环境之间相互关系的影响，同时也受所处的更大环境的制约。① 因此，在对儿童社会性发展进行研究时，不应停留在微系统上，而应在各系统的相互联系上来全面考察儿童的发展。Lerner 认为：经典交互作用论是那些关注个体发展过程中"个体—环境"关系实证研究的一个主要的理论框架，它已经被看作是一个"拟合优度模型"（Goodness of Fit Model），即个体的发展结果取决于个体特征（如气质、价值观、态度、信念、技能和习性等）与环境的匹配或拟合状况。如果二者拟合得好，个体能够从情境中获得支持性或积极的反馈，从而有利于个体的适应与积极发展；如果拟合得不好，则会对其发展产生不良影响。②

儿童社会性发展的生态学观点为理解留守儿童所处的特殊的家庭环境与个体发展之间的关系提供了一个重要的理论框架。留守儿童的父母双方或一方长期缺位，对留守儿童的社会性发展进程造成了不可逆的影响。陈旭提出，留守儿童家庭的特点是：家庭结构残缺、家庭系统边界混乱、家庭情感功能不全、家庭规则不明确。③ 家庭、学校、同伴和大众媒介是推动儿童社会性发展的四大力量，其中家庭是儿童社会性发展进程中最重要的力量，儿童在家庭中促成道德标准和行为规范的内化、明晰社会角色、形成社会认同的价值观。学校则是儿童除家庭之外对其社会化影响最大的正式机构。同伴是儿童社会性发展的重要动因，随着儿童步入青春期，同伴群体的影响逐渐增强。

---

① Bronfenbrenner, U., *The Ecology of Human Development*: *Experiments by Nature and Design*. Cambridge, MA: Harvard University Press, 1979, pp. 185 – 246.

② Magnusson D., Stattin H. Peron – Context interaction theories. In R M. Lerner（Ed.）, *Theoretical models of human development*. Handbook of child psychology, Vol 1, NewYork: Wiley, 1998, pp. 685 – 759.

③ 陈旭主编：《留守儿童的社会性发展问题与社会支持系统》，人民出版社 2013 年版，第393 页。

对于留守儿童，学校、同伴在社会性发展中所起的作用和非留守儿童并没有什么不同，留守儿童社会性发展的特殊性就在于家庭力量弱化，媒体力量显著上升。在留守儿童社会性发展进程中，大众媒介已不仅仅安居于外层系统，而是逐渐上升，向中层系统甚至微系统逐步渗透。留守儿童通过大众媒介掌握社会所公认的行为模式和行为规范，塑造了思维方式、情感方式、价值标准，不断形成适应于社会和文化的人格特质。本研究从家庭在西北地区农村留守儿童社会性发展进程中所起的力量弱化切入，再深入论证大众媒体充当了留守儿童的思想与情感抚育者，成为留守儿童精神领域的"代理父母"。

第二章

家庭：西北地区农村留守儿童
社会性发展进程中力量弱化

第一节　西北地区农村青壮年人群流动趋向及村落特性

一　农村青壮年人群流动趋向

1993 年，全国农村外出民工总数达到 6200 多万人，1994 年增加到 7100 万人，1995 年高达 8000 万人；此后几年，民工潮略有回落。2000 年左右，农民工数量又以每年 600 万—800 万人的规模递增；2006 年，我国农村外出务工的数量约为 1.2 亿人，加上本地乡镇企业就业的农村劳动力，农民工总数大约是 2 亿人。农民工以初中文化的青壮年为主，平均年龄 28.6 岁（国务院研究室课题组，2006：3—5）。① 西部省区在农业资源（主要是耕地）方面占有优势。不考虑降雨量和灌溉设施方面的差别，西部省区农户人均耕地是沿海省区的 2—4 倍。但是沿海省份农户的收入水平则是西部省区的 2—3 倍。② 在中国贫困人口中，西部地区所占比重超过 62%，国家级贫困县中，西部地区占了 60% 多。西部地区每 100 个贫困县中有 75 个为生态脆弱县。这就导致了西部地区的青壮年农民必须要离开家找活路。以 2004 年为例，中西部外出农民工 7889 万人，占全国农民工总量的 66.7%，已婚比例达 69.88%（国务院研究室课题组，2006：112）。③

---

① 参见任运昌《空巢乡村的守望》，中国社会科学出版社 2009 年版，第 1—2 页。
② 马戎、马雪峰：《西部六城市流动人口调查综合报告》，《西北民族研究》2007 年第 3 期。
③ 参见任运昌《空巢乡村的守望》，中国社会科学出版社 2009 年版，第 2 页。

　　通过对 2000 年西北五省区与沿海三省区人口流动性的比较，发现：虽然西北地区属于外来务工人员输出较多的一个区域，但是在本省地域，总体来说，人员流动率却并不高。可以初步推断，西北地区外来务工人员主要流入省外大中城市，尤其是东部经济发达地区。

表 2 - 1　　　　2000 年西北五省区与沿海三省区人口流动性的比较

省区	户籍、居住都在本地（万人）	户籍外地，本地住半年以上（%）	户籍外地，本地住不到半年（%）	户口待定，居住本地（%）
新疆	1548	17.2	1.0	1.0
西藏	239	8.3	3.7	0.6
甘肃	2342	6.1	0.6	0.6
青海	424	11.4	0.9	1.4
宁夏	473	13.6	0.7	1.8
江苏	6333	13.3	1.0	0.9
浙江	3686	21.5	1.8	1.1
广东	5864	39.4	3.8	2.1

　　资料来源：国务院人口普查办公室，2003a：10—11。①

　　吴虹、贾云鹏 2006 年通过对甘肃、青海、宁夏和内蒙古四省（区）44 个村调研发现，农村劳动力流动比率（外出打工数量/农村劳动力总数）达到了 27.8%。西部农村劳动力流动以男性为主，男性劳动力占流动总数的比重高达 82.2%，女性劳动力仅占 17.8%。在年龄结构方面，以青壮年为主，大部分位于 26—45 岁之间，其比率高达 72.5%。外出劳动力人口中 87% 为已婚。②

表 2 - 2　　　　2006 年甘肃、青海、宁夏和内蒙古四省（区）44 个村
农村劳动力外出务工人员地区分布③　　　　（单位：人，%）

是否外出务工	总样本数	所占比例	甘肃人数	所占比例	青海人数	所占比例	宁夏人数	所占比例	内蒙古人数	所占比例
外出务工	516	27.8	202	24.4	84	25.8	151	39.5	79	24.5
没有外出务工	1342	72.2	626	75.6	241	74.2	231	60.5	244	75.5
总计	1858	100	828	44.5	325	17.5	382	20.5	323	17.4

---

　　① 图表参见马戎、马雪峰《西部六城市流动人口调查综合报告》，《西北民族研究》2007 年第 3 期。

　　② 吴虹、贾云鹏：《西北地区农村劳动力流动的实证调研分析——以西北四省区为例》，《西北人口》2008 年第 6 期。

　　③ 图表参见马戎、马雪峰《西部六城市流动人口调查综合报告》，《西北民族研究》2007 年第 3 期。

西北地区农村青壮年劳动力流向大中城市，特别是发达地区的大中城市，成为一个显著趋向。

二 农村青壮年人群流动的动因——一位壮劳力的一笔账

首先来看陕西省汉中市南郑县 Z 镇 W 村一位壮劳力的一笔账。

在广东东莞打工的 WQ 给研究者算了一笔账：

一年种两季作物，从阳历 10 月份到第二年 5 月份，共 8 个月。

上半年一般种油菜，一亩地收 250 斤油菜籽，一斤 2.5 元，共 625 元。

犁田一亩地 100 元（WQ 给研究者解释，联合收割机必须是大面积的平地才能使用，W 村耕田分散，犁田还是需要租用耕牛）；

化肥（主要是氮肥与复合肥），共 100 元，油菜一般不生虫，农药费用可以不计；

水费 25 元；出的劳力不计算在内，这样下来种一亩油菜籽纯收入 400 元。

最精壮劳动力一季能种 3 亩（要拼死拼活地干），最多挣 1200 元，况且一户也不可能分到 3 亩责任田。

下半年一般就是种水稻，一亩地一般打 1200 斤水稻，一斤水稻 1.1 元，共 1320 元。

水稻种子 30 元；化肥（主要是氮肥、复合肥）100 元，；农药 50 元；犁田一亩地 100 元；

水费 25 元；劳力不计算，这样下来纯收入 1015 元。

最精壮劳动力一季种 3 亩水稻，最多挣 3045 元。

这样计算下来，壮劳力一年挣 4245 元，一月平均只有 353.75 元

这还不考虑买的种子、化肥和农药质量不好（这种事情最近几年时有发生），种的时候天干，收的时候下雨，也没有刨去留存的口粮。这位壮劳力一年还不能生病，得像一头牛一样不停地干活，还得有 6 亩地给他种。

"353.75！" WQ 大声反问我，"你说我们为啥要出去打工？"

潘璐、叶敬忠通过长期的农村调研发现：从农村劳动力流动历程的变

迁来看，劳动力的流动最初在人地矛盾突出、生存极为窘迫的村庄萌发，进而渐次扩展到不同类型、不同资源禀赋的农村地区；务工者群体的构成从最初以冒险、碰运气心态进城闯荡的先锋农民，扩展到每一个具备劳动能力的普通农村居民，从青壮年男性为主扩展到年龄跨度更大的男性与女性村民；务工者的流动方式也从最初高度依赖地缘网络和帮带关系的特定就业领域，演变为遍及全国各地甚至是跨国性的多元职业分布。①

　　研究者对陕西省西安市长安区、户县，咸阳市旬邑县、泾阳县，宝鸡市岐山县，渭南市临渭区、富平县，延安市安塞县，安康市旬阳县、石泉县，汉中市南郑县、勉县；甘肃省庆阳市西峰区，定西市安定区；宁夏回族自治区银川市贺兰县，固原市西吉县，石嘴山市平罗县；青海省西宁市大通回族土族自治县、湟中县，海东市乐都县；新疆维吾尔自治区昌吉回族自治州昌吉市、阜康市、玛纳斯县的乡村的123位留守儿童外出务工父母进行了入户问卷调查与深度访谈，结果发现，促使留守儿童父母外出务工最主要的动因是：在家务农，挣不到钱；到城里务工，机会多；为了孩子有更长远的发展。

表 2 – 3　　　　　　　　留守儿童外出务工父母出去务工的原因

		响　　应		个案百分比
		N	百分比	
出去务工，是出于哪些方面考虑	在家务农，挣不到钱	76	31.8%	61.8%
	到城里务工，机会多	67	28.0%	54.5%
	长些见识，开阔眼界	38	15.9%	30.9%
	村里的年轻人都出去了，我也得出去	17	7.1%	13.8%
	为了孩子有更长远的发展	41	17.2%	33.3%
	总计	239	100.0%	194.3%

　　35.8%的留守儿童外出务工父母认为"父母不在身边，对孩子成长影响很大"，57.7%的认为"有些影响"，只有0.8%的认为"没什么影响"。通过深度访谈发现，留守儿童外出务工父母最担忧的事情是：孩子学习成绩下降，生病，被人欺负，和社会上的混混交朋友，沾染不良恶

---

　　①　潘璐、叶敬忠：《"大发展的孩子们"：农村留守儿童的教育与成长困境》，《北京大学教育评论》2014年第7期。

习。叶敬忠、潘璐经过实地调研发现，79%的外出务工父母不愿意自己的孩子被称为"留守儿童"，81%的外出务工父母担心"留守儿童"会成为"问题儿童"。①

外出务工妇女 LFY，陕西省汉中市勉县元墩镇 S 村人，小学文化程度，儿子寄养于大哥家中，与丈夫在外务工。

几年前我在家种地，光靠种地赚不了几个钱，我娃在县城上学，要花不少钱，也是实在没法，就出去和娃他爸一起打工了。在外面最挂心的是娃的安全，担心他和社会上的小混混瞎胡混。打工赚的钱基本上都寄回家里了，我们自己只留个生活费……心里放不下我娃啊，钱挣得那是比在家多些，可在外边天天都想娃。有时候看见电视上那些十几岁的小娃家出了问题，心里就和小刀子割一样。说千道万，还不都是为了自家娃，为了自家娃以后能奔个好前程。看到电视上留守娃子家出的事，什么不小心给淹死了，跟着村里混混偷钱了，女娃家给村里老光棍糟蹋了，心里难受死了，也听不得别人说这样的事。

西北地区农村青壮年劳动力去城市务工，已成为改变单一依靠种田谋生，让家庭摆脱贫困的重要渠道。留守儿童外出务工父母从内心来说，不愿意离开孩子，也非常清楚自己长期外出务工对儿女的成长是不利的。但是依靠种地本业，只能维持一个基本温饱的生活水平线，为了多挣钱，将来能使孩子过上好一点的生活，他们很无奈地作出这种决定，与子女的长期分离，让他们内心充满愧疚、痛苦、不安与焦虑。这种亲子割裂与分离，并非处于自愿选择的，而是带有生存环境因素决定的强制性。

三　村庄常驻"三留人群"——留守儿童、留守老人与留守妇女

和 2000 年相比，2005 年的全国农村留守儿童规模增长十分迅速，增速达 140%；在全部农村儿童中，留守儿童的比例已高达 28.29%，即每 4 个农村儿童中就有 1 个多留守儿童，这表明在农村留守儿童已非

———————

① 叶敬忠、潘璐：《别样童年》，社会科学文献出版社 2008 年版，第 9 页。

常普遍。① 2005 年，陕甘宁青新西北五省区农村留守儿童已达356.28 万人，其中陕西省约有农村留守儿童153.50 万人，在西北五省区居于首位。②

表 2－4　　　　　　　2000 年和 2005 年农村留守儿童数量推算

指　标	2000 年	2005 年
总人口数量	129533 万人	130628 万人
0—17 周岁儿童占总人口的比重	28.36%	25.82%
0—17 周岁儿童数量	36738 万人	33730 万人
0—17 周岁留守儿童占全部儿童的比例	8.04%	21.72%
0—17 周岁留守儿童数量	2954 万人	7326 万人
0—17 周岁农村留守儿童占留守儿童的比例	82.72%	80.00%
0—17 周岁农村留守儿童数量	2443 万人	5861 万人

资料来源：2000 年第五次人口普查；2005 年全国 1% 人口抽样调查。③

表 2－5　　　　　　西北五省区分年龄组农村留守儿童人数④　　　（单位：万人）

省（区、市）	0—5 周岁	6—11 周岁	12—14 周岁	15—17 周岁	总计
陕　西	37.61	50.74	32.70	32.44	153.50
甘　肃	37.85	54.95	32.09	27.50	152.39
青　海	3.38	3.59	2.06	1.74	10.76
宁　夏	4.22	5.22	3.38	2.80	15.62
新　疆	6.17	6.60	5.43	5.80	24.01

蒋贵斌调查发现，广西南宁市父母双双外出的"空巢学生"就有133875 人，占农村学生总数的 19.29%。其中，小学阶段的空巢学生87533 人，占农村小学生总数的 19.75%；中学阶段的空巢学生 46342 人，

---

① 全国妇联儿童工作部：《农村留守流动儿童状况调查报告》，社会科学文献出版社 2011 年版，第 7 页。

② 数据来源：根据全国妇联儿童工作部《农村留守流动儿童状况调查报告》的"各省（区、市）分性别的农村留守流动儿童及所占比例"图表计算得出。

③ 图表参见全国妇联儿童工作部《农村留守流动儿童状况调查报告》，社会科学文献出版社 2011 年版，第 7 页。

④ 图表根据全国妇联儿童工作部《农村留守流动儿童状况调查报告》"各省（区、市）分年龄组的农村留守儿童人数"图表改编。

占农村中学生总数的 18.46%，宾阳县空巢学生比例最高，占全县学生总数的近 30%。任运昌、林健在重庆、贵州与四川进行田野调查中发现：留守儿童的比例普遍超过了 40%，重庆市万州区、垫江县，贵州省遵义县，四川省武胜县等地部分学校的留守儿童甚至高达近 80%。[①] 中国农业大学人文与发展学院与国际计划（Plan China）自 2004 年开始合作开展了"中国中西部农村地区劳动力外出务工对留守儿童的影响研究"。选择了陕西省、宁夏回族自治区、河北省和北京市的 10 个村子开展实地调查。从宁夏回族自治区、陕西省 7 个村子长期打工户及留守儿童户分布情况来看，有留守儿童的农户数占到长期打工户的 63.1%，有两个村子的有留守儿童的农户数占到长期打工户的 100%。[②]

表 2 - 6　　　　宁夏回族自治区、陕西省 7 个村子长期打工户及
留守儿童户分布情况[③]

村子名称	总户数（户）	长期打工户（户）	百分比（%）	留守儿童户（户）	百分比（%）（留守儿童/长期打工户）
1. 宁夏回族自治区同心县予旺镇和尚坡村	372	43	11.6	43	100
2. 宁夏回族自治区西吉县将台乡牟荣村	347	37	10.7	21	56.8
3. 陕西省榆林市榆阳县古塔乡黄屹崂村	103	65	63.1	45	69.2
4. 陕西省蒲城县椿林乡兴林村	448	97	21.7	19	19.6
5. 陕西省淳化县官庄镇张村	221	49	22.2	30	61.2
6. 陕西省西乡县柳树镇大沙村	137	42	30.7	42	100
7. 陕西省佳县佳芦镇崔家畔村	103	46	44.7	39	84.8
合计	1731	379	21.9	239	63.1

　　研究者所调研的陕西省汉中市南郑县 C 镇 G 小学的生源主要是由 G

---

①　任运昌：《空巢乡村的守望》，中国社会科学出版社 2009 年版，第 3 页。

②　叶敬忠、［美］詹姆斯·莫瑞：《关注留守儿童：中国中西部农村地区劳动力外出务工对留守儿童的影响》，社会科学文献出版社 2005 年版，第 28—29 页。

③　此表根据叶敬忠、［美］詹姆斯·莫瑞《关注留守儿童：中国中西部农村地区劳动力外出务工对留守儿童的影响》（社会科学文献出版社 2005 年版）第 29 页图表加以改编。

村和 H 村两村的适龄入学子女构成，在校学生 194 人，其中留守儿童 66
人，男生 32 人，女生 34 人，性别比为 94.12，留守学生占学生总数的
34.0%，父母外出打工共 89 人。研究者所调研的陕西省西安市户县初级
中学 G，留守儿童占到全校总人数的 41.4%。

表 2-7　　　　　陕西省汉中市南郑县 C 镇 G 小学留守儿童年级分布

年级	总人数（人）	留守儿童数（人）	留守儿童占总人数的百分比（%）	留守儿童所在村及性别分布			
				G 村		H 村	
				男生	女生	男生	女生
一	22	10	45.5	2	2	1	5
二	18	5	27.8	2		1	2
三	26	10	38.5	2		3	3
四	41	14	34.1	6	2	2	4
五	42	11	26.2	3	2	3	3
六	45	16	35.6	2	6	5	3
合计	194	66	34.0	17	14	15	20

表 2-8　　　　　陕西省西安市户县初级中学 G 留守儿童分布

年级	总人数（人）	留守儿童（人）	留守儿童所占比例（%）
七	189	92	48.7
八	213	105	49.3
九	292	90	30.8
合计	694	287	41.4

以陕西省汉中市南郑县 Z 镇 W 村与 Z 村来说。W 村地处 Z 镇北面，
毗邻县城，共有 7 个村小组，耕地面积 1100 多亩，全村 354 户，共有人
口 1381 人，2011 年全村外出务工人员 482 人，占全村总人数的 34.9%，
其中男性 364 人，女性 118 人，年龄集中于 18—45 岁。Z 镇 Z 村是一个
小山区村，共四个村民组，240 户，715 人。耕地面积 653 亩，其中水田
637 亩，旱地 16 亩。2011 年全村外出务工人员 350 人，占全村总人数的
48.95%，其中男性 272 人，女性 78 人，年龄集中于 18—45 岁。无论是
毗邻县城的大村落，还是地处偏僻的小山村，都被外出务工大潮所裹挟。

研究者的调研团队所到之处，无论是陕西关中的户县，陕北的安塞，
陕南的石泉；还是宁夏的贺兰，青海的湟中；抑或新疆的玛纳斯，村中青

图2－1、图2－2　陕西省西安市户县初级中学 G 中学的全貌及教室

壮年男性的身影都并不多见。长期的西北农村调研经验告诉研究者：迎面碰见一位青壮年男性，多为街上做小买卖的，或是在周边揽活的匠人，要么是乡村中、小学教师，乡政府、卫生院的工作人员，却不大可能是一位真正田间劳作的农民。唐萍萍、李世平通过对陕西省的关中、陕南和陕北地区的 12 个样本村调研发现，转移劳动力家庭农业从业人员老龄化率为65%，农业从业人员女性化率为66%。[①] 西北农村的田埂地头，多为留守老人、留守妇女在劳作，农忙时节，孩子的身影也穿梭其中。村落成为老幼妇孺的聚集地，村里没有蓬勃的生气，只有到了年关，远在他乡的务工大军才像候鸟纷纷归巢，使平时了无生气的乡村恢复了生机与活力。

　　HJQ，男，65 岁，陕西省汉中市南郑县 Z 镇 Z 村人，是 Z 镇小有名气的包工头，主要承揽周边各家各户的修房工程。

　　我们这里，听老一辈人谈闲（方言：聊天），40 年代基本都是茅草房。土房（即为：土木结构的房子）是解放后开始出现，五六十年代最多，70 年代以后出现砖木结构的房子，82 年以后，出现的是砖混结构的平房，85 年以后出现两层楼房，都是少数做生意和出去打工的人家里盖的，90 年以后，两层楼房就挺常见了。2000 年以后

[①]　唐萍萍、李世平：《农村劳动力转移效应和谐化研究——基于陕西省的实证分析》，《经济体制改革》2012 年第 2 期。

出现了 3 层楼房，外墙瓷砖，框架结构，那是最排场的。房子是盖得好了，院墙也修得高了，大家串门子的可少了，现在就像城里人一样，平日里都往家里一猫一天。

　　HCF，女，62 岁，陕西省汉中市南郑县 Z 镇 W 村村民
　　我们队的 LJJ，90 年代初，去广州做厨子，三年头上就起了两层房。2000 年左右我们村打工的年轻人多起来了，有去广东、深圳、北京、天津、苏州的，打三五年工，就可以修房，接媳妇（方言：娶媳妇），都是二层房，装修也好，家里有冰箱、洗衣机。现在，我们村大概有三百多户，差不多两百来户都有人出去打工。全靠种地为生的男娃基本没有了，主要是老年人，还有没有出去打工的一些媳妇种地，老人没法种的就租出去。去年，外面情况不太好，有不少人回来在县城打短工，卖热面皮、菜豆腐，卖鞋、卖衣服，反正就是不回来种地。

　　根据国家统计局的资料，农民工的工资近年来呈上升的趋势。2009年，农民工实际月平均工资为 1221 元，为 2001 年的 1.9 倍。① 研究者调研发现，留守儿童家庭外出务工收入占家庭总收入 30%—50% 的达38.2%，占家庭总收入 50%—70% 的有 28.5%，占家庭总收入 70% 以上的有 23.6%。外出务工收入已经成为家庭收入的支柱。家庭经济条件的改善集中体现在住房上，盖新房子是外出务工赚钱后的村民最迫切希望做的一件事情。
　　青壮年劳动力走了，土地谁来种？研究者在西北地区实地调研发现，土地的撂荒并不少见，撂荒的并不全是贫瘠、自然条件不好的薄田，有一部分是地势平整的良田。吴惠芳、饶静研究发现，29.5% 的留守妇女家庭因为丈夫外出而减少了耕种土地面积，7.6% 的留守妇女家庭将距离家里较远、土质较差的土地撂荒。同时，由于丈夫外出务工，17.0% 的留守妇女家庭将双季稻改为单季稻，32.0% 的留守妇女家庭减少了水稻的种植面积比例。②

---

　　① 数据来源：国家统计局《中国统计年鉴 2009》。
　　② 吴惠芳、饶静：《农业女性化对农业发展的影响》，《农业技术经济》2009 年第 2 期。

图2-3 Z镇这样的土房已经很少见了　　**图2-4 Z镇常见的二层小楼**

第二节 家庭对西北地区农村留守儿童社会性发展 影响弱化：依恋渴望与情感疏离

　　家庭是一个包含着独立成员和子系统的复杂系统。这些成员或子系统的功能会随着其他成员行为或关系的改变而发生变化。夫妻系统是家庭正常运行的基础。夫妻系统、亲子系统以及兄弟姐妹系统的功能相互关联，对儿童的社会性发展产生重要而持久的影响。[①]

一 留守儿童家庭生活状态

（一）留守儿童多与母亲，或爷爷奶奶生活

　　全国妇联儿童工作部调研发现，全部农村留守儿童中，双亲外出留守儿童占52.86%，单亲外出留守儿童占47.14%，而且在单亲外出留守儿童中，父亲外出务工的比例大大高于母亲，父亲外出的为33.39%，而母亲外出的为13.85%。留守儿童主要由祖父母监护，比例为44.9%；其次为母亲，比例为37.1%。外祖父母的比例与祖父母相比，差距非常大，

---

　　① ［美］罗斯·D. 帕克、阿莉森·克拉克－斯图尔特：《社会性发展》，俞国良、郑璞译，中国人民大学出版社2014年版，第186页。

图 2 - 5、图 2 - 6   田边的引灌河沟成为飘满垃圾的污水沟，
这种场景在西北农村地区并不少见

比例仅为 5.4%。① 叶敬忠对父母外出务工期间留守儿童和哪些人共同居
住、生活的状况进行了分类统计，根据这些人与留守儿童的不同角色关系
将留守儿童的监护类型分为祖辈监护、母亲监护、父亲监护、亲戚监护、
自我监护五类。② 从研究者在西北五省区农村入户调研结果来看：留守儿
童和妈妈在家一起生活的占到 45.8%；和爷爷奶奶生活的占到 31.2%；

①   全国妇联儿童工作部：《农村留守流动儿童状况调查报告》，社会科学文献出版社 2011
年版，第 17、69 页。

②   叶敬忠、潘璐：《别样童年》，社会科学文献出版社 2008 年版，第 77 页。

妈妈外出务工，和爸爸生活的只有 7.3%，值得注意的是，还有 5.8% 的留守儿童独自生活。对独自生活的留守儿童进行深度访谈发现，这部分孩子年龄一般在 12 岁以上，父母均外出务工，爷爷奶奶多早逝，他们不愿意寄居于亲戚家，同时由于西北农村的传统习俗，他们也不会选择去姥姥、姥爷家生活，因此独自照料自己，或是和年幼的弟弟妹妹相伴过活。

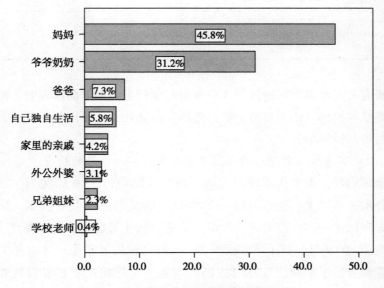

图 2-7　留守儿童日常和谁一起生活

从研究者在陕西省汉中市南郑县 C 镇 G 小学调研结果来看，祖辈监护的占到 56.1%，母亲监护的占到 36.4%，父亲单方监护，或是亲戚监护的比例均不超过 5%。

表 2-9　　　　陕西省汉中市南郑县 C 镇 G 小学留守儿童监护情况

留守儿童监护类型	留守儿童（人）	占留守儿童的比率（%）
祖辈监护，父母均外出打工	37	56.1
母亲监护，父亲外出打工	24	36.4
父亲监护，母亲外出打工	2	3.0
亲戚监护，父母外出打工	3	4.5

陕西省西安市户县 G 中学，共有学生 694 人，留守儿童 287 人。母亲单方监护的留守儿童有 191 人，占到 66.6%；祖辈监护的 89 人，占到

31%；亲戚监护的留守儿童仅有 7 人，只占 2.4%。

表 2 - 10　　　　　　陕西省西安市户县 G 中学留守儿童监护情况

年级	母亲单方监护（人）	祖辈监护（人）	亲戚监护（人）
七年级	57	33	2
八年级	68	35	2
九年级	66	21	3
合计	191	89	7

研究者在西北农村地区的入户调查与学校走访两方面都表明，留守儿童主要是和妈妈，或是爷爷、奶奶生活，留守儿童主要以母亲监护和祖辈监护两种监护类型为主。

（二）留守生活开始时间早，并具长期性、持续性的特点

全国妇联儿童工作部调研发现，留守儿童群体 33% 的父亲、25% 的母亲外出 5 年以上，而且 60%—70% 以上的父母是在外省打工，30% 的父母每年回家一次，打电话成为留守儿童与在外父母联系的主要方式，但也有约 2% 的父母与孩子常年无联系。[1] 研究者从留守儿童外出务工父母的问卷调查结果来看，有 69.1% 的外出务工父母在孩子 6 岁前就外出务工了。

外出务工时间达 10 年以上的有 23.6%，7—9 年的有 14.6%，4—6年的占 25.2%，不到一年的仅有 9.8%。

从调研结果分析，留守儿童的留守生活多始于幼年时期，且具有长期性、持续性的特点。

（三）外出务工父母和孩子日常联系较少，回家时间短暂

"打电话"因其便捷性成为外出务工父母和孩子联系最常使用的方式（86.5%），发手机短信的方式使用的并不多（9.2%）。相信随着智能手机在留守儿童中拥有率的不断提高，QQ 与微信会成为一种与外出务工父母较为普遍的联系方式。

外出务工父母一般一周给孩子打一次电话（36.5%），从深度访谈结

---

① 全国妇联儿童工作部：《农村留守流动儿童状况调查报告》，社会科学文献出版社 2011年版，第 38 页。

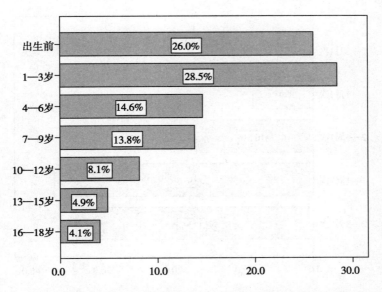

图 2-8 留守儿童外出务工父母第一次出去务工时孩子的年龄

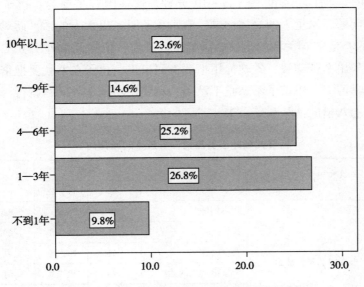

图 2-9 留守儿童外出务工父母外出务工时间

果得知，如果孩子年龄比较小，家里老人年纪较高或患有慢性病，外出务工父母给家里打电话的频率会高一些，大概会 2—3 天打一次电话。

从打电话的时间长度来看，3—5 分钟的占到 18.1%，5—10 分钟的

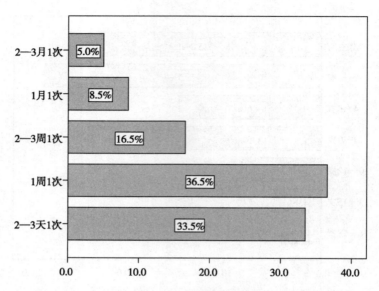

图2－10   留守儿童外出务工父母平均多久给孩子打次电话

有41.9%，时间长度集中于3—10分钟。通话内容主要为：孩子的学习与安全问题，家里人的身体问题，嘱咐孩子听家里大人的话，而对于孩子"最近的心情"却关注的很少。深度访谈发现：留守儿童外出务工父母认为自己外出辛苦赚钱，省吃俭用把钱寄回家里，孩子在家就要把全部心思都放到学习上。小孩子不愁吃不愁喝，只要用功把学习搞好就行，哪有那么多乱七八糟的情绪和烦心事。

表2－11   留守儿童外出务工父母与孩子的通话内容

		响应		个案百分比
		N	百分比	
和孩子一般在电话里说什么	学习问题	101	26.2%	82.1%
	身体问题	85	22.1%	69.1%
	安全问题	51	13.2%	41.5%
	听家里大人的话	76	19.7%	61.8%
	需要什么东西	50	13.0%	40.7%
	孩子最近的心情	22	5.7%	17.9%
总计		385	100.0%	313.0%

留守儿童外出务工父亲 LWE，33 岁，甘肃省庆阳市西峰区彭原

乡 Z 村人，在西安经营一家小火锅店。

我平日里 5 点就要去进菜，收拾卫生，洗菜、切菜、炒料，晚上营业到 11 点，夏天有时候都快到 2 点了，关门的时候腰都不是自己的了。这么辛苦，就是希望孩子好好学习，有出息，不要走自己的老路。我上初中时也是好学生，因为我妈身体不好，家里紧张，初中毕业上了个厨师学校，十六七岁上就开始养活自己了。现在儿子、女儿学习条件要比自己小时候好哪里去了，吃穿不愁，想买什么文具就买什么文具，一根铅笔还没用完就换新的，本子也是，还有几页就不用了，不像我小时候，一到交学费就难肠，班主任天天跟着屁股后头催，他们还能有个啥不顺心的，都掉到蜜罐里了，我那时候也想上高中，谁供我？

51.2% 的留守儿童外出务工父母都会每年的春节回家，深度访谈发现，"春节回家"是远在外地务工人员的一个较为强烈的信念，哪怕回家路途遥远，一票难求，拥挤不堪，花费不菲，内心都是充满期待，觉得这是一年到头必须要做的一件事情。

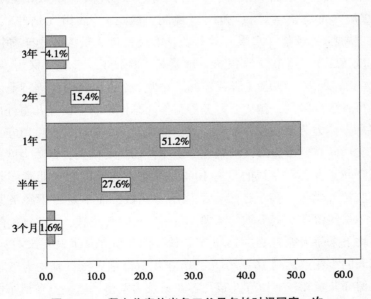

图 2-11 留守儿童外出务工父母多长时间回家一次

留守儿童外出务工父亲 JHW，38 岁，初中毕业，陕西省宝鸡市岐山县益店镇 Y 村人

过年当然要回家，不然待在城里有啥意思。回家那是肯定要花一笔钱，路费、给家里老人、媳妇、娃买的东西，还有走亲戚的花费。春运挤死个人，硬座都买不上，火车过道里都坐满了人，解个手都费劲，那也得回家呀，受点罪就受点罪，多花就多花点，钱少挣就少挣点。一年忙活到头，大过年的都不回家，那这日子还有个啥盼头？

虽然留守儿童外出务工父母过年一般会回家，但是在家待的时间却比较短暂，不到一周的为 16.3%，一周左右的为 17.9%，待到半个月的有 45.5%，多为在本省或临近省区务工。

（四）留守儿童生活条件因父母外出务工得以明显改善

留守儿童外出务工父母每月的收入在 1000—2000 元的占到 49.6%，收入能达到 3000 元以上的仅有 15.5%。男性务工人员多从事建筑（瓦工、电焊、铲车）、装潢（粉刷、油漆、门窗）、汽车美容（洗车、修车）、交通运输（修路、架桥、货运）、保安、餐饮（小饭馆老板、厨师）、煤矿（下井、运煤）、砖厂（烧制、搬运）、油田（钻井）、物流（搬家、快递）、贩菜（水果）等行业。女性务工人员多集中于餐饮（服务员、洗碗工）、超市（收银员、理货员、保洁）、家政（保姆、月嫂、护工）、美容理发、零售（服装鞋帽、小吃冷饮）、摘棉花等行业。有个别人从事管理、策划、销售、财务等工作。总体来看：留守儿童外出务工父母多从事体力劳动，收入不高，流动性高。深度访谈发现：留守儿童外出务工父母常有城市边缘人的感觉，工作劳动强度偏大，保障力度不足。

留守儿童没有零花钱的只有 10%，没有零花钱的留守儿童多是年龄较小，监护人觉得，孩子还小，不该给零花钱，而不是由于经济紧张不给。61.5% 的留守儿童平均每天都有 1—5 元的零花钱；有 8.1% 的留守儿童平均下来每天能有 11—15 元零花钱，而非留守儿童只有 5.4%。3 位平均每天的零花钱达到 16—20 元的留守儿童都是男孩，且均为爷爷奶奶监护。留守儿童相较非留守儿童，零花钱较为宽裕，这一点在祖辈监护的留守男童身上表现更为明显。

留守儿童外出务工父母问卷调查显示，家庭用于孩子的支出，比没有外出务工前显著增多与有所增多的占到 77.2%。父母外出务工在较大程

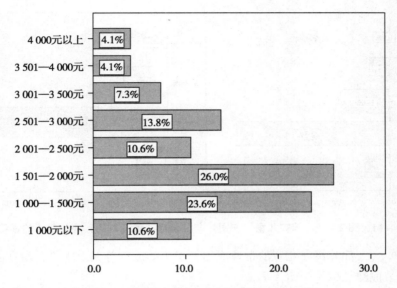

图 2 - 12　留守儿童外出务工父母每月的平均收入

图 2 - 13　留守儿童父母在外务工省吃俭用，
攒的第一笔钱一般都用来盖新房

度上改善了家庭的经济状况，也为孩子创造了一个更好的生活条件。

二　留守儿童学业成绩与校园表现

（一）学业成绩与学习意愿

从学业成绩来看，10.4%的留守男童，15.9%的留守女童成绩处于前茅，64.3%的留守男童，73.1%的留守女童学习成绩处于中等偏上或中等水平，25.2%的留守男童成绩处于中等偏下或在后面，留守女童则只有

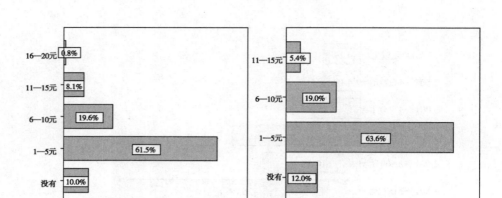

图2-14、图2-15　留守儿童（左图）与非留守儿童（右图）平均每天的零花钱

11.1%。大部分留守儿童的学业成绩处于中等或中等偏上水平，留守女童的学习成绩总体优于留守男童。

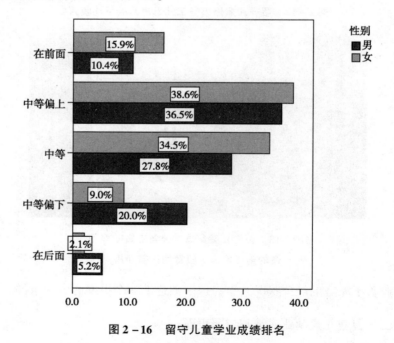

图2-16　留守儿童学业成绩排名

全国妇联儿童工作部调研发现，多数留守儿童不认为父母外出对自己学习成绩有很大影响。关于学习成绩在班上的排名次序，63.3%的人认为和以前"差不多"，13.5%的人认为"名次上升了"，9.0%的人认为"名

次靠后了"，还有 14.2% 的认为"时好时坏"。① 研究者的调研结果基本支持此结论，有 64.3% 的留守男童，49.7% 的留守女童的成绩在父母外出务工后没有变化，学习成绩退步的留守女童达 21.4%，要明显高于留守男童的 13.0%。留守女童的成绩下滑幅度大于留守男童，从深度访谈结果分析：留守女童相对留守男童比较敏感，父母离家外出务工，对她们的情绪造成的波动起伏比较大，尤其是过完年后，父母重返城市务工这一阶段，而且留守女童对考试分数更为在意，稍有成绩的不如意都会感到"自己退步了"，"自己学习没有以前好了"。深度访谈同时发现，父母外出务工也对留守儿童的学业有一定积极作用，不论是留守男童还是留守女童，自主学习的意愿和完成作业的独立性都较之以前有所提高。

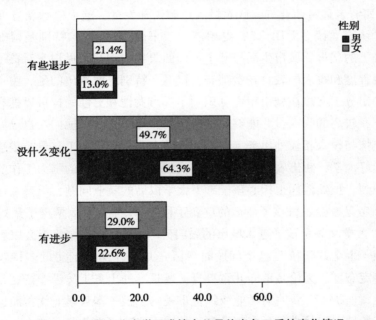

性别
■男
灰女

有些退步　21.4%　13.0%

没什么变化　49.7%　64.3%

有进步　29.0%　22.6%

0.0　20.0　40.0　60.0

图 2-17　留守儿童学习成绩在父母外出务工后的变化情况

对于留守儿童，家里大人经常辅导和有时候辅导学习的有 38.8%，很少辅导和从不辅导的要占到 61.2%；而非留守儿童，父母经常辅导和有时候辅导学习的达到 61.6%，很少辅导和从不辅导的有 38.4%。留守儿童日常学习得到的辅导明显少于非留守儿童。从学校层面来看，学校老

---

① 全国妇联儿童工作部：《农村留守流动儿童状况调查报告》，社会科学文献出版社 2011 年版，第 75 页。

师到留守儿童家里经常做家访的只有 1.8%，从来没有的占到 70.2%。研究者通过入户参与式观察发现，留守儿童的学习主要靠自己，孩子做作业，家里大人在一旁辅导的现象比较少见，尤其是祖辈监护的留守家庭更是如此。令研究者欣喜的是：虽然功课少有辅导，但是留守儿童的主动学习意愿是比较高的，60.4% 的留守儿童都认为考大学"非常重要，这是我的理想，也是全家人对我的期望"，持"不重要，这个社会只要能挣到钱就行，上不上大学没关系"的仅有 4.6%。有学者认为在大学生就业难，通过教育向上流动通道缩窄的情况下，西部农民工子女以拒绝知识的形式放弃了学业，做出及早"打工"的决定，提早完成了作为底层的社会再生产，这种情况在"父母榜样示范"的西部留守儿童中表现更为突出。① 研究者通过西北五省区农村入户调研却发现，绝大多数留守儿童家庭并不认同"读书无用论"，更相信"读书改变命运"，特别是留守儿童在外务工的父母，城市生活打开了他们的眼界，增长了见识，对孩子教育的重视程度和投入的教育花费都有所提升，特别需要指出的是，由于留守儿童外出务工父母在城市中也见识到了都市女性和男性一样可以拥有理想的工作，较高的收入，并能够回馈自己的父母，这促使他们对自己女儿的教育热情与投入相较外出务工前提高。留守儿童外出务工父母希望孩子将来考上好大学，跳出农门，在大城市找到一份相对稳定的脑力工作的愿望比较强烈。虽然他们也担心孩子考上大学以后的就业问题，但普遍还是认为"高考是改变农村孩子命运的重要手段"，"考上大学是孩子最好的出路"，"大学文凭是孩子进入城市的敲门砖"。在讨论"你是否会以后多掏钱让孩子上个好学校"这个问题时，留守儿童外出务工父母多持较为鲜明的肯定态度。无论是留守儿童自身，还是其外出务工父母、留在家中的留守儿童监护人，普遍对学业成绩是重视的，孩子本身学业优秀而选择辍学打工的情况比较少见，有辍学打工的初中毕业留守儿童，基本是因为学业较差，厌倦学习，升学无望，主动自愿做出的外出务工选择。全国妇联儿童工作部调研也发现，6—11 周岁，12—14 周岁，15—17 周岁年龄组的农村留守儿童在校比例都高于全部农村儿童在校比例，特别是 15—17 周岁年龄组，农村留守儿童的在校比例达 80%，而农村儿童总体在校比

---

① 邓纯考、何晓雷：《我国东西部农村留守儿童社会化差异研究——基于浙江与贵州两省四县的比较》，《新疆社会科学》2013 年第 1 期。

例只有 70%。①

（二）校园表现

研究者通过对农村中、小学教师的问卷调查发现，46.7% 的教师认为父母出去务工的学生和父母都在身边的学生差别很大，43.3% 认为有些差别。研究者对陕西省汉中市南郑县 C 镇 G 小学部分教师进行了一场焦点小组访谈。

三年级任课教师 ZHF

父母两个都出去打工的男娃表现最差。三年级的 ZY，爸妈都在外打工，爷婆文化低，身体又不好，学习没人辅导，自己又不自觉，好玩好耍，上课看漫画书，收了一次，还和老师犟嘴。

四年级任课教师 LXH

现在读书无用论有所抬头，留守儿童一般都是爷婆经管（方言：照顾），爷婆们听说现在城市大学生满大街都是，照样找不到职业，高投入，零回报，读书有啥用。所以不少爷婆的想法是：学习差就差，不爱学就拉倒，女娃更是没必要抓，到时候总是要给（方言：嫁）出去的。孩子回到家，爷婆对学习情况不闻不问。父母不在跟前，爷婆又不识字，没有办法给孩子辅导学习，坏习惯也不纠正，吃饱穿暖不生病就不错了，你说这怎么能跟上班级呢？

四年级班主任 CHM

我们四年级的留守儿童 FHW，文化课学习成绩差。性格也很蛮，不良行为比较多。上课坐不住，脚停手不住，一会儿站着，一会儿坐着，不是要书包，就是要文具盒。从来没有哪节课的作业是按时做完的，老师刚讲的内容他都记不住。听他爷说，看起电视没个够，催好几次都不关，还犟嘴要打他爷。一个家庭，对孩子的成长必须有高度的重视和严格的要求，孩子不是放到学校就完事了。孩子的大部分时间是在家过的，孩子的性格和习惯主要是受家庭的熏陶。看电视，上

---

① 全国妇联儿童工作部：《农村留守流动儿童状况调查报告》，社会科学文献出版社 2011 年版，第 24 页。

网对学生影响也挺大的，父母都出去打工的孩子，爷婆根本就管不了他们看电视，更何况进网吧。

五年级班主任 QBH

爸妈出去打工的学生和爸妈在家的学生课堂表现我看咋没啥大差别，我们班上的留守儿童 XYD 和 ZYZ 的爸爸常年外出打工，可他们成绩一直都是班上前五名，关心、帮助同学，在学生中就很有威信。还有几名留守儿童成绩也在中上。上课表现最差的反而是爸妈都在家的一个男生。这就说明看一个家庭怎样教育孩子，有的孩子父母虽然都在身边，只忙于做生意、挣钱，对孩子的教育不闻不问，这样的家庭环境对孩子的不利影响很大。有的孩子爸妈虽然都在外面打工，经常给孩子打电话，买书，督促学习，一样会学习好的，而且还特别知事（方言：懂事），知道爸妈在外面挣钱很不容易，更要好好学习。

六年级班主任 YZY

留守儿童和非留守儿童课堂表现总体看是有明显差别。像我们班的 WL，今年 11 岁，爸妈都去北京打工了，把他交给爷婆，爷婆年龄也大，根本就管不住他。作业经常拖欠，上课坐不住，东张西望，玩东西。老师批评他，他也不听。老师表扬了谁，他还做鬼脸，个性蛮，拿个笤帚满教室追着同学打，他说他拿的是双节棍。这个孩子其实挺聪明，如果他父母在身边，我想就不会这样差。

六年级任课教师 XML

现在的学生和前几年学生的思想状况很不一样。从劳动观念上来说，前几年学生的劳动观念是比较强的，老师的工作也好做。只要老师说今天要擦门窗，清除学校垃圾，学生都特别积极，争先恐后拿桶子、拿抹布。干啥事根本不用老师操心。就说当值日生，也生怕轮不到自己。可现在的学生大不一样，在家里啥活不干，全是父母代劳，连值日生都懒得当，还要老师天天上完课擦黑板，打扫卫生也是敷衍了事。劳动观念在学生中已经很淡薄了，在学校都这样，在家里就更不用说了。这样的学生，将来走到社会恐怕也是适应不了的。我看倒是一些爸妈都在外面打工的孩子，特别是女娃，在家里帮着做饭、洗衣服、喂鸡、喂个猪啥的，在学校也比较勤快，学习也自觉。

留守男童 LJY，15 岁，陕西省安康市石泉县池河镇人

（爸爸在山西一个矿上工作，妈妈在家种田，养蚕，做点小生意。LJY 考上重点高中后，妈妈就在学校附近租了一间小房子，给孩子做饭。妈妈经常给班主任打电话，或者直接到学校拜访班主任，了解孩子的学习情况。LJY 一直是班里乃至全年级的第一名，村里人都把他叫"未来的小状元"。）

我每个周末就会打电话给我爸，差不多打 20 分钟左右。家里妈妈管我的学习，妈妈在学校附近租的房子给我做饭，好让我安心学习，吃饭的时候就和我妈聊天，什么都聊，学校谁被批评了，老师怎么发火了，班里又有啥新鲜事了。有了委屈和心事一般都会主动告诉我妈，或是给我爸打电话，也会告诉好朋友。我是学习委员，在班上的朋友比较多，大家有什么烦心事也会告诉我，我也许帮不了啥忙，可是听他们说说，说出来不开心的事情不就忘了嘛。我不爱写日记，写日记会让人变得脆弱……遇到困难第一时间想到的是爸爸，觉得爸爸很伟大，脑子好使，又很能吃苦。考上重点高中，我爸送我一整套《平凡的世界》，看了激动得睡不着觉，觉得我爸像里面的孙少平，是个有自己想法的人……当然不希望爸爸出去务工，不想很久都看不到爸爸。暑假去过我爸打工的地方生活，太陌生，不习惯。我爸从城里回来，变得苍老了，心里挺难受的。我的理想就是考上重点大学，将来到城里当公务员……对于"留守儿童"这个称呼，实际情况就是这样的，很客观的说法，没什么不舒服的。（研究者问及 LJY，以后结了婚，有了孩子，是否会离开孩子去外地工作，LJY 想了很久。）我想我不会长期离开孩子去外地挣钱，那就得好好学习，将来找个好工作，多挣钱，这样才能陪着孩子一起过。

哥特曼为了对儿童在群体中的社会地位进行界定以及阐明社会隔离的本质，对 113 名儿童进行了长期的深入研究，把儿童分为五个不同的类别。

从留守儿童深度访谈和教师的焦点小组访谈结果来看，留守女童的校园表现与学习成绩普遍要优于留守男童，五年级班主任 QBH 老师提到的留守儿童 XYD 和 ZYZ，还有留守男童 LJY 都属于"明星式儿童"，受到

班里大多数同学的欢迎与喜爱，在学生群体中威信较高。通过深度访谈发现，"明星式"留守儿童的家庭特点多为父亲外出务工，母亲在家，母亲文化水平相对较高，父母两人均对孩子的教育非常重视，也对孩子充满信心。父亲会经常给孩子打电话，鼓励孩子，赞扬孩子，使孩子从父亲那里得到力量与强大的精神支持。"明星式"留守儿童能够把父亲不在家的困境化为财富，促进自身成长。留守男童相对来说，有一部分属于"教师否定性儿童""受忽视儿童"与"受排斥儿童"，而这一部分留守男童的特点多为父母均外出务工，由祖辈监护。

表 2 – 12　　　　　　　　　哥特曼对儿童进行的五种类型划分

类　别	特　征
明星式儿童	受到多数人的特别喜爱
交际家儿童	同伴交往较多，一些人喜欢，一些人不喜欢
教师否定性儿童	常与教师发生冲突，多数人不喜欢
受忽视儿童	置身事外；被忽视而不是被拒绝
受排斥儿童	很不被人喜欢，不是仅被忽视，而是在行为上被同伴排斥，其原因是具有过多的侵犯性（"侵犯性受排斥儿童"）或性格内向和社会适应能力差（"退缩性受排斥儿童"）

资料来源：Gottman，1977。①

三　留守儿童对外出务工父母的依恋渴望与情感疏离

依恋在个体毕生发展中扮演着重要的角色。精神病学家约翰·鲍尔比（John Bowlby）在 7 岁时被送到了寄宿学校，这段被鲍尔比后来形容为"悲惨可怕"的经历是他投身早期依恋发展研究的重要原因。鲍尔比曾对依恋的作用作了下列的阐述："不仅是儿童，而是处于人生各个阶段的个体，只有他们坚信在他们的背后永远站着一些任何时候都能够给予他们信任和支持的人，他们才能够在发展的过程中尽情发挥自己的天才，挖掘自己的潜力。"② 安斯沃斯研究发现，儿童与父母会形成三种依恋关系，安全型依恋、回避型不安全依恋、矛盾型不安全依恋。后来的研究者又定义了另一种不安全依恋关系：混乱型不安全依恋。③ 安全型依恋关系有利于

---

① 参见［加］居伊·勒弗朗索瓦《孩子们——儿童心理发展》第 9 版，王全志、孟祥芝等译，北京大学出版社 2004 年版，第 475 页。

② ［美］罗斯·D. 帕克、阿莉森·克拉克 – 斯图尔特：《社会性发展》，俞国良、郑璞译，中国人民大学出版社 2014 年版，第 85 页。

③ 同上书，第 90、91 页。

儿童未来的社会性发展。阿兰·斯鲁夫（Alan Sroufe）和他的同事在明尼苏达进行了一项非常重要的纵向研究，他们从婴儿期开始追踪研究对象直至成年，考察了早年亲子依恋关系对后期社会性发展的影响，结果发现：安全和不安全依恋个体具有完全不同的社会性发展轨迹。和父母形成安全依恋的个体，在4—5岁时，被老师评定为积极情绪更多、社交能力更强、攻击性行为较少。在8—12岁时，这些安全型儿童的社交能力继续保持领先。到19岁时，具有亲子安全型依恋关系历史的青少年更可能拥有长期的友谊、更高的自信、较少的负面情绪，以及对实现个人目标更强的决心（Carlson et al.，2004；Sroufe et al.，2005）。①

全国妇联儿童工作部调研发现，90%的留守儿童想念父母，37%的人每次打电话都会问爸爸妈妈什么时候回家。近40%的儿童常常为在外务工父母的安全和健康担心，心理压力过大，在一定程度上形成了不安、忧虑和焦躁的性格，有的表现为内向、沉默与孤僻，有28.9%的留守儿童和父母有陌生感。② 谢华等对农村留守儿童孤独感状况与其家庭影响因素进行了关联研究，发现农村留守儿童在孤独感因子上得分高于非留守儿童，留守儿童的孤独感体验水平较高。③ 研究者在西北农村地区入户调研发现，过节、生病和过生日是留守儿童最想念爸爸妈妈的时候，也是内心感到最孤独无助的时候。

表2-13 留守儿童什么时候特别想念在外务工的爸爸妈妈

		响应		个案百分比
		N	百分比	
什么时候特别想念在外务工的爸爸妈妈	过生日的时候	94	20.3%	36.2%
	生病的时候	98	21.2%	37.7%
	过节的时候	144	31.1%	55.4%
	受委屈和被人欺负的时候	89	19.2%	34.2%
	考试没考好的时候	38	8.2%	14.6%
总计		463	100.0%	178.1%

① ［美］罗斯·D.帕克、阿莉森·克拉克-斯图尔特：《社会性发展》，俞国良、郑璞译，中国人民大学出版社2014年版，第101页。

② 全国妇联儿童工作部：《农村留守流动儿童状况调查报告》，社会科学文献出版社2011年版，第57页。

③ 谢华：《农村留守中学生孤独感现状的调查研究》，《中国健康心理学杂志》2009年第1期。

　　从问卷多重响应的分析来看，留守儿童最希望爸爸妈妈"回来看自己"和"多打电话给自己"，而"买想要的东西"的愿望远不及前两项强烈。外出务工父母出于补偿心理，过年总是给孩子带来各种精美的文具、新奇的玩具、漂亮时尚的衣服、眼花缭乱的零食，这让孩子们有短暂的满足感与愉悦感，但是孩子们最渴望的还是父母的朝夕相伴，这是任何物质都无法替代的。留守儿童不开心的时候，"想要快快长大成人"，"想让爸爸妈妈安慰自己"，"觉得没人关心自己"，"想去城里找爸爸妈妈"是他们最强烈的想法。深度访谈进一步发现："爸爸妈妈再不要出去务工了，回来和我一起生活！"是留守儿童的内心呐喊，但是他们知道这是不现实的，父母需要出去赚钱养家，留守儿童懂事又无奈地接受了这一结果。陈旭等通过对留守儿童与非留守儿童主观幸福感的差异分析，发现留守儿童与非留守儿童在生活满意度和幸福感总分方面存在显著差异，留守儿童的生活满意度和幸福感总分都显著低于非留守儿童。这可能因为留守儿童缺少父母的直接关爱和情感交流，引起主观幸福感降低，从而削弱了经济状况改善带来的相关幸福感的增加。[①] 陈香研究发现，留守儿童容易孤独、抑郁，而这种长期无法排遣的孤独感和无助感会影响其性格的形成，导致他们变得内向、抑郁、自卑、敏感和脆弱，外在的行为表现就是不愿与别人交流，不愿意让别人知道父母在外务工，遇到冲突会有过激的表现。[②]

表 2 - 14　　留守儿童特别希望在外务工的爸爸妈妈为自己做什么

		响　应		个案百分比
		N	百分比	
特别希望在外务工的爸爸妈妈为自己做什么	多打电话给我	96	24.1%	36.9%
	多回来看我	137	34.3%	52.7%
	带我去城里玩	33	8.3%	12.7%
	给我买我想要的东西	45	11.3%	17.3%
	再不要出去务工了，回来和我一起生活	44	11.0%	16.9%
	没什么特别希望爸爸妈妈做的	44	11.0%	16.9%
总计		399	100.0%	153.5%

　　[①]　陈旭主编：《留守儿童的社会性发展问题与社会支持系统》，人民出版社 2013 年版，第183 页。

　　[②]　陈香：《农村留守儿童心理健康问题及家庭应对策略》，《教学与管理》2007 年第 12 期。

表 2－15　　　　　　　　　　留守儿童不开心的时候的想法

		响应		个案百分比
		N	百分比	
不开心的时候，会有下面哪些想法	想让爸爸妈妈安慰自己	123	24.3%	47.5%
	想去城里找爸爸妈妈	52	10.3%	20.1%
	觉得没人关心自己	55	10.9%	21.2%
	觉得自己什么都不如别人	43	8.5%	16.6%
	想离家出走	17	3.4%	6.6%
	想要快快长大成人	148	29.2%	57.1%
	不想读书了，想和爸爸妈妈一起去城里打工	19	3.8%	7.3%
	觉得生活没意思	36	7.1%	13.9%
	想和家里大人吵架，发泄一下不好的心情	13	2.6%	5.0%
总计		506	100.0%	195.4%

从非留守儿童群体来看，大部分非留守儿童不希望爸爸妈妈外出务工（63.2%），他们认为留守儿童爸爸妈妈不在身边，很孤单（43.8%），但同时也认为留守儿童比较独立（35.5%）。将近一半的非留守儿童（44.2%）能够感受到班里或村子里的留守儿童对他们爸爸妈妈都在身边的羡慕。

44.6% 的留守儿童"非常反感"或者"有些反感""留守儿童"这个称谓。留守儿童在深度访谈中表示："留守儿童这个叫法让自己感觉根本没有人管"；"电视上出现的留守儿童让人觉得就是问题儿童"。留守儿童的"污名化"与"标签化"是大众媒体在进行相关媒体报道中需要重视的问题。

留守女孩 WY2010 年 2 月 12 日（腊月 29）的一篇日记[1]：
（WY，11 岁，G 小学六年级，陕西省汉中市南郑县 C 镇 H 村人，父亲在北京建筑工地打工，家庭经济状况一般）
2 月 12 日，晴
今天是腊月 29 啦，中午，我正在家里看书烤火，听见院子里有

---

[1]　注：此篇日记得到 WY 的阅读与使用许可。

爸爸的咳嗽声，我从窗子里向外看去，是爸爸回来了。他穿着黑棉袄，手里提着一个大提包。我的心都快跳出来了，很快跑到院子里，我接过爸爸的大包说："爸，你回来怎么不告诉我一下，我去车站接你多好！"爸爸摸着我的头说："傻女子，爸爸不需要接，我还能进错家门？只要你把学习搞好，比接我更让我高兴。"我们进了屋，爸爸坐在沙发上，我给爸爸倒了杯茶，递给了爸爸。爸爸高兴地端着茶杯，一面喝，一面表扬了我，说我懂礼貌，比以前知事了（方言：懂事）。爸爸不在家的时候，我有好多事想着爸爸一回来就告诉他，现在他回家了，我又不知道说些啥好。不一会儿，妈妈也回来了，我们三个人，围着火炉，吃着爸爸带回来的糖果，谈闲（方言：聊天）。我觉得今天是我这一年里最高兴的一天，真希望天天都能看到爸爸。腊月间，有一天晚上，梦到爸爸回来了，我高兴得又蹦又跳，第二天，爸爸没有给我说一声，就偷偷走了，我使劲哭，一直哭，后来就哭醒了，原来爸爸没有回来。今天，爸爸是真的回来啦，我觉得自己是天底下最幸福的孩子。

留守男童 PDJ，12 岁，陕西省汉中市南郑县 Z 镇 W 村人，W 小学六年级，父亲外出务工

爸爸不在家，少了一个人对我的爱护和关心，有时候有的题不会做，也没人教我，没办法，第二天交作业就空着。爸爸在外面打工，可以挣钱供我们读书，给我们买新衣服，好吃的。我老担心我爸在工地上出事故，我妈在镇上有一个热米皮小吃摊，顾不上给我做饭，我就吃方便面，不泡，干着嚼，觉得挺香，不过老吃就受不了了，喝点水，肚子就很胀。我爸一个月给我打次电话，一般是晚上九点多打，就三四分钟吧，问我的学习，还叫我注意安全，不要去池塘洗澡。打完电话后，我更想爸爸了，难过得整夜睡不着觉，躲在被窝里一直哭，第二天眼睛都肿了。我有五个好朋友，有三个是爸妈出去打工的，他们比我还惨，我妈还在屋里，他们爸妈都在外地打工，我们都很想爸爸妈妈。一到 1 月份，我就天天翻日历，我在腊月 28 画了个红圈，那天我爸就回来啦。

ZSJ 是留守儿童中比较特殊的一位，他的母亲外出打工，父亲留在家

里，这样的形式还是很少见的

> 留守男童 ZSJ，10 岁，母亲在广东一皮鞋厂打工，家庭经济状况比较差
>
> 爸爸在县上打零工，晚上很晚才能回来，我一般是自己下点面吃，有时候到小吃摊上吃碗面皮。我妈在家的时候，家里有热乎乎的饭吃，还给我听写生词。我妈半个月给我打次电话，一般都是星期天晚上，3—5 分钟，主要是问我的身体和学习。我现在作业没人签字，学习也退步了，老师经常批评我。我很想妈妈，躲在被窝里哭过。我妈现在身体不好，老是咳嗽，她说皮鞋厂里味道很难闻，有毒。我最大的愿望就是我妈身体好起来。我有两个好朋友，他们爸妈都在家，我很羡慕。我喜欢看作文书，家里没钱买，就借同学的看，不能老借人家的，我就不看了。我爱听广播，家里的电视早就坏了，也一直没修。我爱听广播里的新闻，还有《人民子弟兵》，我特别想当兵，当了兵，国家发衣服，发钱，穿上军装多神气呀，这样就不用再花家里的钱了，妈妈也不用去皮鞋厂了。

全国妇联儿童工作部调研得出，留守儿童把父母作为首要倾诉对象的比例由父母外出前的 73.7% 降至 38.6%，尚有 8.8% 的儿童将心事藏在自己的心底，不去或无处诉说。[①] 就"留守儿童平时会和照顾自己的大人说哪些事情"的多重相应分析来看，留守儿童一般会就"身体不舒服"，"该交学费了"，还有"学习问题"与家里大人进行交流，还有一部分留守儿童"什么都不想说"，只有很少的留守儿童会告诉家里大人自己的"委屈和心事"。非留守儿童就"委屈和心事""遇到的困难"与爸爸妈妈交流的比例都高于留守儿童，而持"什么都不想说"这种消极方式的比率要低于留守儿童。从深度访谈结果进一步分析：留守儿童与家里大人的交谈多是一些具体事情的告知，较少进行委屈与心事的倾诉，这一点在爷爷奶奶监护的留守儿童身上表现得更为明显。陕西省渭南市临渭区蔺店镇一位父母均外出务工的 12 岁留守女童写了一首名为《我的孤独》的一

---

① 全国妇联儿童工作部：《农村留守流动儿童状况调查报告》，社会科学文献出版社 2011 年版，第 81 页。

首诗，"我已成墨/藏在一首关于孤独的诗里/那文字就是我的城堡/请不要对我残留希望/更不要去找我/我只想与孤独和谐而寝/我将所有的光阴揉碎/只为安心孤独一生。"留守儿童日常生活中时时感受到的孤独与无所依傍从这首小诗里折射出来。

表 2-16　　　　留守儿童平时会和照顾自己的大人说哪些事情

		响　应		个案百分比
		N	百分比	
平时会和照顾自己的大人说哪些事情	学习问题	103	17.4%	39.6%
	身体不舒服	136	23.0%	52.3%
	该交学费了	104	17.6%	40.0%
	要东西	58	9.8%	22.3%
	委屈和心事	47	7.9%	18.1%
	遇到的困难	87	14.7%	33.5%
	什么都不想说	57	9.6%	21.9%
	总计	592	100.0%	227.7%

表 2-17　　　　非留守儿童平时会和爸爸妈妈说哪些事情

		响　应		个案百分比
		N	百分比	
平时会和爸爸妈妈说哪些事情	学习问题	151	20.5%	62.4%
	身体不舒服	136	18.5%	56.2%
	该交学费了	126	17.1%	52.1%
	要东西	102	13.9%	42.1%
	委屈和心事	72	9.8%	29.8%
	遇到的困难	127	17.3%	52.5%
	什么都不想说	22	3.0%	9.1%
	总计	736	100.0%	304.1%

63.5%的留守儿童羡慕班上爸爸妈妈都在身边的同学。58.3%的留守男童、63.4%的留守女童从来没有去过父母务工的城市生活；56.6%的留守男童、61.4%的留守女童想去父母务工的城市生活。留守儿童希望和父母在城市共同生活的意愿是比较高的，想去的主要原因是："想天天和爸爸妈妈在一起"；"爸爸妈妈打工的地方教学质量好"；"想知道爸爸工作

的地方是什么样子的"；"想看看大城市，向往大城市生活"；"想爸爸妈妈带自己去城市的游乐场和公园玩"。但是留守儿童在深度访谈中又普遍表达了"虽然自己想和爸爸妈妈一起在城市生活，但只是想想而已，不会真去"的矛盾态度。研究者进一步探究原因，留守儿童提出"和爸爸妈妈在一起生活会不习惯"；"不想麻烦爸爸妈妈"；"不去城里，可以给爸爸妈妈省钱"；"爸爸妈妈挣钱那么辛苦，交通费太贵"；"怕拖累爸爸妈妈"；"就喜欢这样在家待着，爷爷奶奶家就是自己家"；"不想看到爸爸妈妈辛苦的样子"；"怕给爸爸增加负担"；"不想打扰爸爸妈妈"；"担心影响爸爸工作"；"怕被城市小孩瞧不起"；"怕学习跟不上"；"怕和爸爸妈妈没话说"……让研究者内心触动的是，留守儿童在深度访谈中，频频提到自己如果和爸爸妈妈在城市一起生活，是在"麻烦""拖累""影响""增加负担""耽误""打扰"自己的爸爸妈妈，这些冷冰冰，那么具有疏离感的词语竟然出现在世界上最可依赖、最可信任的亲子关系之间。深度访谈中发现，部分留守儿童，特别是留守女童，一旦自己考试成绩不理想，就会产生一种深深的自责感，认为爸爸妈妈那样辛苦供自己读书，自己却不争气，"对不起爸爸妈妈"，"过年害怕见爸爸妈妈"，甚至有"自己活着就是爸爸妈妈的拖累"，"爸爸妈妈干嘛要生我"，"我太没用了"，"自己白花了爸妈的钱"等悲观、消极的想法，心理负担非常沉重。

陕西渭南市临渭区蔺店镇 12 岁留守女童 CCL 写给爸爸的信[①]：

亲爱的爸爸：

您好！

您去打工已经快一年的时间了，我和妈妈都非常想念！记得一年前，我和妈妈把您送到火车站，您摸着我的头对我说："女子，你可一定要好好用功读书，考个好中学，别辜负我和你妈对你的期望。"我含着泪点头。回来以后，我趴到床上放声痛哭，我实在接受不了，您去打工要两年才能回来的事实。又有什么办法呢？我暗下决心，一定要得一个"三好学生"或"进步生"的荣誉称号给您看看。在这一年里，我尽了自己的全力，可是一个荣誉称号都没得上。对不起，

---

① 注：此信件的使用征得留守女童 CCL 的同意。

爸爸，您在外面那么辛苦赚钱，我却一点也不争气，让你失望了，我也不知该怎么努力了，我真的很用功，没有贪玩，可是成绩就是上不去，我心里也很着急，担心自己考不上县里的初中。爸爸，辜负您的期望了，我心里很难受。我以后会更加努力学习，争取下一次考个好成绩让您高兴。

好了，就说到这了。

祝爸爸，身体健康，工作顺利！

女儿：CCL

2011 年 12 月 28 日

亲子间安全型依恋关系的形成，需要儿童与父母之间互动频繁，儿童对父母充满依赖与信任，认为父母能够一直陪伴在自己身边，对自己的情绪与行为给予积极响应，从而成为自己可靠的安全基地。留守儿童留守生活开始时间早，并具长期性、持续性的特点，父母双方或单方的长期外出，影响到留守儿童与父母的安全型依恋关系的形成。通过研究者参与式观察发现，部分留守儿童在和父母重聚时，表现出"回避型不安全依恋关系"的一些显著外部特点：不敢直视父母的眼睛；不愿意或不知怎样与父母聊天；抵触父母摸自己的脸、拥在怀里等表示亲昵的动作；对父母热情的呼唤反映比较冷淡；尽量避免和父母单独同处一屋，实在无法回避，就用看电视、摆弄玩具、画画等手段与父母保持距离；年龄小的孩子见到爸爸妈妈马上就藏在爷爷奶奶身后，不愿意主动张口叫"爸爸、妈妈"；晚上不愿意与父母同睡，坚持要与爷爷奶奶睡。

留守男童 WZQ，13 岁，青海省西宁市湟中县上新庄镇 Z 村人

我爸过年回来，发现他的手粗了好多，脸上皱纹也多了，心里挺不好受，想说："爸爸，你辛苦了。"可是怎么也说不出来。我的理想是当修理工，最喜欢折腾家里的电器。我爸的摩托车坏了，看他一直蹲在那修，挺辛苦的，也很想到跟前帮他修，可不知道咋说哩。有时候也想和爸爸聊聊，想来想去不知道说些啥，只好自己闷头看电视，也觉得这样不好，可就是没法子张口。

　　外出务工妇女 ZXL，34 岁，初中文化程度，陕西省咸阳市泾阳县永乐镇人

　　回来最伤心的事就是，我女子（方言：女儿）和我不亲了。晚上我叫她和我一起睡，说了几遍，就像没长耳朵一样，把她拉到床上，女子又从被窝里钻出来，要和她婆（方言：奶奶）睡。早上我要给她扎辫子，也不让扎，要寻（方言：找）她婆。

　　陈旭研究发现，不同的家长外出务工情况，其亲子依恋质量有显著差异。父母均在外打工的留守初中生比父亲一人在外打工的留守初中生其依恋质量要低。青少年早期与父母互动过程中建立的依恋关系会影响到他们日后与他人建立亲密关系。留守学生与父母的分离，影响到亲子依恋关系，进而对同伴依恋关系也造成消极影响。① 赵景欣、刘霞、张文新通过对留守儿童与非留守儿童对比研究发现：亲子亲合不仅能够直接降低儿童的孤独感，而且能够抵抗或拒绝同伴对儿童进行攻击、学业违纪的不良影响。②

　　对父母的安全依恋，有助于儿童掌控自身所处环境。依恋质量是推动儿童认知、社交、情绪发展的重要内在动力。稳定、强有力的亲子依恋关系为儿童提供重要的情感支持，使之心理上产生安全感，乐观面对生活中的压力，积极探索解决问题的方法。童年时期良好的亲子依恋关系能够在孩子成年后遭遇挫折和创伤性事件时提供心理支撑与保护作用。留守儿童家庭亲子之间日复一日，年复一年，空间上的远离形成了情感上的疏远，留守儿童由于缺乏父母双方或单方看得见、摸得着的关爱，较之父母都在身边的孩子，获得的情感支持要少得多，面对生活和学习的压力与困难，多是自己一人面对与解决。

　　美国儿童发展心理学家罗斯·D. 帕克认为："父母自身在童年时受到的抚养方式也是影响儿童依恋的背景因素。孩子会形成反映父母和他们互动风格的'内部工作模型'或'依恋表征'。这些工作模型或依恋表征会随着儿童长大成人的历程，重新构建和解读自身的童年经历。当儿童为

---

　　① 陈旭主编：《留守儿童的社会性发展问题与社会支持系统》，人民出版社 2013 年版，第 92、97 页。

　　② 赵景欣、刘霞、张文新：《同伴拒绝、同伴接纳与农村留守儿童的心理适应：亲子亲合与逆境信念的作用》，《心理学报》2013 年总第 45 卷第 7 期。

人父母后，他们往往会依照自己的童年依恋经历和孩子塑造亲子关系。"①
留守儿童童年时期形成的亲子间的不安全依恋与疏离关系的影响可能是深
远的。留守儿童成年以后，从身体形态与外貌来看，和其他群体并没有什
么不同，但在人生最重要的成长时期处在一个非常态的家庭生活状态下，
对他们成年后的社会适应性可能会带来一定负面影响。温义媛、曾建国抽
取江西省 3 所一般本科院校有农村留守经历大学生 432 人，并以无留守经
历农村生源大学生 461 人为对照进行研究。发现：有农村留守经历大学生
的明显心理症状检出率为 26.6%，无留守经历农村生源大学生检出率为
23.2%；有农村留守经历大学生的人际敏感度、精神质得分均高于无留守
经历农村生源大学生。② 李晓敏等人对河北省两所高校的 4080 名农村生
源大学生进行问卷调查。相关分析表明，有农村留守经历大学生在抑郁、
焦虑水平上要高于无留守经历农村生源大学生。有农村留守经历大学生较
少采用积极的应对方式。留守经历对留守儿童情绪的发展是有影响的，且
具有延续性，留守经历不仅对当时正在留守的儿童情绪有影响而且对他们
成年以后的情绪依然存在着影响。③

　　儿童从出生伊始，社会性发展就开始了，随着儿童的成长，社会性
发展会变得更加具有明确指征。父母直接为儿童提供强大的情感支持，
日积月累地传授社会规范，并潜移默化地充当儿童模仿的榜样。留守儿
童内心强烈渴望爸爸妈妈的长久呵护与陪伴，但日常生活中又在努力压
制自己原本属于人类天性的情感需求，依恋渴望与情感疏离成为留守儿
童家庭关系的主题，亲子间难以形成安全、稳定、强有力的依恋关系。
没有坚实的亲子依恋关系作为基石，家庭对留守儿童社会性发展所起的
力量自然弱化。

---

　　① ［美］罗斯·D. 帕克、阿莉森·克拉克－斯图尔特：《社会性发展》，俞国良、郑璞译，
中国人民大学出版社 2014 年版，第 97 页。

　　② 温义媛、曾建国：《留守经历对大学生人格及心理健康影响》，《中国公共卫生》2010 年
第 2 期。

　　③ 李晓敏：《农村留守经历大学生心理行为与人际关系分析》，《中国学校卫生》2010 年第
8 期。

第三节　留守妈妈的专制型养育方式与祖辈
监护人的纵容型、忽视型养育方式
对留守儿童社会性发展的不利影响

一　留守儿童监护人的基本情况

前文所述，留守儿童监护人的类型主要分为两类：母亲监护与祖辈监护，祖辈监护是指留守儿童的爷爷、奶奶监护，姥姥、姥爷作为留守儿童监护人的情况在西北农村地区非常少见。

全国妇联儿童工作部调研发现，留守父亲，受教育程度为初中及以下的占到90.89%，留守母亲为96.93%。留守儿童的祖父母受教育程度则更低，他们的受教育状态主要为小学或者未上过学，祖父的受教育程度比祖母高，祖父中只念过小学和未上过学的比例为74.96%，祖母的为94.02%。① 研究者在西北5省区农村的入户调研结果也支持这一结论，留守儿童监护人就文化程度来看，未接受学校教育的占到18.4%，小学文化程度的达到33.3%，文化程度普遍偏低。

值得注意的是，负责监护2名留守儿童的监护人有39.47%，监护3名的有13.16%。在深度访谈时发现，留守老人最多的照管4个孙子孙女，76岁的老人还有下地干农活的，83岁的老人依然在照管孙子孙女。

92.1%的留守儿童监护人认为，父母不在身边对孩子成长影响很大或有些影响，只有1.8%的留守儿童监护人认为没什么影响。留守儿童监护人对父母长期外出务工对孩子会造成影响的认识是非常明晰的。

留守妈妈养育孩子知识获得的主要途径是"自己摸索"和"电视上看到的"，祖辈监护人则主要依靠"一辈一辈传下来的"养育经验。

通过深度访谈发现，留守儿童监护人对孩子最大的期望就是"好好读书，考上大学"和"健健康康，平平安安"，巴望孩子将来能够挣大钱的并不多。

---

① 全国妇联儿童工作部：《农村留守流动儿童状况调查报告》，社会科学文献出版社2011年版，第22页。

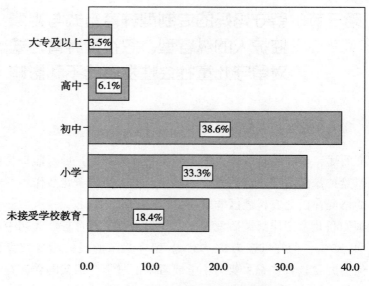

图 2 - 18   留守儿童监护人文化程度

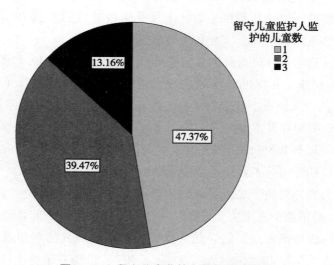

图 2 - 19   留守儿童监护人监护的儿童数

表 2 – 18　　　　　　　　留守儿童监护人养育孩子知识的获得渠道

	养育孩子的知识主要是从哪里来的						
	电视上看到	报纸杂志上看到	广播中听到	一辈一辈传下来	自己摸索	向别人打听	总计
父亲	3	4	0	4	7	1	11
	27.3%	36.4%	.0%	36.4%	63.6%	9.1%	
母亲	22	9	3	17	33	9	48
	45.8%	18.8%	6.3%	35.4%	68.8%	18.8%	
爷爷或奶奶	14	6	3	27	23	10	42
	33.3%	14.3%	7.1%	64.3%	54.8%	23.8%	
姥姥或姥爷	2	0	0	3	1	0	4
	50.0%	.0%	.0%	75.0%	25.0%	.0%	
亲戚	5	3	1	3	5	0	9
	55.6%	33.3%	11.1%	33.3%	55.6%	.0%	
	46	22	7	54	69	20	114

注：此题为多选。

二　留守妈妈的专制型养育方式对留守儿童社会性发展的不利影响

留守妈妈 SYP，42 岁，陕西省汉中市南郑县 Z 镇 W 村人，四十出头的 SYP 眉间的皱纹形成一个深深的"川"字，穿着溅着泥水的运动服，脚上一双黄胶鞋。第一次见她，研究者以为她已经五十开外了。SYP 每一季种三亩地，这三亩地，有自己的，还有租种别人的。一季种三亩地已经是农村一个精壮男性劳动力的极限了，何况一个四十多岁的女性。农闲时间她还去周边打小工，谁家盖房，她就去拌水泥。长年累月的重体力劳作，SYP 得了腰椎间盘突出，疼起来的时候晚上只能趴着睡觉，都是吃点芬必得，第二天照样干农活，从来没去医院专门治疗过。谈起自己的孩子，SYP 的眼睛亮起来，语气透着骄傲，她的女儿学习一直名列前茅，应届就考上了西安一所大学。发榜的日子，她专门请了县里餐厅的厨师，在家里摆了满满八桌，全生产小队的乡亲都请了，她说那天她觉得这辈子没有白活。

留守妈妈 GSM，48 岁，宁夏西吉县平峰乡 M 村人（初中文化程度，丈夫常年在外务工，平时除了在山上种庄稼，

　　还要照顾老人和小孩，老人年迈多病，小孩又调皮，常常感到心力交瘁，人也比较显老。

　　要操心的事太多了，家里也没个商量的人。老人身体不好，我们这是山区，田里的活又重，一天忙活到晚，根本看不到头。从田里回来，看到孩子作业没写完就跑出去玩了，火就一下蹿上来了，把娃拉过来就狠狠收拾一顿。有一次，我打娃打得自己手都肿了，买了膏药贴上才好。每次打完孩子，心里也难受，很后悔，饭都没心情吃，也怕自己收不住，把孩子给打坏了。可是真的没法啊，脾气一上来，血就往头上冲，管不住自己。哎，这孩子是越打越不听话，孩子也大起来了，我也打不动了。

　　在西北农村，像 SYP、GSM 这样的留守妇女田间地头随处可见，她们既要照顾孩子，还要关照老人，农活全包，农闲时节还四处打小工赚钱。丈夫常年外出打工，身体上的劳累和精神上的苦闷使她们显得比同龄的女性更为苍老，她们就像西北独有的植物——旱柳，一遇狂风，完全匍匐倒地，狂风收起，立刻又挺直躯干，最大限度地体现了生命的韧性。调研中发现，信仰基督教的农村留守妇女逐年增多，特别是在患有慢性病的留守妇女群体中更为常见。经济上的压力，精神上的无助，身体上的疲累，加之为在外务工的丈夫的安全悬心，使她们倾向于在宗教信仰中寻求心理庇护与解脱，她们认为信教就是"把所有苦难都交给了主"。吴惠芳、叶敬忠通过对农村劳动力输出最为集中的 5 个省——安徽、河南、湖南、江西和四川的 10 个行政村的留守妇女进行调研发现，78.6% 的留守妇女感到压力较大和有些压力。从不同年龄段的统计数据来看，36—45岁的留守妇女感到生活压力最大。留守妇女的害怕、心情低落、烦躁、焦虑、压抑等不良情绪显著高于非留守妇女。[①] 研究者通过深度访谈发现，留守妇女心理负担沉重，她们不仅担心丈夫务工的安全问题，还担心丈夫长期在外是否会发生酗酒、赌博、婚外情行为，常常陷入烦躁、抱怨、孤独、无助、害怕等负面情绪中，又无法向公婆、子女倾诉，尤其是在抢种抢收、孩子生病、老人生病、孩子学习成绩下降、邻里发生冲突时，留守

---

　　① 吴惠芳、叶敬忠：《丈夫外出务工对农村留守妇女的心理影响分析》，《浙江大学学报》（人文社科版）2010 年第 1 期。

妇女的各种负面情绪快速聚集，甚至自我根本无法控制，导致大爆发。

2010年7月3日，陕西省扶风县杏林镇一座古庙内，5名孩子在此相约喝农药自杀。此前的一天，他们在下着小雨的夜里跑进古庙，经过一夜畅谈，决定相约"同年同月同日死"。7月3日清晨，5个孩子用带来的农药勾兑饮料，发誓一起喝下去。幸而，他们被过路村民发现后及时送往医院。5个孩子中有4个是农村留守儿童，他们都是小学六年级的学生。病房里一张床上躺着13岁的小刚（男，化名），一张床上躺着13岁的小红（女，化名）。小红的母亲紧紧抓住女儿的手，默默看着女儿用床单盖住的脸。小红的母亲说，孩子的父亲在外打工，她不识字，从不知道孩子在学校的表现。谈起孩子喝农药的原因，母亲低头不语。小刚的母亲则告诉记者，她跟孩子的爸爸都在外地打工，事发后才赶回来。5个天真烂漫的孩子为何选择了相约自杀？孩子们对此一直保持沉默。①

不同的家庭氛围，为儿童提供不同的社会性发展环境。把家庭看作一个系统，意味着任何两个家庭成员之间的交往都可能会受到第三个家庭成员的态度和行为的影响，这种现象称为间接或第三方影响。父亲显然会影响母子（母女）关系：与那些承受夫妻关系冲突或感到是自己一个人在养育孩子的母亲相比，那些与丈夫建立了亲密和支持性的关系、婚姻美满幸福的母亲，对孩子的反应往往更耐心、更敏感（Cox et al., 1989, 1992）。因而，他们的孩子更容易形成安全型依恋（Doyle et al., 2000）②，尽管陪伴孩子的时间少于母亲，但父亲在孩子的社会性发展中却发挥着重要的影响。父亲对孩子的社会性行为存在有别于母亲的重要贡献。如果父亲在与孩子的互动中表现得积极和亲社会，孩子与同伴交往的能力就会更强；如果父亲在互动中表现得对抗与愤怒，孩子的能力就会相对更差。③刘丽莎、李燕芳选取北京市某区内两所教育水平相当的公立幼儿园共186名中班儿童及其父母作为研究对象，研究发现，父亲的积极教养行为显著预测儿童的合作性、主张性、责任感及总体社会技能。父亲参与教养对母亲消极教养具有缓冲作用，父亲参与教养的时间越长，缓冲效

---

① 魏光：《陕西5名小学生相约喝药自杀　多为留守儿童》，《华商报》2010年7月5日。

② 参见［美］戴维·谢弗《社会性与人格发展》第5版，陈会昌等译，人民邮电出版社2012年版，第389页。

③ ［美］罗斯·D. 帕克、阿莉森·克拉克—斯图尔特：《社会性发展》，俞国良、郑璞译，中国人民大学出版社2014年版，第169页。

应越明显。①

　　研究者发现，非留守男童犯错误时，被大声责骂的有 18.6%，被打的仅有 5.1%，而留守男童犯错误时，被大声责骂的有 28.7%，被打的有 13.0%；非留守女童犯错误时，被大声责骂的有 21.0%，被打的仅有 0.8%，而留守女童犯错误时，被大声责骂的有 25.5%，被打的仍有 4.8%。非留守儿童在犯错误时，无论男女，遭受大声责骂与殴打行为的比例均低于留守儿童，尤其是殴打行为，比留守儿童显著减少。通过参与式观察与深度访谈进一步发现，留守妈妈不顾及场合，使用侮辱性语言对孩子大声责骂、扇巴掌、脚踹、揪耳朵、拽头发的现象并不少见，甚至使用笤帚、晾衣竿、炉钩子、擀面杖等工具劈头盖脸地殴打孩子也不鲜见，这种情况在农忙时节更为突出。留守男童，精力旺盛，调皮贪玩，受到的殴打频率和强度相较留守女童更多。

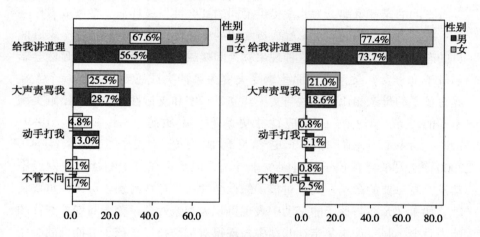

图 2-20、图 2-21　留守儿童（左图）与非留守儿童（右图）犯错误时，
家里大人采取的方式

　　留守女童 YL，10 岁，陕西省汉中市南郑县 Z 村人，父亲在威海一建筑工地打工，家庭状况一般

　　爸爸出去打工，我很不习惯，家里田多，爸爸在家，家里农活不用我干，现在我要帮我妈收谷子、收油菜籽，晒谷子、晒菜籽，有时

　　① 刘丽莎、李燕芳等：《父亲参与教养状况对学前儿童社会技能的作用》，《心理发展与教育》2013 年第 1 期。

候累的回来都不想吃饭。我还要帮妈妈经管（方言：照顾）弟弟，弟弟4岁，这时候最想我爸了。我爸一个月给我打次电话，6—7分钟，主要是让我好好学习，听妈妈的话，经管好弟弟。我有三个好朋友，她们的父母都在近处做活，晚上都能回来，我很羡慕她们。农忙的时候，我妈累得直叫腰疼，老是数骂我（方言：大声叫骂），说我偷懒，出工不出力，我很委屈，我扬谷子，手上磨得都是大泡，特别想我爸，我爸在家，我就不用这么累了，我妈也会脾气好些。

留守女童XJH，11岁，父亲已经外出四年，至今没有音讯，家庭经济状况差

我妈以前脾气好，后来我爸打工再也没有回家，妈妈脾气就越来越暴。看到电视上小孩和爸爸妈妈到公园耍（方言：玩），我很伤心。我和班里的WL打过架，他骂我是没有爸爸的野种，我就打他，把他鼻血都打出来了，打完他，我就躲在大树后面哭。我喜欢看电视，羡慕电视上有钱的小孩，吃得好，穿得好，学习也好。我的理想就是超过班上最好的学生，考上好大学，挣大钱，让他们不再看不起我。

留守男童YRC，14岁，陕西富平县曹村镇C村人

（这是一个五口之家，家中有三个孩子，两个女儿和一个儿子。父亲常年在外务工，地点以及所从事的工作都不确定，主要是跟着建筑队各处打工，母亲在家抚养三个孩子。）

我觉得我妈根本就不会笑，老爱吼我们，她越吼，我越烦，越不想听。我也知道我妈不容易，也是为我们好，可是她天天吼来吼去的，吃饭慢也吼，找不到东西也吼，我真的快受不了了，还不如和我爸出去打工算了。

留守女童LL，16岁，陕西省安康市石泉县池河镇D村人，高一学生

（家里四口人，爸爸、妈妈、哥哥和她。爸爸在外务工十几年了，每年过年回来，待上十天左右。妈妈一人承担所有农活，哥哥已经考上西安一所211大学。）

　　家里平时没人辅导我功课，过完年，爸爸打工走了，哥哥上学走了，自己就没心学习了，想爸爸和哥哥，半夜捂着被子哭。爸爸、哥哥给我打电话就会很高兴，觉得要好好学习，不能让他们失望，要像哥哥一样，考上重点大学，给家里争光。在家里除了干家务，农耕和养蚕的时候还要帮妈妈干活。每次我做错事，哪怕是很小的事，我妈总是不顾周围有人没人，大声骂我，还扇我，我不敢大哭，越哭她越骂，只能默默流泪，觉得特别丢脸，都不想出门了。在家里一般就是看电视，跟我妈没啥话说，有了委屈就找朋友说说。过年的时候，爸爸回来了，哥哥也在家，爸爸说话嗓门大，哥哥也爱和我打闹，家里就会热闹很多。他们走了，平时只有妈妈在家，感觉很凄凉。越来越不希望爸爸出去，希望去爸爸打工的城市生活，想多了解爸爸的工作、生活。每次我爸从城里回来，都感觉比较陌生，刚开始没什么话说，等稍微好一点，他就又要走了。

　　专制型养育方式，是指父母用坚定和武断的行为标准来要求孩子。专制型的父母认为服从胜于一切，并借助一切必要的权力使孩子照办。[①] 研究者通过参与式观察与深度访谈发现，专制型养育方式在父亲外出务工，母亲在家的留守儿童家庭中比较常见，繁重的农活，精神的孤独，使留守妈妈们渐渐对孩子失去了耐心，厉声呵斥甚至殴打现象比较常见，能够静下心来，抽出时间与孩子沟通，敏感地关注孩子精神世界成长的留守妈妈并不多见。方晓义研究发现，问题沟通与社会适应性显著相关，亲子沟通越差，青少年的社会适应越差。[②]

　　儿童从父母那里学习情绪调节。如果父母与孩子的交流中保持积极和乐观，在孩子生气或痛苦时提供抚慰，儿童对愤怒的反应就会具有建设性，调节自身的情绪能力更强，情绪表露也更为适当（Eisenberg & Fabes，1994；McDowell & Parke，2005）。当父母由于孩子的情绪表达，尤其是负面情绪表达而对其进行责骂或惩罚时，儿童会在情绪调节方面遇到障碍（McDowell & Parke，2000；Parke et al.，2006；Valiente & Eisen-

---

　　① 参见［加］居伊·勒弗朗索瓦《孩子们——儿童心理发展》第 9 版，王全志、孟祥芝等译，北京大学出版社 2004 年版，第 383 页。

　　② 方晓义：《亲子沟通问题与青少年社会适应的关系》，《心理发展与教育》2006 年第 3 期。

berg，2006）。① 父母对孩子发出的信号缺乏反应，很少和孩子有亲密的身体接触，和孩子在一起的时候经常发脾气，对这些父母，孩子往往发展出回避型不安全依恋（Belsky & Fearon，2008；Cassidy & Berlin，1994）。② 留守妈妈较少微笑地面对孩子、积极鼓励孩子、正面评价孩子，日常交流多是三言两语不容商量的命令，"咋还看电视"，"去做作业"，"睡觉去"，"书包为啥还没收拾"，"别去池塘耍"，"这次咋考成这样"……留守妈妈日常生活中提出孩子必须遵守的各项规则，但是却很少解释遵循这些规则的必要性，不顺应这些规则会给自身带来什么样的不良后果，使留守儿童对于这些必须服从的规则充斥着不理解、不情愿的情绪。孩子一旦违反了这些规则，留守妈妈往往立刻表现出焦躁与愤怒的情绪，不顾及场合，依靠语言暴力或肢体惩罚强迫孩子必须服从。留守妈妈对待孩子较为简单、粗暴的态度，使孩子们越发不愿意表达自己的观点与想法，部分留守男童在家情绪烦躁，行为更加不顺从，出现挑衅的语言或举动，缺乏建设性地解决争端的意识与能力。深度访谈发现，留守儿童和妈妈发生冲突后，在学校与同学，在村子里与同伴的言语与肢体冲突也会增多。留守儿童被责骂、殴打后多呈现出沉默寡言，更加缺乏与妈妈进行主动交流的意愿，以冷漠、厌烦的态度应对各种盘问。孩子的负面情绪传导给留守妈妈，使留守妈妈愈发觉得内心委屈，面对孩子更加束手无策，对生活的抱怨情绪逐渐累积，却难以找到舒缓的渠道，逐步开启了"情绪烦躁→打骂孩子→后悔自责→情绪更加难以自控→再更狠地打骂孩子"的亲子相处循环模式。

三　祖辈监护人对留守男童的纵容型养育方式及对其社会性发展的不利影响

西北地区农村老人从青少年起就开始从事重体力劳作，一般上了60岁，各种疾病就开始出现，腰椎病与风湿病最为常见。为了儿子、媳妇在城里安心挣钱，他们很少去医院看病，都是买些最便宜的药，把疼止住，照样下田劳作，实在疼得起不来床，才去医院，这时候查出来的病就比较

① 参见［美］罗斯·D. 帕克、阿莉森·克拉克-斯图尔特《社会性发展》，俞国良、郑璞译，中国人民大学出版社2014年版，第125页。

② 同上书，第95页。

严重了。"盖新房，上大梁"是所有农村留守老人最开心的时候。

> LJM，陕西省汉中市南郑县 Z 镇 Z 村一小药店老板
>
> 到我这里买药的老人多，给孙娃买的药都要好些，像柴胡退热冲剂，布洛芬悬浮液、小儿健脾散、健胃消食片、思密达啥的，给自己买药，都是啥最便宜就捡啥，像伤湿止痛膏、维 C 银翘片、速效伤风胶囊、甘草片、阿司匹林、黄连素、红霉素软膏，都是十块钱以下的，三九感冒冲剂、感康、泰诺、芬必得啥的，这些好一点的药根本就舍不得买。

> ZYF，女，69 岁，陕西省汉中市南郑县 Z 镇 W 村人
>
> 我生养了三个儿子，现在三个儿子、媳妇都在外面打工。要经管（方言：照管）两个孙子，一个孙女，四岁的孙女晚上跟我睡，两个孙子睡一起，前一阵子俩人打架，大孙子说啥也不在这住了，回他家一个人住了，也担心，这个小娃蛮，不听劝，说这里不是他家，他要在自己家里等他爸妈回来。除了给三个孙娃做饭，还要和他们爷爷下地。我们的地，还有三个儿子的地，加起来也有五亩多，我们种两亩平地，其他三亩坡地都租给别人种了。现在身体一年不如一年，插一会儿秧（陕南地区气候湿润，基本都种植水稻），头一抬就直打晃，腰也疼得直不起，没使处喽（方言：没有用了）。
>
> 这时候，在一边安静听我们谈话的 ZYF 的孙子插嘴说："我婆（方言：奶奶）昨天全身疼，在床上躺了一天，只喝了些稀饭。"老人叹气说："没法呀，年岁在这放着。三个娃在城里讨生活也不容易，能帮一把就帮一把吧，我就希望自己到时候不行了，睡梦里就过去，不要落个瘫痪啥的，拖累儿孙。"

湖南省娄底市双峰县一个乡村留守女童，刚刚 1 岁零 8 个月，却已经历严酷的生死考验。2011 年 9 月 27 日，当她的父母从打工地赶回，跃入眼帘的是骇人一幕：女儿一动不动仰天躺在奶奶的臂弯里，身上爬满了蛆虫，奶奶趴在厕所门口，身上湿漉漉的，尸体已开始腐烂。奶奶王立春身体一向不错，9 月 20 日，还让孙女小梦给父亲通电话——"来，叫爸爸。"这成为小梦的父亲王双全听到的来自母亲的最后声音。王立春的猝

死成为小梦的噩梦。在以后的 7 天里，她必须独自活下去。出于求生的本能，她挣扎过，曾摔伤小腿，也曾到处找食物吃，但最终只能静静地回到熟悉的已经冰冷的奶奶的臂弯，直至生命垂危。7 天后，从远方赶回的父母将小梦从生死线上拉了回来，并火速送往长沙湘雅二医院儿科抢救。①

农村青壮年劳动力的外出导致老年人口成为农业生产的主要维持者。叶敬忠、贺聪志调研发现，80.6% 的留守老人仍下地干活，其中包括不少高龄老人。59.9% 的留守老人耕种外出子女的土地，55.2% 的留守老人家庭的耕种面积不低于 0.12 公顷（约 2 亩），部分老人的耕种面积甚至多达 0.6 公顷（约 10 亩）左右。由于缺少子女协助，很多留守老人的劳动负担沉重不堪。47.3% 的留守老人认为自己的劳动负担很重，表示劳动负担难以承受的达 18.3%。②

目前西北大部分农村地区的计划生育政策为，如果第一胎是男孩，就不能再生育了，如果第一胎是女孩，间隔四年，可以再生一个，二胎不管男女，都不能再生育了。所以，现在大部分 70 后，80 后农户家里只有一个男孩，在西北农村，这个男孩叫做"顶门立户的人"，农村老人把这个男孩看得十分金贵。（也有少数村民生育了一个儿子，或两个女儿后继续生育，不过需要缴纳罚款。）从研究者西北五省区的入户调研发现，有 47% 的留守男童，48.3% 的留守女童都需要帮家里做农活。结合深度访谈发现，农村留守女童承担的家务与农活一点都不比男孩少，甚至多于家里的男孩，尤其是祖辈监护的留守男童在家里承担的农活，家务劳动普遍都少于姐姐，玩具和学习用品却比姐姐更为丰富。留守女童不仅要做大量的家务劳动，照顾年龄大的爷爷奶奶，还要承担下地插秧、扬谷子、晒油菜籽、收麦子、摘桑、养蚕等这样的重体力农活。

　　11 岁留守男童 WL 的奶奶 ZSQ，64 岁，陕西省汉中市南郑县 Z 镇 W 村人
　　有一次，WL 找他爷要一百块钱，我问 WL 要这么多钱做啥，平时不是都给零花钱吗，他说不出来，我想，孩子随便要这么多钱可不是啥好现象，就对他爷说，不要给他，别把坏毛病给养下了。WL 不

---

① 石述思：《留守女童与奶奶尸体独处 7 天的警示》，《工人日报》2011 年 10 月 9 日。
② 叶敬忠、贺聪志：《静寞夕阳：中国农村留守老人》，社会科学文献出版社 2008 年版。

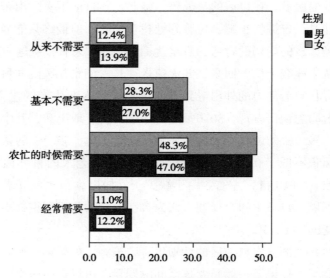

图 2 - 22　留守儿童承担家里农活的情况

爱听，大发脾气，拍桌子，摔板凳，用茶杯把大衣柜上的大镜子都砸碎了。WL 个性犟，爱听好话，有错误不让我们说，我和他爷爷一说他，他就跳起来和我们吵闹。我们这房是地震后冬月份修好的，在房子没修之前，WL 就天天催我们给他修房子，说同学家的房子都修好了，他长大以后要接媳妇（方言：娶媳妇），没房子怎么办。现在房子修好了，他又说，你们快给我攒钱，我长大以后还要上大学。家里的活，从来不干，吃了饭，碗都不捡，一推就出去玩了。又懒又任性，说要钱，立马就要给，迟一点都不行。今年暑假前，WL 催他爷爷给家里安锅（电视卫星接收器），他爷说，锅要安，我们迟一步，等小房修好了，安在小房高头。WL 怎么都听不进去，他爷就在他屁股上弹（方言：打）了一下，也不敢真打，我们老 W 家的独苗，打坏了，可怎么跟先人（方言：列祖列宗）交代。WL 一面哭一面用手指头指着他爷数骂（方言：大声叫骂），你是个什么东西，今天我不看你老汉家，我打死你个老家伙！WL 零花钱很费，每月要给他百来块钱吃零食。爱看电视，看起来没够，半夜还要看乒乓球比赛，催好几次，也不睡，非要看完。还爱看打打杀杀的片子，一边写作业一边看，他爷说要关，他就开始嚎。

研究者通过西北五省区问卷调查、深度访谈与参与式观察发现，爷爷奶奶对于留守男童采取"纵容型养育方式"较为普遍。对留守男童而言，爷爷奶奶的教养方式多传达的信号是"男娃家，皮点没事"，缺少明确传达与严格执行的规则，当留守男童提出无理要求，并以哭闹相要挟时，祖辈监护人往往会妥协。部分爷爷奶奶对留守男童的经常性撒谎、骂脏话、攻击比自身弱小的儿童、翻找家里的钱去网吧等明显不合乎社会规范的不良行为也多以"娃小，现在还不知事（方言：懂事），大了就好了"，"哪个小娃娃家不扯谎"，"拿的是自家钱，又不是别个家（方言：别人）的"，"男娃家不会打架，以后还不给欺负死"等为由，加以纵容与放任。甚至有的爷爷奶奶对留守男童在学校、在村里欺负比自己小的孩子，辱骂老师和同学等错误行为，不仅不进行严肃的批评教育，还给予"我孙娃真厉害"，"这小子嘴皮子就是利索"等赞许。这种缺乏正确引导与必要约束的纵容型教养方式，导致部分留守男童无法正面建构和评价自己的行为，较为自私、蛮横、易怒，自我控制能力与合作精神显著不足，攻击性较强，难以树立积极的成就目标，更缺乏目标导向行为。

四　祖辈监护人对留守女童的忽视型养育方式及对其社会性发展的不利影响

全国妇联儿童工作部调研发现，西北地区的甘肃、宁夏，农村留守女童的受教育状况明显不如男孩。[1] 研究者入户调研发现，祖辈监护的留守女童，相对家里的弟弟，得到爷爷奶奶的关爱要少，但他们反而更能体恤爷爷奶奶和在外务工父母的辛苦，对于自己承担大量家务劳动和农活，留守女童很少向爷爷奶奶抱怨，只是为没有像弟弟那样有充足时间来学习而着急。祖辈监护人对孙子的内心定位是"给自家续香火的人"，对孙女的定位是"给别人家续香火的人"。留守男童买各类零食、玩具，甚至拿钱去网吧上网，爷爷奶奶都认为是理所应当的，觉得自己儿子、媳妇在外务工赚钱，就是给孙子花的。可是面对留守女童的花费，爷爷奶奶就有些心疼，部分爷爷奶奶认为"供孙女读书实在不划算，孙女总要嫁出去，读书都是给别人供的。"祖辈监护人对留守男童的需求一般都是有求必应，

---

[1]　全国妇联儿童工作部：《农村留守流动儿童状况调查报告》，社会科学文献出版社 2011 年版，第 26 页。

对留守女童的需求，甚至是交学费、买文具这样最基本的需求，也有些不耐烦。爷爷奶奶一般都对留守男童的学习成绩比较上心，虽无辅导能力，但会经常提醒留守男童"好好学习，将来考个好大学"，也会提议过年回来的儿子、媳妇能否将来把孙子带到城市上学，享受更好的教育。爷爷奶奶对留守女童的学习多抱着"学成啥样子就啥样子"，"女娃家考不考大学没关系"，"女娃成绩好有啥用，要紧的是寻个好婆家"这种无所谓的态度。对留守女童的深度访谈发现，部分奶奶对孙子、孙女的不同等对待程度要更严重一些，可能是因为农村老年女性在自己的成长及生育过程中，真切地感受到了乡村的重男轻女之风的强大影响力。奶奶对处于青春期的留守女童也缺乏关注，导致留守女童对自身生理变化充满恐惧，部分奶奶对于留守女童在例假期干农活，甚至到水田插秧，喝凉水，吃冷饭颇不以为然，觉得这都没什么。

> 留守女童 HY，11 岁，W 小学三年级（留了两级），陕西省汉中市南郑县 Z 镇 W 村人，父母在山西一建筑工地打工，家庭经济条件较差
>
> 我放学回家，要剁鸡食、喂猪、煮饭、洗衣服，干完活才能写作业，不过一般都抓紧时间，在学校就把作业写完，老师表扬我很自觉。爷腿不好，不能沾凉水，都是我婆（方言：奶奶）去插秧，弟弟在家就等着吃，啥都不用干。婆说我是女子家，将来迟早是要给人（方言：嫁人）的，弟弟是要顶门立户的。买学习用品我婆也不爱给钱，说一个女子家花这么多钱，不上算了，爷说我学习好，要供我读。每一次学校要钱，我婆就吼骂我，说我太能花钱了。我妈寄回来的钱，叫婆每天给我和弟弟一块钱，她只给弟弟不给我。我真的不想和婆生活在一起了，想我爸妈，晚上躲在被窝里哭，有一次哭到鸡都叫了。我有五个好朋友，有三个家长也在外面做工，他们和爷婆住在一起，可是他们爷婆都不会因为学校要交钱骂他们。爸妈去打工，我学习退步了，没人辅导我作文，检查数学题。我爱看童话故事书，都是借同学看的。我喜欢听广播，爷婆都睡了，我就把收音机放到被窝里听，爱听情感类节目，原来世界上有许多可怜人，自己就不是最可怜的了。我想去爸妈那里，做梦都想。我的偶像是郭晶晶，她总是得冠军，我觉得她很了不起，而且给家里挣了好多钱，得一个冠军，国

家就给许多许多钱。我想挣好多好多钱，给我爷治腿。

关爱、有回应的教养方式总是与稳定安全的情感依恋、亲社会倾向、良好的同伴关系、较高的自尊、强烈的道德感以及其他一些积极的社会性发展结果相联系。儿童希望取悦有爱心的父母，努力实现父母的期望，学习父母期望的事情（Forman & Kochanska，2001；Kochanska，2002）。相反，在不良的家庭环境中，如果父母或其中一方对孩子缺少注意与关爱，就会导致儿童发展出不良的同伴关系及后期社会适应困难。受到忽略或拒绝的儿童较难获得良好的社会性发展。① 拉姆、凯特里纽斯以及弗拉克苏（Lamb，Keterlines & Fracasso，1992）认为，纵容型的养育方式会导致青少年缺乏自理能力以及自尊心差的特点。马丁和维特（Martin & Waite，1994）研究发现，那些情绪低落、易出现自杀念头的儿童，更可能有冷漠与忽视的家庭环境。②

林宏对福建省的留守儿童进行研究发现，有 55.5% 的留守儿童表现出冷漠、任性、内向和孤独，长期与父母分离使他们更加自卑或暴躁，甚至出现一些较为偏激的性格。③ 祖辈监护人对留守男童的纵容型养育方式所传达的信号是"你做什么都没关系"，使留守男童易形成自我中心主义，霸道、自私；对留守女童的忽视型养育方式所传达的信号是"你做什么我都不在意"，使留守女童易形成自卑、失落心理，对自身的性别产生排斥与厌弃，部分祖辈监护的留守女童对待周遭事物比较冷漠，与同学交往时害羞、胆怯、退缩，缺乏掌控自己生活的信心和乐观的精神。家庭能够满足儿童的生计功能（提供食物、住处和衣物）、发展功能（提供培养和教育）、权利维护功能（确保儿童能够接受良好家庭教育、享受健康医疗、有安全的生活环境等）（Westman，1991）。④ 留守儿童祖辈监护人大多停留在第一个层面，视自己的角色仅仅为喂养、穿衣以及为孩子提供

---

① ［美］David R. Shaffer & Katherine Kipp：《发展心理学》第 8 版，邹泓等译，中国轻工业出版社 2009 年版，第 541 页。

② 参见［加］居伊·勒弗朗索瓦《孩子们——儿童心理发展》第 9 版，王全志、孟祥芝等译，北京大学出版社 2004 年版，第 386 页。

③ 林宏：《福建省"留守孩"教育现状的调查》，《福建师范大学学报》2003 年第 3 期。

④ 参见［加］居伊·勒弗朗索瓦《孩子们——儿童心理发展》第 9 版，王全志、孟祥芝等译，北京大学出版社 2004 年版，第 383 页。

庇护的场所。

研究者通过入户深度访谈及参与式观察发现，权威型教养方式在非留守儿童家庭较为常见。权威型教养方式（authoritative parenting），是一种较为灵活、民主的教养方式，温暖、接纳的父母给予孩子一定的自主，让他决定如何更好地迎接挑战和遵从规则，同时提供指导并有所控制。研究表明，权威型教养方式和积极的社会性、情感及智力发展相联系。[①] 相对于父母采用独裁、高控、惩罚的养育方式的青少年，那些父母采用温情、慈爱、权威型养育方式的青少年具有更高的自尊水平（Lamborn et al.，1991）。[②] 非留守儿童父母会就日常生活与学习对孩子提出具体要求，但是基本都会说明要求孩子遵守的理由。收工回家，一般会主动询问孩子当天在学校的情况，能够关注到孩子情绪的起伏变化，并会对孩子的回答做出及时、积极的反馈，面对孩子的不合理要求，态度较为坚决不让步。与孩子日常交流能够意识到控制与延迟自己不耐烦和愤怒的情绪，会想到征求孩子对诸如房间装饰、电器购买等一些家庭事务的意见，对孩子的建设性行为表示欣赏和支持，对孩子的不良行为表现出不快，并会进行面对面的讨论。留守妈妈或祖辈监护人对留守儿童的关注点较为单一，多集中于当下的学习成绩与身体健康，而非留守儿童父母，尤其是父亲，更能将关注点延伸到子女的独立自主性、社交技能、表达能力、组织才能等领域。

从学校层面来看。"村不办小学、乡不办初中"是农村学校布局调整政策执行中很多地方所奉行的撤并原则。面对不断激化的城乡间教育不均衡矛盾，大浪淘沙中仅存的农村中学不得不以更加严苛的校园规训、极化的学生分层，甚至是鼓励差生向职业学校提前分流、将分流任务指标化等方式来强化学生管理，确保自身的存续（潘璐、叶敬忠，2014）。[③] 农村中、小学学校工作的焦点是如何通过考试，让孩子顺利升学，早日离开农村，撤校、并校的生存压力使学校无暇关注学生们如何实现社会化发展，成为一个能顺利融入社会的人。

---

① ［美］David R. Shaffer & Katherine Kipp：《发展心理学》第8版，邹泓等译，中国轻工业出版社2009年版，第541页。

② 参见［美］罗斯·D. 帕克、阿莉森·克拉克－斯图尔特《社会性发展》，俞国良、郑璞译，中国人民大学出版社2014年版，第140页。

③ 潘璐、叶敬忠：《"大发展的孩子们"：农村留守儿童的教育与成长困境》，《北京大学教育评论》2014年第7期。

　　家庭为儿童提供了最早同时也最为持久的社会接触，逐步将儿童的自然行为引导为社会可接受的行为方式，并教给儿童适应社会所需的技能和规则。不论是留守妈妈中常见的专制型养育方式，还是祖辈监护人中多见的对留守男童的纵容型养育方式与对留守女童的忽视型养育方式，在鼓励儿童学习符合社会要求与标准的行为与能力方面都是弱化的。这三种养育方式，对留守儿童自立能力的培养、成就动机的激发、较高的自尊实现都是不利的。

第三章

电视与网络：西北地区农村留守儿童的
"精神抚育者"

　　教养理论的创始者乔治·格伯纳提出：现代人的一生，从摇篮到坟墓，都在接受媒介的教化，其影响是深入骨髓的。媒体在教育上不但进一步边缘化了家庭教育的角色，也在逐渐瓦解、威胁与动摇着学校的权威地位，成为青少年早期社会化的重要力量。[1] 留守儿童的成长过程中，大众媒介的作用非常重要，它使留守儿童能够获取丰富的信息资源，开阔眼界、放松身心，发展其对赖以成长的社会的认知能力，并形成自己的意见和见解。在社会生活中，留守儿童通过大众媒介，有了获取适合自己发展的信息资源的渠道，就有可能比以往获得更多的机会，为其社会性充分发展创造了条件。

第一节　西北地区农村媒介生态环境

一　电视地位稳固，广播、报刊日趋衰落，网吧快速推进

　　为解决农民群众听广播、看电视难的问题，1998 年政府启动广播电视村村通工程，第一轮工程至 2005 年结束。根据第一轮实施效果，2006 年，政府决定继续实施广播电视村村通工程，按照"巩固成果、扩大范围、提高质量、改善服务"的要求，构建农村广播电视公共服务体系。2010 年底，全面实现 20 户以上已通电的自然村全部通广播电视。自 2004 年开始，全国卫视频道在农村地区的覆盖人口快速增加，农村累计覆盖人

---

　　[1]　Postman Neil, *Amusing Ourselves to Death*, New York: Basie Book, 1985, p. 125.

次从 2003 年的 66.2 亿人次增加到 2008 年的 161.9 亿人次，5 年间增长了
1.44 倍；而城市市区的覆盖人口增长速度则开始放缓，累计覆盖人次从
73.5 亿人次增加到 118.5 亿人次，5 年间增长 61.2%，城乡差距进一步
缩小。①

根据美兰德"2008 年全国电视频道覆盖及收视状况调查结果"：2008
年农村居民每周平均约有 5.2 天会接触电视，远高于对其他媒介的接触频
率；农村电视受众平均每天用于看电视的时间长达 194.8 分钟，领先于其
他各类媒介。② 刘君通过对广西崇左市宁明县东安乡调查，发现农民收受
外界信息的主要媒介就是电视，95.7% 的家庭有电视机，19.1% 的家庭经
常阅读报纸，仅有 14.8% 的家庭有收音机。③ 石束等对甘肃与江苏农村地
区调研发现：甘肃农民最近一年订阅报纸（含购买）的比率为 31.6%，
而苏南农民最近一年订阅报纸（含购买）的比率为 74%；其中订阅一份
报纸的比例甘肃为 14.5%、苏南为 32.7%，订阅 2 份报纸的甘肃为
11.8%、苏南为 23.7%，订阅 3 份及 3 份以上的甘肃为 5.3%、苏南为
17.6%。甘肃农民每日平均看电视的时间为 120 分钟。④

研究者在西北五省区的农村入户调研发现：45.6% 的留守儿童监护人
闲暇时间最喜欢做的事情就是"看电视"，而选择"看报纸、杂志"的仅
5.3%，选择"听广播"的更少，只有 3.5%。

"非常喜欢"和"喜欢"看电视的留守儿童达 83.8%，非留守儿童
达 80.2%，农村儿童对电视媒体的偏好程度非常高。

　　WXM，男，76 岁，陕西省汉中市南郑县 Z 镇 W 村村民
　　以前没电视的时候，大家吃晌午的时候（西北农村一般一天只
吃两顿饭，早上九、十点钟吃早饭，下午三四点钟吃晚饭，即为晌午
饭）都拿着碗跑到村里大喇叭下听县里来的消息，小娃到处跑，好

---

① 何礼：《农村电视媒介消费风景独好——美兰德第十次全国电视频道覆盖及收视状况调
查结果揭晓》，《广告主市场观察》2008 年第 12 期。

② 同上。

③ 刘君：《"基础环境"对媒介在西北欠发达地区农村传播影响分析》，《广西大学学报》
（哲学社会科学版）2008 年第 9 期。

④ 石束、李建红、王芳：《从媒介消费看东西北农村之间的"信息沟"现象》，《西藏发展
论坛》2006 年第 6 期。

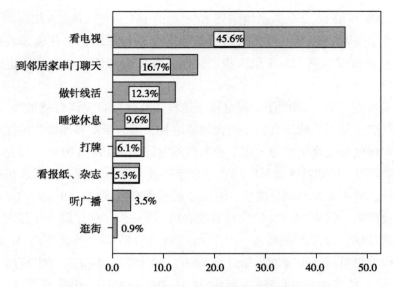

图 3 - 1　留守儿童监护人闲暇时间最喜欢做的事情

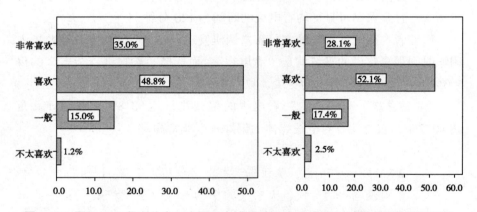

图 3 - 2、图 3 - 3　留守儿童（左图）与非留守儿童（右图）对看电视的喜好程度

　　耍得很。后来有电视了，大家都不爱出门子了，现在年轻娃们都出去
　　打工了，老人更不爱出门了，院门一关，都窝在自己家里看电视，没
　　啥事情也不串门子了。

　　柯克·约翰逊在印度达瑙里村调研同样发现："自从电视到来后，人
们听广播的次数越来越少。正如一位村民所说：收音机以前是从早到晚都
开着。我们通过广播听歌曲、新闻，甚至板球比赛。但是现在，我们能在

电视上看到这些，为什么还要听广播？"① 柯克·约翰逊用萨尔兹曼的观点解释这一现象，由于电视媒介的特殊形式，在印度乡村它有着比以往任何大众传播媒介都强大得多的文化影响。他指出了电视的三个"空前"特征。一是电视节目的易获得性，电视机相对低廉的购买与保养费用。不存在"一个人收看电视节目的经济制约，增加收视时间不会导致费用的增加；相反，一个人看电视节目越多，他从自己的投资和看电视的低廉成本中获得的'收益'就越高，而与此相应的是低廉的个人精力投入和普遍的方便性"。二是覆盖面广。节目播放时间的增加、节目的多样性以及卫星技术的进步都对电视覆盖面的扩大作出了贡献。三是有益存在。萨尔兹曼认为，看电视显然是"一件让人愉快、满足和放松的活动"。观众可以选择何时看、看什么、看多久，以及何时关上电视。所以电视"是，或者似乎是在观众的控制之下"（Salzman，1993）。② 希尔弗曼认识到，电视的到来使得媒介信息不再通过精英传播，这些信息"直接送达所有阶层"，"这种扩大了的参与正在改变 civilta（即公民文化）的定义。逐渐地，成为 civile，开始意味着在国家生活中扮演一位公民的角色和接受公认的行为准则的能力。越来越多的准则是外来的，是经由电视和杂志传播的全国性模式"（Silvernan，1975）。③

　　电视进入西北地区农村，在乡村社会变迁的过程中发挥了比其他任何媒介都强大的作用。电视节目的长时间收看改变了村民"日落而息"的生活状态，也使往日频繁的"串门子"活动大为减少，稀释了一个自然村各村民小组（小队）昔日由房前屋外、田间地头缔结的浓厚关系。研究者所调研的陕西省汉中市南郑县 Z 镇 W 村共有 354 户，电视普及率100%，但还没有出现一户有两台彩电的现象。中青年村民家里最小都是25 时彩电，有三户老人还看旧黑白电视，不是出于经济考虑，主要是眼力不济，怕彩电费眼睛。1985 年左右，村里安了三个高音喇叭，播县里和村里的消息，过了五六年停播。1986 年县广播站在每户堂屋门前免费安小广播，收了 4 块钱音箱钱，早晚播天气预报和县上政策，过了三年，也停播了。在研究者走访的农户中，大部分人都说家里有收音机，但是都

----

① ［美］柯克·约翰逊：《电视与乡村社会变迁》，展明辉译，中国人民大学出版社2005 年版，第83 页。

② 同上书，第40—43 页。

③ 同上书，第43 页。

不知道扔到哪去了，很久没听了。除了患有白内障的两位老人，一般都很少听广播。通过深度访谈，村民主要表达了这样三点看法：（1）有电视，还听广播干啥，电视有声音还有图像。（2）广播有的内容电视全都有，还更全。（3）广播上尽是包治百病的假广告，不爱听。W村第4小组共有35户人家，只有两户人订报纸，这两户都是家庭成员有一方是乡村小学教师。对于为什么不看报纸，村民的回答主要集中于三点：（1）报纸上有的内容电视全都有，还花那钱干啥。（2）没时间看报纸，那都是闲的没事干的城里退休居民干的事。（3）报纸也不好买。W村村长WQF说，全村354户，家里有电脑的据他了解有七八户，研究者走访的4小组，有电脑的共有两家，一家的男主人是镇上完全小学的老师，一家是在外地工作的儿子带回来淘汰下来的旧电脑。

需要特别提出的是：电脑进入西北地区村民家庭的比率虽然很低，但是网吧的覆盖速度却不慢。研究者所调研的陕西省汉中地区略阳县是陕南地区贫困山区县，属于591个国家级贫困县之一，县里有经营牌照的网吧就有26家。陕西省汉中地区南郑县仅一个Z镇，从1994年到目前为止就开了5家网吧，据研究者参与式观察发现，容留未成年人上网的现象比较普遍。网络虽然在西北地区农村属于受众培育期，但网吧是快速推进、蔓延的，对农村儿童的影响也日益深入。

二　有线与数字电视收费较高，村民选择安装各型号卫星接收器

从研究者入户调研结果来看：西北地区大部分村子还是以推广安装有线电视为主，数字电视近几年也在逐步推广。处于山区高原或丘陵地区的乡村，有线电视信号接收并不理想，有线电视与数字电视入网费与收视费较高，普通村民觉得难以接受，安置各种型号的卫星接收器的现象较为常见。

表3-1　陕西汉中地区有线电视、数字电视与卫星接收器安装及使用费用比较

类型	设备费	安装费	入网费	收视费（元/年）
有线电视			500	144
数字电视			180	300
卫星接收器	180①	30		

①　注：180元价位的卫星接收器属于比较便宜的，也是销路较好的一款卫星接收器。

表 3 - 2 陕西省汉中市南郑县 Z 镇 W 村村民电视机及卫星接收器拥有情况

组　别	电视机拥有数（台）	卫星接收器安置数（台）	卫星接收器安置数占电视机拥有数百分比（%）	备注
一	70	62	88.6	
二	49	39	79.5	
三	60	58	96.7	含有线电视 8 家
四	35	33	94.3	
五	30	25	83.3	含有线电视 2 家
六	40	32	80.0	含有线电视 8 家
七	70	67	95.7	
合计	354	316	89.3	

WDY，男，42 岁，陕西省汉中市南郑县 W 村村民

我家王牌彩色电视机是 1998 年 7 月买的，2004 年 10 月我家安了锅。安了锅确实好，原来只能收中央一台、汉中台、陕西台。安了锅以后，能收到 105 个台。04 年的锅比较贵，也比较大，半径有五六十公分呢，现在最新的款式半径只有十公分左右。那时候价格有 280、380 和 400 的，我买的是 400 的，连安装费花了 430。08 年换了锅里的芯子和人工费一共花了 80 元，有一年小孩不知道怎么胡捣鼓的，整的没台了，花了 10 块钱调台。这五年一共才花了 520。要是安有线电视，你算算，得要多少钱？5 年 1220，数字电视更吓人，5 年 1680！安了锅以后，图像清楚，色彩鲜亮，还不刺眼。我们邻居，安了有线，没过多长时间，图像不清楚，到县广播局找人修，去了好几次，也没人理。我大哥今年 3 月安了数字电视，看了没多久，图像模糊，屏幕跳来跳去，找人修理，也是跑了好几次，找不着人。有人安没人修，现在周围没人愿意安有线电视和数字电视。

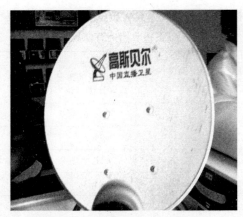

图 3 - 4　陕西省汉中市南郑县卖得最火的一款卫星接收器，像这样出售
各种类型卫星接收器的五金商店一个镇子就有五六家①

三　媒体内容与农村受众需求差异较大，"农村频道"严重不足

截至 2005 年底，全国已注册的各类电视台 302 座，电视节目 2899
套，广播电台 273 座，广播节目 2396 套，但开办对农（农村、农业、农
民、农民工）栏目的只有 1%。全国已有期刊 9468 种，农业期刊仅 187
种；报纸 1931 家，以农民为主要读者对象的仅几十家。② 目前省级电视
台开办农村频道的有：陕西电视台农林科技频道（2010 年 1 月 1 日起正
式更名为农林卫视）、河南电视台新农村频道、重庆电视台公共·农村频
道、河北电视台农民频道、吉林电视台乡村频道、浙江电视台公共·新农
村频道、山东电视台农村科普频道等；地市级农村频道有黑龙江农垦电视
台农业频道、安徽省亳州电视台农村频道、湖北省荆州电视台垄上频道、
山东临沂电视台农村科普频道等。③ 寥寥十来个省级及地市农村频道对应
占全国总人口的 57.01% 的 7.45 亿农村人口，如同茫茫田野上空萤火虫
飞舞的微弱灯光。

---

① 注：研究者所呈现的调研照片，除图 3 - 4 由于研究需要，属于非正常拍摄（裁去了人
物及有关标示），其他照片均得到当事人拍摄及使用许可。

② 罗阳富：《试析媒介的教育功能与农村发展》，《安徽农业科学》2008 年第 36 卷第
23 期。

③ 根据《中国广播电视年鉴（2010）》有关资料整理。

图 3 - 5、图 3 - 6、图 3 - 7、图 3 - 8、图 3 - 9、图 3 - 10 西北地区农村安装
各类型卫星接收器比较普遍

WH，男，38 岁，陕西省汉中市南郑县 Z 镇 W 村村民，在广东
东莞打工十多年，2010 年回来在县城开了一家饭馆。

我们家 07 年前，大锅能收到 100 多个台，还有外国台呢，叽里咕噜听不懂。现在只能看到 40 多个台了，实话实说，这么多台的节目，好多都是胡扯，和我们都没啥关系，没啥用。希望电视台能够多播出一些农业政策、农业技术和外出务工信息，像是种植、养殖类的节目，还有哪些地方有什么大的工程，缺劳力啥的。喜欢看中央台、陕西一台，中央七台。中央二台的"金土地"和中央七台的"致富经"挺好，和我们平时生活有联系，有用。电视剧嘛，《马大帅》《乡村爱情》《插树岭》《圣水湖畔》都不错，这样反映我们农村生活的电视剧太少了，都是些胡编乱造的电视剧，看着都闹心。演的城里人一个一个都是大款，糊弄鬼哩。我还就不信咱中国老百姓家家都住大房子，开好车，在东莞十几年了，城里一样穷人多，没工作的城里人过得还不如我们，我们好歹回家有地哩，饿不死。城里没钱，连个茅房都上不成。电视上尽睁着眼睛说瞎话，演的东西和老百姓实际的生活离得太远了。

LLY，55 岁，男，陕西省汉中市南郑县 Z 镇 W 村村民，在家务农

《刘老根》《乡村爱情》《马大帅》《老大的幸福》《亮剑》，重播几次看几次。《乡村爱情》有好几部，都还好看。法制节目也好，教人不要上当受骗。电视剧多得数不清，乱七八糟的，半天也看不懂，逮着啥看啥呗。现在电视节目倒是多，都演得差不多，那些主持人也都老大不小了，在台上穿得和妖魔鬼怪一样，上蹿下跳，嘻嘻哈哈，没个样子，不爱看。喜欢赵忠祥和倪萍这样的主持人，稳重。电视剧好多台放的都一样，喜欢看《包青天》和《天仙配》这些古装片，人家台湾那包公演的就像包青天，咱们拍的包青天就是一个嘴上没毛、办事不牢的瓜子（方言：傻子）。我就想不通了，咱们这么大的国家养着这么多演员，还演不过小小台湾。

CLH，女，45 岁，高中文化程度，陕西省咸阳市泾阳县太平镇人

（嫁到本村 20 多年了，来村子不久就与丈夫一起通过贷款开办了村子里的第一家小卖部。）

最近喜欢看那个《宝乐婶的烦心事》，反映了老百姓的生活，挺

有意思的。还有陕西二套有个心理咨询节目，调解一些家庭纠纷，有的就是农村家庭里常发生的矛盾。学点这方面的知识，对邻里相处，教育自家孩子也有了新法子。不过这些好节目还是少，遥控器捏来捏去，都是胡编乱造的古装剧，说是古装剧吧，内容又胡扯。

《刘老根》《马大帅》《圣水湖畔》《别拿豆包不当干粮》《希望的田野》《美丽的田野》《种啥得啥》《都市外乡人》《插树岭》《当家的女人》《农民代表》等农村题材电视剧深受农民喜爱，但是数量较电视剧生产总量不成比例，而且农村题材电视剧多集中于东北地区，西北地区农村题材电视剧鲜见。研究者在入户调研时，问及村民，有没有看过反映西北地区农村现实题材的电视剧，极少有人回答是"有"。问及"你对现在电视节目最不满意的是？"，最常见的回答是两点：一是"广告太多"，二是"反映我们身边生活的节目太少"。

通过对留守老人的深度访谈发现，留守老人最怕两件事情：生病和受骗。问到他们最希望在电视上看到、广播中听到什么，他们普遍回答：医疗保健和防骗知识，像是介绍如何治小病与常见病，如何辨别假种子、假化肥、假农药，怎么识破各种各样的电话诈骗、街头诈骗等。留守妇女最关心的两大主题就是：子女成才与科技致富。她们希望在媒体上看到、听到把孩子培养成才的农村家长的故事，还有技术水平要求不是过高的科技致富的成功例子。留守儿童则特别期望在电视上看到农村孩子在城市的生活故事，农村生源大学生的学习和就业故事。部分在所住地区周边打短工及长期在外务工积累了一定资金，希望回到家乡创业的男性希望能够看到资金投入较少的小本创业项目的介绍，以及如何利用网络平台，如淘宝等售卖本地农副产品。

大众媒体对广大农村受众的需求调研，相较城市受众来说，远远不足。传播的媒介内容和农村受众需求差异较大，农村受众对信息多属于被动接受。

四　留守群体，媒介娱乐功能首当其冲；外出务工群体，媒介信息获取意识较强

驻守农村的三大群体是老人、妇女和孩子，这三个群体普遍偏好娱乐节目和电视连续剧。年轻人喜欢《快乐大本营》《天天向上》，年长的人也能数出《同一首歌》《星光大道》这样的综艺娱乐栏目。收视高度集中于4

个频道：中央电视台综合频道、中央电视台综艺频道、中央电视台少儿频道与湖南卫视。中央电视台新闻频道与财经频道收看较少，当研究者问及这个问题时，村民多回答："每天看看《新闻联播》就行了，一天哪那么多新闻呢！""财经频道，那都是做生意的人看的，和我们没关系。"

　　进一步分析发现，留守儿童监护人喜欢看的电视节目类型是情感、家庭类电视剧，留守儿童外出务工父母对新闻的偏好度高，军事类和财经类节目的偏好也远高于留守儿童监护人。

表 3 - 3　　　　　　　　　留守儿童监护人喜欢看的电视节目类型

		响应		个案百分比
		N	百分比	
留守儿童监护人喜欢看的电视节目类型	科教类	21	8.6%	18.4%
	军事类	14	5.8%	12.3%
	新闻类	51	21.0%	44.7%
	财经类	8	3.3%	7.0%
	综艺娱乐类	31	12.8%	27.2%
	武打、侦破类电视剧	26	10.7%	22.8%
	情感、家庭类电视剧	68	28.0%	59.6%
	访谈节目类	24	9.9%	21.1%
总计		243	100.0%	213.2%

表 3 - 4　　　　　　　　留守儿童外出务工父母喜欢看的电视节目类型

		响应		个案百分比
		N	百分比	
留守儿童外出务工父母喜欢看的电视节目类型	科教类	25	9.5%	21.6%
	军事类	30	11.4%	25.9%
	新闻类	49	18.6%	42.2%
	财经类	12	4.5%	10.3%
	综艺娱乐类	44	16.7%	37.9%
	武打、侦破类电视剧	34	12.9%	29.3%
	情感、家庭类电视剧	44	16.7%	37.9%
	访谈节目类	26	9.8%	22.4%
总计		264	100.0%	227.6%

留守妇女 GSM，48 岁，宁夏西吉县平峰乡 M 村人

家里的电视机 25 英寸的，安了大锅了，三四年了，村里家家都有大锅，能看到 50 多个台，数字电视村里还没有。最喜欢看调节家庭纠纷的节目，唉，真是家家有本难念的经，以前觉得自己活得难，看了以后，知道大家都不容易，心里就好受些。

留守妇女 LYE，41 岁，新疆昌吉市大西渠乡 D 村人，在家种棉花

看电视就是为了打发时间，不爱看新闻，孩子爸爱看，过年回来老看新闻频道。那些新闻和我们也没啥关系，该种的棉不是还得种，该收还得收，我们就是庄户人。喜欢《同一首歌》，都是些老歌子。天气预报天天是要看的。孩子爱看《动物世界》，这个挺好，可以增长知识，《天天向上》也行，每一期演一个行业，有一期演的是黄冈中学的学生，人家都考上北大、清华了，学生娃看了可以受教育，拿他们做榜样。

外出务工人员 YJG，男，42 岁，泥瓦匠，陕西省汉中市南郑县 C 镇 H 村人

（在南京一建筑工地打工，妻子在南京一农贸市场卖热米皮、菜豆腐。①）

出去就是为了多赚钱，我们这里赚钱不容易，南京经济发达，能挣得多一些。培养孩子当然重要，可是没有经济基础也不行呀。女子（方言：女儿）我们也想带在身边，可是那边消费太高，多一个人就多一份花费。上学也麻烦，我们又没当地户口。在家里，有她爷婆（婆：方言，奶奶）经管（方言：照管），我们放心，消费也低。家里修房子拉的账慢慢还清了，当然孩子的功课我们管不上，爷婆也没法辅导。教育孩子重要，出外挣钱也重要。多给女子打些电话，过年回来多给她买些书，只能这样。去年外面的情况也不好，钱越来越难挣了。现在天天看中央 7 台，想回来搞搞养殖，我们这气候适合养娃

---

① 注：热米皮、菜豆腐是陕西汉中地区非常具有特色的两种小吃，是当地人基本上每天都要吃的早点。

娃鱼，大河坝也有人养，就是投入太大了。科教频道、财经频道、新闻频道和农业频道办得还是不错的，知道不少东西，比那些整天嘻嘻哈哈的台强，我还给女子说，少看那些电视剧、娱乐节目啥的，没点用。多看看新闻，政治考试用得上，还有科教台，学些知识。我还是要回来的，不能总到外面打工，身体也吃不消。搞养殖就是我下一步的打算，农业频道应该独立出来，中国那么多农民，还不能给我们办一个独立的农业台呀，农业台里有养殖、种植频道，农村教育频道，务工频道。

　　研究者在农历年后入户调查发现：农户家里，中央电视台军事·农业频道、科教频道、新闻频道、财经频道，这4个频道收看的农户明显多起来，原因是家里的男主人务工回来，相对于老人、妇女和孩子，他们的眼界更为开阔，对信息的获取意识较强，对养殖、种植等致富信息的关注，科学知识的探索，新闻的需求，都是比较强烈的。根据美兰德"2008年全国电视频道覆盖及收视状况调查结果"，城市男性偏好军事、新闻及财经类等节目。① 经过研究者调研发现，在城市务工的农村男性过年回家时，在家里选择收看的也多是这三类节目，这一点和城市男性并没有什么区别。

第二节　电视：西北地区农村留守儿童重度依赖的 "精神抚育者"

　　大众媒介为广大西北地区农村儿童突破封闭生活空间、接触外部世界、塑造现代人格带来了契机。留守儿童家庭的结构发生变化，家长权威也在日渐衰微，特别是爷爷奶奶作为委托监护人的留守家庭更是如此，随着年龄增长这一趋势更加明显。留守儿童监护人对留守儿童所接触的各类信息缺乏了解与引导。留守儿童和大众媒介密切接触的时间，甚至远远超过和父母、祖辈亲密接触的时间。学校及教师的权威与威信在媒介所提供的多样化信息面前趋于下降，学校可以反映社会趋势，却不大能够引领社会趋势。

---

　　① 何礼：《农村电视媒介消费风景独好——美兰德第十次全国电视频道覆盖及收视状况调查结果揭晓》，《广告主市场观察》2008年第12期。

一　留守儿童偏好动漫绘本，报刊与文学、科普类儿童读物接触率低

调研问卷分析表明，留守儿童认为自己日常生活中最不能离开的是电视（65.4%），其次是网络（20.0%），而认为自己离不开报纸、杂志、广播的均不超过6%。

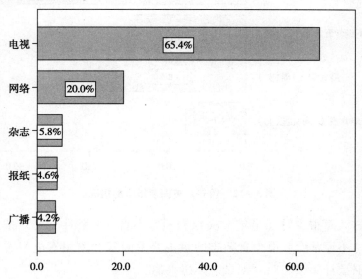

图3-11　留守儿童认为日常生活中最离不开的是哪种媒体

留守儿童从来不看报纸的有29.2%，很少看（1个月1次）和不经常看（半个月1次）的有44.2%，留守儿童很少看和不经常看报纸的最主要原因是"对报纸内容不感兴趣，觉得没什么好看的"。

表3-5　　留守儿童不经常看或很少看报纸的原因

		响应		个案百分比
		N	百分比	
不经常看或很少看报纸的原因	学习压力大，没时间看	43	23.6%	34.7%
	家里大人怕影响学习，不让看	13	7.1%	10.5%
	家里经济比较紧张，没有条件买	25	13.7%	20.2%
	家里有电视看就足够了，没必要还买报纸	21	11.5%	16.9%
	对报纸内容不感兴趣，觉得没什么好看的	55	30.2%	44.4%
	想看，但不知道去哪里买	25	13.7%	20.2%
总计		182	100.0%	146.8%

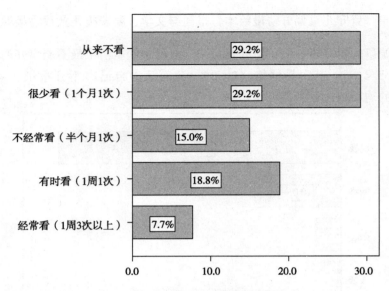

图 3 − 12   留守儿童阅读报纸的情况

留守儿童很少看（半年 1 次）和不经常看（3 个月 1 次）杂志的有 56.5% 。不经常看或很少看杂志的最主要原因是"家里有电视看就足够了，没必要还买杂志"；"对杂志不感兴趣"。

表 3 − 6   留守儿童不经常看或很少看杂志的原因

		响应		个案百分比
		N	百分比	
不经常看或很少看杂志的原因	学习压力大，没时间看	57	20.1%	29.3%
	家里大人怕影响学习，不让看	12	5.6%	8.2%
	家里经济比较紧张，没有条件买	24	11.2%	16.3%
	家里有电视看就足够了，没必要还买杂志	43	26.6%	38.8%
	对杂志不感兴趣	48	22.4%	32.7%
	想看，但不知道去哪里买	30	14.0%	20.4%
总计		214	100.0%	145.6%

陕西省汉中市南郑县 G 小学，是一所完全小学，在校学生共 194 人，其中留守儿童 66 人，男生 32 人，女生 34 人，性别比为 94.12，留守学生占学生总数的 34%，父母外出打工共计 89 人。通过焦点小组访谈与参与

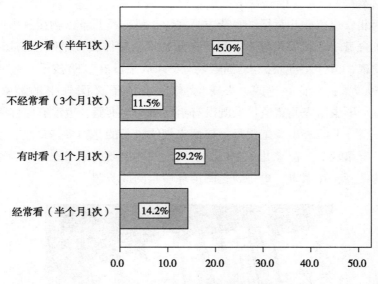

图 3－13 留守儿童阅读杂志的情况

式观察发现：留守儿童阅读时间显著不足，除了学校规定每班订阅的《少年月刊》外，25 位小学低年级留守学生（1—3 年级）课外很少阅读儿童读物，只有 8 名儿童家里有童话故事书；41 位小学中、高年级留守学生（4—6 年级）有 19 人购买，15 人传阅过校门口流动摊贩兜售的盗版动漫绘本。魔幻、武侠和搞笑是留守孩子最喜欢的三大动漫书籍主题，留守女生喜欢看的动漫绘本是：（1）《小侦探柯南》，（2）《哆啦 A 梦》，（3）《蜡笔小新》；留守男生是：（1）《奥特曼》，（2）《小侦探柯南》，（3）《火影忍者》，无一例外全是日本动漫绘本。41 人中只有 3 人看过较为完整的《安徒生童话》或《格林童话》，1 人部分阅读过《十万个为什么》。

研究者在青海省西宁市大通回族土族自治县桥头镇调研时发现，可以购买或者阅读书籍的场所有 6 处：镇图书馆 1 所、新华书店 1 家、有偿借阅摊点 1 家、私营书店 3 家。研究者通过参与式观察发现，儿童经常去的阅读场所是有偿借阅摊点和私营书店，镇图书馆和新华书店很少有孩子的身影。儿童大多购买或者借阅的书籍为各类动漫绘本，部分初中孩子会购买或借阅言情小说、武侠小说、体育杂志。从有偿借阅摊点各类读物的磨损情况来看，日本动漫绘本、武侠小说、穿越类言情小说的磨损程度最为严重。在与当地教师交流时发现，老师在课堂上没收的书籍中，大多也是动漫绘本。

　　西北农村留守儿童报纸，杂志，文学、科普类儿童读物接触率低的原因除了自身缺乏阅读兴趣外，和留守儿童家庭整体阅读氛围也密切相关。调研发现，留守儿童监护人"很少"或"从来没有"陪孩子一起阅读的占到 59.7%；"很少"或"从来没有"给孩子买课外书的监护人达50.9%，不少留守儿童监护人既没有给孩子购买书籍，也没有陪伴阅读的习惯。留守儿童外出务工父母过年回家带给孩子的礼物多是食品、服装与文具，书籍较少。留守儿童在校园的文字阅读主要局限于课本、少量学校订阅的报刊；在家里，更是缺乏阅读环境与阅读资源。

图 3－14　新疆昌吉回族自治州昌吉市大西渠乡 D 村留守男童 BJL 的小书柜

（BJL 对自己的小书柜很是骄傲，他说自己是班上书最多的孩子，不过我们不难发现，这个十岁小男孩的藏书主要还是以教辅书为主。）

　　尼尔·波兹曼认为：电视侵蚀了童年和成年的分界线。第一，理解电视的形式不需要任何训练；第二，无论对头脑还是行为，电视都没有复杂的要求；第三，电视不能分离观众。[1]　"人们是看电视，不是阅读电视，也不大会去听电视，重要的是看。这对成人和儿童、知识分子和劳动者、傻子和智者都没什么两样……看电视要求观众必须在瞬间内理解画面的意义，而不是延后分析解码。它要求观众感觉而不是去想象。"[2]　戴姆拉尔指出："无论孩子还是成人，电视看得再多也不能使他们看得更好。看电

----

① ［美］尼尔·波兹曼：《童年的消逝》，章艳译，广西师范大学出版社 2009 年版，第237 页。

② 同上书，第 235 页。

图 3-15　新疆昌吉回族自治州玛纳斯县北五岔镇 X 村留守女孩 ZSY 的小书架
（虽然多数书都翻得已破旧了，但 ZSY 依然非常珍爱，把自己的小书架收拾得干干净净）

视所需要的技能很基本，所以我们还不曾听说过有关看电视的残疾。"电视使我们不必区分儿童和成人，因为电视的本性是使智力趋向单一化。电视不是一本书，它既不能表达文字所能表达的概念性内容，也不能做到文字所能做到的深入阐释态度和社会组织问题。① 在人类的信息加工过程中，元认知技能是非常重要的。元认知技能，使我们知道通过一些方法来组织材料，将使我们的学习和记忆变得更加容易。对自己的认知过程进行监控和评价，是元认知的一个最明显的指标。加力波、马里奇和诺曼发现：元认知技能与阅读技能的发展密切相关（Juliebo, Malicky & Norman, 1997）。②

　　"成年人阅读的根在其童年时期已经扎下，有三分之二爱读书的成年人，在其 8—12 岁时就酷爱读书，不爱读书的成年人中有一半在儿童时期也不爱读书。0—3 岁是养成儿童阅读兴趣和学习习惯的最佳时期，3—6 岁则是培养儿童的阅读和学习能力的关键阶段。3 岁就能轻松阅读幼儿读物的孩子，终其一生都会有读书欲。孩子的阅读开始得越早，阅读思维过程越复杂，阅读对智力发展就越有益。如果一个人到了 13 岁

---

　　①　［美］尼尔·波兹曼：《童年的消逝》，章艳译，广西师范大学出版社 2009 年版，第266 页。

　　②　参见［加］居伊·勒弗朗索瓦《孩子们——儿童心理发展》第 9 版，王全志、孟祥芝等译，北京大学出版社 2004 年版，第 472 页。

或最晚 15 岁，还没有养成阅读习惯和对书的感情，那么他今后的一生中很难再从阅读中找到乐趣，阅读的窗户会对他永远关闭。"① 留守儿童依恋图像式的内容表达，对文字的偏好程度较低。除了课本、教辅材料与动漫绘本，其他类型儿童读物，如文学、历史、科普等接触率较低，阅读量远远不足。非常有限的文字阅读量，局限与禁锢了留守儿童的认知发展与思维拓展。

二　长时间居家收看电视，使留守儿童同伴交往活动显著减少

"同伴交往行为以独特的、重要的方式帮助塑造儿童的个性、社会行为、价值观以及态度，是儿童社会化的主要动因，为儿童发展社会能力，获得熟练成功的社交技巧提供了重要的背景。皮亚杰认为，同伴交往行为的意义在于传达合作道德的基础——互惠的概念。同伴关系是使儿童获得安全感、归属感和社会支持的重要源泉，有利于情绪的社会化，有利于培养儿童对环境进行积极探索的精神。同伴交往的经验有利于儿童自我概念和人格的发展。"② 艾尔文认为，友谊对儿童社会技能的发展起着重要的作用。而且，与朋友的相互作用也有助于自我观念和自我价值的发展。友谊对发展儿童的群体归属感也很重要，从而在发展儿童的文化认同感方面起着至关重要的作用（Erwin，1998）。③

从问卷分析来看：留守儿童看电视的时间比与小伙伴在一起玩的时间"多很多"和"多一些"的达 54.7%。

与之对应的，认为留守儿童"出去和小伙伴玩好，可以运动身体，增强伙伴间的友谊"的留守儿童监护人只有 25.4%，19.3% 的认为留守儿童"待在家里看电视好，安全，不用操心"，24.6% 的认为"两者都不好，耽误学习，时间还是用来学习的好"。在研究者所调研的陕西省咸阳市旬邑县城关镇 G 村，2010 年 7 月一位 10 岁的留守男童在河边玩耍，不慎失足落水，抢救无效死亡。时隔不到一年，城关镇的 L 村，2011 年 5 月，一位 4 岁多的留守男童和几个小伙伴去河边玩耍，结果不小心掉进了砂石厂挖沙取石的水坑中，虽被两位过路的煤矿工人下水救出，村民也拨

---

① 朱淑华：《儿童阅读推广系统概述》，《图书馆》2009 年第 6 期。

② 俞国良、辛自强：《社会性发展心理学》，安徽教育出版社 2004 年版。

③ 参见 [加] 居伊·勒弗朗索瓦《孩子们——儿童心理发展》第 9 版，王全志、孟祥芝等译，北京大学出版社 2004 年版，第 567 页。

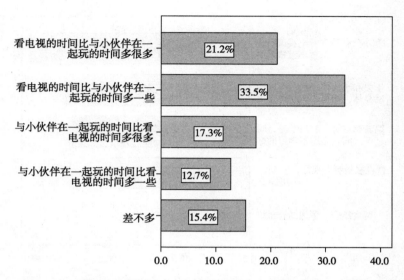

图3-16 留守儿童平时看电视的时间和与小伙伴在一起玩的时间比较

打了120,但还是抢救无效身亡。农村儿童,特别是男孩,夏天喜欢到村周边的池塘、河边游泳、摸鱼,溺水身亡事件时有发生,这也使留守儿童监护人更趋向于让孩子老老实实待在家里看电视,电视在他们看来就是一位"安全保姆",把孩子交给电视,放心又省心。

图3-17、图3-18 留守儿童夏天都喜欢去河边玩耍,河水看着不深,但有不少淤泥坑,一旦不小心陷入,口鼻吸入淤泥,还是非常危险的。

肯特研究了电视对纳瓦霍印第安人乡村家庭的跨文化影响,他发现,看电视减少了人们的各种活动。没有电视机的家庭从事更多、更丰富的活

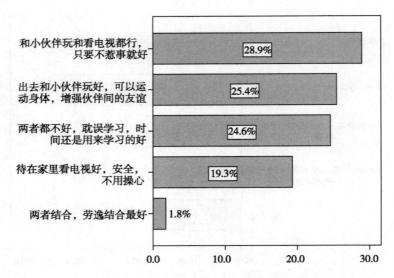

图 3 – 19　留守儿童监护人对"孩子出去和小伙伴玩与
待在家里看电视"的态度

动，例如家庭讨论、沿街兜售、编篮子和织毯子、制作被子和廉价的项链、与小孩子做游戏、聊天以及养马。看电视还"减少了活动场所的数量，因为电视机通常放在起居室，而且大多数活动都围绕着它进行"（Kent，1985）①。康姆斯托克等人认为，"电视减少了人们对其他活动的参与，而且有可能持续减少参与性活动。"（Comstock et al.，1978）② 户外游戏是童年时期同伴交往的一个重要途径。安德森等人对 4063 名儿童（8—16 岁）进行调查发现，儿童看电视越多，他们参与需要付出体力的游戏活动就越少（Andersen et al.，1998）。③

陈斌斌、李丹等通过对江苏南通市郊城乡结合地区的某小学调研发现，当地城市儿童、当地农村儿童、流动儿童三个群体中，加入同伴圈子的儿童相比那些未能加入的儿童，表现出更成熟的社会能力，他们在社会

---

① 参见 ［美］柯克·约翰逊《电视与乡村社会变迁》，展明辉译，中国人民大学出版社 2005 年版，第 41 页。

② 同上书，第 42 页。

③ 参见 ［加］居伊·勒弗朗索瓦《孩子们——儿童心理发展》第 9 版，王全志、孟祥芝等译，北京大学出版社 2004 年版，第 495 页。

交往中更积极，愿意帮助他人，自信大方，并且受到同伴的喜欢和接纳。[1] 赵景欣、刘霞、张文新研究发现：在低亲子亲合条件下，同伴接纳能够降低儿童的孤独感，表现出了补偿效应。[2]

留守儿童与其父辈相比，与同伴群体做户外游戏的时间显著减少。研究者入户调研的 W 村距离陕西省汉中市南郑县城最近，然后依次是 G、H、Z 村。人口最稠密、经济状况相对最好的是 W 村，Z 村虽与 W 村同属 Z 镇，却是较为偏远的一个村子，在山里，经济相对要差一些。Z 村因为地势较高，各家各户安装的参差不齐的卫星接收器的信号质量相对 W、G、H 村要弱，中央电视台综合频道、陕西电视台新闻综合频道和汉中电视台新闻综合频道是三个信号比较稳定的频道，其他频道时好时坏，雪花点遍布屏幕，还有抖动现象，村民担心把小孩的眼睛晃坏，都鼓励孩子出去和伙伴玩耍，因此 Z 村儿童收看电视的时间是四个村子里最少的。研究者在 Z 村发现，留守儿童与同村伙伴组成的小团体比较常见，这种同村间非正式的小团体的特点是：自主自愿形成；多为同一性别构成；成员基本在 10 人以下；多来自同一或相邻生产小组（小队）农户家庭；课余和寒暑假的互动密切。一些陕南地区传统的户外游戏活动在这种非正式的小团体中依然具有旺盛的生命力。5 月，小女孩采摘野花，编小花篮，小男孩头上戴着柳条编的帽子，玩骑马打仗的游戏；7 月，杏子熟了，Z 村小女孩三五个聚在一堆，玩"抓核"（抛撒杏核，然后接住），男孩一般都到河沟里摸鱼；过年的时候，杀鸡的农户比较多，村口、路边常见踢自己做的鸡毛毽子的儿童。平日里，放学以后，村里的男孩结成一伙，玩"撞拐"（一种双人对抗游戏，有 5000 多年历史，起源已无从可考。有学者考证"撞拐"是古代民间一种求雨仪式演变而成，也有人认为来源于中国 5000 年前的民间假面舞蹈"蚩尤戏"，以儿童游戏的方式一代一代流传下来）。你撞我，我撞你，撞得书本、铅笔都飞出书包，孩子们笑成一团。女孩则是三五成群地玩"跳房子"，丢沙包。研究者通过参与式观察发现：留守儿童想加入到一个小团体进行游戏时，首先需要了解这个小团体的同伴们交流的内容，并清晰解读他们的语言与行为，在此基础上制

---

① 陈斌斌、李丹等：《作为社会和文化情境的同伴圈子对儿童社会能力发展的影响》，《心理学报》2011 年第 43 卷第 1 期。

② 赵景欣、刘霞、张文新：《同伴拒绝、同伴接纳与农村留守儿童的心理适应：亲子亲合与逆境信念的作用》，《心理学报》2013 年第 45 卷第 7 期。

定适合自己的融入方式，然后与同伴进行有效的互动沟通，尝试表达自己的意图与愿望，根据同伴们的即时反应，再决定下一步的行为决策，在游戏进程中，同时需要评估自身的行为决策是否适当，不断做出调整。这种一环扣一环的完整的社会交往过程有效促进了留守儿童对他人感受的悉心体察，对交往规则的适应，对适龄与适合性别行为的学习，以及如何发展和保持长期、稳定的亲密伙伴关系等社交认知与社交行为能力的培养。

图 3 – 20　山里的 Z 村

图 3 – 21　Z 村孩子喜欢三五成群到山里摘野果子

　　W 村村子里的大树已经很少，这几年许多树都被砍了修房，周围的

图 3 – 22　孩子们在河沟里钓到的鱼

河沟也成了大垃圾场，不远处就是新开发的楼盘，大片农田夷为平地，吊车遍布。W 村农户间的往来相对其他三个村比较稀疏，各家各户都打着高高的院墙，像 Z 村不少村民那样不打院墙的农户基本没有。W 村处在南郑县 Z 镇中心，镇子里有五家网吧，W 村十来岁的留守男童基本上都至少去过一家网吧。Z 村虽然也隶属于 Z 镇，但因为在山里，去镇上网吧的孩子相较 W 村少了许多。过年期间，W 村的男孩会三五一伙聚在一起放炮玩，而撞拐、抓核这类传统户外游戏则比较少见，平日里也会互相串门，但多为在院子里玩耍一会，然后就聚集在堂屋一同收看电视。

图 3 – 23　W 村周围的良田逐渐被商品楼建筑工地蚕食

除了非常小的幼童，其他年龄段的西北农村儿童在户外玩耍和游戏中，与城市儿童爷爷奶奶、爸爸妈妈在旁边陪伴、监管截然不同，农村儿童都是自行玩耍。没有了成人的监督，农村儿童就有可支配的时间、空间满足自己的好奇心，并使他们有机会充分了解所生活的环境、所交往的朋友，在这种由儿童自己决定玩耍和游戏活动的整个过程中，把属于儿童的自由、快乐交还给了他们自己，把玩耍与游戏的本真给予了他们，让儿童生活在真正的儿童世界。留守儿童与其同伴所构成的非正式的小社会圈子是留守儿童社会性发展的重要情境，积极、有效的同伴互动能使留守儿童缓解父母不在身边的孤独感与无助感，也有助于成年阶段形成良好的人际关系和社会交往能力，同伴圈子会促进儿童积极的社会能力的发展。留守儿童在校园时间主要用来上课，和同伴交往的时间十分有限。周末和寒暑假，城市儿童的生活比较丰富，学习乐器、书法、国画、舞蹈、跆拳道、围棋、轮滑，观赏儿童剧，参观科技馆、博物馆，到周边、省外，甚至国外旅游，这些活动在很大程度上拓展了城市儿童的社会交往空间，使城市儿童与同伴交往的时间与空间得以延展，突破了校园与居住社区的局限。而留守儿童放学以后，周末、寒暑假，长时间收看电视成为常态，业余生活比较贫乏，村子同伴交往活动显著减少，生活相对单调而封闭。家庭、学校、大众媒介与伙伴群体是影响儿童社会性发展的最直接的四种力量。对于留守儿童，父母长期缺位，监护人农活繁重，电视成为留守儿童的"安全保姆"；留守儿童在校时间较短，看电视成为课余最主要的活动，和伙伴在一起的时间非常有限，留守儿童监护人也并不注重孩子是否被同伴接纳及社交能力培养。如果说电视模糊了成人与儿童的区别，那么同伴间的户外游戏活动就强化了成人与儿童的界限，遗憾的是，户外游戏与电视之间，留守儿童倾向于选择后者。

三 留守儿童对电视媒体重度依赖：精神需求的内在召唤

谢斌、冯玲玉对甘肃省天水市 360 名留守儿童电视观看情况进行了调查，98.8%的留守儿童家里有电视。在"获得信息的方式"中，选择看电视者占 67.5%，读书看报者占 32.5%；在"你最喜欢干的事情"调查中，选择和同伴玩者占 18.6%，看电视 45.8%，与家人交流 16.4%，体育锻炼 19.2%。留守儿童平均每天观看电视的时间是 1.7—3.5 小时，其

中 33.9% 的留守儿童平均每天收看电视的时间超过 3 个小时。留守儿童
开关电视频率显著高于非留守儿童。[①] 叶敬忠、潘璐对安徽、河南、湖
南、江西、四川这五个农村劳动力输出最为集中的省份，每个省选取一个
县的两个村进行入户调研。调研发现，"在家看电视"要占到留守儿童
45.9% 的闲暇时间。[②]

　　研究者通过西北五省区农村入户调研发现：留守儿童课余时间最喜欢
做的事情就是看电视，留守男童占到 48.7%，留守女童更是高达 60.7%，
远高于"和伙伴一起玩""阅读课外书""去网吧上网""听广播"与
"逛街"。留守儿童的课余生活单一，看电视是留守儿童最钟爱的事情，
留守女童对和伙伴一起玩的喜好程度要明显低于留守男童。

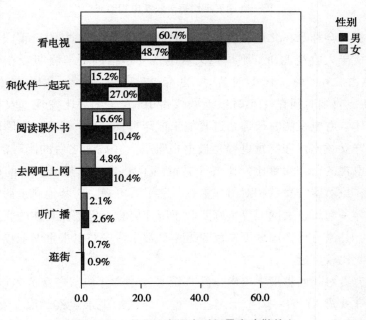

图 3 – 24　留守儿童课余时间最喜欢做什么

　　研究者把周一到周五平均每天收看电视时间达到 2 个小时以上的儿童
归为"电视重度依赖者"，从问卷分析来看，26.9% 的留守儿童，18.6%
的非留守儿童为电视重度依赖者。

---

　　① 谢斌、冯玲玉：《甘肃省天水市 360 名留守儿童电视观看情况现状调查》，《中国心理卫生杂志》2010 年第 24 卷第 2 期。

　　② 叶敬忠、潘璐：《别样童年》，社会科学文献出版社 2008 年版，第 356 页。

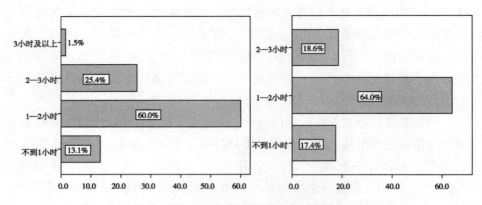

图 3 – 25、图 3 – 26　留守儿童（左图）与非留守儿童（右图）
周一到周五平均每天收看电视时长

　　根据黄会林等在北京、河北、辽宁、江苏、陕西、甘肃、重庆五省二市的未成年人收视调研，平均每天看电视（包括周末与假期）在半小时以内的占 23.97%，1 小时左右的有 27.37%，两个小时左右的有15.82%，收视时间在 3 小时以上的仅占 10.72%。对比发现，农村留守儿童群体收看电视的时长远超过其他未成年群体。[①] 叶敬忠、潘璐研究发现，留守女童比留守男童更容易被电视吸引。在放学之后的闲暇活动中，在家看电视的留守女童比例比留守男童高了 4.4%。[②] 从研究者的调研结果分析，虽然留守女童相对留守男童，除了看电视，对其他课余活动，如和小伙伴一起玩，去网吧等偏好要低于留守男童，但是在具体的收视时长对比上，并没有什么区分度，留守男童日常生活中对电视重度依赖程度和留守女童比较接近。

　　研究者对陕西省汉中市南郑县 C 镇 G 小学六年级留守女童 ZQ 和四年级非留守女童 XL 的一周生活形态进行了详细地记录观察。留守女童 ZQ家离学校比较远，单程要走一个小时，每天早上 6 点起床，扫完院子，不吃早点，就要出发去学校。中午一般就到小吃摊上吃碗热米皮、菜豆腐（陕西汉中地区非常流行的小吃），在课桌上趴着午休。下午放学回家，帮爷爷奶奶晒完谷子，才吃晚饭。非留守女童 XL 每天早上 6 点半由妈妈

---

　　① 黄会林：《2009 年度未成年人电视媒体收视行为调研报告（上）》，《现代传播》2010 年第 1 期。

　　② 叶敬忠、潘璐：《别样童年》，社会科学文献出版社 2008 年版，第 357 页。

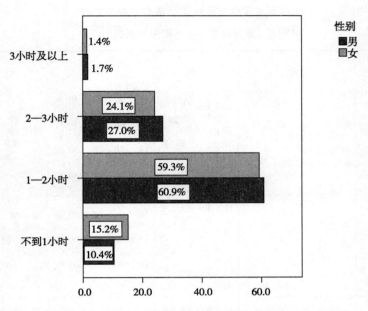

图 3 - 27 留守儿童分性别周一到周五平均每天看电视的时长

叫起来，吃完妈妈准备的早点才出发去学校，中午回家吃饭，午休。下午放学回家，主要是和小伙伴玩耍，双休日帮爸爸妈妈晒谷子。

留守女童 ZQ 平均每天收看 2.6 小时电视，非留守女童 XL 则为 1.7 小时，即留守女童 ZQ 比非留守女童 XL 每天要多看 54 分钟电视。周一到周五，留守女童 ZQ 的课余活动都以看电视为主，非留守女童 XL 除了看电视，还要在爸爸妈妈的监督下，练字和听英语。留守女童 ZQ 双休日白天的主要活动是看电视和小伙伴玩耍，而非留守女童 XL 白天主要用于上镇上的英语辅导班，两位女童双休日晚上的活动都以看电视为主。

留守女童 ZQ 平日不吃早点，C 镇 G 小学没有食堂，午餐都是在学校周围的小吃摊上解决。晚饭，因为爷爷奶奶下地回来，一身疲惫，一般就是瞎凑合，经常是做一大锅饭，炒一大锅菜，热几天吃。ZQ 承担的农活比较繁重，功课也没有人辅导，看电视成为课余最主要的活动。而非留守女童 XL 的爸爸妈妈很重视 XL 的学习，特别是英语学习，虽然只上四年级，就开始上镇上的英语辅导班。XL 的妈妈总是换着花样保证 XL 的三餐吃饱、吃好。

表 3 – 7   陕西省汉中市南郑县 C 镇 G 小学六年级

留守女童 ZQ 一周生活形态

项目 星期	上午	中午	下午	晚上
一	6：00—8：00 起床、洗漱、扫院子，不吃早点去上学； 8：00—11：30 上课。	11：30—13：30 在学校外面小吃摊上吃中饭，在课桌上趴着午休； 13：30—16：30 上课。	16：30—17：30 放学回家； 17：30—18：30 完成数学、语文作业； 18：30—19：00 做饭（爷奶在田里）； 19：00—19：30 吃晚饭。	19：30—21：30 看电视《爸爸天亮叫我》； 21：30 上床睡觉。
二	同 上	11：30—13：30 在学校外面小吃摊上吃中饭，完成语文、数学作业； 13：30—16：30 上课。	16：30—17：30 放学回家； 17：30—19：00 帮爷奶收谷子； 19：00—20：00 吃晚饭。	20：00—22：00 看电视《百家碎戏》《爸爸天亮叫我》； 22：00 上床睡觉。
三	同 上	11：30—13：30 在学校外面小吃摊上吃中饭，在课桌上趴着午休； 13：30—16：30 上课。	16：30—17：30 放学回家； 17：30—19：00 帮爷奶收谷子； 19：00—20：00 吃晚饭。	20：00—21：00 完成语文、数学作业； 21：00—22：30 看电视； 22：30 上床睡觉。
四	同 上	11：30—13：30 在学校外面小吃摊上吃中饭，完成语文、数学作业； 13：30—16：30 上课。	16：30—17：30 放学回家； 17：30—18：30 帮爷奶收谷子； 18：30—19：30 吃晚饭。	19：30—21：30 看电视《百家碎戏》《爸爸天亮叫我》； 21：30 上床睡觉。
五	同 上	11：30—13：30 在学校外面小吃摊上吃中饭，在课桌上趴着午休； 13：30—16：30 上课。	16：30—17：30 放学回家； 17：30—18：30 完成数学、语文作业； 18：30—19：00 做饭（爷奶在田里）； 19：00—19：30 吃晚饭。	19：30—21：30 看电视《天仙配》； 21：30 上床睡觉。
六	7：30—8：30 起床、洗漱、扫院子； 8：30—10：30 看电视； 10：30—11：00 吃饭； 11：00—12：30 和小伙伴玩捉迷藏游戏。	12：30—13：30 睡午觉。	13：30—17：30 帮爷奶晒谷子； 17：30—18：30 吃晚饭。	19：00—22：30 看电视； 22：30 上床睡觉。

续表

项目 星期	上午	中午	下午	晚上
日	7：50—8：30 起床、洗漱、扫院子； 8：30—10：30 打扫鸡窝； 10：30—11：00 吃饭； 11：00—12：30 和小伙伴玩游戏。	12：30—13：00 去街上买日用品。	13：00—17：30 帮爷奶晒谷子； 17：30—18：30 吃晚饭。	18：30—22：00 看电视； 22：00 上床睡觉。

注：平均每天收看2.6小时电视。

表3-8　　　　　陕西省汉中市南郑县C镇G小学四年级
非留守女童XL一周生活形态

项目 星期	上午	中午	下午	晚上
一	6：30—7：50 起床、洗漱、吃完早点去上学； 8：00—11：30 上课。	11：30—13：30 回家吃中饭，睡午觉； 13：30—16：30 上课。	16：30—17：30 放学回家，完成数学、语文作业； 17：30—18：00 吃晚饭。	18：00—20：00 和小伙伴玩； 20：00—21：00 看电视； 21：00—21：30 洗漱，上床睡觉。
二	同上	11：30—13：30 回家吃中饭，完成语文、数学作业； 13：30—16：30 上课。	16：30—18：00 放学回家，和小伙伴玩游戏捉迷藏； 18：00—18：30 吃晚饭。	18：30—19：30 听英语； 19：30—21：00 看电视； 21：30 上床睡觉。
三	同上	11：30—13：30 回家吃中饭，睡午觉； 13：30—16：30 上课。	16：30—17：30 放学回家，写作业； 17：30—18：30 吃晚饭。	18：30—19：30 听英语； 20：00—21：00 看电视； 21：30 上床睡觉。
四	同上	11：30—13：30 回家吃中饭，完成语文、数学作业； 13：30—16：30 上课。	16：30—18：00 放学回家，和小伙伴玩游戏； 18：00—18：30 吃晚饭。	18：30—19：30 练字； 20：00—21：00 看电视； 21：30 上床睡觉。
五	同上	同上	16：30—18：00 放学回家，和小伙伴玩拍卡片游戏 18：00—18：30 吃晚饭。	19：00—21：00 看电视； 21：30 上床睡觉。

续表

星期＼项目	上午	中午	下午	晚上
六	6：30—7：50 起床、洗漱； 8：00—10：00 上英语补习班； 10：30 吃饭； 10：30—12：30 和小伙伴玩游戏。	12：30—13：30 睡午觉； 14：00—16：00 上英语补习班。	16：30—18：30 上完补习班回家，帮爸妈晒谷子； 18：30—19：00 吃晚饭。	19：00—21：30 看电视； 22：00 上床睡觉。
日	8：00 起床； 10：00 吃饭； 10：00—13：00 找小伙伴玩游戏。	13：30—14：30 睡午觉。	14：30—17：30 帮爸妈晒谷子； 17：30—19：00 看动画片； 19：00—19：30 吃晚饭。	20：00—21：30 看电视； 22：00 上床睡觉。

注：平均每天收看 1.7 小时电视。

　　留守儿童看电视的目的从多重响应程度分析来看，主要是为了："娱乐休闲"，"增长见识，开阔眼界"，"没其他事情做，打发时间"。出于"学习有用的知识"的目的看电视的留守儿童并不多。留守儿童最喜欢看的三类电视节目是：影视剧（28.5%）、综艺娱乐（25.8%）和动画片（22.3%）。深度访谈发现，学龄前和小学中、低年级的留守男孩更偏好动作类、竞技类动画片，如《蓝猫龙骑团》《侠岚》《龙神勇士》《四驱兄弟》《高米迪》《电击小子》《火影忍者》等；学龄前和小学中、低年级的留守女童偏好幽默、温馨的动画片和少儿魔幻剧，如《喜羊羊与灰太狼》《熊出没》《大耳朵图图》《海绵宝宝》《巴拉巴拉小魔仙》《萌学园》等。小学高年级和初中阶段的留守男孩电视节目偏好发生了明显改变，战争、侦破、武侠类题材影视剧是他们的心头喜好，对《士兵突击》《亮剑》《雪豹》《永不磨灭的番号》《重案六组》《仙剑奇侠传》等电视剧剧情如数家珍；小学高年级和初中阶段的留守女童的偏好则从动画片、少儿魔幻剧转到偶像剧，《宫》《宫锁珠帘》《步步惊心》《欢天喜地七仙女》《爱情公寓》《新还珠格格》《一起又看流星雨》是她们的最爱。高中阶段的留守孩子，由于学业负担大为增重，无论男女，看电视的时间都明显减少，偏好每周一期、周末播出、节目持续时间不长的综艺娱乐节目，如《天天向上》《快乐大本营》《非常大咖秀》《快乐男声》等。

表 3－9　　　　　　　　　　留守儿童看电视的目的

		响应		个案百分比
		N	百分比	
看电视主要是为了	娱乐休闲	151	28.4%	58.1%
	学习有用的知识	76	14.3%	29.2%
	增长见识，开阔眼界	121	22.7%	46.5%
	和小伙伴聊天时有话说	35	6.6%	13.5%
	没其他事情做，打发时间	105	19.7%	40.4%
	可以舒缓学习压力	44	8.3%	16.9%
总计		532	100.0%	204.6%

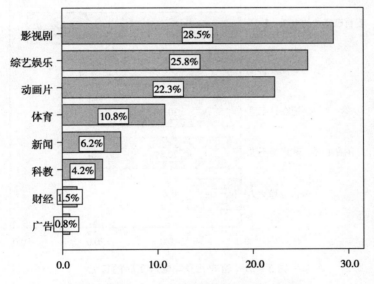

图 3－28　留守儿童最喜欢看什么类型的电视节目

王兴东在甘肃省会宁县调研发现：有 40% 的农村中、小学生通过与同学沟通的方式排遣心中压力，54% 的学生会通过使用各种媒介，特别是看电视来排遣心中的压力。① 研究者发现，不论是学龄前，还是小学、初高中阶段的留守儿童，都频繁提到看电视可以"放松""不用费脑子""轻松""有趣""高兴""忘记烦心事"等词汇，甚至有留守儿

———————————

① 王兴东：《会宁县青少年媒介素养教育研究》，硕士研究生论文，兰州大学，2007 年。

童表示，"饭可以少吃，电视不能少看""没有电视，日子过得还有啥意思。"留守儿童非常难受的时候，首先想到的是"看喜欢的电视，转移注意力"（29.2%），其次会选择"向好朋友诉说"（21.9%），记在日记里（20.8%），闷在心里，和谁都不说（20.8%），而选择"告诉家里大人"的仅有7.3%。留守儿童在深度访谈中提到：把烦恼记在日记里，也许家里人会偷看；告诉朋友，万一他不小心说出去怎么办；告诉家里大人，他们也不一定理解，说不定还嫌自己多事；还是电视最好，看看精彩的电视节目，烦心事就忘记了，也不影响别人。看电视已成为超越留守儿童监护人、学校老师与同学，释放与舒缓留守儿童内心压力的最重要渠道。

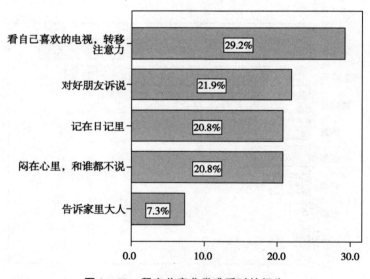

图 3 - 29　留守儿童非常难受时的行为

留守男童 FHW，11 岁，陕西省汉中市南郑县 C 镇 G 村人

我妈在西安卖鞋，很想妈妈，可是也没办法。我妈最牵心我的学习，打电话一次二三十分钟。我妈在家，让我写完作业再看电视，现在没人管我了，想看多久就看多久，特别是星期六、星期天安徽卫视的"好剧连播"，早上四集，下午四集，最长的一次从早上9点看到晚上11点，看得头晕眼花，不过真过瘾。看电视的时候觉得挺高兴的，也不想我妈了。我有一个好朋友 ZYQ，父母都在家，他妈开了个小超市，也挺赚钱的，我妈说等她挣够了钱，也在街上开个小商

店，那我就好了，作业有人辅导，我一定不看那么多电视了，好好学习。

留守女童 ZX，8 岁，甘肃省庆阳市西峰区彭原乡 Z 村人

（母亲在家务农，父亲常年外出打工。父亲小学文化程度，母亲文盲。对 ZX 学习的态度是"女娃能学啥样就啥样"。）

我最喜欢看电视，看电视的时候，听不到老师训我，妈妈吼我。特别喜欢看《叮当猫》，我要是有一个叮当猫就好了，什么都能变出来，考试考不好也不害怕，同学们也会都求着我。（当研究者问及，"如果没有电视怎么办？"ZX 想了想，认真、严肃地回答说："那我就到省城打工去，省城总该有电视。"）

留守女童 RM，12 岁，甘肃省定西市安定区内官营镇人

爸爸出去打工，家里就我妈、我姐和我，有时候被村里人欺负，心里气得不得了，又没办法，我们骂也骂不过，打架也打不过。我妈、我姐和我都喜欢看安徽台的《娘家的故事》，围在一起，边看边笑，把恼人的事就全忘了。真的是家家有本难念的经，每家都有好多糟心事，自己要想开些。

留守女童 HXX，14 岁，宁夏固原市西吉县平峰镇 M 村人

看电视就像给我添了一双翅膀，带我去世界上任何地方。银川是我爸妈打工的地方，那里有沙湖、西部影视城，还有西安的兵马俑，北京的天安门，都是我想去的地方，在电视上全可以看到，还不用花一毛钱。心烦的时候，看电视上那些得了重病的人，还有被拐卖的小孩，觉得自己挺幸福的。我们老师常说，书是人的精神食粮，我觉得现在，电视才是人的精神食粮。大家可以一星期不看书，一星期不看电视，你说难受不难受？

留守女童 XM，15 岁，青海省西宁市湟中县上新庄镇 Z 村人

（XM 是小女儿，在青海农村地区，家里有两个女儿的人家，一般来说会把大女儿嫁出去，小女儿留在父母身边，招个上门女婿。）

最害怕我妈问我，要是上了大学，毕业之后有份好工作还会不会

待在村子里，留在他们身边，等他们老了给他们养老。说实话，说到这个话题我就头疼，以后的事情我现在咋能定。我妈一扯这个话题，我就开电视，音量也开得大，只看到我妈嘴张，不知道说的啥，耳朵听不到，心里也不烦恼。最近在电视里看到，有的考上大学的农村女孩子，也可以把爸妈带到城里生活，为什么都要留在村子里呢。你看，这是不是电视教的一个好办法？

留守男童 BJL，12 岁，新疆昌吉回族自治州昌吉市大西渠乡 D 村人

以前我爱和村子里的小娃玩，后来大人都不让我们出去，怕我们去水塘子游泳。不能玩，只好看电视了，电视看起来，时间也过得快，一天也就晃过去了，不然怎么办。要是没有电视，我们会给活活无聊死的。

从留守儿童问卷调查和深度访谈分析，留守儿童看电视主要是为了放松身心，休闲娱乐，缓解压力。1974 年传播学家 E. 卡兹等人在《个人对大众传播的使用》论文中，将受众与媒介的接触行为概括成一个"社会因素＋心理因素→媒介期待→媒介接触→需求满足"的因果连锁过程，并首次提出了"使用与满足"过程的基本传播模式。① 目前的城市儿童家庭，70 后与 80 后父母越来越重视倾听孩子意见的表达，在家庭这个小圈子中创造了更多的意见交换机会，家庭成为父母与孩子互相学习、共同成长的场所。留守儿童重度依赖电视媒体，较大程度上是亲子沟通满足不了留守儿童的内心情感需求，留守妈妈，祖辈监护人虽有和孩子沟通的意愿，但却不知道怎样与孩子进行有效沟通，大多只对孩子的学习成绩进行询问，对孩子的心理困扰较少关注。留守儿童在深度访谈中表示："妈妈在家一个人，忙里忙外，不想让她操心，自己的事情自己解决"，"我要是说我心里烦，我妈就会说我别讨嫌了"，"我妈只爱对我说三句话，'你看人家谁谁谁！'，'作业写完没?'，'睡觉去！'"，"我爷说只要我能把学习整好，房子扒了他都不管"，"对爷爷奶奶，觉得没啥可说的，说了他们也不懂"，"遇到不开心的事情，很想打电话给爸妈，又怕他们嫌烦，

---

① 参见郭庆光《传播学教程》，中国人民大学出版社 2002 年版，第 183 页。

就憋在心里了"，"说了又怎样，我被人欺负，爷奶就会说我不会躲着他走嘛"，"考试没考好，已经很难受了，我妈还说我是一天白吃饭的废物"。入户观察发现，留守儿童监护人即使想对孩子表达关心，也多以抱怨与责怪的语气进行传递，久而久之，留守儿童更不愿意与监护人过多交谈。留守儿童监护人与留守儿童，主动沟通的意识有限，双向沟通渠道不畅通，促使留守儿童倾向于把学习上、同伴相处中和家庭里感受到的压力，通过长时间收看电视进行缓解与放松，电视成为留守儿童最依恋的"精神抚育者"，在这里，他们安心地寻找内心慰藉，这种寻找意愿是主动也是强烈的。电视收看行为对于留守儿童并不是一种打发时间的单一休闲手段，而是一种持续的内在精神需求。电视所呈现的丰富的社会横断面，居于不同社会阶层的人群的生活方式，在留守儿童脑海中逐渐累积，使他们不断勾勒未来的梦想雏形。电视给留守儿童平添了一双翅膀，使缺少亲子依恋的他们从枯燥单调、无所依傍的生活寻觅到一个突破口。

第三节　网络：留守儿童青春期自我认同冲突的减压阀

一　留守儿童网络接触的主要途径——网吧

从调研结果来看：18.1%的留守儿童家里有电脑，56.5%的留守儿童家里虽没有电脑，但有购置的打算，只有25.4%的留守儿童家里既没有电脑，也无购置打算。西北地区农村留守儿童家庭拥有电脑的意愿并不低。调研发现，留守儿童家庭用于孩子的支出，比没有外出务工前显著增多与有所增多的达到77.2%，父母外出务工在较大程度上改善了家庭的经济状况，也为留守儿童今后拥有电脑提供了物质保障。

从留守儿童对电脑的掌握情况来看，完全不会的只有11.9%，基本集中于7—10岁年龄段，11岁及以上留守儿童的打字、上网、使用简单软件等技能均有显著提高。

78.8%的留守儿童认为掌握电脑知识"非常重要"或"重要"。40.4%的留守儿童对网络持"有好处，可以查各种信息和资料"的正面态度，38.5%的留守儿童认为"看如何使用，用来学习，就好；用来打游戏，就不好"，只有8.1%的留守儿童对网络持"不好，容易沉迷在网络游戏里"的完全负面态度，13.1%的留守儿童"对上网不了解，说不清楚",这一部分主要集中于7—10岁。留守儿童对网络的认知总体是趋于客观的。

表3-10 留守儿童对电脑的掌握情况

		响应		个案百分比
		N	百分比	
对电脑的掌握情况	完全不会	48	11.9%	18.5%
	会打字	132	32.6%	50.8%
	会上网	146	36.0%	56.2%
	会使用简单软件	79	19.5%	30.4%
总计		405	100.0%	155.8%

留守儿童网络接触最主要的途径是网吧(56.4%),其次是家里或亲戚、同学家电脑(24.1%)和学校机房(19.5%)。

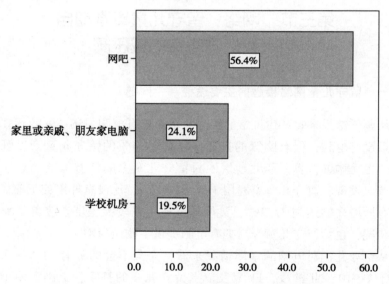

图3-30 留守儿童一般使用什么方式上网

研究者在陕西省汉中市南郑县Z镇调研时,发现这里有网吧5家,最早的开办于1994年,收费基本为1小时2元,3小时5元,有3家为通宵开放,最少的有30台电脑,最多的有60多台,这些电脑型号并不统一,键盘许久都没有清洗,网吧内空气浑浊。虽然网吧内都有"未成年人禁止入内"的标示,但是5家网吧,有4家都容留有未成年人。(网吧容留未成年人的情况，在实地调研中，操作难度很大，研究者为了做同期比较，集中在两个下午进行，不能逗留太多时间进行细致观察，比较遗憾的是，无法了解到未成年人通宵上网吧的情况。由于调研实际条件所限，研究者所界定的未成年人只能通过经验判断，对介于成年人与未成年人之间的对象，研究者都把他界定为成年人，所以在调研中所指出的未成年人都是年龄和面貌看起来只有十几岁的，网吧实际容留的未成年人只会多，不会少。)

表 3-11　　陕西省汉中市南郑县 Z 镇网吧开办及容留未成年人情况

网吧编号	开办时间（年）	营业方式	调研时间	上网人数	未成年人数	未成年人上网行为
1	1994	24 小时通宵	8 月 5 日下午 2 点	13	7	6 人打游戏，1 人聊天
2	1999	早 8：00—晚 9：00	8 月 5 日下午 4 点	16	12	9 人打游戏，2 人看电影，1 人聊天
3	2001	早 8：00—晚 9：00	8 月 6 日下午 1 点	14	3	全部在打游戏
4	2006	24 小时通宵	8 月 6 日下午 3 点	7	0	
5	2009	24 小时通宵	8 月 6 日下午 5 点	23	5	全部在打游戏

陪同研究者调研的还有当地一位朋友，因为都在一个镇子上，朋友与 1 号网吧的老板相识，朋友说："你这里有小娃上网，不怕人查你。" 1 号网吧的老板笑着说："不让小娃上网，咱这的网吧都得关掉。""这些小娃都要啥？""打游戏、听歌、聊天、看电影，主要是打游戏，这家伙可烧钱了，要不断充钱，有一个学生娃一次就充了 500，看着都心疼。"

根据陕西省公安厅相关规定：从 2003 年 12 月 1 日起，在陕西省各地网吧上网必须要凭上网 "实名登记 IC 卡"。在陕西省各地网吧上网，18 周岁以上的公民可凭身份证、军官证、护照等本人有效证件购买上网 "实名登记 IC 卡"，每张价格 10 元钱，全省各地网吧实行一卡通。网民们第一次到网吧上网必须使用本人的身份证购买实名登记卡，登记激活后才能有效使用，若没有实名登记卡将被拒之门外。① 研究者观察到陕西省汉中市南郑县 Z 镇 5 家网吧都有临时卡，只要掏钱就给办。未成年人就是

---

① 陕西公安网（http：//www. shxga. gov. cn/flfg/flfg. jsp）。

通过临时卡上网的，网吧容留的未成年人大多都是在打游戏与在线聊天。

图 3 - 31　陕西省全省通用的"上网卡"

　　研究者在青海省西宁市大通回族土族自治县 Q 镇周边 5 家网吧调研发现，农历年前后，网吧里的未成年人数量快速增加，他们大多利用他人身份证办理上网卡，网吧管理人员听之任之。男孩以玩网络游戏为主，如《反恐精英》《地下城与勇士》《穿越火线》等联机格斗游戏；女孩大多专注于在线聊天、装扮类小游戏和热门影视剧。网吧内部环境较差，烟味弥漫，喧哗之声不绝于耳，并有吵嚷、推搡等争端事件出现。

二　网络：留守儿童青春期自我认同冲突的减压阀

　　留守儿童认为日常生活中最离不开的是电视，居于第二位的就是网络。对上网"很感兴趣"和"比较感兴趣"的留守男童有 66.1%，留守女童则为 59.3%。留守男童与留守女童对网络感兴趣的程度与依恋度均不低。

　　经常上网（平均 1 星期 1 次）的留守男童（34.8%）远高于留守女童（24.8%）。

　　留守男童每次上网的平均时间长度不到 1 小时的仅有 16.7%，达到 3—4 小时的有 36.5%，5—6 小时以上的有 12.5%；还有 3.1% 达 7 个小时以上。留守女童每次上网的平均时间长度不到 1 小时的高达 30.3%，达到 3—4 小时的只有 20.2%，5—6 小时以上的有 8.1%，仅有 1.0% 的达到 7 个小时以上。无论是日常上网频率，还是单次平均上网时间，留守

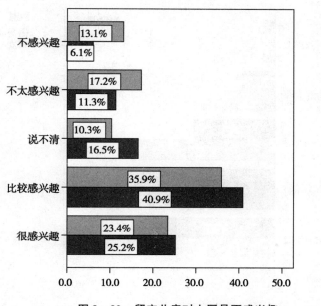

图 3–32　留守儿童对上网是否感兴趣

男童均高于留守女童。

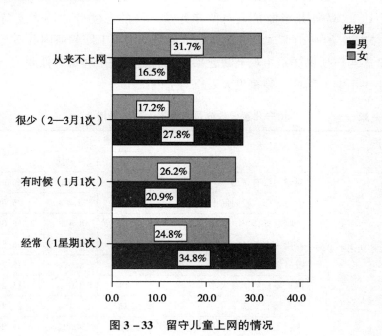

图 3–33　留守儿童上网的情况

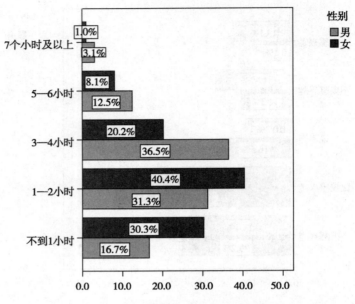

图 3 - 34　留守儿童每次上网的平均时间长度

留守儿童很少或是从来不上网的主要原因是"不会上网"和"家里大人不让"。留守儿童监护人对留守儿童上网的态度持"不太支持"和"很不支持"的有61%。留守儿童很少或是从来不上网的原因并不是像报纸、杂志与广播那样是主观上缺乏兴趣，而是受两个客观条件制约，一是年龄小，不会上网；二是家里大人反对上网。

表 3 - 12　　　　　　　　留守儿童很少或是从来不上网的原因

		响　　应		个案百分比
		N	百分比	
很少或是从来不上网的原因	对学习没有帮助	12	5.0%	9.6%
	学习紧张，没时间上	32	13.4%	25.6%
	老师会批评	20	8.4%	16.0%
	家里大人不让	46	19.3%	36.8%
	没有钱上网	19	8.0%	15.2%
	网上不好的信息太多	19	8.0%	15.2%
	怕自己会上瘾	31	13.0%	24.8%
	不会上网	59	24.8%	47.2%
总计		238	100.0%	190.4%

　　从会上网的留守儿童的问卷调查分析结果来看：留守男童上网喜欢聊天、打游戏、听音乐；喜欢的网络内容类型是：游戏类、交友聊天类、教育学习类、娱乐时尚类。留守女童喜欢听音乐、聊天和查资料；喜欢的网络内容类型是：娱乐时尚类、教育学习类、文学小说类、交友聊天类。留守男童经常去的网站有：百度、搜狐、新浪、新华网、QQ游戏、4399、土豆、优酷、铁血军事网；留守女童经常去的网站有：百度、搜狐、新浪、土豆、优酷、淘宝、百合作文网、中学生学习网。研究者通过进一步的深度访谈发现：留守儿童能够脱口而出游戏网站、娱乐网站、影视剧网站与即时聊天软件，却较少人能够说出新闻论坛、教育资讯等类网站的名称。留守儿童上网有查询资料的意识，但到了网吧，在海量的网络信息面前，不知如何辨别与择取，聊天、听音乐、打游戏、看影视剧，成为上网的四大主题。留守儿童对于网络中播出的新闻的态度持"完全相信"和"基本相信"的只有37.9%。57.9%的留守儿童"不太喜欢"或"很不喜欢"网络中出现的广告，对于网络中播出的广告"完全相信"和"基本相信"的只有18.5%。63.6%的留守儿童从来没有在网上发表过自己的言论。59.5%的留守儿童没有开通博客或微博。76.9%的留守儿童从未通过网络购买过商品。留守儿童对网络上出现的新闻、广告的不信任程度较高，言论表达与自我呈现意愿较弱。

表3－13　　　　　　　　　　留守儿童上网喜欢做什么

上网喜欢做什么		性　别		总计
		男	女	
	打游戏	57	18	75
		59.4%	18.2%	
	聊天	58	52	110
		60.4%	52.5%	
	看影视剧	34	48	82
		35.4%	48.5%	
	听音乐	46	64	110
		47.9%	64.6%	
	看新闻	17	12	29
		17.7%	12.1%	
	查资料	33	49	82
		34.4%	49.5%	
总计		96	99	195

表 3 – 14　　　　　　　　　留守儿童喜欢的网络内容类型

		性　别		总计
		男	女	
喜欢的网络内容类型	娱乐时尚类	29	56	85
		31.2%	54.9%	
	交友聊天类	46	46	92
		49.5%	45.1%	
	游戏类	58	29	87
		62.4%	28.4%	
	新闻类	19	13	32
		20.4%	12.7%	
	教育学习类	30	49	79
		32.3%	48.0%	
	文学小说类	26	49	75
		28.0%	48.0%	
	网络购物类	7	11	18
		7.5%	10.8%	
	占卜星座类	5	19	24
		5.4%	18.6%	
总计		93	102	195

　　调研发现：《地下城与勇士》是留守儿童，特别是留守男童非常喜欢的一款网络游戏。《地下城与勇士》是一款韩国网络游戏公司 NEOPLE 开发的 2D 联机网络游戏，由三星电子发行，2005 年 8 月在韩国正式发布。中国则由腾讯游戏代理发行。该游戏是一款 2D 卷轴式横版格斗过关网络游戏。以任务引导角色成长为中心，与其他网络游戏同样具有装备与等级的改变，并拥有共 500 多种装备道具。每个人物有 8 个道具装备位置，在游戏中可以允许最多 4 个玩家进行组队挑战关卡，同样也可以进行 4 对 4 的 PK。①

　　"格斗家""神枪手"与"魔法师"是留守男童在《地下城与勇士》中比较偏爱的三个游戏角色。"格斗家"，运用拳、脚、肩、膝等

————————

　　①　文字来源：百度百科（http：//baike. baidu. com/view/3550402. htm）。

身体部位徒手攻击敌人。"神枪手"，熟悉各类枪械和重型武器的使用方法，任何时候都能迅速举起枪械攻击敌人。"魔法师"聚集在一起研究魔法，为了在恶劣的条件下生存，为了打倒眼前的目标，可以不惜一切代价。

图 3 –35、图 3 –36、图 3 –37　网络游戏《地下城与勇士》
中的格斗家、神枪手与魔法师①

留守男童 WZQ，13 岁，青海省湟中县上新庄镇 Z 村人
　　最大的愿望就是有台自己的电脑，可以自由自在地打游戏、听歌。我打游戏，不太买装备，主要靠技术。没有最好的装备，只有最好的玩家。打游戏也得用脑子，没脑子，不仅祸害自己，还祸害别人。在游戏里，我是鬼剑士，暴强，觉得自己还挺能干的，大家都听我的。

留守男童 WP，15 岁，陕西富平县曹村镇 C 村人
　　刚上初一的时候喜欢玩《地下城与勇士》，里面 1 个角色可以变成好几个，什么魔法师、圣职者、格斗家啥的，这个挺有趣，那时候也不爱学习，我妈成天吼我，我心里也烦糟糟的，越天天催我学，我越不想学。打了整整两年，在里面很厉害的，感觉自己挺能耐的，初三的时候，就不咋爱打了，也没啥具体原因，就是觉得老把时间花在那上面真的挺无聊的，大家都努力学习要考县里的好高中，我还一天打游戏，有点犯傻。现在我弟弟爱打，家里电脑我妈不让装游戏，我弟就去网吧打，我妈老吼他，小孩子嘛，你就让他可劲打，打着打着自己就觉得没意思了，我不就是这样。里面你再厉害，也不是真的，

---

① 图片来源：百度百科（http://baike.baidu.com/view/3550402.htm）。

对不？

埃里克森认为：发展变化贯穿于我们的生命，并经历了八个不同的阶段。在第五个阶段（12—18 岁），主要任务是：同一性对角色混乱。进入青春期的少年需要建立稳定的自我定义，即自我认同。如果他们不能确定自己是谁，将来要做什么，就会产生角色困惑。自我认同的混乱，可能会导致与社会的格格不入，与他人的疏离感，加于自身的孤独感（J. P. Allen et al.，2003）。[①] 埃里克森研究表明：青少年面临的主要发展危机是在接受、选择或者发现同一性与有关同一性选择方面的怀疑之间的冲突——因此，是"同一性危机"。[②] "自我认同获得"能够催进一系列积极的影响，如高自尊、高认知灵活性、更成熟的道德推理能力、更明确的目标设定及更好的目标实现（Kroger，2004；Moshman，2005；Snarey & Bell，2003）。与没能获得自我稳定、成熟自我意识的青少年相比，已经获得自我认同感的青少年更容易与他人发展出亲密关系（Stein & Newcomb，1999）。[③]

进入青春期的留守儿童，如同斯坦利·霍尔（Stanley Hall）研究的那样，这个时期是一个"疾风怒涛"与"压力重重"的时期，因为这个时期的情绪波动、烦躁不安以及心理冲突都与性激素的明显增长直接相关。[④] 如果母亲能为青春期的孩子提供支持，在意见不合时也能维持彼此关系的话，那么他们之间的依恋关系更可能是安全的，孩子也能较为顺利度过自我认同危机。2013 年，中国青少年研究中心在北京、上海、苏州、大连、重庆、厦门、西安、贵阳 8 个城市对近 6000 名中小学生进行了问卷调查，发现经常使用互联网的青少年，32.6% 对网络人际交往有积极的评价，认为上网后他们与现实生活中的朋友交往增加了，有 51.2% 认为

---

① ［美］罗斯·D. 帕克、阿莉森·克拉克－斯图尔特：《社会性发展》，俞国良、郑璞译，中国人民大学出版社 2014 年版，第 12、95 页。

② 参见［加］居伊·勒弗朗索瓦《孩子们——儿童心理发展》第 9 版，王全志、孟祥芝等译，北京大学出版社 2004 年版，第 567 页。

③ ［美］罗斯·D. 帕克、阿莉森·克拉克－斯图尔特：《社会性发展》，俞国良、郑璞译，中国人民大学出版社 2014 年版，第 142 页。

④ 参见［加］居伊·勒弗朗索瓦《孩子们——儿童心理发展》第 9 版，王全志、孟祥芝等译，北京大学出版社 2004 年版，第 566 页。

没有什么变化，只有 8.1% 的认为上网使原有的朋友交往减少。① 留守儿童进入青春期，与监护人，尤其是祖辈监护人的交流越来越少，网络为留守儿童提供了一个可以不断探索和尝试自我认同的渠道，一个构想新的生活方式的平台。

留守妈妈中多见的专制型养育方式，由于对孩子的行为进行呆板僵化的高压控制，不能以平等的目光审视孩子，缺乏耐心听孩子称述自己的意见与想法，孩子的个体独立性受到压制，自尊缺乏维护，产生"我除了是我妈的孩子，我是谁？我还能成为谁？"的内心困惑与痛苦。祖辈监护人对留守男童的纵容型养育方式，使留守男童唯我独尊，在社会交往中，发现自己根本不能控制别人，也不能让任何人像爷爷奶奶一样无限度包容自己，称赞自己，不可避免地产生了"自我认同冲突"，"我真的有那么好吗？"，"我到底是怎样的人？"，"为什么除了爷爷奶奶，其他人并不接受我？"。祖辈监护人对留守女童的忽视型养育方式，也促使留守女童缺乏信心，对自己产生了质疑与否定，"我为什么非要是个女孩？"，"男孩就是干大事的，女孩能干什么？"，步入青春期的留守女孩面对自己的生理变化厌弃而烦躁，"女孩为什么这么麻烦？"，"我要是个男孩该有多好！"青少年"同一性危机"最有效的解决方法就是在符合社会标准以及他们自己的个人期望两者之间达成一致。青少年正处于人生的转折与过渡时期，面临着探索与建立个体的自我认同的核心发展任务。留守妈妈和祖辈监护人担心家里日渐强壮的"半大小子"出去闯祸，对他们的控制更为强烈，唠叨与训斥更加密切，而步入青春期的留守男童，对留守妈妈强制、命令型的沟通方式产生了较为强烈的排斥，爷爷奶奶事无巨细的关注也逐渐让他们厌倦与烦躁，希望早日摆脱这种控制与过度关注。在网络游戏的世界里，留守男童通过自己的辛苦"搏杀"，成为力量无穷的"格斗家"、人人敬畏的"神枪手"、具备神奇法力的"魔法师"……拥有权力、财富和万人敬仰，这种振奋人心的美妙体验，是在日常生活中根本无法实现的。网络游戏使他们摆脱了乏味的学习生活和家人钳制，感受到了独立、自由、成功的气息，寻找到了能够"同甘共苦""共赴艰险"甚至可以"生死相托"的亲密同伴，获得了同伴间的信赖与敬佩，并真切地体

---

① 孙宏艳：《新媒体对青少年社会化的影响及应对策略》，《中国青年研究》2014 年第 2 期。

会到什么是"胜利的满足"、什么是"成就自我",实现了"少年英雄
梦",获得了强烈的自我认同感。

留守妈妈和爷爷奶奶整日忙于农活和家务,对步入青春期的留守女童
欠缺情绪关注与引导,留守女童对自己的月经、乳房发育等生理变化感到
害怕和自卑。在线聊天,使留守女童对自身身体变化的不适与羞怯得以缓
解。各种装扮类网络游戏,使留守女童所扮演的人物瞬间拥有各种华丽的
服装、精美的饰品,装扮游戏中的"自己",可以立刻成为人见人爱的萌
少女,优雅、干练的都市丽人,甚至高贵的大唐公主。

图 3 - 38、图 3 - 39   网络中的装扮类游戏①

留守女童 LZX,15 岁,宁夏固原市西吉县平峰镇 M 村人

我喜欢玩装扮游戏,在里面你可以是一个唐朝公主,或是清朝的
格格,穿各种各样的衣服,变许多种发型,戴不同的头花、项链、耳
环。你也可以是芭比,有眼线笔、眼影、唇膏、粉饼,可以化妆,然
后穿上高贵的晚礼服,戴着亮晶晶的钻戒,提着时尚的小包包。在游
戏里,你想扮演什么就扮演什么,不停地换衣服,也没人说你,更不
会有人跑来笑话你。

留守女童 WCJ,13 岁,宁夏固原市西吉县平峰乡 M 村人

上网听歌、聊天,可以放松放松自己。网上聊天又不知道对方到
底是谁,他也不知道我是谁,我觉得这样挺好,可以说说自己想说的
话,又不担心他会传给别人。以前我把家里的一些事情告诉班里一个

---

① 图片来源:百度图片 (http://image. baidu. com/)。

和我关系好的同学，结果她又告诉了别人，我特别生气，可是又没有办法，传出去的话怎么收得回来呢？

留守女童 YRM，15 岁，陕西富平县曹村镇 C 村人

我们学校附近有一个网吧。放假了一般我都去上早机，便宜，一个寒假也就是几十块钱，不会因为上网花钱和我妈产生矛盾。和网友聊天很自由，反正大家又互相不认得，会说一些平时不能和认识的朋友讲的话，无所顾忌，随心所欲的。我比较爱玩 QQ 农场，可以随便偷别人的菜，现实中哪有办法自在地去偷人家的东西。农场是自己的一亩三分地，自己想种什么就种什么，也可以偷偷别人的菜，满足一下自己的好奇心和新鲜感。最怕我妈唠叨，老是说我要是不好好学，考不上大学就得回来种地啥的，实在受不了的时候就特别想去网吧，听听歌、聊聊天、偷偷菜、种种菜，觉得放松了不少。

处于青春期的留守儿童对自身人格、能力、行为进行全方面评定的愿望逐渐强烈。网络中的同伴关系为留守儿童提供了接触与培养各种人际关系的机会，促进了社会交往能力的发展，为留守儿童缔结同学、村伙伴之外的同伴群体开辟了一条道路。网络平台上同伴群体的产生使得留守儿童建立起自己的文化群体，在这个群体中，留守儿童拥有共同的行为模式与习惯，找到归属感。

处于青春期的留守儿童在深度访谈中表示："玩游戏能让现实中的朋友关系更铁"，"玩游戏让我忘掉了周围的烦恼"，"玩游戏提高了我的反应能力"，"在游戏里觉得自己也没有那么差"，"通过游戏，知道了什么是一个团队"，"从和陌生人的聊天中找到了自信"，"不能和同学说的烦恼，可以和网友说"，"聊聊天，听听歌，觉得生活还是挺美好的"。网络发挥着认同标示作用，留守儿童以此来定义自我，加强群体认同。网络空间的开放性、平等性、匿名性、互动性使留守儿童通过网络能够进行较为充分的自我展现，特别是 QQ、微信等即时聊天工具，使留守儿童有了更多的交往机会，情感表达也更丰富、更充分。正向的网络交流相对于现实中的交流，突破地理位置、经济差异、外貌要求的限制，更为平等、自由。留守儿童通过网络游戏，在线聊天等调整了不良情绪，缓解了自我认同冲突，并不断尝试和发展新的社会交往，逐步努力确定并完善个体的自我认同。

第四章

大众媒介对西北地区农村
留守儿童社会认知的影响

　　认知发展指的是在整个儿童期获取知识的发展，包括以下一些过程：理解、推理、思考、分类、记忆与解决问题。简言之，就是人类智力用于适应和了解社会的各个方面。认知发展关注的是儿童如何认识社会和获取知识。① 瑞士心理学家皮亚杰有关儿童认知发展的理论主导了大半个世纪。皮亚杰的认知发展理论的基本观点是，认知发展是儿童与环境的动态和持续的相互作用的结果，单方面强调儿童的天性或单方面强调环境的影响是无意义的。在所有的发展阶段，儿童都能选择、解释、转化和改造经验，以便适应他们已有的心理结构。皮亚杰认知发展理论的重要结论就是发展是呈阶段性的。他不赞同将认知发展简单地看成是知识在量上的累积；认知发展呈阶段性，每一阶段都代表对世界一种新的思维方式，这种思维方式于它之前和之后的都有着本质的区别。认知发展的次序是不变的，儿童不可能越过前面的阶段进行到更高的阶段。每一阶段代表着用更复杂、适应性更强的方式对环境进行解释；相应的，每一阶段都会造成理解上本质的不同。② 强调儿童会主动顺应与改变所接受的环境的刺激影响是皮亚杰儿童认知理论上最重要的核心，即儿童是起主导作用的，是和环境相互作用的有机体，我们必须从儿童适应周围世界的方式来理解他的认知行为。

---

① ［英］鲁道夫·谢弗：《儿童心理学》，王莉译，电子工业出版社2005年版，第237页。
② ［美］约翰·W. 桑特洛克：《儿童发展》第11版，桑标等译，上海人民出版社2009年版，第183—195页。

第一节　动画片促进留守幼童语言认知发展

与大众媒介密切相关的儿童认知属于社会认知范畴。社会认知是指对社会环境中发生的认知过程的理解（Reeves, Chaffee & Times, 1982），确切地说，社会认知研究试图打开刺激物（例如信息）与反应（例如理解与判断）之间发挥作用的"黑匣子"（Wyer, 1980），因此它着重关注在社会信息与判断之间起中介作用的认知过程（Wyer & Srull, 1989）。[①]父母在激发儿童社会认知过程中，特别是中早期认知过程中，起着重要的作用，父母日常生活中的一言一行既有较高的重复性，同时又有差异性，这就增强了儿童各种信息的广泛获得性与相应概念的接近性，使得记忆中的相关信息子集分门别类，不断迅速扩充。儿童形成判断不是通过广泛搜索记忆中所有可得的相关信息，而仅仅是通过提取记忆中某个子集中的相关信息，进一步说，就是提取记忆中最容易接近的那一部分信息。根据Tversky 和 Kahneman 的研究结果，判断等级与事例能够被回忆起来的易接近程度是正相关关系。[②]电视是一个集中化的叙事系统，它所播放的电视剧、商业广告、新闻以及其他类型的节目，为每个家庭带来了比较连贯一致的图像与讯息系统。该系统从婴儿期开始就培养人们的性情与偏好。[③]对于留守儿童，研究者通过调研发现，大众媒介已经部分取代父母作为涵化效果的指示器，通过启发式处理，激发留守儿童打开社会认知的"黑匣子"。

儿童社会认知发展中，理解他人意图与表达自身意愿是重要组成部分。语言的出现是具有里程碑意义的一个事件，语言的重要不仅是因为它是外部信息交流与获取的工具，更是思维的体现，也承载着文化的内涵，因而在儿童社会性发展进程中是一个无法忽视的节点。

语言是通过观察、模仿和抽象出规则而习得的。收看过儿童教育性电视节目的学前儿童，其语言水平可以得到显著提高（Koutsou-

---

① 参见 ［美］简宁斯·布莱恩特、道尔夫·兹尔曼主编《媒介效果理论与研究前沿》第2版，石义彬、彭彪译，华夏出版社2009年版，第55页。

② 同上书，第63页。

③ 同上书，第34页。

vanou，1993）。① 这是因为电视能够提供一种正确的语言范式，这种语言范式对儿童格外具有教育意义。一个为期两年的追踪研究比较了三组3—5 岁的儿童：一组是观看其他节目，一组是观看同样时长的《芝麻街》，而另一组则很少看电视或没有电视。观看《芝麻街》组儿童的词汇量显著大于观看其他节目或很少看电视的两组儿童。观看者表现出所教技能的飞速提高，如背诵字母表，儿童在没有被直接教授的方面也有提高，比如朗诵单词（Bogatz & Ball，1972；Rice et al.，1990）。② 郭建斌通过对云南贡山独龙族怒族自治县独龙江乡进行田野调查发现：随着大众媒介在独龙江乡的进一步普及，当地人更多地接触到外来的以汉文化为主的内容，那些独龙话本身无法表达的崭新词汇大量地出现在独龙话中。这种语言之间的隔阂逐渐被打破。一个 5 岁的独龙族小孩教研究者独龙话，研究者从头到脚指着身上的每一个部位或服装，小孩一一地告诉研究者独龙话的名称，当研究者指到"袜子"时，小孩用一种标准的汉语，含有当地方言的音调告诉研究者——"wa zi"。③

　　全国妇联儿童工作部调研发现，0—5 周岁的农村留守幼儿规模巨大，达到 1585.4 万人，55% 是和祖辈一起生活，他们更多的只是哄孩子，让孩子不哭不闹，吃饱喝足，缺少亲子交流。我国对学前教育的经费投入长期不足，全国平均仅占教育经费总支出的 1.3%，而且这部分投入主要放在城市。④ 为了优化教育资源配置，从 2001 年开始，我国农村地区进行中小学布局调整，2000 年全国有农村小学 44 万所，农村中学将近 4 万所，到 2010 年，全国农村小学剩下 21 万所，农村初中仅剩下 2 万余所。⑤ 研究者调研发现，西北地区农村的幼儿园基本集中于乡（镇），村级幼儿

---

　　① 参见 ［加］居伊·勒弗朗索瓦《孩子们——儿童心理发展》第 9 版，王全志、孟祥芝等译，北京大学出版社 2004 年版，第 495 页。

　　② 参见 ［美］罗伯特·费尔德曼《发展心理学》第 4 版，苏彦捷等译，世界图书出版公司 2007 年版，第 278 页。

　　③ 郭建斌：《独乡电视：现代传媒与少数民族乡村日常生活》，山东人民出版社 2005 年版，第 116 页。

　　④ 全国妇联儿童工作部：《农村留守流动儿童状况调查报告》，社会科学文献出版社 2011 年版，第 37、40 页。

　　⑤ 段成荣、吕利丹：《我国农村留守儿童生存和发展基本状况——基于第六次人口普查数据的分析》，《人口学刊》2013 年第 3 期。

园很少，在撤点并校的大背景下，一些村小学开设的学前班也因为村小学的裁撤而消失。留守儿童监护人把电视作为一位尽职尽责的优质"保姆"，留守儿童自幼儿时期就开始大量接触电视。电视从早到晚开着，任留守幼童独自收看，留守妈妈或爷爷奶奶则忙着厨房做饭、洗衣服、院子侍弄菜园、收拾农具、喂养鸡鸭、拌猪食等活计。留守幼儿与电视之间形成了稳定的依恋关系，电视对留守幼儿的语言、情感与思维发展都起到了重要作用。

图 4-1、图 4-2　陕西省安康市旬阳县 L 村村小学，
撤点并校政策的实施，使西北农村地区的村小学大幅减少

留守女童 HH，6 个月，陕西省汉中市南郑县 Z 镇 W 村人

仅有六个月大的留守女童 HH 在床上还坐不太稳当，爷爷奶奶下地，妈妈除了看管 HH，还要喂鸡、侍弄院子里的菜地、扫院子、洗衣服、做饭。忙起来的时候，妈妈就会把屋子里的电视打开，找一个播放动画片的频道，让 HH 背后靠着一个叠起来的被子，四周再用被子堆一个小窝，坐在小窝里的 HH 就能自己看电视，妈妈也能出去安心干活了。研究者发现，HH 的目光会追随动画片中的卡通形象，看电视的时候比较安静，一旦妈妈忙完手头的活，走进屋子关掉电视想来陪伴她时，HH 面对突然中断的动画片，表现出烦躁情绪，大声哭泣，妈妈没有办法，只好重新打开电视，陪着 HH 看，HH 的情绪回归平稳。

留守女童 ZZJ，5 岁，青海省西宁市大通回族土族自治县新城乡桥头镇人

（5 岁的留守女童 ZZJ，遥控器握在手里，来回转换非常熟练。）
我喜欢看动画片，什么动画片都爱看。最爱看《喜羊羊》，好多台都
有，一个看完再看另一个。爷奶忙得很，没时间和我玩，外面也没啥
好玩的，还是在家看动画片有意思。

从出生几个月大的留守婴儿到学龄前留守儿童，电视已经渗透到他们
每天的生活中。

我们来看陕西省咸阳市旬邑县 C 镇 L 村 5 岁留守女童 CXJ 一天的
生活。

2012 年 1 月 19 日星期四（农历腊月二十六）

8：00—9：30：起床，穿衣洗漱，姐姐帮着扎辫子。和姐姐一
起扫地，倒垃圾。

9：30—10：00：吃饭。（这顿饭就相当于城市里的正式的午饭，
有稀饭、馒头和两个炒菜。）

10：00—14：00：独自一人在爷爷的房间里看了整整 4 个小
时的电视，除了上厕所，没有到院子玩过。看的基本都是动画
片，遥控器在中央电视台少儿频道和各省级卫视的动画片节目中
转换。这段时间陆续看了《巴拉拉小魔仙》《哪吒传奇》《喜羊
羊与灰太狼》《开心宝贝》《魔幻手机》《蓝猫红兔》和《小鲤鱼
历险记》。

14：00—15：00：爷爷让 CXJ 出来到院子里玩，不能再看电
视了。

15：00—15：40 吃饭。（西北农村地区一般一天只吃两顿饭，下
午三点多吃的饭相当于城市的晚饭。CXJ 面条吃得很快，爷爷不让
CXJ 吃那么快，让她再吃一个鸡腿，CXJ 不高兴。）

15：40—16：20 到院子里的小菜地拔萝卜，挖蚯蚓。

16：20—18：50 洗完手，跑到爷爷的房间里看动画片。18：50
左右，爷爷要看新闻联播和天气预报，CXL 从爷爷房间出来，找姐
姐玩。

19：00—20：00 看到姐姐在电脑上看《武则天秘史》，CXJ 看到
电脑上有"海绵宝宝"和"喜羊羊"的图案时，立刻向姐姐撒娇要

打开看。

20：00—21：00 姐姐陪她在堂屋画画，CXJ 很喜欢画画，经常要求家人陪她一起画，最喜欢画卡通人物。

21：10 左右：和姐姐一起休息。

图 4 – 3、图 4 – 4　5 岁留守女童 CXJ 画的自己和最喜欢的美羊羊

从学龄前儿童 CXJ 的日常一天来看，看动画片的时间达到 6 小时 30 分钟，院子里玩耍的时间 1 小时 40 分钟，画画的时间 1 个小时，最爱画的就是《喜羊羊与灰太狼》中的角色。CXJ 的爷爷、奶奶、姐姐在家说的全部是陕西地区的关中方言，但是在研究者与 CXJ 对话时，她毫无困难的用普通话回答研究者，应答完研究者，又可以迅速转换为关中方言和爷爷交谈。研究者通过参与式观察发现，每天长时间收看不同类型、呈现不同卡通形象与情境的动画片，刺激了 CXL 的语言发展，虽然没有父母的语言陪伴，但其语言发展并不比父母均在家的同龄非留守儿童滞后。5 岁的 CXL 在家庭中接触到的全部是关中方言，CXL 没有上幼儿园，但是她的普通话发音标准，并且日常交谈中，能够在关中方言与普通话两者之间自如转换，语汇使用比较丰富。

表 4 – 1　　　　陕西省咸阳市旬邑县 C 镇 L 村 5 岁的留守女童
CXL 的日常用语记录

使用的关中方言	使用的对应的 普通话词汇	使用的关中 方言语句	使用的对应的 普通话语句
俄	我	你包社咧!	你不要再说了!
夜儿个	昨天	那个娃瓷麻二楞的。	那个男孩不机灵。
谝喔	聊天	你咥了几个馍?	你吃了几个馒头?
罢咧	还行	你们奇轻的很。	你们无聊得很。
条除	扫把	沸羊羊瓜实咧!	沸羊羊太笨了!
辟远	滚远	俄看那懒羊羊,就想 扇他一瞥儿子。	我看到懒羊羊,就想打他 一巴掌。
年时个	去年		

　　研究者对陕西省汉中市南郑县 Z 镇 W 村 4 小组 3 位 3—5 岁的留守儿童进行参与式观察时发现,在他们的语言体系中,汉中地区方言与普通话交织进行,而他们的监护人日常用语全部是汉中地区方言,这三位学龄前儿童都未进入幼儿园,他们的普通话用语来源可以推论基本是来自电视。

表 4 – 2　　　　陕西省汉中市南郑县 Z 镇 W 村 4 岁的
留守女童 LTT 的日常用语

使用的汉中地区 方言词汇	使用的对应的 普通话词汇	使用的汉中地区 方言语句	使用的对应的 普通话语句
俄	我	俄要不听话,俄婆就 要把俄美美儿铲一顿。	我要不听话,我奶奶就会 把我狠狠打一顿。
耍	玩		
铲	打		
mei 一块	掰一块	俄又不是一个瓜娃子。	我又不是一个大傻瓜。
铺盖	被子		
药(发音:yue)	药	俄婆说我有相。	我奶奶说我能干。
dia 过来	提过来	俄拿了一个亮子口袋。	我拿了一个塑料袋。

　　注: dia 过来的 dia, mei 一块的 mei,难以找出相对应的汉字。

　　中央电视台少儿频道是留守幼童最喜欢收看的一个频道,通过入户调研发现,留守幼童从一起床,就央求妈妈或是爷爷奶奶打开电视,调至少儿频道,特别是到了秋冬季,外出寒冷,留守幼童从早起就开始围着炉子边烤火边看少儿频道的动画片,吃饭的时候也端着碗坐在电视机跟前,每天的收看时间长达三四个小时。中央电视台少儿频道的动画片播出频繁,且持续时间长。以 2013 年 10 月 1 日至 10 月 7 日中央电视台少儿频道 8：00—21：00 时间段节目安排为例，《喜羊羊与灰太狼》《熊出没》等动画片持续滚动播出。

表 4 –3　　　　2013 年 10 月 1 日至 10 月 7 日中央电视台少儿频道
8：00—21：00 节目安排

日期 时段	10 月 1 日	10 月 2 日	10 月 3 日	10 月 4 日	10 月 5 日	10 月 6 日	10 月 7 日
8：00	动画大放映（27）	动画大放映（28）	动画大放映（29）	动画大放映（30）	动画大放映（31）	动画大放映（32）	动画大放映（33）
10：00	动画大放映（46）	动画大放映（47）	动画大放映（48）	动画大放映（49）	动画大放映（50）	动画大放映（51）	动画大放映（52）
12：00	动漫世界（256）	动漫世界（257）	动漫世界（258）	动漫世界（259）	动漫世界（260）	动漫世界（261）	动漫世界（262）
13：00	2013 优秀儿童剧（12）	2013 优秀儿童剧（13）	2013 优秀儿童剧（14）	2013 优秀儿童剧（15）	2013 优秀儿童剧（16）	2013 优秀儿童剧（17）	2013 优秀儿童剧（18）
15：30	动画大放映—国产强档动画片（6）	动画大放映—国产强档动画片（7）	动画大放映—国产强档动画片（8）	动画大放映—国产强档动画片（9）	动画大放映—国产强档动画片（10）	动画大放映—国产强档动画片（11）	动画大放映—国产强档动画片（12）
16：55	动画大放映—国产强档动画片（20）	动画大放映—国产强档动画片（21）	动画大放映—国产强档动画片（22）	动画大放映—国产强档动画片（23）	动画大放映—国产强档动画片（24）	动画大放映—国产强档动画片（25）	动画大放映—国产强档动画片（26）
19：25	2013 动画狂欢曲（6）	2013 动画狂欢曲（7）	2013 动画狂欢曲（8）	2013 动画狂欢曲（1）	2013 动画狂欢曲（2）	2013 动画狂欢曲（3）	2013 动画狂欢曲（4）
21：00	动画大放映—国产动画新片（21）	动画大放映—国产动画新片（22）	动画大放映—国产动画新片（23）	动画大放映—国产动画新片（1）	动画大放映—国产动画新片（2）	动画大放映—国产动画新片（3）	动画大放映—国产动画新片（4）

在对留守儿童外出务工父母进行深度访谈时，部分外出务工父母担心子女和爷爷奶奶长期在一起，说一口当地方言，不会说普通话。这种担心是不必要的，电视中轮番播放的动画片为留守幼童提供了一个接触、熟悉、学习、使用普通话的强大的学习基地。0—5 岁属于儿童学习语言的敏感期。通过研究者的观察记录发现，留守幼童通过高频度、长时间观看动画片，较强地促进了他们语言认知的发展，在他们的语言体系中，频繁出现普通话词汇与语句，这些普通话词汇与语句，在他们的爷爷奶奶，或是留守妈妈日常用语中却很难发现。语言是思维的体现，留守幼童接触的

动画片中丰富而规范的词汇与语句，部分弥补了日常单一接触方言的不足。留守幼童的日常语汇、语音语调、表达方式都受到了动画片的影响，动画片为他们塑造了正确的普通话应用模型，以及进行语言交流的使用规则，这一点在祖辈监护的留守幼童身上表现得更为明显。

第二节　电视中的角色形象定位引导
留守儿童性别角色认知

"甚至在孩子们不被允许独立穿过马路之前，电视就陪着他们穿过了地球。"① 正如大卫·帕金翰所说，当代青少年 "溜入了广阔的成人世界———一个充满了危险与机会的世界，在这个世界中电子媒体正在扮演着日益重要的角色。我们希望能够保护儿童免于接触这样一个世界的年代是一去不复返了。我们必须有勇气准备让他们来对付这个世界，来理解这个世界，并且按照自身的特点积极地参与这个世界"。② 波兹曼将电子媒介时代形容为 "一个没有儿童的时代"，"由于电子媒体肆无忌惮地揭示一切文化秘密，它已对成人的权威和儿童的好奇构成了严重的挑战"，"每一个可以插入墙上插座的传播媒介，都对将儿童从有限的童年情感范围内解放出来起了推波助澜的作用"。③

生物学上的性别是天生注定的，而社会心理学关注的性别是通过后天的生活经验而形成的。新生儿从社会心理学角度可以说是中性人，经过后天的生活经验，由文化、社会因素等添染各种色彩。至于染上何种颜色，由于文化和社会因素的差异而具有不同的特征。社会心理学层面的性的区分，不存在一个超越文化和社会的绝对标准。性角色是男性或女性被社会认可的一种地位，是社会对性的态度和行为方式的各种期望的总称。④

下面是研究者与陕西省汉中市南郑县 Z 镇 W 村 4 岁的留守女童 LTT 的一段对话：

---

① ［美］约书亚·梅罗维茨：《消失的地域：电子媒介对社会行为的影响》，肖志军译，清华大学出版社 2002 年版，第 229 页。

② ［美］大卫·帕金翰：《童年之死》，张建中译，华夏出版社 2005 年版，第 225 页。

③ ［美］尼尔·波兹曼：《童年的消逝》，章艳译，广西师范大学出版社 2009 年版，第 128—129 页。

④ ［日］福富护：《性发展心理学》，墨辰、本胜译，天津人民出版社 1989 年版，第 4 页。

"婷婷，你告诉阿姨，喜羊羊是男孩还是女孩，美羊羊呢?"

婷婷想了一下说："喜羊羊是男孩，美羊羊是女孩。"

"为什么呢?"

"美羊羊头上有花，还穿花裙子。喜羊羊没有，说话声音大。"

"还有呢?"

婷婷又想了想说："喜羊羊胆子大，美羊羊胆子小，爱哭，喜羊羊是男孩，保护美羊羊。"

从研究者与 4 岁留守女童 LTT 的对话来看，LTT 对性别角色的认知开始起步，美羊羊：头上有花，穿花裙子，胆子小，爱哭→美羊羊是女孩；喜羊羊：说话声音大，胆子大，保护美羊羊→喜羊羊是男孩。这一推论过程体现了媒介内容所反映的性别差异赋予 LTT 性别角色认知的一个传递过程。《喜羊羊与灰太狼》和《熊出没》是留守儿童收看频度较高的两部动画片。《喜羊羊与灰太狼》中的美羊羊和《熊出没》中的母熊翠花体现了善于照顾人、喜好打扮、爱哭、整洁、细致、顺从、耐心、富有同情心的角色特质，这些特质是女孩成为妻子或者母亲，延续家庭功能，养育后代所需要的。喜羊羊聪明、独立自主、不怕困难、成就意识强，沸羊羊则拥有力量和勇气，这也映射了社会对男性的期望，作为一名丈夫与父亲，需要承担保护家庭成员免受伤害的重任，应该充满智慧与力量、果断、独立、强壮、具有竞争意识、成就动机强。

从留守儿童喜欢的电视剧人物形象分析，留守男童所喜欢的许三多、周卫国、李云龙，具有坚韧、勇敢、智慧，怀有雄心壮志等鲜明的男性色彩；留守女童喜欢的洛晴川、尹夏沫、楚雨浔，呈现漂亮、可爱、温柔、善良的特质。

表 4－4　　　　留守儿童喜欢的电视剧人物形象分析

留守男童喜欢的电视剧人物形象	人物形象分析	留守女童喜欢的电视剧人物形象	人物形象分析
《士兵突击》许三多	表面笨拙、迟钝，内心坚韧、勇敢	《宫锁心玉》洛晴川	漂亮、善良、机灵、可爱
《雪豹》周卫国	重义气、智慧、忠诚、爱憎分明	《泡沫之夏》尹夏沫	漂亮、坚强、重感情
《亮剑》李云龙	勇猛、赤胆忠心、质朴、霸气、直率	《一起来看流星雨》楚雨浔	漂亮、聪明、自尊、自信、可爱、孝顺

留守女童 SR，14 岁，陕西省安康市旬阳县 L 村人

（SR 的爸爸在西安一家餐厅工作，妈妈用自己家新盖的房子开了一家小小的农家乐餐馆，家里还有两个妹妹和一个弟弟，这种四个子女的家庭在今日的西北农村已经不常见了。由于妈妈平时都很忙，SR 的课余时间都用来带弟弟妹妹了。）

我爱看《爱情公寓》，想和合得来的朋友们在一起生活，不想整天和弟弟妹妹在一起，很烦、很吵。"减肥"是我们班女生的一个话题，谁都知道自己当不了演员，但是都想自己苗条点吧。电视里演的，一个女孩因为肥胖，没人喜欢她，减肥成功以后，很多男孩追她。苗条的女孩子总是有好运。我喜欢《宫锁心玉》里的洛晴川，大大的眼睛，小小的下巴，眼睛忽闪忽闪，就会想出一个鬼主意，太可爱了。

留守男童 ZCY，青海省西宁市大通回族土族自治县新城乡桥头镇人

我喜欢看《士兵突击》《我是特种兵》《潜伏》，觉得里面的人物都是响当当的男子汉，是男人就要勇敢，什么都不怕，成就一番大事业。自己将来要是也能穿上军装，就太好了。

电视将传统的性别角色赋予男性和女性，通常通过女性角色和男性角色的关系来定义她们。女性角色更有可能作为受害者出现（Wright，1995；Turner – Bowker，1996）。大众媒介中的女性不太可能作为创造者或决策者出现，而是更可能被刻画成对浪漫、家庭感兴趣的人物。榜样倾向于对学龄前儿童有关性别适宜行为的定义施加了强大的影响（Vande-Berg & Streckfuss，1992；Browne，1998；Nathanson，Wilson & McGee，2002）。[1] M. 米德的理论认为，在特定社会条件中产生的男女角色分化和男子式、女子式形象的形成，与其说是基于男女间生物学差异的结果，莫如说是教育与文化灌输的结果。[2]

---

[1]　［美］罗伯特·费尔德曼：《发展心理学》第 4 版，苏彦捷等译，世界图书出版公司 2007 年版，第 296 页。

[2]　参见［日］福富护《性发展心理学》，墨辰、本胜译，天津人民出版社 1989 年版，第 69 页。

根据社会学习理论班杜拉（Bandura, 1989；Bussey & Bandura, 1999）的观点，儿童通过两种方式获得他们的性别同一性与性别角色偏好，第一种是直接引导，或有区别的强化，鼓励、奖赏儿童的性别适宜行为，而惩罚或不鼓励他们那些适合另一性别的行为。第二种就是观察学习，儿童采纳了各种各样的同性别榜样的态度和行为。① 电视为留守儿童提供了丰富的性别角色的认知素材和模仿对象，留守儿童从各种媒介形象中逐渐自主分离出符合社会标准、社会期待的性别角色。电视中出现孩子们喜欢的形象，这种形象的装扮、语言、行为都对孩子进行了性别角色认知的启蒙与引导，有助于他们形成组织性别相关关系的认知框架。在大众媒介主导的这一过程中，留守儿童比他们的父辈更早、更全面地形成性别角色标准，习得了我们所在社会与文化认可的、适合于自身性别的行为举止与价值趋向，并在日常生活中积极主动地向社会认可的性别角色各项标准靠近，以完成社会与自身的性别角色期待。

儿童对自己性别角色的认知必须借助父母的指引，社会规范、观念习俗对性别角色的期待主要通过家庭教育得以传递。父母，尤其是母亲在儿童的性别启蒙、性别角色引导以及社会所期望的性别角色定位中起到重要作用，而对于留守儿童，隔代监护人年事已高，精力不济，照顾好孙辈衣食住行，已力不从心；父亲外出，母亲家务劳动、农活繁重，疲惫不堪，他们对留守儿童的性别启蒙与性别角色教育少有关注，很少积极投入地引导留守儿童选择适合自身性别的活动。大众媒介成为留守儿童性别角色认知的重要启蒙者与引导者。电视告诉他们，对于各自性别而言，哪些活动与行为是对的，哪些是不合适的，社会对男性和女性的期望是有所不同的，电视对留守儿童适合自身性别行为的塑造起到重要作用。

第三节　黄金时段播放的鬼片导致留守儿童生命认知偏差

一　媒介中的恐怖内容对儿童影响的主要观点

早在 1933 年，赫伯特·布鲁默发现：93％的儿童报告说经历过电影

---

① ［美］戴维·谢弗：《社会性与人格发展》第 5 版，陈会昌等译，人民邮电出版社 2012 年版，第 277 页。

引起的恐惧（Blumer H.，1933）。[①] 海德·希梅尔韦特 1958 年发表了一个有关电视效果的经典研究：她发现自己调查的儿童中，30% 的人报告说曾被电视画面惊吓过（Himmelweit H. T.，1958）。[②]

　　研究儿童对媒介恐怖内容的反应，坎托的一系列探索研究使该领域有了较大突破。坎托发现，让·皮亚杰的发展心理学有助于分类整理出她记录下的儿童和他们的家长关于恐惧的报告。根据皮亚杰的理论，儿童在认知发展过程中要经历几个阶段。他们认识、解释和思考自己周围世界的方式依赖于自己处于哪一阶段。一般 2—7 岁的儿童属于前运算阶段，事物具体、可视的形象左右着儿童对世界的解释和反应。而 7 岁以上的儿童开始转向更理性和抽象的思维。研究了皮亚杰理论所指出的这些特性以后，坎托意识到他们有助于她解释有关恐惧反应的数据。年龄小一些的组别中的儿童，往往恐惧看上去奇异和凶恶的场景和形象，如白雪公主的后妈。这些人物尽管很多以卡通人物形式出现，在现实世界中根本不可能出现，但其恐吓性依然不减，因为低龄儿童不具备比较理性或抽象的观察能力。和年龄小的孩子不同，大一点的孩子的恐惧往往来源于电影电视中可能发生于真实世界的一些事件或人物，包括描写暴力或者对人物身体伤害的场景，还包括对自然灾害和技术灾难的描绘，比如，洪水、火灾、风暴、地震或是核武器爆炸。坎托分析说，因为年龄大一点的孩子开始具有理性思维能力，而不是具体形象，对他们来说，真正恐怖的媒介内容是那些描述真实生活中可能会发生的危险事件。使这一情境复杂的是，他们不知道自己在媒介上看到的许多"真实"事件真正发生的可能性其实很低，还不能告诉自己这些事情其实不可能真的发生在自己身上，他们还尚未成熟到能应对自己在媒介上看到的真切的残酷影像。看到电影上绑架儿童的场景，8、9 岁的孩子会以为绑架是真的，真会发生在自己身上，不知道他们家附近绑架的概率其实很低，但同时他们却清楚绑架是件非常严重的事件，会有生命危险。两个成分结合在一起，很可能导致大一点的孩子对这样的媒介内容描述惊恐万分。对他们来说，绑匪比白雪公主的后妈更令人恐惧，因为他们已经意识到，后妈是假的，绑匪却是现实社会中真实存在

---

　　① Blumer, H., *Movies and Conduct*, New York：Macmillan, 1933, p. 93.

　　② Himmelweit, H. T., Oppenheim, A. N. & Vince, P., *TV and the Child*, London：Oxford University Press, 1958, pp. 131 – 134.

的。处于感性阶段的年龄小的孩子，会觉得邪恶后妈比电影中的绑架更让他们恐惧，绑架的危害，在他们的理解范围之外，所以对这类内容没有什么强烈反应。① 格兰·斯帕克斯的博士论文就是专门研究《不可思议的绿巨人》（The Incredible Hulk）的反应。选择了一段描述医院雇员在爆炸中受伤的情景，播放给年龄小的孩子以及年龄稍大一点的孩子观看。检测结果与学者假设的一致：年龄大的孩子对爆炸和火灾感觉更为恐惧，巨人出现时平静下来。而年龄小的孩子正好相反，他们在故事开头比较平静，巨人出现时开始不安。② 帕尔默、赫基特和迪安 1983 年做的一项研究指出，受访儿童中，三分之二以上的报告说，有些镜头或节目他们看到以后特别后悔（Palmer E. L.，Hockett A. B. & Dean W. W.，1983）。③

对于人们为什么喜好看恐怖片的原因，多尔夫·齐尔曼的激发转移理论（Theory of Excitation Transfer）认为：人看电影感到害怕时，他们的唤醒系统进入高度工作状态。和肌肉紧张度加强及其他生理指标上升一样，心率也会加快、血压也会升高。看电影时唤醒系统在促进增强负面的恐惧情感。看完电影后，生理上的唤醒一般不会迅速回到基线水平，唤醒状态会持续一段时间。人们看电影时经历的恐怖通常被放松甚至愉悦取代。威胁场面过后，电影中的正面行为以胜利结束，观众因此总是带着正面情感离开电影院。因为生理唤醒会强化人感知的情感，所以受众在电影结束时感受到的这种正面情感会非常强烈。通常，恐惧留下的是高度唤醒。因此，最后的结果是，看完电影时，即便是些轻微的松弛，感觉上却是异常的欢欣。④

二　黄金时段播放的鬼片导致留守儿童生命认知偏差

生命认知是指儿童对于生命的认识和感知。大体可分为三个视角，其

---

① Flavell，J.，*The development psychology of Jean Piaget*，New York：Van Nostrand，1963，pp. 78 – 92.

② Sparks，G.．G.．& Cantor，J.，*Developmental Differences in fright responses to a TV program depicting character transformation*，Journal of Broadcasting and Electronic Media，30，1986，pp. 309 – 323.

③ Palmer，E. L.，Hockett，A. B.，& Dean，W. W.，*The TV family and children's fright reactions*，Journal of Family Issues，4，1983，pp. 279 – 292.

④ Zillmann，D. Anatomy of suspense. In P. H. Tannenbaum（Ed.），*The entertainment functions of TV*，Hillsdale，NJ：Erlbaum，1980，pp. 133 – 163.

一是以皮亚杰的认知发展阶段论为指导进行的，主要探求儿童对与生命有关的问题认知发展的阶段或影响其发展的因素；其二是以朴素生物观为理论框架的研究，主要探求儿童何时具备某种生命知识，他们所具备的这种生命知识体系是否成熟；其三着重于对濒死者的关怀以及生者如何处理悲伤情绪的研究，从此视角出发以青少年为研究对象时，通常以悲伤情绪的处理与影响为主要研究内容（李丹、陈秀娣，2009）。[①] 上海师范大学的李丹教授是国内较早关注儿童生命认知的专家，她与陈秀娣以上海市六所中小学的学生为研究对象，考察儿童对生命和死亡的认知及体验。结果表明：儿童对生命和死亡的认知发展是随着年级的升高从模糊不清、具体形象到认知生命本质直至表达态度、感悟哲理的一个渐次深入的过程；儿童对生命过程的体验总体上是积极的，且随着年级的升高体验的内涵越来越丰富；儿童对死亡的心理体验以恐惧和悲伤为主，但随着年级的升高，儿童对死亡体验哲理性逐渐增多。[②]

　　研究者调研发现，35.6%的留守男童，31%的留守女童"非常喜欢"或"喜欢"看鬼片；33%的非留守男童，27.4%的非留守女童"非常喜欢"或"喜欢"看鬼片。留守儿童和非留守儿童都较为偏好鬼片，这一点并没有大的差别。不论是留守儿童还是非留守儿童，男童对鬼片的偏好度均高于女童。

　　虽然留守儿童与非留守儿童都喜欢看鬼片，可是随后的调研发现，留守儿童与非留守儿童的生命认知是有差异的。从最基本的生命认知问题——"这世界上到底有没有鬼"的判断来看，留守儿童与非留守儿童拉开了认知差距。57.6%的非留守男童，52.4%的非留守女童确信这世界上没有鬼，但持此态度的留守男童只有46.1%，留守女童则更低，为42.1%。

　　造成这种差异的原因是什么？通过参与式观察与深度访谈资料分析，非留守儿童观看鬼片时，爸爸妈妈一般都会限制他们看的时长，并且在非留守儿童观看鬼片的过程中，爸爸妈妈会时不时在旁边加以评论，"真会胡编乱造"，"全是假的"，"演的和真的一样"，"这世上要有鬼，就不会

---

① 李丹、陈秀娣：《儿童生命认知和生命体验的发展特点》，《心理发展与教育》2009 年第 4 期。

② 同上。

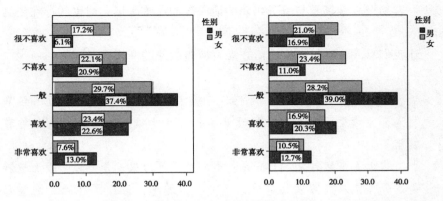

图4-5、图4-6　留守儿童（左图）与非留守儿童（右图）对鬼片的喜好度

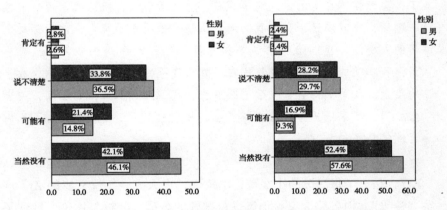

图4-7、图4-8　留守儿童（左图）与非留守儿童（右图）
对世界上是否存在鬼的看法

有恶人了"，"有谁见过鬼"，"这世上哪有鬼"等，这些态度鲜明的评论使非留守儿童头脑中构建起"鬼片都是虚构的"，"这世上并没有鬼"，"人死了就是死了"的理性、客观的生命认知框架。而留守儿童观看鬼片时，多是爷爷奶奶在旁边也津津有味地看，通过对留守儿童爷爷奶奶的深度访谈发现，爷爷奶奶对古装片和各类鬼片较为喜爱，爷爷奶奶通常加以这样的观看感受，"善有善报，恶有恶报，不是不报，时候未到"，"冤死鬼来找他报仇了"，"你们可不敢随便到水里耍，看见不，要不就变成水鬼子啦"，留守儿童受到鬼片中鬼魅角色及场景刺激，加之爷爷奶奶在身旁的评论，这种电视中与现实生活的双重刺激促使留守儿童愈发觉得"这世界上真的有鬼"，"鬼就在我身边"，留守女童因为心思敏感，胆子

较小，容易把鬼魅场景与爷爷奶奶的话深深印在脑海里，对鬼的存在更为相信。

让我们看一位年仅 9 岁的留守女童慷慨激昂的一番"论鬼"——

> 留守女童 ZJY，9 岁，小学四年级学生，陕西省汉中市南郑县 W 村人，父母在西安某大学附近开了一个小火锅店，家庭经济条件较富裕
>
> 这世上当然有鬼，有好鬼，有恶鬼，开心鬼就是好鬼，吸血鬼就是恶鬼，僵尸鬼可以是好鬼，也可以是恶鬼，被人冤枉死了的僵尸鬼，你如果帮他报仇，他就是好鬼，你如果不帮他，他就成了恶鬼了，会缠在你身上的。还有吊死鬼，会吐着舌头，跟在我们后边一蹦一蹦的，有时候还会爬到我们肩头，不过吊死鬼不害人，他们都是上吊的人变的。我婆给我求了个护身符，我天天都搁在书包里，有一天，我睡觉的时候把护身符压在了枕头底下，早上起来忘了拿，放学的路上，我总觉得有鬼在后边跟着我，我一路跑回家，到了家，关上堂屋门，赶紧把护身符戴在脖子上，鬼就吓跑了。（说到这，ZJY 天真地笑起来。）

ZJY，是一个很活泼的小女孩，不拘谨，很大方。年仅 9 岁的 ZJY 这一番"论鬼"，对各路大鬼、小鬼进行细致的分类、分析与评价，做到了"有理有据"，"逻辑清晰"，有关开心鬼、僵尸鬼、吸血鬼、吊死鬼，各类鬼的"知识来源"在哪，经过研究者调研发现，竟然就是省级电视台的两个频道。

研究者通过分析陕西关中地区、陕北地区、陕南地区的调研资料发现，留守儿童主要通过陕西的两个频道观看恐怖片。陕西 A 套播放的恐怖片主要集中于三个时间档：下午 4 点，晚上 8 点，晚上 11 点，星期五晚上 11 点档的宣传语是"黑色星期五，半夜鬼敲门"。陕西 B 套播放的恐怖片主要集中于：下午 2 点，晚上 7 点，晚上 10 点（以上均属大概播出时间段，具体播出时间可能会前后波动半个小时）。

不管是通过报纸，还是网络，陕西这两套节目预告中，根本无法查到具体的恐怖片名称，这部分只能依靠纯手工记录，根据研究者的不完全记录结果，陕西这两套节目播放的一般类恐怖片有：僵尸系列（僵尸先生、

僵尸医生、尸家重地、驱魔道长、捉鬼大师)、倩女幽魂三部、开心鬼系列（开心鬼撞鬼、开心鬼放暑假等)、画中仙、天师捉奸、魔画情、鬼屋、重返鬼屋、尸魔咒、鬼魅影、八爪怪、非常凶相、群尸玩过界等；R级①恐怖片有：活死人黎明、活死人之地、活死人之夜、猛鬼街、乌鸦、电锯杀人狂、丧尸围城、闪灵、撕裂人、异形，狼来了、鬼船、红龙、断头谷、机关枪少女、女高怪谈、美国怪谈、风杀、寂静岭、狼溪、肢解狂魔、力王、吸血少女大战少女弗兰肯、急冻女、咒怨2、黑暗侵袭2、第一诫、诡丝、死神来了、13鬼叫门、短柄斧、鬼来电等。这些R级恐怖片充斥血腥、暴力与惊悚镜头。2011年3月22日陕西A套晚10点播出的是香港恐怖片《猫妖》，在屏幕右下方一直闪动的字幕是："香港惊悚片 猫妖重生 祸乱人间"。这些恐怖片的播放不分寒暑假。同时，研究者委托在新疆的同学记录的新疆A频道播放的恐怖片，一般恐怖片有：僵尸系列，开心鬼系列，吸血鬼系列等；R级恐怖片：黑色星期五、猛鬼街、猛鬼追魂等。

在西北广大农村地区，鬼神文化依然非常盛行。研究者在西北五省区农村入户调研中发现：不论是陕西关中的富平、陕南的石泉、陕北的安塞，还是宁夏的西吉、青海的湟中、新疆的昌吉等，只要是比较大的村子，一般都会找到或大或小的寺庙。赶庙会是当地老百姓除了过年，一年中最巴望的事情，当地有名气的阴阳先生、大仙儿"生意兴隆"，有的阴阳先生、大仙儿甚至还有QQ群，可以在群上"洽谈业务"。

> 留守老人WFY，女，68岁，未接受学校教育，陕西省咸阳市泾阳县中张镇人
>
> 我和娃他爷，最喜欢逛庙会，每次都布施，少了五块钱，多了十块钱。村里人都布施，没有人空着手的，家里再难肠（方言：困难）在这上面也不能太抠皮（方言：吝啬），菩萨保佑你全家哩。我们镇子有个大仙儿，那看得好着哩，有一次，孙娃发高烧，打吊瓶都不管用，打了还烧，烧到40度，我们急得想撞墙，孩子他大伯，给我找

---

① 注：美国电影协会（MPAA）制定的分级制度，R级是RESTRICTED Under 17 requires accompanying parent or adult guardian，即为限制级，17岁以下必须由父母或者监护陪伴才能观看。该级别的影片包含成人内容，里面有较多的性爱、暴力、吸毒等场面和脏话。

了个大仙儿，给我孙娃呼唤呼唤（方言：大仙儿做法），呼唤了以后，孙娃马上就不烧了。大夫都看不好的，大仙儿一呼唤就好了，你不服不行啊！

榆林市民族宗教局副局长胡统金介绍，截至 2005 年底，全市 106 处宗教场所，教职人员 120 人，约有 20 万信教群众。庙会活动日趋活跃，农村建庙几乎达到一村一庙的程度。陕甘宁三省区主管民族宗教事务的干部们一致反映，近年来农村大建庙宇已成普遍现象。陕西靖边县民族宗教局局长蒲文泽说，现在一方面是村村有寺庙，另一方面是很多人"见庙就进，见神就烧香磕头"。2003 年的一项调查表明，全县 22 个乡镇有 297 座庙宇，这还不包括未统计在内的小庙。当地有人表示，现在在农村地区，"一夜之间就冒出个宗教"，一些农民对各类宗教活动都抱着追捧和信任的态度。①

留守女童 NDX，13 岁，陕西省汉中市南镇县 Z 镇 W 村人
我们村子边有一个教堂，大家捐钱修的，妈妈捐了 5000。我们家，我爷信财神，我婆（方言：奶奶）信观音菩萨，妈妈信上帝。爷婆、妈妈和我都喜欢看各类神话片、鬼片，我相信善有善报，恶有恶报，不是不报，时候未到。阎王爷会把做了伤天害理的事情的人收走，把他扔到十八层地狱里。

留守女童 ZX，8 岁，甘肃省庆阳市西峰区彭原乡 Z 村人
我奶说要是没成年的小孩死了，是不能在家过夜的，必须马上下葬，不然他们就会变成小鬼，在村子里游荡。我听了特别害怕，晚上老觉得周围是不是有以前死的小娃娃的鬼魂。

留守男童 TJQ，13 岁，宁夏固原市西吉县平峰乡 M 村人
夏天，我奶不让我下河洗澡，说里面以前淹死过人，淹死的人就会变成水鬼子，要把一个人拖下水淹死，这样他才能托生为人。我也

---

① 谭飞等：《西部农村出现"信仰流失" 邪教力量快速扩张》，《瞭望新闻周刊》2007年 2 月 5 日。

不知道是我奶为了不让我下河胡编出来吓唬我的，还是真有水鬼子。不过心里还是有些害怕。鬼片里也有淹死的、烫死的。摔死的人变成恶鬼，向人讨命。

**图4-9　陕西渭南市临渭区蔺店镇村民家里的贴画，基督教的"十字架"
与中国传统"福"字在一幅画中和谐共处**

入户调研发现，西北地区农村留守儿童祖辈监护人一般都是相信鬼神的，丈夫长年外出务工，留守妇女精神苦闷，信仰基督教的人数逐年增加，留守儿童又高频度收看恐怖片，特别是各类鬼片，这类媒介内容储存于留守儿童的长时记忆中，导致留守孩子对有关鬼之类的存在信息较为敏感，有关信息回忆、提取与加工时间更短，较为迅速地启动了"世上存在鬼"的认知图式。

格兰·斯帕克斯研究得出：描述非正常形象的最恐怖的电影，是那些非正常世界与现实巧妙糅合在一起的电影。《驱魔大师》（The Exorcist）首映20年之后，斯帕克斯在大学生中作了一个问卷调查，发现它仍被认为是给人留下最长久挥之不去的恐怖印象的电影。接下来的会谈中，斯帕克斯发现学生们常觉得那部电影让他们感觉魔鬼缠身是真的。而魔鬼若确是真的，许多人觉得自己脆弱得无力与其抗衡。对于未知事物，我们又怎能控制或者保护自己免受其害呢？这便是我们深感恐怖的原因。如果让观众相信它在真实生活中有可能发生，剩下的任务就容易了。非正常形象所蕴含的神秘与不可控制性开始生效，去完成恐吓观众的任务。这样的结合，对于刚刚建立区分现实与幻想能力的幼小儿童，无疑是致命的，即便对成人，也极度强烈，很多人不敢肯定非正常形象到底是否真的存在（Sparks G. G. ，1997）。

令留守儿童长久恐惧、焦虑的恐怖内容都有一个共性：描述的是非正常的现象，但暗示其事件在现实生活中有可能发生。留守男童相较留守女童更喜欢看鬼片，这可能是因为社会对男性的角色定位，包括让他们去征服危险的刺激，充当保护者的角色。现代社会虽然已经终止了这一活动，但强大的积淀依然存在。

Cotton 和 Lillian 从社会学的视角，提出青少年的生死概念的形成与个人的社会经历及其产生的负面情绪密切相关。[①] 留守儿童偏好黄金时段播放的鬼片，在观看的过程中，常有爷爷奶奶、妈妈陪伴，他们会将自己认为的"鬼神存在"的评论加入其中。加之鬼神文化在农村群体，特别是老年人群中依然具有生命力，使得留守儿童的生命认知产生偏差，难以产生对于生命过程和死亡现象的积极体悟，无法清晰定位"生命""死亡"概念，肉体死亡、灵魂不灭在他们的头脑中扎下根来。

美国用连续五年公布的数据表明：75%的小学生报告说曾被电影或电视节目长久惊吓过。家长就电视与儿童话题接受采访时，常常表现出对儿童恐惧反应的担心。他们常报告说，自己的孩子看到可怕的电视场面晚上会做噩梦。孩子们备受媒介恐惧之苦的影响，观看节目很长时间以后这种感觉仍难消失。家长觉得对付这些恐惧的确是个很大的挑战（Cantor J.，1994）。观看恐怖内容对留守儿童视觉、听觉造成刺激。所造成的情绪影响有：恐慌、焦虑，无法安然入睡。神经系统是心理活动的主要物质基础，人的一切心理活动都要通过神经系统的活动来实现，保护孩子神经系统的正常发育是保证儿童心理健康发展的前提。从临床精神医学角度来讲，10 岁以下的儿童是不应该接触恐怖片的，尤其是鬼片，即便是 10 岁以上的孩子接触这类影片也要有家长陪同，同时注意孩子观后的情绪反应，如出现不良情绪要及时进行疏导。越小的儿童神经系统发育越不完全，恐怖的画面对其大脑神经产生的刺激越强，如果孩子经常受到这样的刺激，会影响脑神经发育，幼年时受到某些固定刺激，成年后就容易出现

---

① 参见徐晓滢、刘世宏《青少年生命认知及其生活满意度的干预研究》，《心理与行为研究》2014 年第 3 期。

一系列精神性疾病,如恐惧、焦虑、强迫性思维等。① 从研究者入户调研来看:留守儿童观看的大部分恐怖片类型为鬼片,各种鬼魅出没的场景基本以家庭及周边环境为主,如窗子前、床底下、大衣柜中、水缸中、院子里、池塘里、小路旁,这使留守儿童认为,各种鬼就在他们周边活动,造成心理上的长时间的焦虑、恐惧与担忧。看完鬼片后,留守男童,特别是留守女童会有晚上不敢一个人去上厕所,不敢一个人睡,做噩梦等恐惧、焦虑、不安等不良情绪反应,还有部分留守男童会模仿鬼片中的动作,吓唬同学。

表 4 – 5　　　　　　　　　　　留守儿童看完鬼片后的感受与行为

性别	晚上不敢一个人去上厕所	晚上不敢一个人睡	晚上会做噩梦	不觉得不害怕	会模仿鬼片中的动作,吓唬同学	
男	26	27	29	53	27	115
	22.6%	23.5%	25.2%	46.1%	23.5%	
女	73	79	59	35	11	145
	50.3%	54.5%	40.7%	24.1%	7.6%	
总计	99	106	88	88	38	260

　　　　留守男童 SQH, 9 岁,陕西省汉中市南郑县 Z 镇 G 村人,父亲在深圳一制造厂务工
　　　　有一次在电视上看到有个鬼吃人吃得满嘴是血,还掏人的肚子,特别害怕,晚上不敢睡觉,开着灯,也不敢上厕所,怕鬼抓我。那几天吃饭都觉得鬼就在我背后看着我,玩的时候,觉得鬼又爬上我的肩头。

　　　　留守男童 PFJ, 10 岁,小学四年级学生,陕西省汉中市南郑县 Z 镇 W 村人,父亲外出务工
　　　　最喜欢看鬼片,陕西 A 台,每天八点钟都有鬼片,什么《僵尸回来》《吸血鬼》《开心鬼》,看到吸血鬼长出大獠牙,吸人血,挺害

① 凤凰网:《亲子儿童看恐怖片会神经衰弱》,2010 年 10 月 14 日 (http: //baby. ifeng. com/child/health/detail_ 2010_ 10/14/2783548_ 0. shtml)。

怕的，晚上不敢关灯睡觉，一直开着灯，也不敢去茅房，就憋着，一直憋到天亮。

留守男童 XGH，10 岁，陕西省汉中市南郑县 Z 镇 H 村人，父母在河北唐山务工，拉电缆线，家庭状况一般

很爱看电视，天天都看，有时看两三个小时。最爱看鬼片、武打片、破案片。也爱和班里同学聊鬼片，像是《尸家重地》《僵尸归来》。还有一个破案剧，名字叫《追》，局长的儿子被坏人杀了，死得特别惨，我连着几个晚上都做噩梦，晚上都不敢上厕所。还有一些鬼片也挺吓人的，我都不敢一个人睡了，和爷婆挤在一起睡。

留守男童 LQ，11 岁，小学五年级学生，陕西省汉中市南郑县 Z 镇 W 村人，父母均在广东东莞打工

陕西 A 台和 B 台最爱放各种各样的鬼片，我们男生都爱看，还在教室学僵尸一蹦一跳走路的样子，觉得很好玩。只要昨天放了鬼片，大家第二天都在教室聊，有一次我没看，都插不上话。看完也害怕，睡觉的时候，老觉得屋子里有鬼在飘，不敢把头伸出来。我喜欢一边看鬼片一边写作业，演到害怕的时候，就写作业。

留守男童 XYY，陕西省汉中市略阳县 LY 一中初二学生，14 岁，父母在西安卖热米皮

爷婆不限制我看电视，我星期六、星期天一天最多能看 10 个多小时，最喜欢看鬼片了，陕西 A 台每天下午 4 点开始放鬼片，10 点半还有，陕西 B 台晚上 8 点半也有鬼片。我们班的同学全都爱看鬼片，天天聊，看完晚上会做噩梦，觉得周围有鬼在晃，也不敢出去上厕所。《一眉道长》演的是一个道士带了 10 个僵尸，每天晚上都带着僵尸在街上跳来跳去。还有《木乃伊》，演的是秦始皇复活，再次统治世界的故事。秦始皇一会儿变成黑猩猩，一会儿变成力大无比的机器人，可以把飞机举起来，炸死美国佬，看得很过瘾。

留守女童 XM，11 岁，青海省湟中县上新庄镇 Z 村人

以前看一个电视，有一个小女孩被坏人给害死了，她死了以后就变成鬼魂，开始一个一个报复当时没有帮助她的人，如果这些人那时候不是那么冷漠，帮一把这个小女孩，这个小女孩也不会死那么惨，所以他们也不冤，都该死。我总觉得吧，人死了以后肯定会有灵魂存在，在他以前生活的地方飘来飘去，不然为什么都说"善有善报，恶有恶报"，人死了以后没有灵魂，还怎么"善有善报，恶有恶报"呢。

留守女童 KYP，14 岁，甘肃省定西市安定区内官营镇人

我喜欢看"开心鬼系列"，有《开心鬼放暑假》《开心鬼救开心鬼》《开心鬼撞鬼》，开心鬼很可爱。鬼不都是可怕的，人死了以后都变成开心鬼，不也挺好玩的？

非留守儿童 XZH，10 岁，陕西省咸阳市泾阳县中张镇人，五年级，家庭经济状况一般

我们班同学都喜欢看陕西 A 台和陕西 B 台的鬼片，基本天天都有，我也想看，我爸妈都不让我看，说小孩子看这个不好。我们班爸妈在家的都管着不让他们看，爸妈外出打工的同学都随便看，他们爷爷奶奶也爱看，第二天就在教室里讲，我听得挺羡慕的。看了以后，他们晚上都不敢出来上厕所，书上说世界上没有鬼，可电视台又为什么放那么多鬼片呢？我也整不明白。

生命教育是一种将有关生命和死亡的积极认知传递给人们及社会的教育历程。认知心理学家认为"生命"和"死亡"的认知发展过程与认知发展是相互平行的（Safier，1964；Steiner，1965；Anthony，1972）。[1] 研究者通过参与式观察与深度访谈发现，留守儿童监护人在日常生活中忌讳与孩子谈论"死亡"，留守儿童偶尔提到"死亡"这个话题，留守儿童监护人会厉声制止留守儿童继续发问，认为这个话题"不吉利"，"触霉头"。留守儿童成长期难以建立"死亡对于人类来说或迟或早都会发生，爷爷奶奶、爸爸妈妈也不例外，出生、成长、衰老，直到最后离开这个世

---

[1]　参见徐晓滢、刘世宏《青少年生命认知及其生活满意度的干预研究》，《心理与行为研究》2014 年第 3 期。

界，这是一个自然而然的过程。人生就是一次旅行，有起点，有终点，我们可能没法延长旅程的长度，但是我们可以让这次旅程更丰富，拥有更多的生命体验。生命只有一次，人死是不能复生的，必须珍惜自己的生命，尊重他人的生命"这样的理性、达观的生命认知。

留守儿童通过黄金时段播放的鬼片认识死亡，形成生命认知偏差，这种偏差影响到留守儿童的心理健康。留守儿童在成长期很难得到来自家庭的积极正面的生命认知引导，缺乏对自然生命探索的热情，无法建立"死亡并不可怕，它是生命的一个自然阶段"的信念，以便今后具有面对生命中遇到突发事件的勇气。

第四节　电视商业广告培育留守儿童品牌认知

一　电视商业广告对农村儿童影响的重要研究

2004 年，一个由心理学与传播学者组成的小组在美国心理学会的"广告与儿童"的一份报告中反复重申广告对儿童是有效果的，它具有较强的说服力。[①] 儿童也许没有多少他自己的可支配收入，但是他们拥有一种"纠缠的权利"，能够对家庭中其他成员的购买决定产生很大的影响（Gunter and Furnham，1998）。

柯克·约翰逊发现在印度所有电视台的节目中，11% 的内容为广告，这些广告大多在娱乐节目中播出。一名一周收看 31 个小时娱乐节目的印度乡村儿童就被动接收了 3.5 小时的商业广告，从玩具到冰激凌，从饮料到牛仔裤，广告中的产品被理解为一种必需品。一位女孩指着电视对母亲大声叫道："我结婚时就想穿那件纱丽。你觉得它太贵吗"；一位丧偶的母亲倾诉："我的孩子们在电视上看到一些东西，他们以为自己也可以拥有这些东西。我能告诉他们什么。我们甚至买不起一台电视机，但他们去其他人家看到了电视上的东西。他们总是在讨论着可口可乐。你知道一罐可口可乐在班杰加尼卖多少钱吗！"[②] 乌尼克里西南（Unnikrishnan）和巴

---

① Kunkel, D., Wilcox, B. L., Cantor, J., Palmer, E., Linn, S. & Dowrick, P., *Report of the APA task force on advertising and children*, 2004, pp. 1, 35.

② ［美］柯克·约翰逊：《电视与乡村社会变迁》，展明辉译，中国人民大学出版社 2005 年版，第 175 页。

杰帕伊（Bajpai）1996年出版了《电视广告对儿童的影响》，他们的研究以730名印度德里及附近的孩子为样本。他们确保样本儿童来自高、中、低三个社会阶层。他们得出的结论是，"消费主义是现在新的宗教，它最虔诚的追随者是儿童。如今，儿童的幸福由在电视上做广告的产品来定义，并且与它们有着错综复杂的联系。"作者发现，"今天的孩子更加关注市场里的商品和品牌，他们想的首先是与正在变化的经济环境保持一致。他们盼望将来拥有一处设备齐全的房屋（他们不能想象没有电视机的生活），服装已经变得比以往更加重要，而且他们不满意目前状况的程度十分高"，"电视广告正在传播一种与绝大多数印度儿童的生活完全相反的生活图景。许多乡村儿童认为，只有他们在电视广告上看见的印度和印度人才是值得效仿和学习的……结果，对于物质的渴求达到了不现实的程度。社会发展从未像现在这样脱节。虽然消费主义像野火一样蔓延，但是，满足必要的生活需求对于许多人来说仍然是一个严重问题"（Unni-krishnan and Bajpai，1996）。[①]

郭建斌通过对独龙族儿童观察发现：电视剧插播广告时，有几条广告词才说出一半，中间稍有停顿，独龙族儿童便响亮而流利地补上后半句，看得出他们对这些广告词非常熟悉，那声音，就像课堂上老师问出一个大家都能回答的问题时，学生们齐声地回答。这样的情景，在独乡调查期间多次见到。在电视连续剧之间插播广告时，大人们一般在这个时候抓紧时间到房外解决生理问题，或是站起来活动一下筋骨，小孩子们则在或高声或低声地跟着电视广告咿呀学语。这些孩子或许并不明白广告中的那些东西有什么用处，但是这些源于广告的"知识"，则被他们牢记在心。一天，迪村一个5岁的小男孩跑到研究者住的屋子门口，爬在门槛上往屋子里看。屋里的地上摆着一包洗衣粉，小男孩指着洗衣粉袋子向研究者说出那句最近电视里每天都要重复多次的电视广告的广告词——"浙江纳爱斯"。在独乡，小孩是电视广告最忠实的观众。[②]

---

① 参见［美］柯克·约翰逊《电视与乡村社会变迁》，展明辉译，中国人民大学出版社2005年版，第28页。

② 郭建斌：《独乡电视：现代传媒与少数民族乡村日常生活》，山东人民出版社2005年版，第170—171页。

二　电视商业广告培育留守儿童品牌认知

从问卷层面分析："很喜欢"和"喜欢"看电视商业广告的留守男童只有5.2%，留守女童11.1%；"不太喜欢"和"很不喜欢"的留守男童达到58.2%，留守女童44.1%。"完全相信"和"基本相信"电视商业广告的留守男童只有18.3%，留守女童23.5%；46.1%的留守男童，51.0%的留守女童对电视商业广告"半信半疑"，35.6%的留守男童，25.5%的留守女童"基本不信"或"完全不信"电视商业广告。总体来看，留守儿童对商业广告态度比较淡漠，喜好度和信任度都比较低。

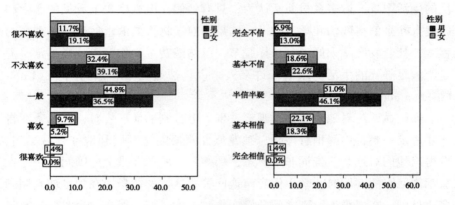

图4-10、图4-11　留守儿童对电视中的商业广告的喜好（左图）及对于所宣传的产品的态度（右图）

虽然留守儿童对电视商业广告的偏好度与信任度都不高，但是非常有趣的是，43.5%的留守男童、47.6%的留守女童"经常想"或"有时想过""以后要是挣了钱，就要买广告中宣传的产品"。通过研究者深度访谈发现，留守儿童对电视商业广告缺乏收看热情，主要是因为商业广告过于频繁，并且不断插播，干扰了他们的正常收看行为；而减肥产品、增高产品、保健产品、有奖竞猜、电视直销等广告，虚假成分较多。留守儿童对于货真价实的产品广告，是喜好并认同的。对知名度高的品牌文具、玩具、童装是向往的，如步步高学习机、背背佳、乐高玩具、芭比娃娃、喷喷笔、巴拉巴拉童装等，还有部分留守男童希望挣钱以后买一部电视广告中出现的轿车。电视中呈现的商业广告，特别是和留守儿童的生活相关的产品，对留守儿童具有吸引力，刺激了其潜在的购买欲望。

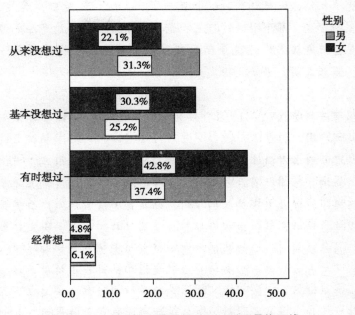

图 4 – 12　留守儿童是否想过，以后要是挣了钱，
就要买电视商业广告中宣传的产品

留守女童 LSL，14 岁，陕西省汉中市南郑县 Z 镇人，父母在深圳一电子厂打工

不爱看骗人的广告，有一个减肥茶广告，说是喝了就会瘦肠子，肠子怎么会瘦呢，又不是人的脸？还有黄金酒的广告，好像是神丹妙药，人该死不还是死了吗，要是有这样的神丹妙药，怎么还会有那么多人死呢？现在广告也太多了，看一会儿就是广告，调别的台还是广告，麻缠（方言：厌烦）得很。

留守男童 WJK，15 岁，陕西省汉中市南郑县 C 中学初二，父母都在广东一服装厂打工，2001 年外出

喜欢看公益广告，像宣传奥运会的，保护环境的，节约水资源的，还喜欢看生活日用品广告，像立白洗洁精、汰渍洗衣粉、舒肤佳香皂、中华金银花牙膏、高露洁牙膏、佳洁士牙膏，广告很真实，产品用了以后就是比没做广告的好。以前我婆到小卖部买过其他牌子的洗衣粉，我的运动衣就是洗不干净。我觉得不吹牛，没有把我们当瓜子（方言：傻瓜）耍的广告就是好广告。有的广告很虚假，化妆品

我就不相信，一抹那个油，脸就白了，人脸黑还是白，那是天生的，还有脑白金，那个动画的老头、老太太很好笑，不过产品好像啥都能治，这就是骗人！还说今年过节不收礼，收礼只收脑白金，也挺烦的，逼着人买，逼着人送礼。

留守男童 XYY，13 岁，陕西省汉中市南郑县 L 中学初一，父母在深圳一鞋厂打工

喜欢看各种汽车的广告，以后我也要买车，买好车，有的电脑广告是假的，哪有几百块的电脑，还免费上网，还有手机广告，中央 2 台都播了，说什么不怕水的手机，结果都是骗人的。广告就是卖东西的宣传自己的产品，电视台播出也是为了收广告费，大家还是要小心些。当然洗衣机、电视机的广告可以信，因为都是老牌子了，还有娃哈哈、三九感冒灵、双黄连和康师傅饼干的广告也很好，最不喜欢的广告就是两个人站在那里，连比划带说，吹自己的东西多好多好，没完没了。现在广告怎么这么多，电视剧正精彩，被广告打断了，觉得很烦。立白洗衣粉广告做得好，不过现在有假的了，上次一个开小货车的，拉了一车立白洗衣粉，买两袋搭一个小铝盆，20 块钱，结果一用才发现都是假的。我喝的娃哈哈果奶，就是看广告买的。农药和化肥广告，也没有电视上说得那么好，家里买了玉米种子，还有种草莓的化肥，没有广告说得那么好，所以我觉得还是周围人用过的产品可信，不会上当受骗。

留守女童 HC，13 岁，陕西省汉中市南郑县 Z 镇人 W 村人，初二，父亲在山西打工 9 年

喜欢看实实在在的广告，不太喜欢吹牛的广告，特别是化妆品，像是防晒油，用的地方皮肤就白，不用的地方就很黑，这也太夸张了，一点也不真实。有的人怎么晒都不黑，有的人一晒就黑，和用不用防晒油没啥关系。还有什么保健品，一喝就考第一了，要是不努力，我看喝一河滩（方言：非常多）也没啥子用。刘谦做得那个快克感冒药的广告好，有一次，弟弟感冒了，一个劲嚎，我妈买了一盒快克，弟弟吃了一颗，晚上就出去耍了，我特别感谢这个广告，要是都是这样卖好东西的广告，我就喜欢。

文具、小食品与日化用品是留守儿童最常购买的三种产品，研究者将深度访谈资料进行整理，发现留守儿童购买的文具、小食品与日化用品的品牌是比较固定的，产品品牌获知的主要途径就是电视广告。

表4－6　　　　　　　　留守儿童经常购买的产品、品牌及原因

产品类别	选择品牌	选择原因
文具	中华、晨光、真彩、白雪、文博、文海	收看电视广告 同学、亲戚、邻居推荐 卖主推荐
方便面（粉丝）	康师傅、统一、华丰、白象、白家粉丝	
火腿肠	双汇、金锣、雨润、得利斯	
饮料	统一鲜橙多、美之源果粒橙、露露杏仁露、娃哈哈果奶、康师傅冰红茶、椰树牌椰汁	
洗衣粉	汰渍、奇强、碧浪、立白、奥妙	
洗衣皂	雕牌、奇强、立白	
牙膏	中华、佳洁士、高露洁、两面针、黑人	
洗发水	飘柔、海飞丝、潘婷、舒蕾、清扬	
香皂	舒肤佳、玉兰油、夏士莲、拉芳	
洗面奶	大宝、青蛙王子	

　　留守男童WSH，11岁，陕西省汉中市南郑县Z镇人，W小学五年级，父亲在浙江温州打工

　　喜欢雕牌透明皂和桥头火锅底料的广告，家里用了就是好。好广告就是不骗人的广告，骗人的广告不管说得有多好，都是坏广告。

　　留守女童YL，9岁，四年级，陕西省汉中市南郑县Z镇人，父亲在外搞建筑

　　电视台的广告太多了，有时候挺烦的。立白洗衣粉的广告好，没有说假话，我上体育课的运动服用立白洗衣粉，洗得就是干净。还有三九感冒灵的广告，一个男的做的广告，有一次我感冒了，全身都疼，我妈给我买了一盒，我喝了几袋就好了，这个广告特别好，不骗人，帮助了生病的人。

　　留守女童ZLL，10岁，陕西省汉中市南郑县Z镇W村人，四年级，父亲在东莞打工

最喜欢立白洗洁精的广告，喜欢做广告的那个光头，他挺可笑的。立白洗洁精也好，用它洗碗，碗很干净，广告说，盘子会唱歌，洗碗的时候，是有咯兹咯兹的声音。我以前都不爱刷锅洗碗，我姐老数骂（方言：斥责）我，家里买了立白，我就喜欢了，一会儿就洗完了。

留守男童 PCC，12 岁，陕西省汉中市南郑县 Z 镇 W 村人，六年级，父亲外出务工

喜欢看雕牌、立白、高露洁和佳洁士的广告，这些东西我们平时用得着，化肥和农药的广告也有用，经常做广告的，特别是在中央电视台做广告的产品质量都不错。有一次在街上，有人给我发了一个广告，是去汉中 301 部队医院看病的，我觉得这个广告可信，部队上的医院不会骗人。

留守男童 LM，14 岁，陕西省汉中市南郑县 Z 镇 W 村人，初二，父母均在广东一服装厂打工

周围的同学对广告都一般，觉得吹的厉害，没啥用场（方言：用处），耽误时间，我还挺喜欢看广告的。喜欢看旺仔牛奶和香飘飘奶茶的广告，旺仔牛奶里面的小男孩说："再看我，再看我就把你喝掉!"还有香飘飘奶茶里的歌曲，我都很喜欢。我觉得广告有真有假，三九感冒灵、六味地黄丸、鸿星尔克的鞋、雪中飞羽绒服都是好广告，不好的广告就是宣传虚假产品的，像是半球电饭锅，我们看广告买了，用了不久就跑电了，多危险。做广告的产品不一定让人放心，像农药、化肥和种子，要等别人用了知道到底怎样才能去买，这样就不会受骗。

留守男童 TJQ，男，13 岁，宁夏固原市西吉县平峰镇 M 村人

我买中性笔、牙膏、透明皂、方便面、火腿肠这些东西都要看看牌子和生产日期，广告里经常出现的牌子一般都比较好，你想，要是特别差，电视上也不会一直放的，对不？我爷才不管呢，到集市上称了几斤糖，我一看糖纸上写的是"金色猴"，就给我爷说买了假糖了，那个糖真正的名字是"金丝猴"，电视上经常有的。我爷说，啥

"金色猴"，"金丝猴"，都是糖，能有啥区别？我爷拿这糖招呼家里来修房的匠人，结果发现这糖全黏糊成一块了，我爷觉得丢面子了，说以后再不胡买了，还是要好好看看是啥牌子。

图 4-13　留守儿童在深访中表示，家里买的假冒伪劣糖果，零食多来自于镇上的集市摊点

了解产品、品牌和购买途径的过程，被称为消费者社会化（Ward，1974）。[①]

商业广告是消费者获取商业信息的重要途径。要成为一名成熟的消费者，从小接触广告信息是非常必要的。童年时期形成的消费态度和消费行为大部分将会延续至成年并贯彻终生（Guest，1955）。[②] 研究者第二章做过留守儿童与非留守儿童零花钱的对比分析，留守儿童的零花钱要比非留守儿童宽裕，特别是隔代监护的留守男童。除了学龄前儿童，留守儿童由监护人陪伴的购买行为并不多见，购买行为自主性强。深度访谈发现，留守儿童监护人对留守儿童消费意识的培养是淡漠的，相对非留守儿童父母，对食品安全问题忧虑程度较低。留守儿童膨化食品、方便面、火腿肠、小包装熟食与豆制品（鸡翅、鸭脖、辣条、豆腐干）、雪糕、饮料摄入量大。农村买得到的商品，特别是食品与日化用品的售出质量监管比较薄弱。留守儿童在深度访谈中普遍提到，他们在村子周边的小店买过假冒

---

① 参见陈家华、麦篏时《中国儿童与广告》，中国社会科学出版社 2004 年版，第 25 页。

② 同上书，第 29 页。

伪劣产品，集中于卷纸、餐巾纸、牙膏、洗发水、透明皂、洗衣粉、方便面、火腿肠、各类小食品等。小学高年级以上的留守儿童普遍表示，他们能够辨别假冒产品，辨别的主要依据就是电视上播出的商业广告和曾经的购买经历，特别是一些新产品，他们辨别的依据更为依靠电视商业广告。商业广告帮助留守儿童初步建立了品牌认知，这种品牌认知包括对品牌名称、广告代言人、产品包装、产品特点的认知，品牌认知又激发了留守儿童在日常购买行为中的品牌联想，即在购买产品时，联想到此产品的相关品牌，从而产生对应的品牌产品购买行为。留守儿童逐渐偏好于选择电视上经常出现的品牌，对此类品牌产生安全感与认同感，最终这种积极的情感共鸣上升为品牌忠诚。非留守儿童家里日常用品，甚至孩子的学习用具多为妈妈购置，而留守儿童监护人因农活重，从留守儿童五六岁时，便支使他们去村里小卖部购买日常用品，留守儿童独立购买行为较多。电视上高频率播出的商业广告日积月累地培育了留守儿童的品牌认知，使留守儿童逐渐增强了对假冒伪劣产品的辨别能力，对于各类产品，留守儿童明白需要进行甄别，从长远来说这对留守儿童成长为理性消费者大有裨益，从短期来看，部分减少了留守儿童对假冒伪劣产品，特别是质量低劣小食品的消费行为。

第五章

大众媒介对西北地区
农村留守儿童社会态度的影响

第一节 高强度收看电视与短期城市生活经历促使
留守儿童对社会公平与安全缺乏信心

留守儿童高强度收看电视行为从幼儿时期就开始出现了，通过研究者入户参与式观察发现，留守妈妈和祖辈监护人会用被子把幼儿围在床铺上，打开电视，自己去忙活其他的事情。研究者把周一到周五平均每天看电视的时长在 2 个小时以上的儿童定为"高强度收看电视"，从问卷层面分析：7—10 岁的高强度收看电视的留守儿童达 39.2%，非留守儿童则为 20.0%；11—14 岁留守儿童达 27.7%，非留守儿童为 23.9%；15—17 岁留守儿童达 23.7%，非留守儿童为 14.0%。总体来看，每个年龄段高强度收看电视的留守儿童都高于非留守儿童。进一步分析，留守妈妈，尤其是留守儿童祖辈监护人，对处于小学中、低年级的留守儿童（7—10 岁）收看电视行为比较放任，非留守儿童爸爸妈妈，特别是妈妈，对孩子看电视的时长一般都是要控制的，因此这一年龄段高强度收看电视的留守儿童要高于非留守儿童 19.2%。小学高年级和初中年级留守儿童由于直面小升初和中考的压力，留守儿童监护人希望孩子能考上县里的重点初中和高中，对孩子收看电视时长会比小学中、低年级的时候限制的多，高强度收看电视情况有所改善。当留守儿童进入普通高中或职高时，收看电视情况发生了明显分化，县城中学的学生学习紧张，在家收看电视时间显著减少。进入职业中学的留守儿童对电视的重度收看依然不低，有的上职高的留守儿童虽然寄宿，但是周内经常回家。留守儿童监护人也认为，孩子只要职高顺顺利利毕业，以后找份差不多的工作就行了，对留守儿童从职校偷偷溜回家里睡懒觉、看电视、去网吧等行为也多采取放任的态度。

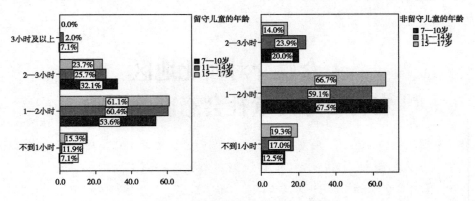

图 5 - 1、5 - 2   留守儿童（左图）与非留守儿童（右图）
周一到周五平均每天看电视的时长

对社会公平、公正问题，暴力犯罪问题所持的基本态度是个体所持社会态度的重要组成部分，因此研究者在对留守儿童与非留守儿童问卷设计时设计了相关问题"电视是否真实反映了现实社会中的不公平、不公正现象"，"电视是否真实反映了现实社会中出现的暴力或犯罪现象"；在深度访谈中设计了"你觉得人只要艰苦奋斗，是不是就能改变自己的命运"，"你认为一个人成功，主要是靠个人努力，还是家庭背景"，"你觉得社会不公正、不公平的地方主要表现在哪些方面？你是怎么了解的"等问题。

从问卷层面分析，持"现实社会中的不公平、不公正现象比电视上演的还要多，还要严重"态度的留守儿童有 34.6%，而非留守儿童仅有 24.0%。

同样的，持"现实社会中存在的暴力或犯罪现象比电视上演的还要多，还要严重"态度的有留守儿童 23.8%，而非留守儿童仅为 13.6%。

进一步研究发现，持"现实社会中的不公平、不公正现象比电视上演的还要多，还要严重"态度的留守儿童被问及"你觉得社会不公平、不公正的地方主要表现在哪些方面"，这部分留守儿童可以较为明确地指出"上学""找工作""工作待遇""犯罪行为所遭受的处罚"等方面，问及他们自身是否遭受过不公正、不公平的待遇，这部分留守儿童回答基本是否定的，"那倒没有"，"自己还没碰到过"。进一步追问那他们为什么有此观点时，他们的回答居于第一位的就是"电视上看到的"，其次为

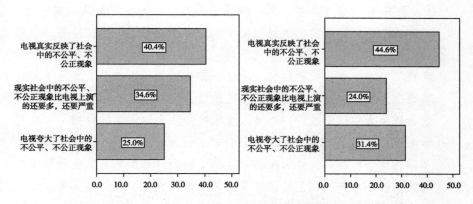

图 5-3、图 5-4 留守儿童（左图）与非留守儿童（右图）对
"电视是否真实反映了现实社会中的不公平、不公正现象"的态度

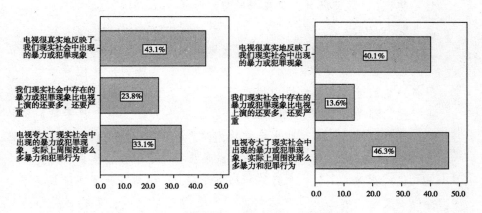

图 5-5、图 5-6 留守儿童（左图）与非留守儿童（右图）
如何看待电视上演的和现实社会中的暴力或犯罪现象

"网上看到的"，"老师上课说的"，"听同学说的"，"听爸妈说的"，"爷爷奶奶说的"。问及持"现实社会中存在的暴力或犯罪现象比电视上演的还要多，还要严重"态度的留守儿童，"你周边是否就有暴力犯罪现象？"，这部分留守儿童基本回答"没有"，那他们这种态度的来源是什么，留守儿童首当其冲的回答就是"电视上看来的"，其次为"网上看到的"，"听家里人说的"。通过深度访谈资料整理发现：高强度收看电视的留守儿童对"电视上看来的"这一态度来源更为肯定与确信。

留守男童 YK，16 岁，陕西省西安市户县甘河镇人不喜欢"留守儿童"这个词，感觉有些不好，好像有点看不起、可怜我们的感觉。以前去过西安上学，不喜欢那个学校，待了一学期又回来了。不喜欢西安，空气不好，灰蒙蒙的，人也挺凶的。我上那学校门口有个老汉卖猕猴桃，城管一脚都把篮子踢翻了，旁边不远就有两个维族人卖葡萄干，他们咋不敢管，欺软怕硬。在我们镇上没有这么欺负人的，学校门口也有人卖吃的，没人踹人家的摊摊……我爱看电视，特别是《今日说法》，还有《法治在线》，这些节目上放的都是活生生的现实，被亲戚骗的去搞传销的，走着走着就被骑摩托车的抢包的，被熟人绑架的，带人看房子被杀的，一点都不少见。城里就这样，住你旁边的人你都不知道到底是干啥的，说不定就是一个坏人。(研究者问及，"那你遇过或是见过一些犯罪行为吗？"YK 认真想了想说，"那倒没有，我在城里待的时间也短。")

留守女童 LL，16 岁，陕西省安康市石泉县池河镇 D 村人
这个世界本来就很不公平。(很愤慨，稍作停顿) 学校里面就有很多，有的老师喜欢有钱人的孩子，让他们当班干部，还给开小灶，见着他们都是笑眯眯的，反正对待我们很不公平，根本就不是一样的。电视上演的就是现实生活有的，以前看一个心理调解节目，有个女孩学习特别好，考了个好大学，结果被一个学习差得要命，可是家里有钱的女孩顶了包。学习差的那个女孩，大学毕业，爹妈给找了个挣钱多又轻松的工作，学习好的那个女孩早早嫁人，现在还是个农民。后来这事情被抖搂出来，学习好的女孩知道以后，天天想也想不通，后来精神就出了问题。哎，真惨，太不公平了！

大量接触媒介符号世界，最终可能导致对媒介影像与人类事务的真实状态的混淆。针对电视收视情况的细致调查表明，重度电视收看行为塑造了观众的信念及其现实观 (Hawkins & Pingree, 1982)。在控制其他促成因素的条件下，观看电视的程度与社会认知间的相关关系依然存在。将现实世界等同于电视讯息所描绘的世界将导致一些错误观念形成 (Bussey & Bandura, 1999；Buerkel－Rothfuss & Mayes, 1981；McGhee & Frueh, 1980)。以电视中的社会现实为参照而形成的个人观念将可能转变成某种

集体性错觉。①

　　研究者必须指出：高强度收看电视不是促使留守儿童对社会公平、公正与安全缺乏信心的唯一因素，留守儿童自身的生活经历也是一个重要影响因素。通过研究者西北农村地区入户深度访谈发现一个趋向，高强度收看电视的留守儿童若出现：（1）在爸爸妈妈务工的城市曾经上过学（一般为 1—2 年）；（2）寒暑假去爸爸妈妈务工的城市生活过；（3）外出务工父母提及自己的务工经历多为消极评价。那么这一部分高强度收看电视的留守儿童对社会的公平、公正与安全持更为强烈与鲜明的质疑态度，难以构建经过自身努力可以获得公正待遇的信念，他们对"艰苦奋斗可以改变自己的命运"，"一个人成功，主要是靠个人努力"多持怀疑，不以为然，甚至坚决否定的态度，更认同"一辈子都艰苦奋斗也未必能改变自己的命运"，"一个人成功，主要还是靠家庭背景"，"就算考个好大学，光靠自己，也很难找到个好工作"，"拼成绩不如拼爹"。留守儿童短期的城市生活或求学经历，使他们直面务工父母在大都市工作的艰辛，城市生活物质的丰富与贫富差距，城市人群或明显或隐蔽的歧视，给留守儿童造成内心冲击。此外，留守儿童外出务工父母和家里人聊天时，也会提及一些在城市遭受的种种不公正待遇，留守儿童会牢记在心里。寇彧、傅鑫媛等从北京市抽取北京市户籍儿童、普通学校流动儿童、打工子弟学校流动儿童，采用假设情境问卷，探讨其对行贿行为的态度差异。结果表明：三类儿童在行贿行为态度上差异显著。打工子弟学校的流动儿童比其他两类儿童更明显地认同行贿行为。② 高强度收看电视使留守儿童将"电视世界"与"真实世界"紧密编织在一起，高估社会的不公正、不公平与危险性，同时低估他人的可信任程度和帮助意愿，怀疑个人艰苦奋斗的价值，对自己的未来缺乏热切的期待与乐观的憧憬，而电视中频繁呈现的不公正、不公平事件与犯罪行为等内容与留守儿童不甚愉快的城市生活经历交互影响，促使高强度收看电视的留守儿童对社会公平与安全缺乏信心。

---

　　①　[美] 简宁斯·布莱恩特、道尔夫·兹尔曼主编：《媒介效果理论与研究前沿》第 2 版，石义彬、彭彪译，华夏出版社 2009 年版，第 106—107 页。

　　②　寇彧、傅鑫媛等：《北京市三类儿童青少年对行贿的认知发展》，《北京社会科学》2012年第 6 期。

第二节　漠然与厌恶：媒介中涉性内容与留守儿童教养方式导致留守男童与女童性态度差异显著

性态度是个体对性行为所持有的一种基本心理倾向，是一个包含了认知、情感和行为意向的多维交互系统。

尼尔·波兹曼提出：在消除儿童和成人在性欲上的区别方面，媒体起了非常重要的作用。尤其是电视，它不仅使全国各地的人长期处在高度的性亢奋状态下，而且强调性满足上的平等主义；性从一个隐秘深奥的成人之谜改造成为一个可供人人享用的产品，像漱口液或腋下除臭剂一样。[①]国外学者一般将媒介中的性内容大体归为两类：一类是色情品（Pornography），指描写一方在身体上占据另一方的直接明显的裸体性行为的作品，这些作品通常包含有直接明显的暴力与色情；另一类是情欲媒介（Erotic Media），指充满情欲内容，但没有色情品中出现的暴力与明显的力量抗衡。[②]电视上的性画面以及虚拟、刻板化和存在潜在健康风险的性信息同样会对儿童产生影响（Ward，2003；Ward & Friedman，2006）。[③]

根据我们的媒介内容实际情况，本研究所界定的媒介中的"涉性内容"大体为两类：一是两性在床上的场面，包含在床上的拥抱、接吻、抚摸、解衣、床上纠缠等亲密动作场景；二是性信息，如堕胎流产广告等，把堕胎流产广告纳入其中，是因为堕胎流产广告指向两性性行为。

一　媒介中涉性内容与留守儿童教养方式导致留守男童与女童性态度差异显著

研究者在陕西省汉中市南郑县 G 小学四年级某班调研时，中间的课间休息，一个男孩捏着嗓子说："三分钟能干什么？"另一个男孩马上嬉笑着说："三分钟能吃二分之一个苹果，三分钟能喝三分之一杯咖啡，三

---

① ［美］尼尔·波兹曼：《童年的消逝》，章艳译，广西师范大学出版社 2009 年版，第 288 页。

② ［美］格兰·斯帕克斯：《媒介效果研究概论》第 2 版，何朝阳、王希华译，北京大学出版社 2008 年版，第 102 页。

③ 参见［美］罗斯·D. 帕克、阿莉森·克拉克 – 斯图尔特《社会性发展》，俞国良、郑璞译，中国人民大学出版社 2014 年版，第 235 页。

分钟，连打个盹儿都不够。"前面那个男孩接着说："三分钟解决你的意外烦恼。"周围聚集的男同学哄堂大笑，女同学有的捂着嘴偷偷笑，有的则生气地看着这两个男同学。

研究者问那两个男孩，你们说的是什么呀，其中一个男孩说："广告呀。"

"什么广告呀？"

"解决意外烦恼的广告。"

研究者装作迷惑不解的样子，男孩说，"就是解决男女意外的广告。"然后得意地歪着头看着研究者，意思是你竟然连这个都不懂，周围的男孩子也开始嘻嘻笑起来。男孩不假思索地清晰回答让研究者心里不好受，这个班的孩子大部分只有9—10岁。

两性在床上的拥抱、接吻、抚摸、解衣、床上纠缠等亲密动作场景与堕胎流产广告在黄金时间段播放的电视剧与插播的广告中交替出现。除了电视，网络也成为留守儿童接触涉性内容的一个不可忽视的渠道。留守儿童非常喜欢的网络游戏《穿越火线》，其中主要游戏人物"灵狐者"暴露的着装，挑逗性的动作充斥游戏画面。网络也成为留守儿童接触涉性内容的一个新的途径。

图 5 – 7、图 5 – 8　《穿越火线》中穿着暴露，动作挑逗的"灵狐者"①

大众媒介对个人性伦理的形成起到重要的影响与指引作用。电视媒体对性内容的描述较少涉及爱侣相互间的郑重承诺以及轻率的性行为所造成

---

① 图片来源：百度图片（http：//image. baidu. com/）。

的严重后果。留守儿童很喜欢收看的偶像剧《泡沫之夏》中，洛熙（黄晓明饰演）和夏沫（大S饰演）在颁奖典礼后台的化妆间里有较长时间激吻戏，其后洛熙以轻浮随便、缺乏郑重承诺的口气提出要与夏沫同居，夏沫对洛熙的同居要求的反馈也是颇轻松自在，不以为意的。这很容易让未成年人以为，同居的决定是如此轻松、惬意，就像打算购置一件喜欢的衣服，享用一顿美食那样简单，不需要任何慎重考虑与庄重承诺；同居行为既时尚，又充满着浪漫、愉悦，不用负担任何责任与后果。黄金时间段播放的堕胎流产广告在西北五省区省级及市级电视台并不鲜见。这种主题为"解决意外烦恼"的堕胎流产广告在黄金时间段播出的电视剧、娱乐节目中频繁插播，把严重危害女性身体健康及影响未来正常生育的堕胎行为表述得轻飘飘，把杀死一个鲜活胎儿的行为更是等同于一次生理排泄那样简单。堕胎流产广告中出现的女性形象，是躲躲闪闪，羞羞怯怯，不以正面示人的，而男性则基本不出现，这使留守儿童觉得流产对于女孩自身是一件见不得人的丑事，对于男孩则是一件不会在任何程度上影响自己的小事情。

　　研究者通过问卷调查分析，"当看到电视里播放男女主角拥抱、接吻、抚摸、解衣等镜头时"，19.1%的留守男童，27.6%留守女童对这种行为"感到厌恶，赶紧换台"，39.1%的留守男童，51%的留守女童"不好意思去看"，持"厌恶和令人羞耻"，"难为情"态度的留守女童明显高于留守男童。通过研究者深度访谈进一步发现，留守女童提及媒介中的涉性内容最常使用的词是"难为情""羞得慌""丢人""不知羞""乌七八糟""不文明""讨厌""挺烦的""真恶心""觉得很脏"，反感与排斥程度鲜明、强烈；留守男童最常提及的词是"那有什么呀"，"这是小CASE"，"这很正常"，"挺好玩的"，"没什么大不了的"，"看看也没啥"，"大家都懂的"，多持有习以为常，无所谓或很好奇、挺有趣的态度。

　　　　留守女童ZHZ，13岁，青海省湟中县上新庄镇Z村人
　　　　我讨厌看电视上那些（指床戏），不文明，乱七八糟的，小孩子看了也不好。我喜欢唐嫣，她演的女孩都挺好的，干干净净的，没有那些破事。

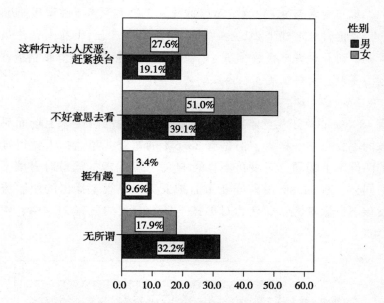

图 5-9　留守男童与女童看到电视里播放男女主角拥抱、接吻、抚摸、解衣等镜头时的感受

留守女童 YRM，16 岁，陕西富平县曹村镇 C 村人

电视上演那些的（指床戏）女演员挺丢人的，我不喜欢看，看到就换台，觉得很恶心。（当问及男演员时）男演员不一样，演那些也没人说，女演员不一样，名声臭了，以后也不好嫁人了。

留守男童 BJL，12 岁，新疆昌吉州昌吉市 M 村人

电视上搂搂抱抱的镜头还好吧，挺常见的，没什么了不起，不会换频道，一会儿就过去了，干嘛要换呢，怪麻烦的。

WQ 与 WY 是一对仅仅相差两岁的兄妹，他们对媒体中的涉性内容有迥然不同的看法

留守男童 WQ，15 岁，WY 的哥哥，陕西渭南市临渭区蔺店镇人

陕西台的那些广告（指堕胎流产广告）挺多的，我觉得没啥，有人有这方面的困难，需要帮助，看了电视台的广告，就知道去哪了，也算给人排忧解难吧。

留守女童 WY，13 岁，WQ 的妹妹，陕西渭南市临渭区蔺店镇人

我挺讨厌电视上放这些的（指堕胎流产广告），特别是吃饭的时候放，而且这种东西放得多了，女孩子都跟着学坏了。搂搂抱抱的我也不喜欢，觉得很脏、很恶心。

有 48.6% 的留守儿童监护人认为媒体中出现的两性床上场面对男孩和女孩的不良影响一样大，但是有 28.6% 的留守儿童监护人觉得媒体中出现的两性床上场面，对女孩不良影响大，只有 19% 觉得对男孩不良影响大。同样，有 34.8% 的留守儿童监护人觉得电视上播出的堕胎流产广告对女孩不良影响大，而认为对男孩不良影响大的只有 21.4%，两者相差 13.4%。

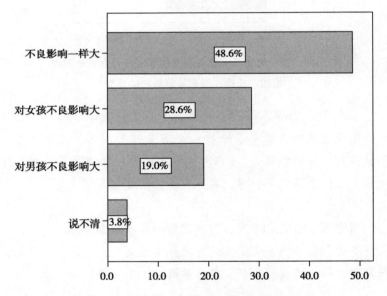

图 5 - 10　留守儿童监护人觉得电视中床上的镜头，
对男孩与女孩不良影响的态度

在西北农村地区入户调研时，研究者发现一个突出的现象：当电视剧中男女人物出现接吻、抚摸、解衣、倒床等镜头时，家里有十三四岁的女孩正在收看的情况下，留守儿童祖辈监护人只要在场，都会迅速调台，并一脸严肃地告诫女孩不要看，看了会学坏。而家里只有男孩正在收看的情况下，祖辈监护人一般都会继续任其收看，至多在旁边无关痛痒地抱怨几

句，"你看看，现在的电视台尽演些这"，但并没有进一步阻止男孩继续收看的实质性行为。研究者在陕西省汉中市南郑县 Z 镇 W 村专门就媒介中的涉性内容访谈了 8 位祖辈监护人和 5 位留守妈妈，8 位祖辈监护人中有 6 位表达了基本相同的意思："男娃看看这个没关系，女娃可不能看。女娃出了事那可就是丑事，以后都不好做人的。"甚至有一位祖辈监护人说："男娃嘛，不懂事，贪玩，就是把女娃肚子搞大了，给些钱做掉呗，自己也不吃啥亏。女娃可不行，丢人败姓的，以后咋找婆家。"只有两位祖辈监护人认为，不论是男孩，还是女孩，看这些都不好，不能让他们看。5 位留守妈妈中有 3 位表示，只要自己在场，就不让孩子看，但是农忙时节也就没办法了；两位表示看些搂搂抱抱的镜头也没啥大关系，孩子还小，能看懂啥呢。

　　　　留守男童 LJM，16 岁，陕西省安康市石泉县 C 镇 T 村人
　　　　（家里有爸爸、妈妈和姐姐。妈妈在外地农场务工。）
　　　　电视上的搂抱、亲嘴镜头，我爸才不会换台哩，他喜欢看，我就跟着看，觉得无所谓。

　　　　留守女童 WY，陕西渭南市临渭区 L 镇人
　　　　看到那些，我奶会说："女娃不能看这些，看得就没心学习了，成坏女娃了。"对我弟从来没说过。

　　　　留守女童 ZYM，14 岁，陕西渭南市临渭区 L 镇人
　　　　（ZYM 父母在外打工多年，一年回来一次。奶奶禁止 ZYM 跟男孩接触，村里的也不行。奶奶说，ZYM 学习好、长得漂亮，不管严点，担心的事就会发生了。）
　　　　看到电视上有搂搂抱抱的镜头，我奶肯定会换的，说："电视台放这些，不是让娃学坏嘛。"我自己也会换，觉得挺恶心的，怪脏的，很不文明。

　　　　留守男童 WYB，13 岁，陕西省咸阳市泾阳县 L 镇 X 村人，小学六年级
　　　　（家中的独生子，这些年主要是爷爷奶奶在照顾他。）

我奶见不得那些搂搂抱抱的电视，再就是那些医院的广告（指人流广告）讨厌得很，她要换频道，我爷不让换，说我是男娃，和我能有个啥关系，怕啥哩。我无所谓啦，看不看都行，不就是那么一回事情。

留守女童 ZYY，11 岁，陕西省咸阳市泾阳县 L 镇 X 村人

看到电视上有搂搂抱抱的镜头，我奶肯定会换，她不说，我自己也会换，我们看这些不好。瞧不起演这些电视的女演员，靠演这个挣钱，丢家里人的脸。

研究者在陕西渭南市临渭区蔺店镇入户调研时，一位父母均外出务工的 12 岁留守女孩在接受完一个半小时的深度访谈后，拿出一个精致的小本子，羞涩地递给研究者，说"老师，你能不能帮我看看"。研究者接过来，一页一页翻起来，原来都是她写的一些小诗，其中有一首名叫《执子之手　与子偕老》：

初逢
浮云碧草中不期而遇
几许对望
凝眸深处辗转不走的情愫
是谁在星窗前留下妖娆
看不清　译不明
却不停想念

倾心
彼岸边相濡以沫
华灯初上
注定的命运再次唯美相遇
让幸福在花间轻盈曼舞
回首望　微微笑
挥掉孤独

牵手

一起走进花海

任淘气的蒲公英抚过面庞

陪幸福流浪

走下去　不回头

永不放开

研究者看后，鼓励她文笔优美，很清新，小女孩不好意思地笑了，她说："我就知道你不会笑话我的，你是省城来的大学老师，如果给别人看，他们肯定都会笑话死我的。"从那文笔稚嫩的一首首小诗中可以看出这位12岁的留守小女孩对爱情朦朦胧胧的向往与憧憬，这种向往与憧憬美好而纯真，但是这种情感思绪无人可以倾诉，更不敢让家里的爷爷、奶奶知道，否则就会得到诸如"女子家，心思可别用歪了！""一天脑子里都想些什么！""女娃家，要知羞！"等声色俱厉的呵斥。

留守儿童监护人对留守男、女童接触媒体涉性内容态度迥异，对留守男童接触涉性内容多为漠视和不以为然，对留守女童接触涉性内容则视为洪水猛兽，较为严厉地制止。留守妈妈，特别是祖辈监护人对留守儿童性心理的发展把握严重滞后，留守儿童从留守妈妈、祖辈监护人那里得到的生理知识、青春期保健知识、性教育与性道德培养很少。对步入青春期的留守女孩，留守妈妈与祖辈监护人会严禁其收看涉及性内容的镜头，但是态度简单、粗暴，使留守女童对自身的性别产生失落、自卑，甚至厌弃的不良情绪，对自己相貌、性格、人际交往能力的评价趋向消极，与异性同学正常的交往活动中产生不安、焦虑与过度敏感。陈旭等研究发现，留守初中女生的自尊水平要显著低于留守初中男生。女孩在情感上更依恋父母，心境易受环境变化的影响，更容易产生自卑、抑郁、焦虑等情绪障碍。[①] 留守妈妈，尤其是祖辈监护人对留守男童，不限制其收看媒介中的涉性内容，并认为这些内容不会对其造成不利影响，这一点在祖辈监护人身上表现得尤为明显，强化了留守男童对两性关系漠视与不以为然的态度。

---

① 陈旭主编：《留守儿童的社会性发展问题与社会支持系统》，人民出版社2013年版，第162页。

二 留守男童与留守女童性态度差异所引发的问题

日本一项持续 23 年的研究分析数据发现：接触色情品与强奸和性攻击增加相关（Diamond M. & Uchiyama A.，1999）。2004 年，丽贝卡·科林斯和她的同事调查了 1800 位青少年的收视习惯，尤其关注他们对有性内容的节目的观看，以便一年以后研究者进行跟踪采访。研究的主要发现是，第一次调查报告中说观看性内容最多的青少年，在过去一年里开始有性接触的可能性最大。该研究建立了接触性内容与性行为的关系，也建立了时间顺序关系（观看先于行为）。研究者还尝试排除很多其他可能解释该关系的变量。作者报告说，观看性内容最多的前 10% 的青少年，性接触的可能性是观看性内容最少的后 10% 的青少年的两倍（Rebecca Collins，2004）。[1]

谢建社对广东 F 监狱 72 名 80 后农民工罪犯调查发现：经常浏览媒介色情内容的有 54 人，占 75%；受其影响走向犯罪的有 14 人，占 19%。在回答"初次发生性关系的年龄"，有 14 人回答是 16 岁以下，占 19%；有 41 人回答是 17—20 岁，占 57%。罪犯董某伙同杜某、林某、罗某等 7 人，在 2002 年 3 月至 2003 年 1 月期间，先后 18 次将 25 名青年女子，骗至娱乐场所，乘她们不注意将迷药放入饮料中，致人昏迷后开房，对毫无意识的青年女子进行强奸、轮奸。他们疯狂作案，有分有合，手段令人发指，案发后毫无罪恶感。其中董某参与了 16 次，强奸了 17 人。案发后，其坦白是模仿色情片情节，并承认自己经常浏览色情网站。[2] 导致董某犯罪的因素肯定是多方面的，但从其诉说来看，经常浏览色情网站与模仿色情片情节是其中一个重要诱导因素。在成长过程中，董某表现出了对性的强烈的渴望和兴趣，由于没有人给予正确的引导，无法正确看待自己的性欲望和性冲动，在心理上不可避免地带来了冲突和矛盾，在行为上也酿成严重的犯罪行为。日本犯罪心理学家山根清道认为："从性犯罪实施情况分析，很多性犯罪者对他们的性犯罪行为不是蓄意的，是作为青春期的一

---

① Collins, R. L., Elliott, M. N., Berry, S. H., Kanouse, D. E., Kunkel, D., Hunter, S. B. & Miu, A., *Watching sex on TV predicts adolescent initiation of sexual behavior*, Pediatrics，14（3），2004，pp. 280 – 289.

② 谢建社：《融城与逆城：新生代农民工两难选择——基于 GGF 监狱调查》，《广州大学学报》（社会科学版）2010 年第 2 期。

种越轨行为而产生的一种犯罪。"①

　　于杰、阳德华通过在农村初中参与式观察发现，农村留守儿童向往异性的青睐、渴望接触异性身体、性兴趣的产生、心目中已有特别喜欢的异性，或者已经有了亲密的异性朋友、恋人等指标，普遍早于其他儿童群体1—2岁。留守儿童性意识萌动呈低龄化的倾向明显，恋爱需求和性需求的程度普遍强于其他儿童。性意识的强烈性与表现上的掩饰性之间的矛盾；与异性交往过程中心理自我调节能力差，负面情绪（如自卑、焦虑、内向、暴躁等）占据主导地位；性意识发展的过程中易受不稳定因素的干扰，容易形成错误的性认知；这些都不利于留守儿童性意识的成熟。②叶敬忠、潘璐研究发现，在留守儿童青春期生理卫生知识的来源渠道中，书刊、电视等媒体渠道占有很大的比例（41.4%）。③ 王瑾通过对江苏盐城阜宁县芦蒲镇11—14岁留守儿童的问卷调查和深入访谈发现，留守女童对初潮的心理反应大多数是负面的，很多女生是在没有准备的情况下迎来初潮，大多数女生不清楚基本的月经知识，如能正确说出自己月经周期是多少天的女生很少，不少人将其概念与月经期混淆。对自身生殖器官功能不了解，超过80%的14岁女生知道女性怀孕的原因是发生性行为，但婴儿在妈妈肚子里经什么器官出生，70%的女生不清楚，更不了解"生育秘密"。留守男生基本是在毫无心理准备的情况下首次遗精，对于遗精知识，大多数男生是自己在摸索，没有求教他人。④ 研究者所调研的西北农村地区，小学高年级和初中都没有开设青春期教育的相关课程。研究者通过对留守女童与非留守女童的深度访谈发现，没有妈妈在身边的留守女童在面对月经初潮时，内心恐惧与无助，有的甚至以为自己得了重病。处于青春期的留守女童在月经期往往不好意思对爷爷奶奶或亲戚说自己身体的不适，照样参加插秧、晒菜籽、扬谷子等田里的劳作，依旧喝冷水，吃冷饮，吃冷饭，面对痛经也默默忍受。非留守女童的妈妈则会告诉处于青春期的女儿月经期如何选择卫生巾，叮嘱孩子经期注意保暖与卫生，孩子发生痛经后，会给孩子熬生姜红糖水，抚慰孩子紧张情绪，这使得非留守

---

① ［日］山根清道：《犯罪心理学》，张增杰等译，群众出版社1984年版，第297页。

② 于杰、阳德华：《农村留守儿童青春期性心理发展及教育策略研究》，《内蒙古师范大学学报》（教育科学版）2006年第2期。

③ 叶敬忠、潘璐：《别样童年》，社会科学文献出版社2008年版，第359页。

④ 王瑾：《11—14岁农村留守儿童性问题》，《研究人口与社会》2014年第12期。

女童能够坦然、平静地接受自己身体的变化。研究者在入户深度访谈中问及处于青春期的女童"如果遭遇性骚扰行为会告诉谁"时，非留守女童与父亲外出务工、母亲在家的留守女童基本回答"告诉妈妈"，而父母均在外务工的留守女童则多回答"谁都不告诉"或是"等过年妈妈回来了，告诉妈妈"。留守儿童，不论是从学校，还是从家庭都难以获得青春期教育，对如何保护自身的人身安全不受侵害，以及一旦受侵害后应该怎么处理的知识非常缺乏。

研究者从调研结果分析：留守男童对媒介中出现的两性激吻、抚摸、解衣、倒床的场面与堕胎流产广告是不以为然的，多持娱乐与消遣的态度。留守女童则表现出较为强烈的厌恶感与罪恶感。这种厌恶感与罪恶感会映射到留守女童的日常的异性同学交往活动中。深度访谈发现：部分留守女童在集体活动或个人行动中往往会刻意疏远异性同伴，尽量减少与异性伙伴的接触。留守儿童监护人对留守儿童性心理的发展把握严重滞后，留守儿童从监护人那里得到的生理知识、青春期保健知识、性教育与性道德培养基本为零。对家中处于青春期的女孩，监护人会严禁其收看涉及性内容的镜头，态度简单、粗暴，不会和孩子分析为什么此类内容不适合自己收看，使留守女童对自身的性别产生失落、沮丧、自卑，甚至厌弃，在与同龄异性正常交往活动中产生不安、焦虑，甚至羞耻感。张丽芳研究发现，留守女孩的主观幸福感显著低于留守男孩。处于青春期的留守女孩，她们在生理上的改变更需要母亲的引导，母亲在女儿青春期的缺失将直接导致女孩主观幸福感降低。[①] 对留守男童，留守儿童监护人不限制其收看媒介中含有性内容的场景，并认为此类内容不会对其造成什么不利影响，这一点在祖辈监护人身上表现得更为明显。研究者在西北农村入户调研发现，部分祖辈监护人在与邻居发生矛盾，或是指责留守男童时，会使用指带有生殖器及性交指向的语言，并成为日常一种用语习惯，这使得留守男童更加认同"两性行为实在是件稀松平常的事情，平常到可以作为饭后的谈资和骂人的常用语"，而留守女童更强化了"两性行为又丑陋，又可耻，只能作为骂人的恶毒话出现"。

---

① 张丽芳等：《留守儿童主观幸福感与教养方式的关系研究》，《中国健康心理学杂志》2006 年第 4 期。

美国心理学家斯腾伯格提出爱情三角形理论（Triangular Theory of Love），人类爱情包括三种成分：亲密成分，激情成分，承诺、忠守成分，它们组成了爱情三角形的三个支撑点，成为对爱情进行描述的三个维度（Sternberg R. J. & Grajek S.，1984）。① 大众媒介展现的各类爱情故事所传达的信息都比较少涉及承诺与忠守，更多传达的是性接触的轻松随意与恣意享受，这种缺乏承诺与忠守的"爱情快餐式"表达，会在一定程度上对留守儿童成年以后性别图示中两性适宜的情感定位造成困扰，使其不知该如何进行相互的、非侵犯性的、安全的性接触行为，以及建立相互忠诚的性关系。

留守儿童群体是一个特殊群体，他们性成熟的时间相较父母一辈大为提前，在性意识处于萌动、混乱与迷失的青春期，监护人又极少给予性知识的引导与性道德地培养。媒介中呈现的两性相爱多传达的是轻飘飘的愉悦、享受与随性，缺乏两性间承诺、责任与坚守信息的传达，加之留守儿童教养方式的影响，这些都对留守儿童健康的性态度与性道德的顺利构成造成消极影响。具体来说，对留守女童形成对自身个体的积极态度，悦纳自己的身体特征和性别指向，与同性，特别是异性朋友建立正常的人际关系造成障碍；对留守男童性道德的完善造成阻碍，对草率性行为的后果及对对方造成的精神及身体伤害认识不足。

第三节　偶像剧中城市生活浮华呈现激发
留守儿童渴望远离乡村生活

一　媒体中展现的城市生活对农村受众影响的重要研究

柯克·约翰逊提出，电视加强了城市的吸引力，它给都市的生活和工作罩上光环，许多年轻人都说，他们渴望着有一天能够离开乡村。印度偏僻乡村达瑙里大部分年轻人都说要去孟买工作。虽然大多数年轻人每6个月就要回家收种庄稼，但一些人已经成为城市的常住居民。他们并未直接承认电视影响了这一渴望，但有许多人谈起电视上描绘的都市生活。一位年轻人梦想着离开村庄的那一天，"孟买的人比我们的机会可多得多，那

① Sternberg，R. J. & Grajek，S.，*The nature of love*，J. Pers. soc. Psychol：47，1984，pp. 312，329.

就是为什么那么多的村民想去那里工作的原因。我坚信，我的命运在孟买！每次看电视时，都会兴奋地想去孟买，我简直等不及那天的到来！"①印度达瑙里一位年轻人迪利普，头戴棒球帽，脚穿耐克鞋："我想要父母没有的东西，我希望有一天能在城里买辆车，买栋更好的房子，就像广告里演的那样。我想让我的孩子能到班杰加尼的好学校上学，和富人家的孩子们一起在肯德基里吃汉堡，喝可乐。我希望能去印度各地旅行，也许甚至去迪拜。……今天的生活不同了。我的父母不知道他们能做什么，他们满足于耕种我们家的那七英亩地。你看看那些人是怎么穿衣服的（指着电视机里的几个人），我也有这样的裤子。瞧他们的房子多棒，他们开一辆漂亮的小汽车，还有大量时间放松自己。我可不想后半辈子都种地，我想住在城里，去电影院看电影，去餐馆吃饭。"②

维拉尼拉姆论述道："在墨西哥乡村工作的医生们报告说，以下情况并不稀罕……家里卖掉仅有的几个鸡蛋和自己养的小鸡，为父亲买一瓶可乐，而孩子们却因缺少营养而日渐消瘦。""糖果和汽水是印度电视最常播放的广告产品。在印度，一瓶汽水的价格等于普通工人工作两小时的报酬。人们可以轻易地说，买不起汽水的人就没必要买。可是，广告劝服是不分阶级的。汽水和糖果广告提供的新生活方式的通行证对所有阶级都具有吸引力，而且，一个相信可乐对自己的'健康而现代的生活方式'（可乐的主打广告语）有益的村民没有意识到，他与这些产品的推广者之间存在巨大的经济差距。"（Vilanilam，1989）

在考察民族志文献时，萨尔兹曼特别强调了电视媒介在乡村生活的现代化进程中所扮演的越来越重要的角色。他具体指出 4 种进程：民主化、消费主义、城市建模和语言霸权。科塔在谈到电视对巴西的冲击时说：电视的特征使它倾向属于国家精英，他们享受有钱、有闲的美好生活。鼓励地方民众接受外界信息。居民在电视节目的世界里挖掘生活模式和价值观，并因此最终影响当地权威的社会规范，越来越多的人仿效他们（Kotta，1990）。③

---

① ［美］柯克·约翰逊：《电视与乡村社会变迁》，展明辉译，中国人民大学出版社2005年版，第184页。

② 同上书，第132页。

③ 同上书，第173页。

二　都市偶像剧中城市生活浮华呈现激发留守儿童渴望远离乡村生活

研究者通过问卷调查发现，43.5%的留守男童，62.7%的留守女童"非常羡慕"或"有些羡慕"城市人群的生活。留守儿童总体来看，对城市生活都是比较向往的，其中留守女童对城市生活的向往程度更高于留守男童。在深度访谈中，研究者发现，电视节目中，特别是偶像剧中的城市生活呈现，对留守儿童具有强大的吸引力。

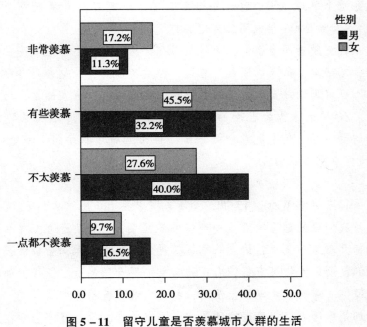

图 5 – 11　留守儿童是否羡慕城市人群的生活

留守男童 TJQ，13 岁，宁夏西吉县平峰乡 M 村人

电视剧里的男的，年纪轻轻就很有钱，成天就是吃喝玩乐，随便找女朋友，反正就是不用辛苦工作，日子过得真爽。将来我也想去大城市闯一闯，说不定也会发财，过上这样的日子。

留守男童 YL，15 岁，陕西省汉中市南郑县 C 镇 G 村，C 中学初三，父亲在新疆建筑工地打工

《奋斗》，刚开始觉得还挺好看的，几个大学生刚毕业找工作，看着看着就觉得那真的是"奋斗"吗，陆涛老爹那么有钱，可以让

他想干什么就干什么，尽整些没影影（方言：不靠谱）的事，他可以拿大笔的钱胡糟蹋。这不是他自己在奋斗，是他老爹在为他奋斗。不过他的命还真是好，如果说投胎也是一种奋斗的话，那他确实也奋斗了，奋斗的还很不错，投胎投对了。

留守女童 ZQ，12 岁，六年级，陕西省汉中市南郑县 C 镇 H 村人，家庭经济状况较好，父母都在河北开小吃店。1992 年，ZQ 的父亲还是个单身小伙子时就外出务工（是研究者所有调查中外出最早的），母亲 2006 年也同父亲出去打工

我挺爱看偶像剧的，男的长得那么帅，女的也都很漂亮，住大房子，开好车，每天衣服都不重样，经常参加宴会，吃各种各样的自助餐，可以见到许多有本事的人。哎，我周围可没有人能过上这样的生活。ZQ 睁着大大的眼睛满怀憧憬地问研究者，"怎么样才能过上这样的生活呢，是不是考个好大学，留在大城市找个好工作就可以?"（研究者竟难以回答）

留守男童 WZQ，13 岁，青海省湟中县上新庄镇 Z 村人

我们班的都喜欢看《一起来看流星雨》，慕容云海、端木磊，每天都开着跑车上学，请女孩吃饭都是包下整个餐厅，全校女孩都喜欢他们，所以有钱可真好，有钱就会有一群女孩倒追，没钱，都没人爱搭理你。有时候看电视上演的，和我们好像就不是一个世界。虽然大家都是中国人，但又好像不是一个国家的人，他们好像生活在外国。

留守女童 ZX，10 岁，甘肃省庆阳市西峰区彭原乡 Z 村人。

我最羡慕电视上演的在大城市工作的女孩子，她们都很时髦，工作的地方又大又漂亮，挣钱也很多，可以到处旅游，买漂亮的衣服、包包，我挺想将来也成为这样的人。

研究者通过问卷调查发现，《奋斗》《一起来看流星雨》《爱情睡醒了》《蓝海一加一》是留守儿童非常喜爱的四部青春偶像剧。对男主角进行分析，不难发现，这些男主角不论生活在北京、厦门，还是三亚、台湾，都具有高度同质性：不是大公司老板的公子，就是年入百万的金领；

住别墅、开跑车，上万的夹克、皮包、太阳镜是必备的家什；喜欢的体育活动不是赛车，就是高尔夫，再不济也是保龄球；吃饭必是西餐加洋酒。《奋斗》中的男一号陆涛，生父是海外归来的房地产大鳄，陆涛可以把上千万的投资当交学费。《一起来看流星雨》中的慕容云海，不同款跑车出入校园，动辄包下整个餐厅。

表 5 - 1　　　　　　　　　留守儿童喜欢的偶像剧及男主角分析

片名	剧情概要	男主角及人物分析
《奋斗》	陆涛、夏琳、向南等几个北京刚毕业的 80 后大学生的情感生活和事业奋斗的故事	陆涛：英俊、才华横溢、特立独行、生父为国外归来的房地产大鳄，养父是高级工程师
《一起来看流星雨》《一起又看流星雨》	慕容云海、楚雨浔、端木磊等几个进入贵族学院艾利斯顿商学院的青年人追求爱情、友谊和梦想的故事	慕容云海：阳光帅气、富二代，初中毕业即到澳洲留学，喜欢赛车，打高尔夫端木磊：父母是国际有名的大医生，风度翩翩，弹一手好钢琴
《爱情睡醒了》	小吃店送盒饭的刘小贝与金领一族项天骐的爱情故事	项天骐：大集团总经理，酒店界的黄金单身汉，型男，魅力四射
《蓝海一加一》	菜鸟导游何真爱和大集团接班人柳信河之间从冲突到相爱的故事	柳信河：从小被送到国外贵族学校念书，大集团接班人，追求完美，儒雅、专情

图 5 - 12、图 5 - 13　《爱情睡醒了》剧照①

留守儿童对大城市认知的来源，首先就是大众媒介，其次才是外来务工父母带回来的信息。留守儿童日常喜欢收看偶像剧，偶像剧中的人物与剧情也成为同学们课间热烈讨论的话题。偶像剧中频频可见的别墅、高档轿车、梦幻般的西餐厅、琳琅满目的名牌商品、耸入云霄的高楼大厦、穿戴华丽的都市丽人、西装革履的富二代和金领，这一幕一幕都对留守儿童

---

① 图片来源：百度图片（http://image.baidu.com/）。

内心造成冲击，激发了留守儿童早日摆脱农村生活，投奔到大城市，成为其中一员的渴望。

图 5 – 14、图 5 – 15 　《一起来看流星雨》剧照①

　　研究者使用投影技法中的"句子完成法"要求留守儿童完成下列内容。

　　（1）用三个词描述一下你心目中的大城市。

　　（2）用含有"我"和"大城市"这两个词写个句子。

　　"用三个词描述一下你心目中的大城市"，出现频率较高的词为：繁华、热闹、挣钱多、有钱人多、高楼大厦、大房子、好车、气派、干净、漂亮、机会多。

　　用含有"我"和"城市"这两个词写个句子，出现比较多的句子是（大致内容近似）：

　　（1）我要好好学习，考上大学，以后到大城市生活。

　　（2）我以后要到大城市挣大钱，让爸爸妈妈过上好日子。

　　（3）为考上大城市的大学，我要时刻努力。

　　我们的电视内容更多地描绘城市流光溢彩的生活，而不是乡村生活，这种倾向性使物质主义更为璀璨夺目。留守儿童偏爱的偶像剧展现的角度多是位于金字塔的上部的各路社会精英光鲜无比的生活，这种生活距离城市老百姓都很遥远，更不用说西北农村人。这些高度雷同的人物与场景设定，使得留守儿童内心较为排斥乡村农业生活，转为热切向往与渴望早日成为城市一员。虽然电视带来了都市各类前沿资讯，但它同时也漠视与疏

———————————

　　①　图片来源：百度图片（http：//image. baidu. com/）。

离了乡村生活。农村儿童所处的现实在媒体中找不到再现与支持，城市生活与农村生活是断裂的，农村留守儿童感觉自己的生活被社会隔离，难以获得归属感与认同感。今天的农村地区，鲜有年轻人希望继续从事父亲和祖父们的工作。农村留守儿童成年以后，大部分还是要涌入城市生活，这种涌入，一小部分通过考大学实现，大部分还是以外出务工为渠道。大众媒介对城市的非客观呈现对留守儿童成年以后顺利融入城市生活埋下了隐患。目前相当一部分偶像剧剧情与人物设定是浮夸的、虚华的、奢靡的、非常态的，并没有体现出大城市最庞大的群体，普通老百姓的真实生活原貌。

> CBC，男，40岁，14岁留守女童CL的父亲，与妻子在山东从事饮食生意
>
> 我在山东济宁一个菜市场里卖米皮，那里的人四点多就去贩菜，菜市场特别闷，又臭烘烘的，十月间汗都能湿透背心。这里的居民户生活也一般，有一些下岗工人，还有老头、老太太，连小青菜、白萝卜都舍不得买，晚上来捡卖剩下的菜叶子吃。我们这自家种的大白萝卜吃都吃不赢（方言：来不及吃），最后都喂猪了。说句实在话，我觉得在城里生活要是没钱，那比我们农民还活得惨，我们田间地头种点菜，豇豆、菠菜、萝卜、青菜，吃都吃不赢，不是喂鸡，就是喂猪了。城里没钱，买个手纸都没法。那种老的发蔫的菠菜，我们哪里好意思放到集市上卖，在这里，好家伙，三块一斤，抢人哩。我还是觉得家里好，空气新鲜，自家吃的菜都不打农药，开销也少。这些年，我再多赚些钱，好供我两个娃以后读大学，女娃也供，我看城市里有本事的女娃比男娃还挣得多。以后做不动了，还是回来养老，种种菜，养养猪。说到电视，我就还真搞不懂现在的电视是咋搞的，成天睁着眼睛说瞎话，就不害臊？一看电视吧，觉得城里到处是金子，满大街的有钱人，都住大房子，喝洋酒，开好车，养小老婆，纯属胡扯八道！毛主席都说了，没有调查就没有发言权，那些拍电视的，到底调查了没，城里老百姓活得艰难着呢。

研究者在陕西省C大学30位西北农村生源的大四学生做了上述与留守儿童同样的测试。

"用三个词描述一下你心目中的大城市"，出现频率较高的词为：人情淡漠、拼爹、贫富差距、就业困难、喧闹、嘈杂、车水马龙、熙熙攘攘、污染严重、空气糟糕、灰蒙蒙、雾霾、交通堵塞、高房价。

用含有"我"和"大城市"这两个词写个句子，30 位大学生写的句子不像留守儿童那样主题相对集中，比较有代表性的句子如下：

（1）大城市的繁华与我无关。

（2）这个城市让我爱不起来，也恨不起来。

（3）冷漠的大城市，孤独的我。

（4）大城市让我找不到留下来的理由，可我还是想留下。

（5）在城市无爹可拼的我，能拼的只有自己。

从调研来看，西北农村生源大学生和留守儿童对大城市的认识与态度差异较大。如果说，对于留守儿童，大城市在他们心中是一个玫瑰色的梦；那么对于西北农村生源的大四学生，就是梦醒时分，求职的艰难、高昂的房价、飞涨的物价，使他们真切地感受到了城市生活的大不易，对大城市、对自我的认识更趋于客观与理性。

李强、孟蕾根据近年来一些全国规模的社会调查的数据测算，我国城乡居民家庭人均收入分配的差距，如果按照基尼系数排列的话，已经进入国际社会"高不平等程度"国家的行列。[①] 偶像剧中呈现的浮华的城市生活是最好的提醒者，它天天耳提面命、准时地、高效地、不间断地提醒着留守儿童："瞧，你们和城里人，过着多么不一样的生活！"是什么导致这样的差别，年龄较小的时候，留守儿童认为这可能就是自然而然的事情，随着年龄的增长，心智的渐趋成熟，他们逐渐意识到：这种差别未必是一种合理的存在，平静的心境被打破了。

李强、孟蕾提出"制度障碍型的边缘化"，这种边缘化不是在合理的竞争中发生的，所以也可以称之为"非竞争型的边缘化"。户籍制度在教育资源、医疗资源、经济资源等方面，对于城市户籍特别是大城市户籍者更为有利。以往的研究中发现，户籍、居住地是影响我国城乡居民收入的主要因素。户籍障碍造成了许多人从一开始就在竞争和资源的获取上处于

---

① 李强、孟蕾：《"边缘化"与社会公正》，《天津社会科学》2011 年第 1 期。

不利的地位，甚至可以说在起跑之前就被边缘化了。① 对于留守儿童，终有一天发现，城市，原来不是偶像剧里见到的那个满地都是发财机会，随处都充斥着有钱人，处处都热情洋溢地歌唱着"我们欢迎您"的美好地方；内心憧憬的无比光鲜的城市生活原来可能只是一座海市蜃楼，空中楼阁，繁华的背后是少数人过着奢靡生活，大多数老百姓辛苦生活，重污染、高房价、交通堵塞的一个庞然大物。

1982 年，朱迪斯·布劳和彼得·布劳夫妇在合写的《不平等的代价：都市结构与暴力犯罪》一文中，提出了相对剥夺理论（relative deprivation theory）。其基本观点认为，贫富悬殊造成的相对剥夺感和社会不公感，会导致愤怒情绪和犯罪行为。相对剥夺感的产生，主要源于对参照群体和隶属群体的选择，一般来说与自己实际利益的增加或减少并没有直接联系。相对剥夺感是由人们所处的社会地位的不同以及占有的社会资源的差异引起的。少数人在政治、经济上的优势地位和他们占有的社会大量财富、拥有的更多发展机会，必将招致大部分较低阶层的人们的不平与怨愤，从而产生相对剥夺感。② 相对剥夺感作为一个重要的社会心理学概念在研究中已被大量使用，且大多显示了其负面影响。

当自身利益增加的速度小于参照群体利益增加的速度时，人们就会感到自己受到了剥夺，相对剥夺感由此产生。因此，相对剥夺感在本质上是群体的一种主观感受。农村青少年的参照群体就是和他们处于同一年龄段的城市青少年。作为集群行为有力的预测变量，相对剥夺感通过群体弱势与不公的感知（而非个体水平）对集群行产生影响（Smith & Ortiz, 2002），而且，愤怒等情绪的唤醒在其中有着重要的动机作用（van Zome-ren, Spears, Fischer & Leach, 2004）。另外，作为集群行的典型形式，群体抗议行为也受到相对剥夺感的显著影响（Grant, 2008）。③ 大众媒介，尤其是留守儿童喜爱的都市偶像剧对城市的浮华呈现会使部分成年以后进入城市生活的留守儿童造成心理的极大落差，产生强烈的相对剥夺感，容易导致抑郁、悲观等消极情绪，遭遇不公正待遇与歧视，易唤醒愤怒对抗。

---

① 李强、孟蕾：《"边缘化"与社会公正》，《天津社会科学》2011 年第 1 期。

② 郭晓红：《转型期弱势群体的相对剥夺感与犯罪》，《江西社会科学》2012 年第 9 期。

③ 参见马皑《相对剥夺感与社会适应方式：中介效应和调节效应》，《心理学报》2012 年第 44 卷第 3 期。

第六章

大众媒介对西北地区
农村留守儿童社会行为的影响

第一节　偶像崇拜对留守儿童模仿与
规避行为的双向影响

班杜拉指出，社会—认知学习过程分为四个阶段（Bandura，1986）。首先，观察者注意并察觉榜样行为中关键的特征。其次，观察者成功地回忆起该行为。再次，观察者正确地重视该行为。最后，观察者被激发去学习和执行该行为。[①] 儿童从榜样那里学习到的不一定局限于具体的行为，也可能是想法、期望、内在标准以及自我概念等。这时儿童就能对自己的能力产生期望，知道自己什么可以做，什么不能做，即班杜拉所说的"自我效能感"（Bandura，1997）。这些学习而来的标准，期望或信念一旦建立，就会在很长一段时间内影响个体的行为表现。[②]

一　留守男童与留守女童所崇拜的偶像及获知偶像的来源

研究者在问卷中要求留守男童与留守女童写出自己心目中最崇拜的偶像，从哪里知道这个偶像的，并具体写出为什么崇拜这个偶像。经过统计分析，留守男童与留守女童不同年龄段崇拜的前五名偶像如下：

---

① ［美］罗伯特·费尔德曼：《发展心理学》第 4 版，苏彦捷等译，世界图书出版公司 2007 年版，第 23 页。

② ［美］丹尼斯·博伊德、海伦·比：《发展心理学：孩子的成长》，范翠英、田媛等译，机械工业出版社 2011 年版，第 30 页。

表 6 – 1　　　　　　　　不同年龄段留守男童崇拜的偶像及其原因

留守男童 年龄段	最崇拜的 偶像	获知偶像 的来源	崇拜这个 偶像的原因
7—10 岁	成龙 刘星 王宝强 爸爸 刘翔	电视 电视 电视 家庭 电视	功夫厉害，打败外国人，给中国人争气。 活泼开朗，说话有趣，对姐姐、弟弟好。 演的电视剧好看，会少林功夫，能吃苦。 能干，在外辛苦工作，给全家人挣钱。 拿到奥运田径金牌，给中国人争光。
11—14 岁	成龙 周杰伦 甄子丹 王宝强 刘星	电视 电视 电视 电视 电视	真功夫，给中国人争气，不怕挫折失败。 和别人唱歌不一样，会自己写歌，彬彬有礼。 一身好功夫，有大哥气概，讲义气。 搞笑，能吃苦，草根出身，全靠自己努力。 头脑灵活，性格开朗，朋友多。
15—17 岁	李连杰 科比 张朝阳 李开复 马云	电视 电视 电视 书籍 电视	事业成功，热心公益事业，靠真功夫打进美国好莱坞。 篮球场上的小飞侠，全能球员。 陕西名人，有头脑，创业成功，美国名牌大学毕业。 事业成功，名牌大学毕业，有头脑，自信。 草根创业，头脑灵活，拥有财富。

表 6 – 2　　　　　　　　不同年龄段留守女童崇拜的偶像及其原因

留守女童 年龄段	最崇拜 的偶像	获知偶像 的来源	为什么崇拜 这个偶像
7—10 岁	杨幂 爸爸 刘星 小沈阳 刘谦	电视 家庭 电视 电视 电视	漂亮，聪明，温柔，会唱歌，演的角色都很可爱。 在外辛苦工作，撑起一个家。 活泼开朗，机灵，热心，对姐姐、弟弟好。 多才多艺，搞笑，歌唱得好。 魔术水平高，长得帅，说话好听。
11—14 岁	郭晶晶 刘星 爸爸 周杰伦 张杰	电视 电视 家庭 电视 电视	金牌不断，长得漂亮，聪明。 有趣，可爱，家里的开心果，对人热情。 在外辛苦工作，撑起一个家，懂得多，会开导自己。 长得帅，能唱会写，对待歌迷有礼貌。 唱歌好听，不靠谢娜，靠自己努力。
15—17 岁	韩庚 张杰 周杰伦 爸爸 郭晶晶	电视 电视 电视 家庭 电视	长得帅，有才华，喜欢读书，靠自己打进韩国娱乐圈。 唱歌非常努力，一直在进步，不靠谢娜，靠自己。 长得帅，能唱会写，孝顺。 辛苦工作，撑起一个家，见多识广，给自己能拿主意。 奥运冠军，长得漂亮，自己能赚好多钱，能嫁入豪门。

　　7—10 岁、11—14 岁年龄阶段的留守男童崇拜的偶像以演艺、体坛明星为主，15—17 岁留守男童崇拜的偶像突破了演艺、体坛领域，开始转向商界成功人士，如李开复、马云等。7—10 岁、11—14 岁、15—17 岁

图6-1、图6-2　留守儿童在自己房间张贴喜欢的明星海报

留守女童的崇拜偶像基本都集中于演艺明星，其中演艺明星长得帅或是漂亮是一个比较重要的原因。让人欣喜与感动的是，"爸爸"在7—10岁的留守男童，7—10岁、11—14岁、15—17岁三个年龄段的留守女童心中所崇拜的偶像中都能居于前五位。父亲在留守儿童，尤其是留守女童心中的形象是高大的，令自己信服与钦佩的。

　　通过问卷的多重相应分析，留守儿童了解偶像最主要的途径就是电视，其次是网络。

　　留守儿童通过大众媒介获知各类演艺、体坛、商界人物→择取自己偏好的人物作为偶像→主动关注自己喜爱的偶像的讯息。72.2%的留守男童，69%的留守女童希望自己能一夜之间成为人们钦慕的偶像，而只有57.6%的非留守男童，60.6%的非留守女童持此愿望。进一步分析，留守儿童喜欢看各类选秀节目，留守妈妈与祖辈监护人因为忙碌，也多任其收看，留守儿童在看各类选秀节目的过程中也在编织自己的小梦想。而对于非留守儿童家庭，爸爸在家庭中的角色定位是一锤定音的"家庭领袖"，他们并不喜欢孩子观看选秀节目，认为这种成名方式不靠谱，会对孩子形成误导，扰乱孩子学习的心境，还是踏踏实实学习是本分，他们日常的这种语言与行为引导，使非留守儿童对一夜成名的期望度低于留守儿童。

表6-3		留守儿童通过什么途径了解所喜欢的偶像		
		响 应		个案百分比
		N	百分比	
通过什么途径了解喜欢的偶像	报纸	37	6.7%	14.2%
	杂志	51	9.2%	19.6%
	广播	18	3.2%	6.9%
	电视	221	39.9%	85.0%
	网络	97	17.5%	37.3%
	和同学聊天	92	16.6%	35.4%
	老师讲课提到	38	6.9%	14.6%
总计		554	100.0%	213.1%

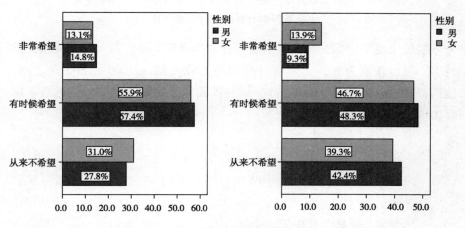

图6-3、图6-4 留守儿童(左图)与非留守儿童(右图)
是否希望一夜之间成为超级偶像

深度访谈发现:"明星八卦"是留守儿童与同伴日常交流的一个重要话题,聊天时,周围的同学、朋友讨论的明星如果自己不知道,留守儿童会感到插不上话,心里不太舒服,觉得以后应该多关注一下同学们讨论的这个明星。

二 留守儿童崇拜偶像的类型转变及其原因

研究者在陕西省汉中市南郑县Z镇的W村选择了三位留守男童,WJQ11岁,LXL14岁,ZJ17岁,各相差3岁左右,按发展心理学阶段划

图 6 - 5　陕西省西安市户县初级中学 G 中学的男同学们课间围拢
一起看同学收集的武打明星图片

分分别属于童年中期、青少年早期与青少年晚期。他们三人都是父亲外出
打工，母亲在家务农，父亲每月外出务工收入都在 2000—2500 元之间，
他们都看过电视剧《士兵突击》，研究者就《士兵突击》对他们进行了深
度访谈。

问题 1：你们最喜欢《士兵突击》里的谁？

11 岁的 WJQ，14 岁的 LXL，17 岁的 ZJ 均回答是王宝强扮演的
许三多。

问题 2：你们为什么喜欢他？

WJQ：许三多笑起来好看，单杠能悠 100 多个，很厉害。

LXL：许三多能吃苦，最后成功了。王宝强演啥我都喜欢，他是
农村的，也没上什么大学，最后成了大明星，给家里赚了好多钱。

ZJ：许三多，不抛弃，不放弃，个子矮，又挺瓜（方言：傻）
的，也没有有权有钱的家庭，最后全是靠自己的努力进了钢七连，在
钢七连也成为最好的士兵。父亲进了监狱，大哥跑了，他没有逃避责
任，是个顶天立地的男子汉。

问题 3：你们想不想成为王宝强那样的大明星呢？

WJQ：那就得去少林寺学功夫，电视上说，他是到少林寺学了一
身功夫，才被导演看中的。我要说我不上学了，要去少林寺学功夫，

我妈准得把我腿给敲断，我不敢哩。

LXL：王宝强长得不帅，个子也不高，但是在电视上看起来很神气，穿得也很好，还给家里买了一个大院子。我就想，以后要像他一样，当武打明星，给家里挣好多钱，让爷爷奶奶、爸爸妈妈都住在城里的大房子就好了。

ZJ：不想，王宝强能成为明星是他运气太好了，别人可不一定有这样的好运气。电视上看着风光，也不一定真的就是那个样子。作为普通人还是好好学习，考一个好大学，找一个稳稳当当的饭碗端着吧。我还是希望能成为杨振宁那样的科学家，有一身真本事，大家到什么时候都不会忘记。明星，过几年就不红了，谁还会想起他们呢？

问题4：如果生活中没有了电视，你们会怎么样？

WJQ：那我就不知道一天该咋过了，我超级喜欢看电视，看电视的时候我就不想我爸了，把我妈数骂（方言：训斥）我的话全忘了，心里很高兴，时间也过得快，没有电视，一天怎么过呢？（脸上表现出很犯愁的样子，眉头紧锁。）

LXL：怎么会没有电视呢，不可能。就是家里电视坏了，可以找人修修，修不好，也可以买一个新的呀，现在到处都有卖电视的，送货到门哩。如果真没有了？那就到外面耍，多看点书，早点睡，不然咋办。我妈说我不看电视，成绩肯定比现在好。有时候电视看多了，我妈就数骂我，我自己也怪后悔，看电视又不能提高学习成绩，啥用都没有，可是后悔一阵，第二天还是想看。没有电视，我想刚开始肯定会很难受，过些日子也就习惯了吧。

ZJ：一样学习、吃饭、睡觉。我现在看电视的时间比初中就少多了，没时间，晚上下了晚自习，到家都快十点了，周六、周日电视台放的都是些电视剧，挺无聊的，娱乐节目也越来越没意思，每个台都差不多。喜欢看中央台的科教频道，能学点真东西，不是瞎编乱造，也很佩服那些野外探险家，那么危险的环境，还要观察、记录。还喜欢看新闻频道，很敬佩张泉灵，她很勇敢，汶川大地震的时候还去采访，和她相比，何炅、李维嘉和谢娜这些人整天在台上蹦来蹦去，嘻嘻哈哈，也30多的人了，何炅都40多了，挺可笑又无聊，不知道他们到了五十岁还这样吗，自己内心觉得有意思吗？

从研究者对留守儿童深度访谈与参与式观察发现：留守儿童随着年龄的增长，对电视内容从单纯的画面欣赏到逐步地深入思考，有一个渐进过程。从学龄前儿童过渡到少年，留守儿童收看电视的时间总体来看在减少，一方面是学业压力，另一方面更是他们自主选择的结果。收看时间在消减，但电视对他们的影响却更加深入了，这些更为深入的影响体现在对媒介内容的自发选择与就媒介内容所引发的独立思考上。

> 留守男童 LJQ，17 岁，陕西省汉中市南郑县 Z 镇 W 村人，高二，父母均在浙江某电子厂打工，父亲打工 9 年，母亲打工 5 年
>
> 比尔·盖茨大学没上完就去创业了，我觉得他很有勇气，而且把钱都捐出来，帮助需要帮助的人，这样的一生非常有意义。李开复和张朝阳都是平头老百姓出生，全是靠自己的一双手，取得今天的一切。至于演艺明星吧，他们红几年就不红了，真没啥可崇拜的，只是他们从事的工作抛头露面的机会比较多，实际能力也未必比普通人强多少，而且一个男人在台上整天蹦蹦跳跳的，有啥意思呢。还是要自己创业，成为这个行业的领军人物，这才是真正的成功。

留守男童进入青春期以后，特别是到了高中阶段，崇拜的偶像由演艺、体坛明星逐渐转变为商界、政界杰出人物，"事业成功，受人敬仰"成为他们崇拜偶像的一个重要选择因素。这也反映了留守男童对偶像的崇拜由跟随潮流逐步转变为自主选择，由单纯的感性喜欢转变为理性的钦佩与崇拜。这一点在留守女童群体上表现得却并不明显，主要是由于留守女童对事业成功的渴求与获取社会地位的欲望没有留守男童那样强烈，造成的原因一方面是女性本身特质，另一方面是留守女童自幼的生长环境，家庭对她们的定位多是"终究是要嫁出去的人，能学到啥程度就到啥程度"，"女娃家，找个好婆家，安安稳稳过日子比啥都强"，这使她们对未来事业的憧憬只局限于考上一个正规大学，找一份稳定、体面的工作即可，缺少更为远大的理想和强烈的成就动机。

三　偶像崇拜对留守儿童模仿与规避行为的双向影响

《家有儿女》是一部少儿题材的情景喜剧，讲述了两个离异家庭结合后发生在父母和三个孩子间的各种有趣故事。研究者在调研中发现，《家

有儿女》是深受留守儿童喜欢的一部电视剧，特别是剧中的"刘星"。
7—10 岁，11—14 岁两个年龄段的留守男童与留守女童，崇拜的前五名偶
像中都可以找到"刘星"的名字。刘星作为一个电视剧中出现的十几岁
的少年，长相也不算非常帅气，为什么在留守儿童群体中具有如此强大的
号召力呢？

图 6-6　情景喜剧《家有儿女》剧照①

　　留守女童 WLZ，14 岁，陕西省汉中市南郑县 Z 镇 W 村人，初
二，父母在深圳打工多年，现在在一玩具厂打工，有一个 10 岁的弟
弟，住三层楼房，家庭经济状况较好

　　我特别喜欢看《家有儿女》，从第一部一直看到第四部，最喜欢
里面的刘星，他很机灵，又很调皮，个性开朗，小雪和小雨也很可
爱，这个家庭总是充满笑声。以前特烦我弟弟，他就是家里的人王
（方言：大家围着转的人物），闹腾的很，还爱乱翻我东西。看了好
多集《家有儿女》，觉得男孩可能都是这样，刘星在电视上看着可
笑，要是真的在我家，我也会烦的。刘星对小雪、小雨都很好，小雪
有时候捉弄他，他也不生气，哈哈一笑就过去了，我可不行，会生气
的。小雨有时候闯了祸，刘星也不去告状。男孩、女孩本来就不一
样，男孩就是贪耍，爱胡闹，不听话。慢慢的，瞅着我弟就没以前那
么烦了，以前他一放学回来我就催着他写作业，现在不了，先让他好

———————————
①　图片来源：百度图片（http：//image. baidu. com/）。

好玩一会儿，然后再写作业，弟弟现在也听我的话。我中午不回来，就在学校大灶吃饭，有一次，我弟中午跑过来，拿来一个饭盒，是我小姨给我们带来一些酱牛肉，弟弟吃了一点，剩下的都给我带来了。我觉得弟弟越来越知事（方言：懂事）了，我现在觉得家里有个弟弟还挺好的，这世界上多了一个人关心你。姐弟之间就要像小雪、小雨和刘星一样，互相关心，互相理解，不能老觉得，他是我弟弟，我是他姐姐，他就该听我的，这样想是不对的，要多想想，弟弟他自己是怎么想的。我们这个家很幸福，和刘星的家一样幸福，爸爸、妈妈不在身边，爷婆年纪大了，我是姐姐，以后还要多关心弟弟，认真辅导他功课，争取考上一个好中学，以后有个好前程，为我们 W 家争光。

西北地区农村大部分家庭拥有两个子女，有少部分有三个子女。如何与兄弟姐妹相处成为留守儿童日常生活的一个重要方面。兄弟姐妹之间互相有情感支持，但平日相处中也有矛盾与纷争，如何处理这种冲突，是留守儿童在自身社会性发展过程中必须要面对的一个主题。《家有儿女》的刘星为留守儿童提供了一个如何与姐姐、弟弟相处的模板，留守儿童通过模仿刘星的语言与行为，来调整自己与兄弟姐妹相处的方式。这种模仿行为是留守儿童自发、自愿形成的。虽然留守儿童的爷爷奶奶，妈妈也会经常教导家里大一点的孩子"要让着弟弟妹妹"，"你是大的，不要和小的争"，但是这种呆板的讲大道理的方式，远没有留守儿童自己从所喜欢的偶像身上习得的方式自然和易于接受。

下面是研究者与 13 岁留守男童 PWW 的一段谈话：

"PWW，你这学期成绩怎么样?"

"老师说我这学期学习有进步。"（脸上有笑意）

"是你这学期用功了吧?"

"嗯，上学期，我学习退步了，主要是数学，没有人辅导。这学期我下了决心，要像《士兵突击》里的王宝强一样，他个子那么矮，长得也不咋好看，走正步顺拐，胆子小，看起来还瓜不兮兮（方言：憨傻的样子），可是他不抛弃，不放弃，成了钢七连最厉害的兵。我也要像他一样，作业做完了，才去耍。有一次，一道应用题我做了半个小时才做出来，不过心里特别高兴。我爸过年的时候，还给我买了一个电子词典，英语我也要好好学，考大学，英语差了也不行。"

留守男童 LXQ，13 岁，新疆昌吉回族自治州玛纳斯县北五岔镇人

（LXQ 的学习不太好，母亲不在了，父亲常年在外务工，爷爷奶奶也不识字。几间屋子还是土房，地上已经有点坑坑洼洼了，电视机还是老式的，沙发人坐下可以掉进去，年历也是去年的。LXQ 的普通话不怎么好，也很不爱说话，深度访谈一度进行得非常艰难。当研究者提出要送给 LXQ 几个塑料书皮，LXQ 一看书皮封面是周杰伦，眼睛一下亮起来。）

我最喜欢周杰伦，是看电视知道的，只要有他的节目，都要看完。他唱的歌特别多，都很好听，最喜欢他的《听妈妈的话》，我平时也爱哼歌，同学们说我唱得还挺好听，长大以后我也想象周杰伦一样自己写歌、唱歌赚钱，养活爷爷奶奶。

心理学认为，偶像崇拜是一种特殊的社会心理现象。它通过人们对崇拜人物夸大了的社会认知而产生光环效应（Halo Effect），将其言行举止加以神圣化并神秘化。瑞士心理学家弗洛姆认为，偶像崇拜是对幻想中杰出人物的依恋，但这种幻想常常被过分的强化或理想化了。美国心理学家艾里克森则认为，偶像崇拜是青少年将对父母的养育式依恋移情到对生命中重要人物的认同式依恋的表现。青少年偶像崇拜的核心问题是心理认同（social identification）和情感依附（emotional attachment）：青少年从自我的迷茫状态中走出来，需要通过对一些成年或同龄人中偶像人物的认同来确认自我的价值，即个人在其认知、情感和个性发展上欣赏、接受另一个人的价值观、行为模式及外表形象等，并加以崇拜和模仿。从这层意义上讲，青少年偶像崇拜是其特定年龄阶段心理发展的"附属品"，具有突出的年龄性和过渡性特征。[①] 不论是电视收看的频率、收看的新近性还是收

---

① 岳晓东、严飞：《青少年偶像崇拜系列综述（之一）——偶像崇拜的年龄差异》，《青年研究》2007 年第 3 期。

看内容的特征，均可提高特定概念的易接近性。① 媒介的说服效果有三个
层面：态度改变，行为改变和持久改变。一个完整记录非有意媒介影响的
例子，是通俗情景剧《幸福时光》（Happy Days）一集中的主角 Arthur
Fonzarelli 申请借书卡的场景。这一集电视剧播放以后，全国各大图书馆
报告说，那几周借书卡申请率增长了 500%。显然，崇拜 Arthur Fonzarelli
的儿童和青少年受到激发，效仿他的行为，申请借书卡。《幸福时光》的
这一集并没有什么特别的说服手段，节目制作人根本没有料到这个场景会
激发申请借书卡的热情。② 佩恩基金会有一项研究是由社会学家赫伯特·
布鲁默开展的。按照布鲁默的观点，电影尤其对儿童的玩耍行为具有巨大
影响。儿童模仿他们在电影中见过的牛仔和印第安人、警察和强盗、海
盗、战士、赛车手，以及他们在电影中见到过的所有英雄与恶棍。更重要
的是，布鲁默提出，儿童和青少年效仿这些人物的习性、讲话方式、穿
着、情绪、抱负和追求、职业规划、关于浪漫的观念，以及银幕展现的其
他行为（Herbert Blumer，1933）。③

　　电视为留守儿童提供了一幅现实生活的图景。如果留守儿童仅仅以亲
身观察和体验来感知现实，他们对社会的认识就太有限了。留守儿童能够
通过长时间、高频度地接触电视，知道在社会里谁是重要的人物，明星是
怎样生活的，罪犯是如何被抓获的，都市白领是怎样工作的，大学生是如
何学习的。电视为留守儿童提供了各项社会规范，比如，什么样的行为不
受欢迎，夫妻在家庭中承担不同角色，等等。电视还为留守儿童提供了社
会期待和人生理想的模型。通过电视，留守儿童了解到社会中不同人物的
生活道路，一些为留守儿童所崇拜的人物，就会成为他们学习的榜样，激
活与引导留守儿童产生近似的行为方式。

　　留守女生 ZXQ，16 岁，高二，陕西省汉中市南郑县 Z 镇 W 村
人，父亲在浙江温州务工
　　特别喜欢看《家有儿女》，喜欢刘星和小雪。刘星很机灵，小雪

---

① ［美］简宁斯·布莱恩特、道尔夫·兹尔曼主编：《媒介效果理论与研究前沿》第 2 版，
石义彬等译，华夏出版社 2009 年版，第 57 页。
② Public Broadcasting System. On TV：The Violence Factor，1984.
③ 参见［美］柯克·约翰逊《电视与乡村社会变迁》，展明辉译，人民大学出版社 2005 年
版，第 39 页。

学习好，让人羡慕。有一集演的是，小雪想学大人一样烫头发，化妆，穿高跟鞋，结果被一个酒鬼给缠住了，小雪哭了，而且小雪化完妆的样子一点也不好看，眼睛就像大熊猫一样，人也看着老了好几岁。过年的时候，我也想到镇子上的发廊里烫个头发，后来想想还是算了，打扮太成熟了，让坏人盯上就不好了，学生还是要有学生的样子。小雪后来把头发扎起来，穿着运动服，我觉得很好看，青春活泼。我们现在就是学生，以学为主，不要去化妆什么的，那就像社会上的人了。

留守女童 HXX，14 岁，宁夏固原市西吉县平峰镇 M 村人

我喜欢《一起来看流星雨》里郑爽演的楚雨荨，学习好，长得漂亮。慕容云海和端木磊都爱她，这两个人都有钱又帅。不过现在郑爽整容了，和张翰也分手了，好好的一个人整什么容呢，而且整容之前也不告诉自己的男朋友。我以后就算挣了好多好多钱也不会去整容，自己长什么样子就是什么样子，不然像郑爽一样，弄得鸡飞蛋打，成了一个笑话。

留守男童 LJY，16 岁，陕西省安康市石泉县池河镇人

以前特别崇拜刘翔，我们的奥运金牌不少，但是田径方面一直没有金牌，刘翔实现了零的突破。可是从他退赛以后，我就不太喜欢他了。如果伤得实在没法参加比赛，可以说清楚刚开始就不去，现在人都已经到赛场了，为什么又要临时退赛呢，就像到了战场，我说我有伤，我给敌人说一声："唉，告诉你，我有伤，我要走了哦。"这样能行嘛！我爸给我说，他有一次抬钢筋，钢筋把肩膀戳出血，钻心疼，还是坚持到收工了。我觉得我爸是个男子汉，刘翔算不上。我不会像刘翔一样，只要到赛场了，我就一定坚持到底，不会让别人看笑话。

《家有儿女》中的小雪，影视明星郑爽，奥运冠军刘翔，都是留守儿童崇拜的偶像，留守儿童对所崇拜的偶像的行为非常敏感，小雪化妆、郑爽整容、刘翔退赛等，这些事件如果发生在周围人身上，留守儿童会不以为意，或是仅作为闲聊的话题，但是发生在自己所崇拜的偶像身上，留守

儿童会觉得难以忍受，特别失望，甚至伤心、气愤。对偶像身上出现的此类具有消极意义的事件，他们的记忆非常深刻，反感度高。留守儿童受到媒介中的偶像榜样力量的影响，就会在当下，或是今后的生活中，比较精确地复制榜样人物的相关行为。同时，偶像的一些不当行为，留守儿童也会铭记于心，在今后的生活中，告诉自己不去做类似的事情。留守儿童对媒介中的偶像出现的不当行为所引发的失望、反感与规避愿望要强于身边普通人出现这种不当行为所引发的相关负面情绪与排斥行为，从而降低了留守儿童自身相关匹配行为出现的可能性。因此，媒介中的偶像作为强大的榜样力量对留守儿童的影响是同步双向的，即模仿与规避行为都会同时出现。

第二节　公益类广告激励留守儿童亲社会行为

亲社会行为，又称积极社会行为，泛指一切符合社会期望，对他人、群体或社会有益的行为。

Haetshorne 在对 11000 名学龄儿童的观察和调查研究中，确定了利他、自控、忠诚等三大类，共 33 种亲社会行为，并发现了亲社会行为的利他特质、自控特质与忠诚特质具有跨时间和情境的一致性。[①] 弗雷德·罗杰斯（Fred Rogers）1968 年创制了儿童系列节目《罗杰斯先生的邻居》（Mister Rogers' Neighborhood），他以慈父和耐心的风格成为千百万 35 岁以下美国人所结交的第一个视屏朋友，成为美国最经久不衰的儿童电视节目。罗杰斯先生用稍微走调的声音唱给观众听："有多种方式说'我爱你'，说'我关怀你'"。《罗杰斯先生的邻居》经过长期跟踪效果评估，发现节目使收看儿童的亲社会行为明显得到改善，这些亲社会行为包括友善、慷慨、合作、创造性与种族包容（Rosenkoetter，1990）。[②] Baran, Chase 和 Courtright 进行了一个经典实验研究。给 3 组 7—9 岁的儿童放映《瓦尔顿一家》（The Waltons）中不同的片段，内容分别包括"合作""非合作"或"中性"的行为。放完片子后，实验者的同伴走过实验间并

[①]　Rushton, J. P & Winene, *Cognition Development of Children*, Social and Children Psychology, 1975, pp. 341 - 349.

[②]　参见［加］居伊·勒弗朗索瓦《孩子们——儿童心理发展》第 9 版，王全志、孟祥芝等译，北京大学出版社 2004 年版，第 496 页。

掉下一堆书。对儿童出现的以下三种情况进行记录：是否立即提供帮助；
帮助的反应有多快；如果对方提出要求，是否提供帮助。实验结果发现：
观看过"合作"片段的儿童更可能提供帮助（81%），而且反应要比其他
两组儿童快（Baran，Chase & Courtright，1979）。[1] J. P. Rushton 将媒介中
的亲社会行为分成 4 类：（1）利他行为，包括慷慨、帮助以及合作等；
（2）友好行为；（3）自我控制行为，包括抗拒诱惑和接受延迟奖励的精
神等；（4）克服害怕行为。Rushton 分析了有关 4 种亲社会行为的 42 个
实验和实地调查研究，发现结果都非常一致，即观看、收听和阅读媒介中
的亲社会行为可以增加儿童的亲社会行为。[2] 在激发与培养儿童亲社会行
为过程中，含有亲社会行为场面与语句的广告片起到了积极的作用。1974
年，一则为改善年幼儿童行为的简短电视广告《秋千》（"The Swing"），
长期的效果跟踪发现，对修正儿童分享与轮流的行为非常有效。[3]

　　研究者通过问卷分析发现，53.1% 的留守儿童"很喜欢"或"喜欢"
公益广告，这远远高于喜欢商业广告的比例（8.5%）。

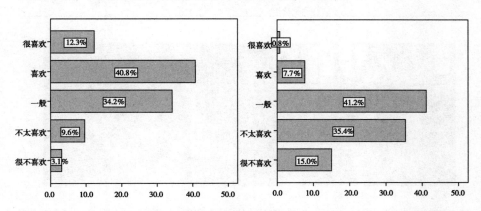

图 6 – 7、图 6 – 8　留守儿童对公益广告（左图）与商业广告（右图）的态度

　　通过深度访谈发现，留守儿童对喜欢的公益广告，如《将爱心传递

　　[1]　Baran，S. J. ，Chase，L. J. & Courtright，J. A. *Television drama as a facilitator of prosocial behaviour*：*The Waltons*. Journal of Broad – casting，1979.

　　[2]　Rushton，J. P & Winener，*Cognition Development of Children*. Social and Children Psychology，1975，pp. 341 – 349.

　　[3]　Liebert，R. M. & Sprafkin，J. *The early window*：*Effects of television on children and youth*. New York：Pergamon Press，1988，p. 76.

下去》（洗脚篇），《迎奥运　讲文明　树新风》，《汶川"抗震救灾"公
益广告》，《公德比赛，今天正式开始》，《家》（family），《没有买卖　就
没有杀害》等记忆深刻，能够将画面、代言人和广告语清晰道来。这些
记忆深刻公益广告中的场景、代言人和广告语存储于留守儿童的脑海里，
当遇到近似的情境，就会激发留守儿童的助人、同情、分享、鼓励、保
护、给予、安慰、合作、援救、鼓舞等亲社会行为的发生。

表6-4　　　　　　公益广告对留守儿童亲社会行为的激发表现

公益广告主题	公益广告对留守儿童 亲社会行为的影响表现	亲社会行为指向
《公德比赛，今天正式开始》； 《迎奥运　讲文明　树新风》	坐公交车给老人让座位；不在自家院子随地吐痰；不乱扔垃圾；劝说爷爷奶奶要排队；不把擦鼻涕的纸留在桌洞里	同情，助人，合作，分享，自我控制
《将爱心传递下去》　（洗脚篇）； 《家》（family）	给妈妈倒洗脚水；不和爷爷、奶奶犟嘴了；零花钱省着花；给过年回来的爸爸洗衣服；自己买的零食会给妹妹留一些	体谅，关怀，理解，珍惜，分享
《没有买卖　就没有杀害》； 《别让你的眼泪成为最后一滴水》	劝爷爷不要逮山上的果子狸；不让妈妈买集市上的山鸡；不掏鸟蛋；不去河里捉蝌蚪；不脚踩蚂蚁窝；不玩大水枪	珍爱、同情、保护、援助

图6-9、图6-10、图6-11、图6-12　留守儿童喜欢的公益广告
《将爱心传递下去》（洗脚篇）与《家》（family）

留守女童 ZX，8 岁，一年级小学生，甘肃省庆阳市西峰区彭原乡 Z 村人

电视上演过一个给妈妈洗脚的公益广告，我觉得那个小男孩做得特别好，妈妈辛苦养我们，我们不能以为一切都是应该的。我暑假的时候，也接过一盆水，让妈妈洗脚，妈妈说我是她的小棉袄，我也很开心。

留守男童 ZWH，12 岁，陕西省汉中市勉县土关铺乡 Z 村人
（爸妈外出务工多年，一直和爷爷奶奶生活）

以前我喜欢在院坝（方言：院子）里随地吐痰，我想又不是公家的地方，自家院坝没啥关系。看了电视上演的《公德比赛，从今天开始》，知道随地吐痰会传播很多细菌，我就不吐了。还对爷婆（方言：爷爷奶奶）说，让他们也别随地吐痰了，可以吐到纸里，扔进垃圾筐，他们也都听我的。

留守男童 XGH，10 岁，陕西省汉中市南郑县 Z 镇 H 村人，父母在河北唐山打工，拉电缆线，家庭状况一般

特别喜欢看公益广告，像是一个公共汽车上，坐了那么多人，大家都不给一个背着口袋的老婆婆让座，觉得老婆婆真可怜，自己要是在车上，一定会让座的，少坐一会儿，也没个啥关系。我现在到大河坎去耍，在车上，看到有老婆婆、老汉家，都让座哩。

留守女童 ZR，11 岁，W 小学五年级，陕西省汉中市南郑县 Z 镇 W 村人，父亲 2004 年去杭州打工

最喜欢的一个公益广告是：人字的结构就是互相支撑，说得特别好，人和人就是要互相帮助。你帮了别人，不白帮的，别人下次肯定也会帮你，这都是相互的。一个人如果光顾自己，有了困难，也不会有人愿意帮你。

留守男童 ZZQ，14 岁，陕西省汉中市南郑县 Z 镇 Z 村人，爸爸、妈妈在厦门服装厂打工

我喜欢带动画的广告，像是宣传奥运会的广告，奥运那个标志可

以动起来，感觉就很好。也想以后成为一个设计家，可以设计许多好看的东西。我还喜欢看一个饮料罐子在地上踢来踢去的广告，没人捡起来，后来是一个跑步的学生捡起来丢到垃圾桶了。以前，我喝完饮料的瓶子在操场到处丢，现在也不了，都放到学校的垃圾桶里。

留守男童 LY 的母亲 HSR，37 岁，陕西省汉中市南郑县 C 镇 H 村人

以前 LY 喜欢好吃的都一个人霸着，性子蛮，现在知事多了。前几天，我在超市买了一斤桃酥，LY 取出来说，家里有爷婆、妈妈、姐姐和我，一共五个人，一人分一块，还多出两块，放起来，谁想吃了谁吃。我问他为啥不自己都吃完了，他说，电视上广告都说了，一家人要一起分享快乐，共同承担痛苦。你说要是电视台多放一些这样的片子就好了。

亲社会行为，与自私和攻击性等反社会行为相反，它们代表的是社会的积极价值。亲社会行为指能够善意地帮助和支持他人，或使他人受益的行为，执行者在执行这些行为时一般不期望得到外部回报。研究表明，很少关心他人利益的儿童长大成人后，对成人的生活也缺少积极的态度。儿童期是培养亲社会态度和行为的最佳阶段。[1] 克斯特尔尼克认为亲社会行为的益处主要体现在以下六个方面[2]。

表 6 - 5　　　　　　　　　克斯特尔尼克认为亲社会行为的益处

1. 引起满足感
2. 建立能力感知
3. 提供融入社会情境的通道
4. 促进正在发展中的关系
5. 增加接受帮助或合作的机会
6. 营造积极的团体氛围

[1]　［美］克斯特尔尼克：《儿童社会性发展指南：理论到实践》第 4 版，邹晓燕等译，人民教育出版社 2009 年版，第 509 页。

[2]　同上书，第 510 页。

公益广告对留守儿童的自控行为、帮助行为、分享行为、合作行为、同情行为、安慰行为都具有引导作用，留守儿童在亲社会行为的进行过程中，也获得了满足感与自我肯定，这种积极的心理体验，会促使留守儿童再次发生亲社会行为。留守儿童监护人希冀孩子吃饱穿暖不生病，对留守儿童日常良好生活习惯的培养不是非常关注。通过研究者参与式观察发现，留守儿童监护人，特别是留守儿童爷爷奶奶，对留守儿童吃饭时随意翻动、挑拣盘中菜肴，独占或藏起来自己爱吃的食品，当众剔牙，无节制吃零食（喝饮料），随地吐痰，乱甩鼻涕，乱扔垃圾，购物加塞，踢打小动物，与同学打架，顶撞老师，朝自己大声叫嚷等行为并不认为其不妥，更不用说加以纠正。有的爷爷奶奶甚至在留守儿童出现乘车让座、购物排队、与同伴分享零食、捡到的物品交给老师等亲社会行为时，不但不加以鼓励，反而讥讽、嘲笑"你这个瓜娃子（方言：傻瓜）"，"你是不是夯着呢（方言：愚蠢）"，"读书读呆了"。农村中小学课堂教学主要重视学生学业成绩的提高，对日常生活行为规范缺乏专门的教学单元。公益广告，因其生动鲜活的画面，娓娓道来的语言，使留守儿童在经年累月中受到潜移默化的影响。公益广告重复播出率高，当留守儿童反复收看含有亲社会行为场景与语句的公益广告内容，逐渐激励了他们亲社会行为发生的频率。

公益广告对留守儿童亲社会行为的影响不是对所接触的媒介内容所引发的当下行为的简单重复，这一过程包括对所接触的公益广告内容的消化与吸收，进一步对其进行二次分类与储存，这一分类与储存的过程是建立在详细评价"这个公益广告内容对我意味着什么"，"我今后可以怎样做"之上的，留守儿童对这一过程的完成往往是自发的，随后在某些场合、环境因素下，把经过二次分类与储存的相关公益内容从头脑中调用出来，作为自己具体社会行为的指导。

第三节　留守儿童对媒介中的正义暴力行为的高度认同与冲突解决的行为取向

一　60 年来媒介暴力对儿童影响研究的一些主要观点

一位 19 岁的男青年叙述：小时候模仿电影里的人物，对我们来说太普遍了。比如，我会爬到附近天主教学校院中的树上，一手吊在树干上，另一只手拍打胸膛高喊："泰山！"我也常像剧中人物那样飞驰在篱笆上，或者和伙伴打架，将对方打到，然后像泰山一样一脚踏在他的胸部上，振臂欢呼。①

——Blumer, H. & Hauser, P. M.（1993）. *Movies, delinquency and crime*

媒介暴力研究一直是传播效果研究的一个重要领域。自 20 世纪 50 年代以来，研究者一直试图弄明白观看媒介上的暴力内容是否真会促使人们的行为更具进攻性。

格伯纳通过一个历时 15 年的研究得出：电视上的犯罪比真实世界中的犯罪多十倍。60% 的电视节目中包含一定程度的暴力内容，30% 的节目中包含近十个暴力冲突。暴力描述的情境中近 75% 的暴力未受惩罚。美国心理学会指出：平均每个人一生中会看到 8000 桩谋杀和 10 万件暴力行为，这还只是保守的估计。②

美国心理学家伦纳德·艾伦和罗威尔·休斯曼在 20 世纪 60 年代，研究了 800 多个 10 岁以下的儿童。有两个问题他们特别感兴趣：首先，他们想了解这些儿童到底在电视上看到多少暴力；其次，他们想知道这些儿童在日常生活中有多强的进攻性。为了研究，他们耐心等待，等待这 800 多个孩子长到 19 岁，在孩子 19 岁时采集完数据后，他们又等了 11 年，等到孩子们满 30 岁。长达 20 多年的纵向研究得出结论：进攻行为是早年学习的，一旦形成，就较难改变，且预示了成年后严重的反社会行为。如果儿童观看暴力促使他养成进攻习惯，这会造成终身有害的后果。观看电视暴力节目数量位居前 20% 的男孩与女孩，成年后的进攻性高于参与研究的其他儿童。这项持续 20 多年之久的纵向研究可以得出结论：早期看电视习惯与成年犯罪有关。③

布兰顿·山特沃尔统计南非 1945—1974 年间的杀人犯比率时，发现这期间的比率下降了 7%，而这段时间南非和美国唯一的重大区别，是南

---

① Blumer, H. & Hauser, P. M, *Movies, delinquency and crime*. New York：Macmillan，1993.

② ［美］格兰·斯帕克斯：《媒介效果研究概论》第 2 版，何朝阳、王希华译，北京大学出版社 2008 年版，第 83 页。

③ Huesmann, L. R, *Psychological processes promoting the relation between exposure to media violence and and aggressive behavior by the viewer*. Journal of Social Issues，1986，pp. 42，125－139.

非政府对电视的限制。1974 年南非政府取消对电视的限制后，到 1983 年，谋杀率增长 56%。到 1990 年，增长率达 130%。[1] 由乔伊、奇姆鲍尔以及萨波瑞科对一个刚使用电视的小镇进行的一项研究发现：在使用电视两年后，小镇上的侵犯性行为明显增多。相似的研究结果在瑞典也报道过，在瑞典，研究者发现看电视暴力内容与侵犯性之间有较高的正相关关系（Rosegren & Windahl，1989）。休伊斯曼和爱如恩对美国、芬兰、以色列、波兰及澳大利亚五个国家的儿童进行电视暴力对侵犯性的影响的一系列研究，这五个国家的文化有很大的不同，他们对电视的接触程度，以及电视节目的本质内容都有很大的差异，但是结论都是一致的，即观看电视暴力内容与儿童侵犯性行为之间存在正相关关系（Huesmann & Eron，1986）。[2]

多尔夫·齐尔曼认为：接触媒介暴力影像，越发唤起儿童的生理机能，这才是攻击性行为增加的关键因素（Zillmann D.，1991）。[3] 多尔夫·齐尔曼和詹姆斯·韦弗发表了一个关于大学生的实验，目的是测试过长时间接触媒介暴力的效果。结果表明：本周前些时候观看过暴力电影的人，无论男女，评定实验员时更易表现出敌意。研究者感到最为有趣的是，无论该实验员发放的反馈性质如何，效果均是如此。研究者因此得出结论，"该研究成果支持这个论点，即持续、过长地接触过度的暴力故事，会在接触后的一段时间里促使敌意行为。"（Zillmann D. & Weaver J. B.，1999）[4]

希戈尔等人对美国俄亥俄州 2245 名 3 年级到 8 年级的儿童进行调查，发现电视暴力确实对儿童有着不利的影响。最具有侵犯性的儿童往往选择

①　Centerwall，B. S.，*Exposure to TV as a cause of violence*. In G. Comstock（Ed.），Public communication and behavior，San Diego，CA：Academic Press，1989，Vol. 2，pp. 1 – 58.

②　参见［加］居伊·勒弗朗索瓦《孩子们——儿童心理发展》第 9 版，王全志、孟祥芝等译，北京大学出版社 2004 年版，第 494 页。

③　Zillmann，D. *Television viewing and physiological arousal*. In J. Bryant & D. Zillmann（Eds.），Responding to the screen：Reception and reaction processes，Hillsdale，NJ：Erlbaum. 1991，pp. 103 – 133.

④　Zillmann，D.，Weaver，J. B.，*Effects of prolonged exposure to gratuitous media violence on provoked and unprovoked hostile behavior*. Journal of Applied Social Psychology，1999，pp. 29，145 – 156.

最具暴力性的电视节目，并且用更多的时间去看；同时，那些观看更多暴力节目的儿童往往更具有侵犯性（Singer et al.，1998）。[1] 伯科维茨有关媒介暴力节目效果的"认知—新联想主义理论"认为，人们频繁观看媒介中的暴力内容后，会启动特定的概念（例如，攻击、敌对），从而在做出行为选择（也就是采取行动）时更有可能使用这些概念（Berkowitz，1984）。[2]

格兰·斯帕克斯（Glenn G. Sparks）认为：媒介暴力不诱发某一个个体进攻性行为这一事实，不一定表明媒介暴力对每个人产生同样的功效。人们也许很难发现媒介暴力效果——即便这效果明显存在。[3] 美国一项研究调查表明：犯重罪的男性中有三分之一承认，他们模仿电视上演过的犯罪技巧。[4] 2001 年 2 月美国发生一起事件：一少年看过音乐电视 MTV 节目《傻瓜》（Jackass）中的绝技表演后，模仿绝技点火烧他的朋友，结果朋友身体大面积二度至三度烧伤。另一个备受关注的暴力模仿行为，是电视播出摔跤比赛的潜在影响。至少有 4 个孩子成为因接触电视职业型摔跤比赛而导致的暴力行为的牺牲品。2001 年一案例中，13 岁男孩莱昂内尔·泰特将一 6 岁女孩抢起后摔倒桌子上，法庭辩护将部分责任归于电视上的摔跤比赛。[5]

在媒介暴力对策方面，1996 年，美国建立电视节目分级制度，旨在保护儿童免受电视播出的暴力和其他不适宜儿童收看内容造成的不良效果的影响。新的分级制度在巨大争议之中开始实施。厂商生产装有暴力节目过滤芯片的电视机，让父母能屏蔽掉包含暴力节目的内容。这种暴力节目过滤芯片（V – chip = violence chip）是一种电子锁定装置，可帮助父母将青少年不宜的暴力节目等拒与屏幕之外。

60 年来的媒介暴力研究成果可以主要归纳为三种假说：模仿假说

---

① 参见［加］居伊·勒弗朗索瓦《孩子们——儿童心理发展》第 9 版，王全志、孟祥芝等译，北京大学出版社 2004 年版，第 495 页。

② ［美］布莱恩特、兹尔曼：《媒介效果理论与研究前沿》第 2 版，石义彬译，华夏出版社 2009 年版，第 60 页。

③ ［美］格兰·斯帕克斯：《媒介效果研究概论》第 2 版，何朝阳、王希华译，北京大学出版社 2008 年版，第 2 页。

④ 同上书，第 77 页。

⑤ 同上书，第 82 页。

(Imitation or Modeling Hypothesis)，儿童从媒介中学得了暴力行为，在生活中加以模仿；免除抑制假说（Disinhibition Hypothesis），媒介暴力可能降低了人们对侵犯他人行为的抑制，认为暴力是一种与他人交往时可以被接受的方式，对暴力的容忍度提高；净化作用假说（Catharsis Hypothesis），媒介中的暴力行为替代性地表达了人们内心的暴力倾向，因而通过观看，可以降低采取实际侵犯行为的冲动。在媒介暴力效果数以百计的经典研究中，只有极少数支持净化作用假说，绝大多数研究支持模仿假说和免除抑制假说。

二　留守儿童对媒介中的暴力内容的偏好

（一）留守儿童对电视中暴力内容的偏好

研究者在陕西省汉中市南郑县 C 镇 G 小学分别对 3—5 年级留守男童和留守女童组织了两场焦点小组访谈①。3—5 年级留守学生 35 人，男童 19 人，女童 16 人，年龄为 8—11 岁。

问题：看到电视上出现暴力场面会换频道吗？为什么？

19 位留守男童中，5 位会换频道，14 位不会换，不会换的占到 73.68%；16 位留守女童，13 位会换频道，3 位不会换，不会换的仅占 18.75%。留守男童会换频道的主要原因是：（1）不想看好人被打得很惨，先跳过去，过一会再看；（2）打来打去没意思；留守女童会换频道的主要原因是：（1）血腥，看着有些害怕；（2）好人被打得很惨，太残忍；（3）正是吃饭的时候，不想看到血。留守男童不会换频道的主要原因是：（1）喜欢看打斗场面，很精彩；（2）这很正常，没什么可换的；（3）电视上演的，又不是真的。留守女童不会换频道的主要原因是：（1）电视上演的不是真的；（2）可以不盯着屏幕看，打杀场面过去以后再看；（3）家里弟弟不让换。研究者在陕西省汉中市南郑县 Z 镇与 C 镇的 W、Z、G、H 四村，对留守儿童、留守儿童监护人、外出务工父母、非留守儿童及其父母进行入户深度访谈发现：留守儿童监护人对留守儿童观看武打片、警匪片、侦破片，这些含有较多暴力场面的电视内容较少限制，"娃想看啥就看啥"，"在家看电视总比到处要强"，"打打杀杀的电视

---

① 近几年来，因为校外闲散人员针对中小学生的暴力事件屡有发生，农村中、小学对外来人员进校控制非常严格，研究者不能做长时间逗留，每场焦点小组访谈持续时间为 1 个小时左右。

剧，都是假的，能影响个啥"，"电视都是国家放的，还能害了娃"。对留守儿童接触媒介信息采取较为随意的态度在留守儿童监护人中比较普遍，特别是在祖辈监护人中表现的更为明显。非留守儿童父母对孩子收看武打片、警匪片、侦破片、言情片、综艺娱乐节目基本都予以一定程度的控制，控制的方式主要有两种：（1）收看此内容时更换频道；（2）在日常生活中明确指出不支持收看此类内容。

> 留守男童 PDF，11 岁，陕西省汉中市南郑县 Z 镇 W 村人，父亲外出务工
>
> 我喜欢和同学聊《李小龙传奇》《天龙八部》《倚天屠龙记》《鹿鼎记》这些片子。看到打斗的镜头，肯定不会换频道的，爱看这些，很好看，很过瘾。用枪杀人不算能耐，要像李小龙、萧峰和张无忌那样，赤手空拳打得坏人嗷嗷叫，满地找牙，那才叫真本事。

> 留守男童 ZZQ，14 岁，陕西省汉中市南郑县 C 镇 H 村人，父母在福建石狮一服装厂务工
>
> 看到有打打杀杀场面的，要是坏人打好人，打得很惨，就换台，太残忍了，不想看到好人被打成那样，让人气大，又帮不上忙。要是好人打坏人，就不换，还在一边给好人加油，坏人被打得越惨越好。

> 留守男童 ZQ，15 岁，陕西省汉中市南郑县 C 镇 G 村人，父母在广州务工 12 年
>
> 看到电视上坏人之间打，会换频道，太长了，打来打去挺没意思的，要是好人打坏人就不换，很解气，要一直看到坏人被打死。

> 留守男童 WCC，16 岁，陕西省汉中市南郑县 C 镇 G 村人，父亲在东莞一工厂务工 15 年
>
> 看到电视上好人打坏人，就觉得打得好，特别是那些欺负老百姓的恶人，应该把他们往死里打，打死他们就是英雄好汉，让人佩服。

从研究者西北五省区的乡村入户调研问卷分析层面来看，有 41.3% 的留守儿童监护人看到电视上出现打打杀杀的镜头"很少会"或"从来

不会"给孩子换频道。主要原因是：（1）电视上这样的镜头很多，没必要换；（2）小孩子喜欢看就让他（她）看；（3）忙得顾不上给孩子换频道。看到电视上出现打打杀杀的镜头，留守男童仅有 1.7%"肯定会换"频道，"基本不换"和"从来不换"的达60.9%。基本不换或从来不换频道的主要原因是：（1）想看到最后的结局；（2）觉得很精彩，不想换；（3）电视上经常演，习以为常。有 15.9% 的留守女童"肯定会换"，"基本不换"和"从来不换"的只有31.7%。留守男童对媒体中暴力内容的接受度高于留守女童。

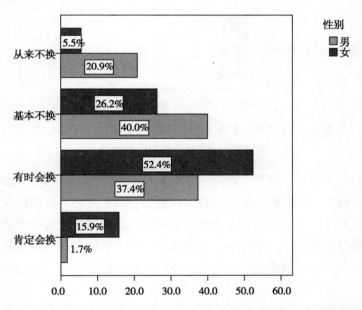

图6-13 看到电视上出现打打杀杀的镜头，留守儿童是否会换频道

对于"电视上演的那种眼戴墨镜，一身黑衣，一呼百应的黑社会大哥"，有12.2%的留守男童认为"特别讲义气，挺崇拜的"，27.8%的认为"很威风，很酷，挺羡慕的"。相对应的，留守女童对此持欣赏与羡慕态度的比例较低，有71.0%认为是社会不良分子。

综合问卷调查，焦点小组访谈和深度访谈三方面结果分析：对于媒介暴力内容，留守男童大部分都趋向于不换频道，留守女童视暴力程度而定，比较血腥的，基本都会换。留守儿童对媒介暴力的总体态度是：媒介中出现暴力内容是正常的，已习惯于收看。虽然电视上暴力场面很多，但对自身不会造成什么影响。这也说明，留守儿童连续不断地接收到媒介中

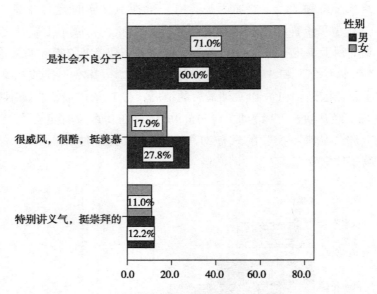

图 6 – 14   留守儿童对 "电视上演的眼戴墨镜，一身黑衣，
一呼百应的黑社会大哥" 的态度

所呈现的暴力信息，降低了留守儿童对暴力的敏感度，从而获得这样的印象：暴力行为如此普遍、不值一提，以至于社会上是完全可以接受的，免除抑制效果在留守儿童身上有较为明显的体现。留守男童对媒介暴力的接受度与偏好度均高于留守女童。留守儿童监护人对留守儿童接触各类媒介信息较少关注，对留守儿童高频度、持续性地接触媒介暴力信息大多不以为然。

（二）留守男童对网络格斗游戏的偏好

研究者调研发现：西北地区农村留守男童说起自己喜欢的网络游戏滔滔不绝，《穿越火线》《地下城与勇士》《红色警戒》《反恐精英》《血战上海滩》《X战警》是他们的心头喜好；留守女童则喜欢《植物大战僵尸》《愤怒的小鸟》《QQ炫舞》，这些相对比较温和的小游戏。

研究者在青海省西宁市大通回族土族自治县桥头镇 Y 村做入户调研时，对16位留守儿童进行"文件夹首选点击内容测试"，研究者笔记本电脑桌面放置了音乐、电影、书籍、学习、游戏五个文件夹。音乐文件夹中大多为流行音乐，电影文件夹中有《阿凡达》《古惑仔》《爱有来生》《2012》《国王的演讲》《马达加斯加》等热门电影，书籍文件夹中有各类畅销书，学习文件夹里是下载的各类中小学学习资料，游戏文件夹中有

《魔兽争霸》《红色警戒》《植物大战僵尸》《宠物连连看》等。16 名留守儿童首选点击音乐文件夹的有 3 人（3 女），电影文件夹 5 人（4 男 1 女）、书籍文件夹 1 人（1 男）、学习文件夹 2 人（1 男 1 女），游戏文件夹 5 人（全部为男生），打开电影文件夹的 4 位男生第一选择全部是观看《古惑仔》，首选点开游戏文件夹的 5 位男生，所有的游戏都会。

图 6 – 15　对留守儿童首选点击内容做测试的五个文件夹

从对西北五省区农村留守儿童入户问卷调查层面来看："打游戏的过程中，看到对手一个一个被你所扮演的角色打死"，留守男童最强烈的感觉是"很过瘾"，"自己扮演的角色真厉害"，"非常解气"。留守女童对网络游戏暴力场景持欣赏与愉悦态度的比例显著低于留守男童。

表 6 – 6　　留守儿童对"打游戏的过程中，看到对手一个一个被你所扮演的角色打死"的感受

		性　别		总计
		男	女	
打游戏的过程中，看到对手一个一个被你所扮演的角色打死，你的感受是	自己扮演的角色真厉害	35	34	69
		39.3%	39.1%	
	非常解气	23	11	34
		25.8%	12.6%	
	很过瘾	44	27	71
		49.4%	31.0%	
	有些暴力、血腥	10	13	23
		11.2%	14.9%	
	没什么感觉	17	21	38
		19.1%	24.1%	

留守男童 ZP，12 岁，陕西省汉中市南郑县 Z 镇 W 村人

我去过网吧，和班里几个关系好的同学放学以后去的。我们班的男生都去过网吧，新 E 网吧、梦幻 E 族，这两家便宜，办个临时卡，5 块钱上 3 个小时。我们打枪战游戏，最喜欢打《金刚侠》《保卫者》《坦克大战》，晚上睡觉做梦还在打来打去的。我妈比较厉害，要是知道了，得用笤帚狠狠铲（方言：揍）我，再说老师也不让去，后来就没怎么去了。

留守男童 LJ，陕西省汉中市南郑县 C 镇 G 村人，14 岁，父母在东莞一电子厂打工

不觉得电视上的暴力镜头会让我有想使用暴力的想法。我喜欢看枪战片，越激烈越好。我从小就爱看枪战片，可我也不暴力呀，我只打过两次架，都是忍无可忍的情况下。电视上演的都是假的，是想象的。电视中出现打打杀杀的镜头，那都是娱乐，为了大家都爱看。不过我们班上有男生模仿网络游戏里的样子，用手比画成枪，对着女生脑壳嘣嘣的。我觉得就是开玩笑，肯定不是真想打人脑壳，没关系吧。

留守男童 LXM，15 岁，陕西省安康市石泉县池河镇 D 村人

我喜欢网络上的小游戏，有一个叫"打屁股"，可以用不同的工具，像巴掌、鸡毛掸子、普通皮鞭、带刺的鞭子打，感觉挺过瘾。

陕西省汉中市南郑县 C 小学 ZJS 老师，六年级班主任

对留守儿童到网吧打游戏我还是比较了解的。大概是 99 年，班里有两个男孩把家里的谷子卖掉，用卖来的钱上网打游戏，这是我带的学生里最早打游戏上瘾的，后来这两个学生都没上完初中，就跟着爸妈到广东打工去了。从那以后，每年教的学生里都有上网成瘾的，基本都是爸妈出去打工的，就是你说的留守儿童，都是男孩，四年级以上就有，不回家，放学直接从学校到网吧，爷、婆（方言：爷爷、奶奶）来学校寻，没有，又去每个网吧寻，准保能寻着，大晚上的，我也帮他们寻，都在玩游戏，要不断往里面投钱，游戏里要求天天上够 8 小时班，不然就不给发工资啥的，买了各种装备，就可以随便杀人。这些爱上网的学生，晚上上网，白天上课打盹，父母过年回来给

的年钱全花光不算，有的还偷爷、婆的钱。你说国家怎么就不管管这种网络游戏呢。我们老师，只能上课一遍一遍地说，嘴皮子都能磨破，可是总不能把学生每时每刻都拴在裤腰带上吧。国家不限制这些网络游戏，网吧又要赚小娃的钱，光靠我们老师教育能行吗?!

网络暴力游戏表现暴力场景生动逼真，让玩者直接担任杀手角色，玩者在这些游戏中手持各类武器，朝荧屏上的人物直接扫射，游戏人物当场脑浆迸裂，一命呜呼。戴夫·格罗斯曼认为：暴力游戏正将年青一代变成"自发形成的、投射型杀人的反社会者"，暴力游戏使孩子把屠杀与愉快联结在一起。要求参与者射击并对反击行为以同样的方式回应的杀人游戏，实际上是在教导一代儿童将射击与愉悦的感官享受相连。格罗斯曼认为，世界范围内枪杀案的增长，主要归咎于网络游戏中的暴力内容，尤其是杀人射击游戏。暴力游戏把一代年轻人变为反社会者，这是一种心理流行病，甚至给它冠名，不是 AIDS，是 AVIDS（获得性暴力免疫缺乏症）。[①] 1988 年，尼古拉·舒特与一群 5—7 岁的孩子在一起，随机让他们玩暴力或非暴力游戏。《空手道》是个暴力游戏，是一个由玩者控制的主人公，在击打、脚踢乃至打死许多对手，最后完成解救危难少女的使命。《丛林追寻》是非暴力游戏。一个人能从一个藤蔓荡到另一个藤蔓，不会摔倒更不会死亡。正如研究者假设：玩过《空手道》的孩子随后的玩耍形式更具攻击倾向，记录显示，他们在游戏室里推搡、击打和脚踢其他孩子或玩具娃娃的比率较高。[②] 克雷格·安德森和凯瑟琳·福特报告了一个让大学生玩高级暴力游戏《立体空战》或中级暴力游戏《蜈蚣》的实验结果。两个游戏导致的敌意感均比控制组高。另外，玩高级暴力游戏的学生组的焦虑程度比其他两组均高。攻击性游戏对玩者的情感状态有负面影响。他们其后做的研究也表明：玩暴力游戏多的学生，同时也自述自己下意识的进攻行为比较多（Craig Anderson & Catherine Ford，1986）。韦格曼和范·斯奇发现那些偏爱侵犯性电子游戏的男孩，往往更具有侵犯性以及

---

① Grossman，D. *On killing: The psychological cost of learning to kill in war and society.* Boston：Little，Brown，1996.

② Schutte，N. S.，Malouff，J. M.，Post – Gorden，J. C. & Rodasta，A. L.，*Effects of playing videogames on children's aggressive and other behaviors.* Journal of Applied Social Psychology，1988，pp. 18，454 – 460.

在实际生活中表现出了更少的有益于社会的行为（Wiegman & Van Schie，1998）。①

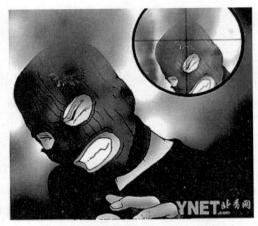

图 6 – 16　网络游戏中最常见的血腥、暴力场景——一枪爆头②

　　成都中院少审庭就该庭审理的 38 件未成年人犯罪案件进行分析总结，发现涉及农村留守儿童犯罪的占 41%，暴力犯罪与激情犯罪居多。法官介绍，留守儿童在犯罪时随意性较大，临时起意的较多，且作案时较少考虑后果。同时，"涉网"犯罪较多。通过对 29 名留守儿童获罪者调查，发现 74% 的是染上网瘾后无钱上网，从而发展到盗窃、抢劫犯罪的，或是模仿网络视频中的暴力场面而实施暴力犯罪。而在获罪者中，辍学的留守儿童犯罪比例高达93%。团伙化、组织化特征明显的状况也尤为突出，占 69%。③

　　研究者通过深度访谈发现，《穿越火线》是留守儿童，特别是留守男童非常钟爱的一款网络格斗游戏。《穿越火线》（Cross Fire，简称 CF）由韩国 Smile Gate 开发，2007 年 5 月 3 日在韩国由 Neowiz 发行，在中国大陆由腾讯公司运营。《穿越火线》是一款第一人称射击游戏的 3D 网络游戏，玩家扮演控制一名持枪战斗人员，与其他玩家进行械斗。④ 潜伏者与

---

　　① 参见［加］居伊·勒弗朗索瓦《孩子们——儿童心理发展》第 9 版，王全志、孟祥芝等译，北京大学出版社 2004 年版，第 498 页。

　　② 图片来源：北青网（http：//www. ynet. com/）。

　　③ 董馨：《农村留守儿童犯罪率高发　多为暴力犯罪》，《成都商报电子版》2010 年 12 月 14 日（http：//e. chengdu. cn/html/2010 – 12/14/content_ 200099. htm）。

　　④ 文字来源：百度百科（http：//baike. baidu. com）。

保卫者形成一一对抗关系，在对玩网络游戏的留守儿童进行访谈中，发现他们对潜伏者与保卫者的目标非常清楚。

　　留守男童 YRC，14 岁，陕西富平县曹村镇 C 村人
　　学校旁边有一家网吧，自己有时候去，经常玩的就是《穿越火线》，喜欢当潜伏者，潜伏者从来不为强国服务，都是为又小又弱的国家服务。

　　留守男童 ZGJ，15 岁，青海省西宁市大通回族土族自治县长宁镇人，父母外出务工，寄宿在县城亲戚家
　　我爱玩《穿越火线》《魔兽世界》《天龙八部》和《英雄联盟》。打游戏除了上网费，还需要买点卡，买装备，几年大概花了有六七百吧。我最喜欢"白狼"，像狼一样勇敢。觉得自己还是挺厉害的，一切都在自己的掌握中。

图 6-17、图 6-18、图 6-19、图 6-20、图 6-21、图 6-22、图 6-23、图 6-24、图 6-25　网络格斗游戏《穿越火线》中的生存模式及主要角色①

---

① 图片来源：百度百科（http：//baike. baidu. com）。

表 6 - 7　　　　　　　　留守儿童喜欢的网络格斗游戏《穿越火线》
中的游戏角色及分析

游戏角色	角色分析
白狼	白狼的成员奉行同生共死，在刀尖与鲜血中赚取丰厚的金钱回报。为追逐暴利，狼群开始押运越来越危险的"货物"，狼群从不关心"货物"是什么，是否合法。"不要打开货物"是狼的铁律，"亡命快递"是狼的自嘲。
黑鹰	黑鹰是隶属于 Y 国的特别行动小组，由部队中作战经验丰富的精英成员组成，他们就像"鹰"一样，冷酷、准确地猎杀目标。超凡的作战能力使他们在各种严酷的环境下都能出色地完成任务。
曼陀罗	一支被称为"死亡连队"的神秘女子部队，冷酷、性感，她们以镰刀死神作为自己的徽章。被这支部队锁定的目标，都像是受到了死亡女神的审判，从没有人能从她们手下生还。

　　Eastin 与 Griffiths 分别考察了格斗游戏、射击游戏和赛车游戏对攻击性的影响差异，结果发现，与射击游戏和赛车游戏相比，格斗游戏使游戏者产生了更大的敌意预期偏见。因为现实生活中的攻击行为大多是肢体冲突，而格斗型游戏与现实生活中的攻击更为贴近（Eastin & Griffiths，2006）。① 研究者通过深度访谈发现，白狼、黑鹰和曼陀罗是留守儿童在网络格斗游戏《穿越火线》中喜欢扮演的角色。通过对这些游戏角色进行分析，发现他们都具有一个共同特性：使用暴力手段解决所面临的一切困难与问题，并以不惧强权、扶助弱者的大英雄自居。留守男童对于在网络格斗游戏中结成的同盟者，怀有强烈的认同感和忠诚度。要想在网络格斗游戏中让自己所扮演的角色顺利升级，就必须要认同该游戏圈子所遵循的行为准则，而且圈子中的高级别成员也会加强圈子准则的约束力。在面对面对垒的格斗游戏中，"暴力"就是圈子中所向披靡的通行证，通过采取暴力行为，获得成员的赞誉，强化了团体归属感。

　　三　留守儿童对媒介中的正义暴力行为的高度认同与冲突解决的行为取向

　　遵循格伯纳关于暴力的定义"以公然的武力对他人或自身，或者违背他人意愿，带来伤害或死亡痛苦的强迫性的行为"（Gerbner

---

　　① 参见沈彩霞《电脑游戏对儿童和青少年心理发展的影响》，《应用心理学》2011 年第 17 卷第 3 期。

G.，1979）。① 本研究中的"媒介中的正义暴力"是指：大众媒介所呈现的，定位为正义一方的角色，以"以暴惩恶"为目的，使用公然的武力，给对方带来伤害或死亡痛苦行为的有关内容。

2011年春节期间，在陕西省汉中市南郑县Z镇体育场、集贸市场、服装市场的4个卖DVD的地摊，研究者都发现了姜文主演的电影《让子弹飞》，摊主热情地招呼研究者："8块钱，可好看了。"研究者问摊主"卖得怎样"，摊主高兴地说："属这个卖得最火，半大小子都爱买。"

图6–26　西北农村的集市上，支起一张简易折叠床，就可以卖光碟，内容以热门的武打、言情影视剧为主

作为一名儿童与媒介研究者，不可以向留守儿童播放含有明显暴力内容的电视剧或电影以作研究之用，这有违研究伦理，因此这一部分的研究设计难度是比较大的。研究者在陕西省汉中市南郑县Z镇与C镇的W、Z、G、H四村各选了一位高中留守男生，这4位留守男生性格都比较开朗，在村子里有较好的人缘。由他们在各自村子里找寻初中以上已经收看了《让子弹飞》的留守儿童4名，这样一共就有20名留守儿童。他们的年龄段集中在12—17岁，其中13名男性，7名女性。研究者就《让子弹飞》进行了一场焦点小组访谈。

　　问题1：你们觉得《让子弹飞》暴力、血腥吗？
　　13名留守男童，有8位回答"还行，可以接受"，有5位回答

---

　　① Gerbner. G，*The demonstration of power：violence profile.* No10，Journal of communication，1979，p. 29.

"有些场景血腥"。

7名留守女童回答比较一致，"挺暴力、血腥的，有的镜头干脆不敢看。"

问题2：你们觉得最暴力、血腥的场景是？

10名留守男童回答是：小六子把刀戳进肚子，使劲划了一下，从肚子里掏出一碗带血的凉粉。

3名留守男童回答是：葛优扮演的师爷问姜文扮演的土匪头子"我的屁股怎么这么疼哩？"姜文指了指旁边的树杈，"你的屁股挂在那里啦。"

7名留守女童回答一致，是小六子剖肚验粉的那个场景。

问题3："黄四郎的替身被砍头"那个场景你们觉得暴力吗？

13名留守男童竟然在焦点小组访谈中一致表达是"不暴力，不把黄四郎的替身砍了，就没法杀黄四郎了"。还有两位留守男童表示："电影最后应该把黄四郎的肚子也给划开，给小六子报仇！"。（两位留守男童的表情是气愤的。）

5名留守女童回答"不敢看，当时把眼睛蒙住了"，两位留守女童回答"有些血腥，不过比小六子那个场景好多了"。

焦点小组访谈后，研究者内心非常震动，我们既往对媒介暴力对儿童的影响研究着重关注的是暴力具体类型与内容对儿童攻击性行为的影响，但是对于这种正义一方所施行的血腥暴力行为对孩子的影响是否忽视了呢？

从西北五省农村地区入户问卷调查分析来看，"好人杀死坏人，是因为坏人欺人太甚，不得不这样做。"留守男童对这种看法"非常同意"和"比较同意"的达54.8%，留守女童持"非常同意"和"比较同意"态度的有47.6%，不论是留守男童，还是留守女童，对"好人被逼无奈之下杀死坏人"抱有同情与认同态度的程度均不低。

对于"一个人为了给父母、兄弟报仇，杀死了仇人"的这种行为，"非常认同"和"比较认同"的留守男童达34.8%，远高于留守女童的24.8%。

非留守男童对"遇到不公平、不公正的待遇，用拳头说话比找地方说理管用"这种看法持"非常同意"和"比较同意"态度的有36.5%，

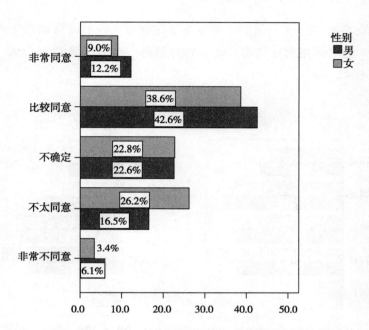

图 6 – 27　留守儿童对"好人杀死坏人，是因为坏人欺人太甚，
不得不这样做"看法的态度

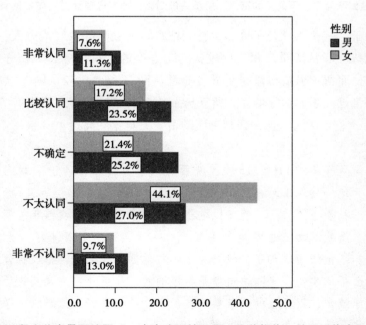

图 6 – 28　留守儿童是否认同"一个人为了给父母、兄弟报仇，杀死了仇人"的行为

非留守女童有 28.2%, 而留守男童与留守女童, 持 "非常同意" 和 "比较同意" 这种态度的比例都高于非留守群体, 留守男童达 46.1%, 留守女童也有 42.1%。

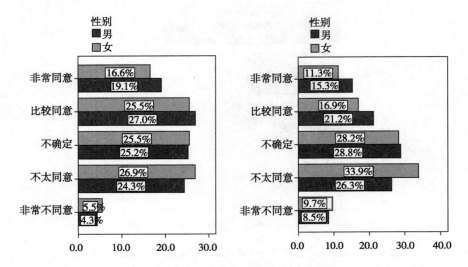

图 6 – 29、图 6 – 30 留守儿童（左图）与非留守儿童（右图）对 "遇到不公平、不公正的待遇, 用拳头说话比找地方说理管用" 说法的看法

对于 "一个人杀死了许多贪官, 把贪官的钱财都散发给穷人", 非留守男童持 "非常认同" 和 "比较认同" 态度的有 60.2%, 非留守女童有 57.3%, 而留守男童与留守女童 "非常认同" 和 "比较认同" 这种行为的比例都远高于非留守群体, 留守男童达 73.9%, 留守女童也有 71.0%, 其中持 "非常认同" 这种强烈态度的留守男童竟然高达 40%。

留守男童 LHT, 15 岁, 陕西省汉中市南郑县 Z 镇 Z 村人, 父亲在天津一建筑工地当焊工, 母亲在街边摆摊

社会上不公平的现象比电视上演的多了去了。我前年暑假去过天津, 帮我妈卖五香花生和毛豆, 有一次, 两个城管来了, 大声骂我妈, 还把摊子踢翻了, 我要冲上去打他们, 我妈死活把我拦住。遇到不公平的事情, 光靠讲道理是行不通的, 最后还得用拳头说话。特佩服李连杰, 用自己的一双拳头打天下。杀一个好人是罪犯, 杀一百个坏人那就是英雄。我以后要像庞青云（《投名状》中的一个清军将领, 李连杰出演）一样, 有两个 "生不能同生、死愿同死" 的好兄

弟就好了，我们一起打天下。

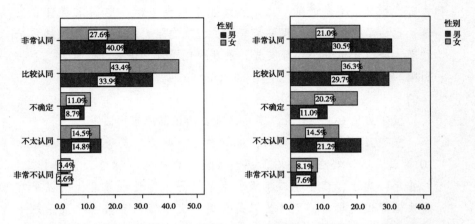

图 6 – 31、图 6 – 32　留守儿童（左图）与非留守儿童（右图）是否认同
"一个人杀死了许多贪官，把贪官的钱财都散发给穷人"这种行为

留守男童 ZJK，17 岁，陕西省汉中市南郑县 Z 镇 W 村人，高二学生，父母在北京开了一家热米皮店

我二佬（方言：二伯父）干了一年活，包工头赖着工钱不给，我二佬和几个小伙子去找包工头的上级，也没人管，后来包工头干脆跑了，我二佬都没法回家过年。社会上要是有一个像张大麻子（《让子弹飞》中劫富济贫的侠士，姜文出演）的人就好了，带着一帮好兄弟，把从坏人那抢来的钱发给没钱过年的穷人。

留守男童 WYB，13 岁，陕西省咸阳市泾阳县 Z 镇 X 村人，小学六年级

（家中的独生子，这些年主要是爷爷奶奶在照顾。）

城里孩子有啥可羡慕的，他们的爷爷的爷爷还不是农民，有啥了不起的。研究者问及："你刚说你最近在看《爱情睡醒了》，里面的主角都住着大房子，开着好车，你羡慕吗？""不羡慕。我自己将来挣了钱也能买车，他们那有啥羡慕的？"

我到江苏（父母外出务工地）去过，城里那房都一点点大，把人挤的。当官的几十套房，老百姓住的像鸡笼子。最恨的就是城管，张狂得很，把老婆婆卖果子的筐子都踢翻了。（当问及："电视上有

时会出现一些坏人，你有没有觉得这些人该杀？""肯定了，像那些贪官、城管，不光该杀，儿子、女儿也该进大狱，他们跟着自己的爹，也沾了不少便宜。我要是有钱了，就像张大麻子，把富人的钱抢过来，给村子里每个人都发些。最崇拜甄子丹，讲义气，有豪气，特别帅。"）

留守男童 GQ，17 岁，宁夏回族自治区固原市西吉县人

全家五口人，爸爸妈妈，哥哥和他，妹妹。爸爸在外务工已达10 年以上，妈妈在家务农，照料家庭。哥哥前年辍学，外出打工。妹妹年龄尚小，读小学二年级。由于妈妈未接受过教育，所以平常没法辅导他的学习，更多的只是督促他去学习。暑假去过父亲打工的地方，深知父亲外出打工的艰辛，从那时开始，下定决心要努力学习，不走父亲的老路。从不向妈妈说他在学校的情况，即便遇到困难。很多时候自己装在心里，有记日记的习惯，不想说的很多事都记在日记里了。不希望爸爸出去务工，也不希望爸爸接自己到城市一起生活，城里没有想象的那么好，这几年感觉爸爸变老了很多。最崇拜成龙、李连杰、甄子丹这些功夫明星，凭本事吃饭，那些娱乐明星只靠一张脸混饭。最喜欢看新版《水浒》里面的英雄，除暴安良，替天行道。

留守男童 ZL，17 岁，甘肃省庆阳市西峰区彭原乡 Z 村人，爸爸在陕西一私人煤窑挖矿

我爸回来瘦了很多，身体也没有以前好。有时候听我爸说起那些煤老板，莫名其妙扣钱，可他们自己一顿饭就吃五六千，我就觉得这个世界太不公平！看电视上的打打杀杀，要是出于正义，杀死那些坏蛋就是对的，我会在一边叫好。我爸矿上有矿工拿刀砍煤老板，如果不是逼急了，谁都不想去杀人，有时候也是替天行道吧。电视上的老大或者特别仗义的人说出一句很给力的话，就会成为我们平时互相打招呼时候的话。我爸就希望我不要像他那样靠自己的力气去赚辛苦钱。我的理想是当个媒老板（连忙补充），当然是当个好煤老板，不随便扣手下人钱。

陕西省汉中市南郑县 C 镇 H 村留守男童 WL 是研究者从 2010 年建立成长档案，重点跟踪研究的一位留守男童。

留守男童 WL，11 岁，小学六年级，父母在北京卖小吃，父亲外出十年，母亲务工三年，家庭经济条件较好

我爱看电视，鬼片、武打片、枪战片都喜欢看，鬼片我都不害怕，打斗场面更不会害怕了，我喜欢看打得很惨的，出血的，觉得很过瘾。我看过一个电视剧，有一个人背叛了老大，被老大的手下把两只手剁了，我觉得他活该，谁让他没有义气，出卖老大，该死！最崇拜甄子丹，我的理想就是成为像他一样的大哥，凡事义字当头，为了兄弟可以不顾自己。

WL（WL 奶奶提到，WL 曾抄起板凳，砸碎家里镜子，并扬言要打死爷爷）也是一个让研究者比较难忘的留守男孩，在他的课桌上，刻着一个深深的繁体的"义"字。这个孩子身上已经表现出明显的暴力倾向，研究者就此与其爷爷奶奶进行过沟通，但 WL 的爷爷奶奶并不认为这是一个多么严重的问题，把这种暴力倾向简单的归于"这孩子就是性子有些蛮，心眼其实并不坏"，觉得研究者有些大惊小怪。研究者只好在过年期间与 WL 在外务工的父母进行了一次长谈，WL 现在已跟随在北京务工的父母共同生活，并进入了父母租住地周边的一个公立小学学习，研究者希冀在父母的关爱下，这个孩子能逐步消除暴力倾向，朝积极、阳光的一面发展。

陈旭通过 Arnold H. Buss 和 Mark Perry 编制的《攻击性问卷》（The Aggression Questionnaire）和 Achenbach 编制的《儿童行为量表》（Child Behavior Checklist）对留守儿童与非留守儿童攻击行为进行测量发现，留守儿童与非留守儿童在身体攻击、言语攻击、敌意和总分因子上存在显著差异。留守儿童攻击行为水平性别差异显著。总体上，男生的得分高于女生，各因子上男生得分均高于女生，并在身体攻击、言语攻击和敌意上差异显著。[1] 范志光、魏欣等研究发现，留守小学生在攻击性行为中的"敌

---

① 陈旭主编：《留守儿童的社会性发展问题与社会支持系统》，人民出版社 2013 年版，第 47、49 页。

意"这一因子得分显著高于非留守小学生，留守小学生的社交焦虑得分
也显著高于非留守小学生，社交焦虑量表主要包括害怕否定性的评价、社
交回避和苦恼等方面，说明留守小学生在与人交往中敏感度高，害怕与不
熟悉的人进行过多的沟通与交流。① 赵景欣、刘霞、张文新研究发现：同
伴拒绝能够正向预测留守儿童的攻击、学业违纪与孤独感，同伴接纳则负
向预测儿童的学业违纪与孤独感。② 雷鹏、瞿斌对成都及重庆两地流动儿
童和城市儿童进行问卷调查，结果发现：流动儿童疏离感各维度显著高于
城市儿童，其中流动初中生的疏离感显著高于流动小学生，且男生的疏离
感显著高于女生；流动儿童疏离感的三个维度之间存在显著差异，其中社
会疏离感最高，其次是环境疏离感，人际疏离感最低。③ 谢建社 2010 年
对广东 GGF 监狱 3230 名获罪人员调查发现，农民工，尤其是 80 后农民
工犯罪率居高不下，暴力性犯罪突出，团伙化犯罪增强。在对 F 监狱 72
名 1980 年以后出生的农民工获罪人员关于"幼年时家庭成长环境"的问
卷中，发现有 56 人，占总数 79.17% 的人回答：幼年时是留守儿童，家
里对他们基本上是不管不问，处于一种"放养状态"。④ 研究者通过入户
参与式观察发现，部分爷爷奶奶对留守男童比较溺爱，日常生活发生矛盾
与冲突时，孩子的解决办法就是对与自己发生矛盾与冲突的对象，如村里
的小伙伴、同学、爷爷奶奶，大声吼叫，骂脏话，甚至推搡、脚踢，较少
采用说理，或是请别人评判等较为温和的解决方式。爷爷奶奶却常以
"男娃家，皮点没啥"，"男娃知事晚，大了就好了"，"打人总比挨打好"
轻描淡写地敷衍过去，这在某种程度上也助长了留守男童认为"骂人、
打人没啥大不了的"，"打得过别人说明我厉害"，"拳头就是管用"的想
法。一些留守妈妈身体劳累、情绪烦躁时的行为，如当着孩子的伙伴，对
孩子大声吼骂、揪头发、扯耳朵、扇巴掌、脚踢，胡乱摔暖瓶、碗碟等，

---

① 范志光、魏欣等：《城市小学留守儿童攻击性行为的研究》，《现代预防医学》2013 年第
40 卷第 13 期。

② 赵景欣、刘霞、张文新：《同伴拒绝、同伴接纳与农村留守儿童的心理适应：亲子亲合
与逆境信念的作用》，《心理学报》2013 年第 45 卷第 7 期。

③ 雷鹏、瞿斌：《流动儿童疏离感的特点及其与应对方式、学校态度的关系》，《心理与行
为研究》2013 年第 3 期。

④ 谢建社：《融城与逆城：新生代农民工两难选择——基于 GGF 监狱调查》，《广州大学学
报》（社科版）2010 年第 9 期。

留守儿童当众遭受到上述打击个体自尊心的行为，他们会把这种自身承受的伤害行为进行转移，以达到内心委屈、沮丧、愤怒情绪的消解，这种转移行为经常表现在对家里的小猫小狗揪毛、脚踢、饿饭，打骂家里更小的孩子的攻击性行为。

斯坦福大学心理学家阿尔伯特·班杜拉设计了一些研究儿童与媒介暴力的经典实验，发展了他的"观看电视可能会导致人以某些特别方式进行行为"的理论。班杜拉特别强调奖赏和惩罚的重要性，班杜拉认为，儿童如果在电视上看到人物的挑衅行为获得奖赏，势必会模仿这个人物的行为。反之，看到挑衅行为受到惩罚，他在现实生活中就会抑制自己挑衅的冲动。班杜拉设计了一个典型实验：随机让儿童观看两部不同录像，一部中的主人公的进攻行为受到奖赏，另一部中的进攻行为受到惩罚。录像结束，他让孩子们在一个屋子里自由玩耍，他的助手详细监测发生的情况，记录每个孩子模仿自己在录像中看到的进攻行为的次数。这些研究的结果很有一致性：看到进攻行为受嘉奖的儿童比看到进攻行为受惩罚的儿童更可能模仿进攻行为。[①]

在确定某个概念的表征形式以及人们对此概念的反应模式的过程中，媒介作品提供了"脚本"（Schank & Abelson，1977）或"情境模式"（Wyer & Radvansky，1999）。鉴于易接近的概念之间存在这样的关联，那么一旦某一特定概念（如愤怒等）被激活，相应地，与该概念密切相关的一些行为脚本（如暴力等）将同样被激活。[②]从研究者调研来看，李连杰、甄子丹、成龙、吴京、释小龙等功夫明星是留守儿童，特别是留守男童的崇拜偶像，他们所扮演的各类英雄人物与大哥角色为留守儿童提供了社会期待与人生理想的模型，留守儿童受到这些榜样力量的影响，就会在当下，或是今后的生活中，比较精确地复制榜样人物的相关行为。从留守儿童偏好的电视上的"好人打坏人"的正义暴力实施过程来看，是一个相对固定的、程式化、集中化的叙事系统，正义暴力发起的原因通常是"忍无可忍，以暴惩恶"，实施过程体现了正义一方的强大力量与无穷魅力，从结果来看，这种暴力解决问题的方式非常有效，并为实施暴力的人

---

① Bandura, A. *Social cognitive theory of mass communication*. In J. Bryant & K. Zillmann（Eds.），Media effects：Advances in theory and research. Hillsdale, NJ：Erlbaum, 1994, pp. 61－90.

② ［美］布莱恩特、兹尔曼：《媒介效果理论与研究前沿》第2版，石义彬译，华夏出版社2009年版，第57页。

物赢得了"大英雄"或"有情有义的大哥"的称号。正义人物所实施的暴力行为，不管其手段如何血腥与残忍，都获得了留守儿童发自内心的认同与钦佩，这种榜样作用可能更加能够激发留守儿童的模仿行为，特别是当留守儿童处于情绪激愤状态时，示范作用对攻击性行为的诱发力量变得更为强大。

留守儿童随着年龄的增长，已不满足外出务工父母带回来的漂亮衣服和玩具，他们对父母在大城市的生活充满了好奇与向往。虽然外出务工父母一般不愿把在城市的遭遇告诉孩子，但留守儿童通过自己的观察和增长的生活阅历，觉察到父母在城市遭受到一些不公平待遇。研究者发现，外出务工父母在携带孩子到城市短期生活的行为中有明显的"男孩偏好"，留守男童到父母工作的城市短期生活的情况更为常见。留守儿童在父母务工的城市生活，切身感受到了父母的真实生活状态，这种摆在面前活生生的景象，使他们对社会等级与贫富的巨大差距远远比在乡村有了更具冲击力的认识。部分留守男童对暴力对抗有了一种憧憬与向往，觉得暴力解决冲突正当而有效，大众媒介中所反映的正义人物以暴惩恶的解决方式在他们内心开始逐渐生根。在调研中，有一位母亲忧虑地对我说，她16岁的儿子在日记里写道（这位母亲是偷偷翻看的）："我要像杨佳，杀干净天下坏警察、坏城管"。这篇日记是这个孩子从父母务工的城市回来写的，这位留守男童的父母正是在杨佳所在城市的松江大学城周边卖烤鱿鱼。由于母亲的一再拒绝，研究者无法对这位16岁少年作面对面的深访。研究者推测，可能是孩子在这个城市的一些所见所感促使他的"以暴力对不公"成为一种强烈的信念。

国家人口计生委在2012年发布的《中国流动人口发展报告2012》中指出，中国的城镇人口比重已超过50%，流动人口规模达到历史新高。我国流动人口的平均年龄约为28岁，"80后"新生代农民工已占劳动年龄流动人口的近一半。[①] 全国妇联儿童工作部调研发现，多数农村大龄儿童（15—17岁）就业层次较低、缺乏社会保障。部分农村大龄留守儿童在结束了初中教育之后即进入劳动力市场。由于自身文化素质低，学历上处于劣势，他们多数只能进入非正规劳动力市场，子承父业或延续低层次

---

① 中国人口新闻：《国家人口计生委发布〈中国流动人口发展报告2012〉》，2012年8月7日（http：//www. China. com. cn/renkou/2012—08/07/contentJ26155072. html. ）。

就业和边缘化的社会地位。他们中近九成的人工资收入偏低，并缺乏相应的社会保障。[①] 李强、孟蕾对于多省市一线农民工的调研数据证明，88.94%的农民工都没有国家认可的正式的职业资格证书或技术等级证书，也因此被排除在国家认可的技术人员的队伍之外。[②] 唐萍萍、李世平通过对陕西省的关中、陕南和陕北地区的 12 个样本村调研发现，外出务工人员劳动合同签订率为 45.8%，大部分没有与用工单位签订劳动合同，养老保险覆盖率仅为 12.6%，基本医疗保险覆盖率为 19.2%，失业保险覆盖率为 10.8%。根据 2010 年《中国统计年鉴》《中国劳动统计年鉴》相关数据推算，城镇职工的养老保险覆盖率、基本医疗保险覆盖率和失业保险覆盖率已经是 75.7%、70.5%和 40.9%。[③]

　　研究者通过对正处于初、高中学习阶段留守儿童的深度访谈发现，留守儿童既不想将来在农村从事传统耕作，也不愿意像父母一样在城市从事艰苦的体力劳动，他们普遍希望进入大城市定居，谋得一份轻松又体面的工作。90 后、00 后的留守儿童成年以后，除了少部分进入高校求学，大部分还是要进入城市谋生，他们从人情味相对浓郁的乡土社会进入人情淡漠的大都市，生活形态发生根本转变，直面生存巨大压力。在正当权益得不到保障后，基本生计得不到维持，几经挣扎融入大城市无望，又无法接受重返乡村生活时，童年时期埋下的"正义暴力"幼芽也许就会生长、开花、结果，那后果真不堪设想！

　　① 全国妇联儿童工作部：《农村留守流动儿童状况调查报告》，社会科学文献出版社 2011年版，第 41、42 页。

　　② 李强、孟蕾：《"边缘化"与社会公正》，《天津社会科学》2011 年第 1 期。

　　③ 唐萍萍、李世平：《农村劳动力转移效应和谐化研究——基于陕西省的实证分析》，《经济体制改革》2012 年第 2 期。

第七章

改善西北地区农村留守儿童信息接收环境的两个层面：大众媒介与公共文化服务

第一节　大众媒介层面：改善媒介信息传播环境

一　提升多类型儿童教育性电视节目自制能力与保证播出时段

（一）儿童教育性节目类型单一，自制能力薄弱

1990 年，美国《儿童电视法》将教育性电视节目定义为"能进一步推动儿童在认知、智力或情绪、社会需要的各个方面的教育性和知识性需求积极发展的电视节目"[①]。

儿童教育性节目对儿童认知与语言能力的发展具有积极影响（Comstock & Scharrer, 2006）[②]。对美国儿童教育性节目《芝麻街》正式评估发现，成长于低收入家庭，观看了节目的那些儿童比没有观看的儿童有更好的入学准备，而且到了六七岁时在一些口语和数学能力测量中的得分更高。此外，观看《芝麻街》的儿童比没有观看的儿童花在阅读上的时间更多。到了他们六七岁时，观看《芝麻街》或其他教育节目的儿童更倾向于成为更好的阅读者，而且得到教师更多的正面评价（Wright et al. , 1995；Augustyn, 2003）[③] 为了促进以色列与约旦河西岸和加沙地区儿童

---

① 参见［美］桑德拉·L. 卡尔弗特《信息时代的儿童发展》，商务印书馆 2007 年版，第 302 页。

② 参见［美］罗斯·D. 帕克、阿莉森·克拉克 – 斯图尔特《社会性发展》，俞国良、郑璞译，中国人民大学出版社 2014 年版，第 233 页。

③ 参见［美］罗伯特·费尔德曼《发展心理学》第 4 版，苏彦捷等译，世界图书出版公司 2007 年版，第 278 页。

的相互尊重与理解，《芝麻街》节目组特别制作并在当地播放了两档节目，这不仅使得以色列和巴勒斯坦学前儿童在日常同伴争端解决中亲社会判断增加，还让他们更多地使用积极词对对方进行描述（Cole et al.，2003）。① 公共电视广播公司（PBS）一直是美国儿童教育类节目的主要开发者。80 年代后期，美国国会要求 PBS 着手设计一个被称为学习准备（Ready to Learn）的计划，主要针对学龄前儿童，通过使儿童全天接触教育类电视节目从而为他们进入学校做好准备。PBS 上午和下午都播放《恐龙巴尼》《小羊玩伴儿》《托马斯和魔力火车》这些节目，体现了按照学校的要求来教育学龄前儿童的一种努力。PBS 还为小学生制作了《亚瑟王》《如愿骨》《神奇校车》《比尔·奈：搞科学的家伙》等这些教育类电视节目。有线电视台尼克罗迪恩频道（Nickelodeon）在发展儿童教育性和公益性节目的过程中也扮演着重要角色。② 《阿蓝探案》是一个一个充满神秘色彩的故事，请儿童们来解决问题。尼克罗迪恩频道为儿童制作的节目还有《古拉古拉岛》和《阿勒格莱的窗户》。③ 许多电视节目，尤其像《芝麻街》和《罗杰斯先生的邻居》这样在公共电视频道上播出的儿童教育性节目，是专门用于宣传合作、分享和安抚悲伤同伴这类亲社会行为的。对研究文献的回顾发现，那些经常观看亲社会电视节目的年幼儿童确实表现出更多的亲社会倾向（Hearold，1986）。④

目前我国大陆地区占据主导地位的儿童教育性节目有以下几种。

低幼类儿童教育性节目（0—3 岁）：英国 BBC 集团推出的《天线宝宝》与《花园宝宝》。

学龄前儿童教育性节目（3—6 岁）：日本倍乐生株式会社推出的《巧虎》，华特迪斯尼公司推出的《米奇妙妙屋》。

《天线宝宝》在全球 111 个国家、78 个地区播放，成为继美国《芝麻

---

① 参见［美］罗斯·D. 帕克、阿莉森·克拉克－斯图尔特《社会性发展》，俞国良、郑璞译，中国人民大学出版社 2014 年版，第 233 页。

② 注：1979 年 4 月，世界上第一个儿童专用电视频道"尼克罗迪恩"（Nickelodeon）在美国问世。

③ ［美］桑德拉·L. 卡尔弗特：《信息时代的儿童发展》，商务印书馆 2007 年版，第 308 页。

④ ［美］戴维·谢弗：《社会性与人格发展》第 5 版，陈会昌等译，人民邮电出版社 2012 年版，第 443 页。

图 7 – 1　英国 BBC 集团推出的低幼类儿童教育性节目《天线宝宝》

街》之后，又一个成功的全球性儿童电视节目品牌。在英国和全球各地一共获得了 16 项大奖，被誉为"迄今为止对儿童最有影响力的节目"。《天线宝宝》主创者安·伍德（Anne Wood）和安德鲁·达文波特（Andrew Davenport）认为，儿童世界完全不同于成人世界，儿童有自己的话语体系。安·伍德有过 39 年从事 11—18 岁儿童英语教学的经历，安德鲁·达文波特是研究 0—5 岁的幼儿行为和语言的心理医生，并有 5 年临床经验。在他们看来，幼儿串联讯息的过程，不是靠特意的灌输式学习，因为"他们什么都不知道，就只会玩"，他们在玩的过程中模仿和积累，渐渐认同一些社会规范，打下良好人格基础，才能为日后专门的学习做好准备。[①]

　　一个儿童教育性节目的创立是以一系列严谨、科学的论证链条为基础的。台湾公共电视台（PTS）为了更好地促进台湾版"天线宝宝"的拍摄，邀请《天线宝宝》制作总监 Nick Kirkpatrick 和 BBC 海外部代表 Shirley 参加了一个"样片检讨会"。其中有一集"水饺篇"，是讲述孩子和爸爸妈妈一起包水饺的故事，看完样片后，Nick 作了如下点评："首先，这个片子的教育性意味太重，好像在教小孩如何做菜，且以成人的角度来拍摄，例如，妈妈将已经搅拌好的馅料一盘一盘地递给孩子，指导意味太重，若能让孩子自主性发展，再加上孩子的旁白，效果会比较好，也更有

---

　　① 陆晔、黄艳琳：《重新认识"儿童"——从 BBC "天线宝宝"看儿童媒介发展的理念和框架》，《现代传播》2005 年第 2 期。

趣，大人在片中应该尽量少讲话；其次，包水饺的题材，在中国传统文化应该是很有趣的主题，但过程太复杂，某些镜头太危险，如，妈妈拿刀切菜的画面，在拍摄中应尽量避免；再次，爸爸妈妈出现在镜头前时，建议让小孩介绍成员，以增加家庭亲密感；最后，建议将过程简化，删除切菜及材料准备，重点放在包水饺的乐趣与互动，儿童节目的精神就是要'简单'。"① 再以《芝麻街》为例，其中的"电子公司"板块是专门给刚开始小学学习的孩子们教授阅读技巧的栏目；"3—2—1 接触"是专门给小学阶段 6—8 岁的儿童们教授自然科学知识的节目；"从头再来"是专门给 6—8 岁的儿童们教授数学知识的节目。每一个板块都经过专家组数十次的修改（Watkins et al.，1981）。② 儿童教育性节目不是"小儿科"，而是"大学问"，每一个环节、每一个场景，甚至每一句话都需要进行严密的论证与反复推敲。

8 月正值暑假，研究者随机抽出中央电视台少儿频道 2015 年 8 月 17 日（星期一）—8 月 23 日（星期日）18：00—22：00 的节目安排进行分析，发现中央电视台少儿频道周一到周四基本全部为动画片与电视剧，直到周五才开始出现了一档自制节目——《最野假期》，并且安排到了 22：00。

表 7 – 1　　　2015 年 8 月 17 日—8 月 23 日中央电视台少儿频道
18：00—22：00 的节目安排③

	时间段	节目内容
8 月 17 日 （星期一）	18：00	2015 动画大放映：喜羊羊与灰太狼
	20：00	2015 动画大放映：电击小子
	22：00	电视剧：西游记—续 7
8 月 18 日 （星期二）	18：00	2015 动画大放映：喜羊羊与灰太狼
	20：00	2015 动画大放映：电击小子
	22：00	电视剧：西游记—续 9

---

① 陆晔、黄艳琳：《重新认识"儿童"——从 BBC"天线宝宝"看儿童媒介发展的理念和框架》，《现代传播》2005 年第 2 期。

② Watkins, B. A., Huston – Stein, A. & Wright, J. C., *Effects of planned television programming*. In E. L. Palmer & A. Dorr（Eds.），Children and the faces of television. New York：Academic，1981，pp. 85 – 94.

③ 资料来源：搜视网（http：//www. tvsou. com/drama/Pu/index_ Pu6q3b. htm）。

续表

	时间段	节目内容
8月19日 （星期三）	18：00	2015 动画大放映：喜羊羊与灰太狼
	20：00	2015 动画大放映：电击小子
	22：00	电视剧：西游记缩编版 22
8月20日 （星期四）	18：00	2015 动画大放映：喜羊羊与灰太狼
	20：00	2015 动画大放映：电击小子
	22：00	电视剧：西游记—续 13
8月21日 （星期五）	18：00	2015 动画大放映：喜羊羊与灰太狼
	20：00	2015 动画大放映：电击小子
	22：00	2015 最野假期—5
8月22日 （星期六）	18：00	2015 动画狂欢曲—7
	20：00	2015 最野假期—6
	21：00	2015 动画大放映：电击小子
	22：00	电视剧：大漠苍狼—2
8月23日 （星期日）	18：00	2015 动画狂欢曲—8
	19：40	2015 动画大放映：电击小子
	22：00	电视剧：大漠苍狼—4

目前我们的少儿频道与少儿栏目用大量购买的篇幅较长的动画片立频道、撑栏目的现象比较普遍。长期以来，我们的儿童教育性节目总被当成是"小儿科"，缺乏以先进教育理念为指导，有完整体系，明确年龄段区分及不同认知侧重点的儿童教育性节目。国内的儿童节目大多设计为面向全年龄段儿童，受众年龄从低幼横跨至少年，儿童受众与儿童节目的专业化细分不够。少儿频道和少儿栏目的儿童教育性节目的自制能力比较薄弱，节目类型单一。少儿频道与少儿栏目，从频道总监、制片人、编导到主持人，较少有儿童教育的从业经验，像《小小智慧树》制片人倪娜这样拥有学前教育背景的更少。从理论上来说，对儿童心理发展的深入研究不够；从实践上来说，在学习国外儿童教育性节目创制经验，与国际儿童教育性节目一线制作人员交流的基础上，更需要对我国不同地域，不同年龄段儿童的收视需求进行扎实的实地调研。懂电视，不懂儿童，这样又怎能知道孩子们都对什么感兴趣？厌烦什么？会被什么而感动？平时都聊些啥？通过大量和孩子面对面的访谈，把这些问题弄明白，才能明晰当下儿

童在成长过程中到底需要什么。儿童心理学是一个领域，电视节目制作是另一个领域，只有找到二者的交集，才能做出儿童喜欢和接受的原创的自制节目。

（二）保证儿童教育性节目的播出时段

中央电视台少儿频道2010年6月1日推出了《小小智慧树》，定位是"1—3岁婴幼儿"，栏目设置"学英语 Mini Teddy""认知""唱歌时间""朋朋讲故事""你太棒了——独立完成任务"，五个栏目定位较为清晰，版块设置合理，给予幼童充足的重复演练时间，是我国大陆地区儿童教育性节目的一个重要突破，可惜这样的自制低幼教育性节目很少。

图 7 - 2　《小小智慧树》中的"数"的认知

《小小智慧树》的首播时间是每周一至周五 10：00—10：30，假期播放时间是每天 07：00—07：30，假期播放时间过早，重播频率较低。广电总局规定黄金时间段不得播出国外动画片，深受低幼儿童喜爱的《天线宝宝》《花园宝宝》，学龄前儿童喜爱的《米奇妙妙屋》等儿童教育性经典节目从屏幕彻底消失，国产的儿童教育性节目又无法跟上。这种禁令能否更为灵活、机动一些呢？对在国际上享有盛誉的儿童教育性节目网开一面。城市儿童家长可以运用台式电脑或平板电脑为孩子播放各类经典儿童教育性节目，农村儿童家庭拥有电脑的比率目前还比较低，购买经典儿童教育性节目 DVD 的途径也很缺乏，日复一日，年复一年枯坐在电视机前，手里的遥控器在各个电视台一遍又一遍播放的《喜羊羊与灰太狼》《熊出没》之间来回打转，成为农村儿童唯一的选择。

（三）儿童教育性节目中引入"生命教育"

早在 1927—1957 年间，美国就作为"生命教育"的发源地，开始探究以"死亡"为主题的教育。其根本目的在于帮助学生科学理性地理解生与死的关系，以乐观积极的态度来对待生与死这一无法抗拒的客观规律，珍惜自己和他人的生命，让生活变得更加自信充实，更富有意义。①生命教育主要包括生命起源教育、生命本质教育、安全教育、爱心教育、生命消逝教育，以便从不同层面增进人们对生死的理性认识，进一步提升人们对自己、对他人生命的珍惜与爱护。徐晓滢、刘世宏在一所完全中学按学段编写了生命教育活动课程教案，随机抽取 7 年级和 10 年级各一个班学生作为生命教育活动课程的实施对象，进行为期一个学期的生命教育。结果发现：以生命教育为主题的课程实施提升了儿童对亲子关系和整体生命评价的满意度，从而使得青少年的生命认知得到进一步正向发展和积极深化；通过生命教育，加强了青少年对生命过程和死亡现象的概念性理解和情绪性表达，推动个体从一种更具逻辑性的、积极的视角和态度去感恩生命的存在，理解死亡的必然。②留守儿童偏好各类鬼片，在观看的过程中，常有爷爷奶奶、妈妈陪伴，他们会将自己相信鬼的存在的相关评论加入其中。加之鬼神文化在农村群体，特别是老年人群体中依然具有强大的生命力，使得留守儿童的生命认知产生偏差，难以产生对于生命过程和死亡现象的积极体悟，无法清晰定位"生命""死亡"概念，肉体死亡、灵魂不灭在他们的头脑中扎下根来。我们目前的儿童教育性节目在生命教育这方面还缺乏关注。

（四）农村儿童在儿童节目中应有一定呈现比例

目前的儿童节目中出现的儿童形象基本为城市儿童，选取的活动场景也大多为都市，即便偶尔显现农村场景，也多体现的是一群城市孩子如何去体验乡村生活。真正以农村儿童为视角，反映农村儿童所思所想、所烦所忧的儿童节目较少。不仅是农村儿童希望看到反映农村孩子在农村或是在城市生活的故事，研究者对城市儿童的深度访谈发现，城市儿童也对乡村生活充满好奇，也想了解农村孩子是怎么玩耍的。儿童节目不是城市儿童独占的，呈现的视角也不应局限于城市儿童。

我们没有严格意义上的公共电视台，这对儿童教育性节目的研发和播出时段的保障是不利的，就目前的情况，中央电视台的少儿频道、湖南金

---

① 徐晓滢、刘世宏：《青少年生命认知及其生活满意度的干预研究》，《心理与行为研究》2014 年第 3 期。

② 同上。

鹰卡通、上海炫动卡通三大少儿频道收视率较高，广告客户多，资金充足，希望能为儿童教育性节目的自制作出不懈的努力，并承担起儿童教育性节目播出时段维护的重任。

二　细化寒暑假和双休日的黄金时间段电视节目及广告内容规制

（一）含有较多暴力、恐怖内容的电视剧及影片尽量不安排在寒暑假和双休日的黄金时间段播出

> 留守儿童 LQ 的母亲 LYP，35 岁，初中毕业，在家务农
> LQ 最爱看鬼片，听他奶奶说，晚上还偷偷起来看，入迷得不得了，电视台就不应该放这么多鬼片，都是封建迷信，哪有鬼呀。以前电视上好片子比较多，现在都是谈情说爱、打打杀杀和鬼片，电视台越来越多，节目怎么越来越倒退了呢？

下面是西安比较受欢迎的网站"古城茶秀"两位网友对陕西某频道的评论：

> 陕西 X 套，你是怎么了？老是放那些僵尸、吸血鬼的片子，要知道现在正放暑假，双职工一上班，有好些小孩子都是一个人在家的。动不动就放那些，搞得小孩子不敢一个人在家。更可恨的是，邻居家的大孩子，也伸直胳膊，吐长舌头，一跳一跳地走，说他是僵尸，吓唬家属院里更小的小孩。

> 陕西 X 台，我真的是服了你了。每天都要放鬼片！阴森恐怖极其吓人！不知道从哪儿找来的恐怖片子没完没了地放。以至于都不敢看陕西 X，昨天不小心换台的时候闪了一下，结果还是个飘在窗子跟前的幽灵，面目狰狞。不知道这电视台咋想的！那么多好片子，大暑假的不能放点儿喜剧？家里都有娃呢，只要收视率，不要道德了！①

央视电影频道预告大年初二晚上 7 时 35 分播出《让子弹飞》，播出

---

① 古城茶秀网址（http：//forum. xaonline. com/thread－1571369－1－1. html）。

时又被替换成了电影《恋爱通告》。① 大年初二晚上，正是阖家团圆之时，电视机前有老人、有孩子，播放含有多处暴力、血腥及涉性内容场景的《让子弹飞》是不合适的，在告知大家准时期待，然后又急急忙忙地撤掉，陷自己于被动境地。在敲定节目播出单的时候，秉承一个审慎、通盘考虑的职业态度是不是更好一点呢。

图7-3、7-4   电视剧《迷雾重重》宣传海报及剧照

由王学兵、王力可、王子文等主演的电视悬疑剧《迷雾重重》，2010年自4月15日在江西、河北、贵州、重庆四大卫视黄金时段同时开播，在收视率大战中表现非常抢眼，贵州、重庆、江西分别在同时段排名中位居全国第五、第六和第八，收视成绩一片大好。②

在研究者入户调研的陕西省汉中市南郑县 C 镇 H 村一位 12 岁的留守女童，因为观看《迷雾重重》，晚上睡着睡着突然哭闹不止，大喊大叫"有女鬼要掐死我"。

为了验证这个电视剧到底有多吓人，研究者用三天时间看完了这部26集的电视剧：

①　安徽广播网：《央视电影频道〈让子弹飞〉突然"飞"了》，2011 年 2 月 6 日（http：//www. ahradio. com. cn/news/system/2011/02/06/001299233. shtml）。

②　人民网—娱乐频道：《〈迷雾重重〉各地收视抢眼　贵州卫视播续集》，2010 年 4 月 23日（http：//ent. people. com. cn/GB/42075/81374/11438822. html）。

整部电视剧从始至终都弥漫着恐怖、阴森的氛围。

黑暗的村庄里鬼影重重。

一个稻草人吊着，庙上一个铃铛在风中哐当直响，掺人的音乐声随风响起，直贯耳膜，让人完全处在一片惊悚之中。

每晚 12 点梅敏准时发病，躲在人背后冷不丁地掐死人。

日本化学武器把白猿手臂染毒，被迫当场活生生割下两条胳膊。

有的场景研究者都是快速拉过去的，因为过于惊悚、血腥。在写这部分内容的时候，研究者原本使用了一张王子文扮演的梅敏晚上 12 点发病的截图，研究者的一位朋友看到说，这张图太吓人了，看了晚上会做噩梦。作为成年人，都有此心理反应，何况神经系统还处在发育期的孩子。

含有较多恐怖、暴力场景的电视剧，是否可以考虑安排在 22∶30 以后播出。电视台需要创收视率，但是我们的电视台毕竟带有公共电视台的性质，政府依然在拨款，不是完全依靠收视费用运作的受众可选择收看的商业电视台。

我们目前并没有进行电视节目分级，各个电视台担负有公共电视台的责任。寒暑假与双休日，大部分农村儿童不像城里孩子要上钢琴课、舞蹈班、围棋课、英语班、奥数班等种类繁多的兴趣班、辅导班，收看电视就是他们课余最主要的活动。各级电视台，对寒暑假和双休日的晚间黄金时间段电视节目内容进行安排的时候，可否更为审慎一些，含有较多暴力、血腥、恐怖场景的电视剧与电影尽量安排在晚间比较靠后的时间段。

（二）进一步规制双休日多集连播电视剧

根据广电总局公布的《广电总局电视剧司关于进一步规范卫视综合频道电视剧编播管理的通知》规定，同一部电视剧每天播出总集数（包括重播集数）不得超过 6 集（每集不超过 45 分钟）；双休日同一部电视剧每天播出总集数（包括重播集数）不得超过 8 集。与此同时，在 19∶00 至 24∶00 之间，同一部电视剧播出总集数不得超过 3 集（包括重播集数）。自 2010 年 5 月 1 日起正式实行。[①] 从这个规定来看，多集连播

----

① 人民网—重庆视窗：《广电总局发布限播令　晚间限制连播三集电视剧》，2010 年 3 月 23 日（http://cq.people.com.cn/news/2010323/2010323115111185s.htm）。

电视剧现象已经引起广电总局电视剧司的重视，"双休日同一部电视剧每天播出总集数（包括重播集数）不得超过 8 集"这一点来说，还是集数有些过多，8 集电视剧加上中间插播的广告，总长度已经远远超过 360 分钟。通过研究者在西北地区村子入户调查和学校调研结果来看，对于以收看电视作为双休日最重要活动的留守儿童，收看 8 集联播电视剧的现象较为普遍，这样一天下来，累计收看时间最少超过 8 个小时。能否可以进一步减少星期六、日电视剧连续播放集数。

（三）晚间黄金时间段禁止播出堕胎流产广告

就陕西省省级和西安市市级各频道的播出情况来看，晚上 8 点到 10 点，播放的电视剧或影片中插播的各类堕胎流产广告频率很高。根据研究者记录，陕西电视台某频道晚上 8 点播出的一部长达 1 个半小时的影片中，堕胎流产广告插播 3 次，治疗不孕不育广告插播 2 次，治疗男性生殖系统疾病广告插播一次。黄金时间段，这样高密度地播出堕胎流产、治疗不孕不育及生殖系统类疾病广告是不适宜的，这可能需要广电总局相关部门加以进一步的管理与规制，特别是堕胎流产广告，需要严格加以限制，宣扬"三分钟就能解决您的意外烦恼"之类的堕胎流产广告对青少年的危害是直接而深远的，尤其是对于极度缺乏性安全知识与性教育引导的留守儿童群体而言，产生的危害更为巨大。

三　对媒介中的偶像进行多角度呈现

通过研究者对西北地区农村留守儿童深度访谈发现：留守男童与留守女童所喜欢的偶像人物大多为演艺、体坛明星。留守男童喜欢的偶像人物集中于成龙、甄子丹、李连杰、黄渤、周星驰、王宝强、张杰、周杰伦、科比、姚明、刘翔、郑爽等；留守女童喜欢的偶像人物集中于周杰伦、杨幂、张杰、张翰、刘诗诗、黄晓明、刘亦菲、冯绍峰、王力宏、苏醒、郭晶晶、郭敬明等。留守儿童普遍认为演艺、体育明星非常风光、赚钱特别容易。相较于辛辛苦苦读书、考学、找工作，走演艺道路是一条能快速积聚财富的捷径。偶像作为强大的象征符号，对留守儿童的社会认知与社会态度都产生了影响。就社会认知方面来说，留守儿童认为当演艺、体坛明星是社会关注的焦点人物，逃脱了日复一日辛苦的求学生涯，可以快速出名，甚至如超女、快男那样能够一夜成名。留守儿童对演艺、体坛明星的成功几率非常低的这一点缺乏明晰认识，也忽视了演艺、体坛明星的努力刻苦、天然禀赋、难得的机遇等成功要素。就对社会态度方面的影响来说，电视上出现的科技、学界的杰出人物，绝大多数并不能引发留守儿童的崇拜与向往，原因在于他们觉得这些杰出人物为成功付出的太多、太辛苦，获得的实际回报却很少，虽然让人佩服，但是并不值得崇拜，这种经过漫长努力，最终获取的成功也不是自己内心所憧憬的。如果说留守儿童心中有一架偶像崇拜天平，沉沉落下的一端是：演艺、体育明星，关键词是：一夜成名、风光无限、轻松捞金、别墅、豪车、频频在电视上露面；高高翘起的一端是科技、学界的杰出人物，关键词是：长期伏案学习、劳累、多病、赚钱辛苦、面容憔悴。

WXJ，14 岁，留守男童，陕西省汉中市南郑县 C 镇 G 村人，初二，父亲外出务工

有钱的生活谁不想过啊，当明星最好了，电视上说，超女何洁以前学习很差，倒数几名，现在都给爸妈买了大房子，自己住别墅，能挣好多钱，比名牌大学毕业的大学生还挣得多。大学生又怎样，毕业还得租房子住。特别想参加选秀节目，不过我不会唱歌，也不会跳舞，我会鲤鱼打挺，不知道这让不让上。

非留守女童 LQH 的父亲 LDL，54 岁

LQH 特别喜欢看星光大道、快乐大本营，看完才睡。我们也和她一起看，我觉得这些电视刚开始看有意思，现在每个台都是，就不好了，也干扰学生学习。我女子（方言：女儿）说，她们班上的学生就想着靠参加选秀节目出名，觉得考大学那样辛苦，出来职业都不好找，参加这个可以一夜出名，多省力气。怎么讲哩，你也不能说这些学生娃说得不对，可是电视上不能天天都演这些，娃们看得心都飘了，成天胡思乱想的。农村娃靠自己的好成绩，考一个名声好的大学，谋个好职业的故事就没有？电视上咋一个都见不着？

天然禀赋、难得的机遇、辛苦的练功都是演艺、体坛明星必不可少的成功要素。即使成功以后，还要承受很大的精神压力，成年累月超负荷、连轴转工作。媒体是否能多去少年体校的训练场、艺术院校的练功房与排

练场地、电视剧与电影的拍摄现场进行大量实地采访，探寻演艺与体坛明星一步一步地成长道路，多制作一些反映演艺、体坛明星常规工作的具有纪实风格的短片。儿童观看此类纪实片，逐渐就会懂得：天上不会一下掉个大馅饼，没有哪一个人能够随随便便成功，没有哪一个行业能够轻轻松松把握。

四　媒体应多诉说出身平民的城市奋斗者的故事

作为大众媒介，更应关注的是普通老百姓的真实生活与情感状态，小人物的身上蕴含着实实在在的生活哲学，小人物未必就没有大情怀，不管我们身处哪个阶层，在哪个地域，对真、善、美的向往是一样的。今天的大都市，不论是一线的北京、上海、广东、深圳，还是二线的重庆、成都、杭州、长沙、武汉、西安、南京等，都有一大部分是来自农村和小城市极为普通的家庭，靠自己的努力，在大城市站稳脚跟的年轻人。他们无老可啃、没爹可拼、没有人脉、四处租房，一年又一年，像燕子衔泥，一手一脚、一点一滴地建立起自己的小窝，这部分来自平民百姓的"北漂""上漂""广漂""深漂"身上难道就没有值得媒体诉说的让人欢笑、使人流泪、催人奋进的故事？这种出身草根的城市奋斗者的故事难道真的就没有偶像剧中的慕容云海、端木磊、项天骐、柳信河之类的富二代、金领一族的"王子碰到灰姑娘"的故事更加真实，让人触动，激励青少年相信自己，相信未来？

五　净化网游内容及加强农村网吧通宵容留未成年人的监管

面向低端市场，有针对性地开发网游产品属于正当商业行为，这无可诟病。广大农村地区，网吧的扩充速度非常快，农村网吧电脑型号较为陈旧，低端网游具有很大竞争优势，同时农村网吧对未成年人上网又不加以任何限制。那么这种大力挺进农村市场的网游，其核心受众群体就是未成年人。鉴于此，我们主要针对低端市场网游的营销与研发人员，可否加强自律，能够考虑到自己的受众有相当一部分还是些未成年的孩子，游戏中的画面不要那么难以入目，格斗场面不要那么血腥。同时当地政府相关单位对农村网吧容留未成年人，特别是通宵容留未成年人予以常规化的切实监管。

第二节　公共文化服务层面：建立服务于西北地区农村留守儿童的图书馆三层支撑体系

2011 年 2 月 10 日，文化部、财政部《关于推进全国美术馆、公共图书馆、文化馆（站）免费开放工作的意见》提出：美术馆、公共图书馆、文化馆（站）是政府举办的公益性文化事业单位，是开展公共文化服务的重要场所，是保障人民群众基本文化权益的重要阵地。[①] 公共图书馆是一个专门收集、整理、保存、传播各种文献资料并向社会公众提供服务的公益性文化、教育和科研机构，是一种重要的社会文化公共基础设施，担负着向全社会传播科学文化知识的重要使命，是一种典型的公共物品。所谓公共物品，是指不具备消费的竞争性的商品，即任何人增加对这些商品的消费都不会减少其他人所可能得到的消费水平。公共物品是提供给广大社会公众使用的，其供给大多数由政府负责。[②]

一　建立服务于西北地区农村留守儿童的图书馆三层支撑体系

图书馆作为社会公共文化事业的重要组成部分，肩负有与其他社会力量一同改善农村留守儿童生存与发展的文化环境，促进他们健康成长的社会责任。蔡元培先生曾指出："教育不仅在学校，学校之外，还有许多机关，第一便是图书馆。"图书馆是"没有围墙的学校"，作为一个开放、平等的终身教育平台，拥有无法取代的优势。

图书馆在培养儿童阅读习惯，增进阅读技能，提高数字信息获取能力方面起到重要作用。联合国教科文组织 1994 年《公共图书馆宣言》提出：养成并强化儿童早期的阅读习惯；激发儿童的想象力和创造力；促进信息技术的发展和计算机应用能力的提高；1994 年韩国制定了《图书馆与读书振兴法》；美国 1997 年通过《儿童图书馆保护法》；2001 年日本国会颁布了《儿童阅读促进法》。[③] 不少国家对图书馆保证儿童阅读已经上

---

①　中华人民共和国文化部：《文化部、财政部〈关于推进全国美术馆、公共图书馆、文化馆（站）免费开放工作的意见〉》，2011 年 2 月 10 日（http://www.ccnt.gov.cn/sjzz/shwhs/whg-sy/201102/t20110210_86869.html）。

②　惠艳：《对公共图书馆服务农村留守儿童的理性思考》，《农业考古》2010 年第 3 期。

③　同上。

升到了法律高度，比较遗憾的是，我国目前还没有一部关于图书馆服务于儿童的相关法规。

　　精美可爱的图片、跌宕起伏的故事，可以让留守儿童暂时忘却父母不在身边的悲伤与孤寂，书中蕴含的道德与行为准则可以使留守儿童在愉快的阅读中受到润物细无声的影响，图书馆可以成为留守儿童的精神家园，让他们倍感孤独的心灵得到暖暖的慰藉。开卷有益，图书馆大量馆藏书籍与网络资源，可以成为留守儿童的良师益友；图书馆的书籍阅读与信息检索环境所培养的良好信息获取习惯能使留守儿童受益终身。

　　（一）服务于西北地区农村留守儿童的图书馆三层支撑体系

　　结合西北地区农村经济发展情况，图书馆的现状以及留守儿童人群分布与生活的特点，提出构建服务于西北地区农村留守儿童的图书馆三层支撑体系。其中县、市级公共图书馆是主导力量，处于最外围；农村校园图书馆处于中间层；农村社区图书馆处于最贴近留守儿童的内层。处于最外围的县、市级公共图书馆可以利用自身优势向处于中间层的农村校园图书馆和处于最内层的农村社区图书馆渗透。同样，农村社区图书馆是县、市级公共图书馆与农村校园图书馆的必要补充与支撑。

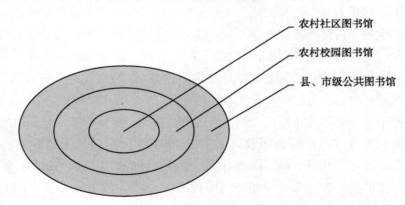

农村社区图书馆

农村校园图书馆

县、市级公共图书馆

图 7 – 5　服务于西北地区农村留守儿童图书馆三层支撑体系

　　（二）服务于西北地区农村留守儿童图书馆三层支撑体系的具体分解

　　1. 最主导的层面——县、市级公共图书馆

　　何为主导？不是指县、市级公共图书馆在服务于西北地区农村留守儿童图书馆三级支撑体系中处于高高在上的地位，而是指县、市级公共图书馆相较于农村中、小学校园图书馆与农村社区图书馆，在人力、物力和财力方面，都具有比较优势，因此起到主导作用。这种主导作用并不仅仅意

味着充分发挥西北地区县、市级公共图书馆的公共文化事业功能，吸引更多的留守儿童走进图书馆，而是更需要积极走进留守儿童的视野与活动范围，使更多的留守儿童在乐用、善用公共图书馆的过程中实现个人素养的提升，促进自身健康发展。

为了发挥这种主导作用，县、市级公共图书馆可以充分开发现有馆藏为留守儿童服务，并考虑增添一些儿童文学、科普读物与简写版名著。根据研究者在西北五省区的入户调研发现，留守儿童阅读量显著不足，相较教辅读物，儿童文学、科普读物与名著阅读量少得可怜。县、市级公共图书馆与留守儿童相对集中的中、小学可以成为合作单位，建立校内图书流动站与借阅点，特别是深入到寄宿制的中、小学，这是西北地区农村留守儿童更为集中的学校类型。寒暑假是公共图书馆留住留守儿童的最佳时段，县、市级公共图书馆能否招募大学生志愿者成为留守儿童的图书导读员与网络导航员。研究者在陕西省西安市 C 大学对 20 位西北地区农村生源大学生进行过深度访谈，问及他们寒暑假是否愿意给留守儿童当图书导读员与网络导航员时，18 位同学回答都是非常愿意，剩下两位同学，因为兼职，寒暑假一般不回家。有 7 位同学表达了这样的意愿：我小时候就是留守儿童，我知道他们有多孤独，多希望有课外书读，有电脑用。但18 位同学中有 11 人都反问这样一个问题：我们怎么去？总不能自己说去就去吧。从调研来看，西北地区农村生源大学生对为当地留守儿童当图书导读员与网络导航员都有着较为强烈的意愿，问题主要在图书馆这边，西北地区县、市级公共图书馆很少有招募志愿者的信息。县、市级公共图书馆作为主导力量的实现，恐怕最为迫切的就是需要从县上走下来，从图书馆走出来。可喜的是，不少县、市级公共图书馆开始作了有益的尝试。江苏省淮安市涟水县图书馆抽调专人组成调研组，深入城区及周边 11 个学校摸底调查，共排出"留守儿童"612 人，免费为这些留守儿童发放"借阅证"。① 天津市少年儿童图书馆提供 14150 册适合小学生和低幼儿童阅读的图书分送到较为偏远的武清区高村乡所属的 4 个阳光书屋。2010 年 1月，合肥市少年儿童图书馆肥东县陈集乡小魏村阳光小学分馆挂牌成立，这是免费开放的全国首家民办留守儿童寄宿制村小学图书馆。

---

① 民工网：《涟水图书馆成为"留守儿童"温馨之家》（http://www.mingong123.com/news/lszn/200808/50ff22ed00d90f8b. html）。

2. 最灵活的层面——农村校园图书馆

研究者在西北农村中、小学调研发现：农村中、小学图书馆藏书不少都是九年制义务教育普查时突击购买的，普查后购置的书籍明显减少，几年都未曾购买新书的现象并不鲜见。校园图书馆所藏书籍也多是为应付检查的各类教辅读物。大多数学校因场地、师资不足，没有设立专门的图书借阅室，更不要说电子阅览室了。有的学校图书馆与办公室合并在一起，等到检查时再腾出一个房间。学校基本没有专职图书管理员，开展自主借阅的较少，多采取以班为单位的集体借阅方式，一学期各班最多能借2—3次。在对陕西省汉中市南郑县 W 小学，G 小学，C 中学三位校长进行深度访谈时发现：西北地区农村中、小学在校舍建设方面得到各级政府的大力资助，校舍面貌大为改观，但是在校园图书馆建设方面确实比较滞后，政府和当地教育部门也没有专门的图书与电脑购置补贴，学校升学考核的任务又重，图书馆建设只能边缘化了。农村儿童在校园图书馆借书难，借新书更难，更没有条件阅读各类电子书籍与观看优秀教学视频。

图7-6、图7-7　陕西省西安市户县初级中学 G（左图）
和陕西省西安市临潼区穆寨乡初级中学 D 的阅览室，
两个学校的阅览室硬件配备相差比较大，但是共同点是开放的时间都较少

农村校园图书馆成为西北地区农村校园文化信息建设的短板。政府可否拿出一部分资金支持西北地区农村校园图书馆的建设，当然这是较为长期的一个过程，目前需要立足本土实际，采用灵活的方式，先把传统印刷书籍借书难、借新书更难的问题解决掉，那么靠以前的校园图书馆较为呆板的运转模式恐怕是不行的。我们可以考虑：

（1）与县、市级公共图书馆合作，在农村中、小学，特别是寄宿制

学校建立图书流动站

　　研究者在调研中发现，西北地区农村近几年把比较偏远、规模较小的村小学并转到乡小学，改造为寄宿制学校，小学中、高年级学生住校的现象比较普遍，这样的学校留守儿童比重能占到 40%—60%。农村中、小学，特别是寄宿制学校与县、市级公共图书馆合作，建立图书流动站非常必要，有些公共图书馆也作了这样的尝试。四川沪州市图书馆就利用自身资源在沪州市规模较大的寄宿制学校"广云路小学""大北街小学""江南小学"设立了校内图书流动站，定期更换图书。①

　　（2）开展校际间图书资源流动

　　西北地区农村校园图书资源非常有限，就更需要开展校际间的图书资源流动，这样图书资源的利用率就可以翻倍。在对上述三位农村中、小学校长深度访谈时，三位校长都表示，希望大家在购书的时候能够通个气，互通有无，尽量少购买雷同书籍，大家都在一个乡上，离得比较近，可以利用学校食堂的三轮车或小货运车在校际间书籍互换，从西北地区农村学校的实际出发，这不失为一个切实可行的好办法。

　　（3）农村校园"留守儿童之家"图书大漂流

　　目前各级政府都比较重视农村校园"留守儿童之家"的建设，甘肃省财政已拿出 2000 万元专项资金，安排建成 1000 所"留守儿童之家"，为每个"留守儿童之家"配置电视、电话、电脑、图书、期刊与报纸。这 1000 所"留守儿童之家"配置的图书、期刊与报纸如果重复购买，就太浪费宝贵而有限的资金了，可以开展农村校园"留守儿童之家"图书大漂流。四川乐山市就从 2010 年 3 月开始，在全市范围内开展以"分享阅读、共享关爱"为主题的"留守儿童之家" 8000 册图书漂流活动。

　　3. 最可挖掘的层面——农村社区图书馆

　　目前农村社区图书馆是最薄弱的一个环节，但也因为它薄弱，可挖掘的空间也最大。

　　（1）农家书屋：把留守儿童从电视沉溺中逐步解放出来

　　2005 年，国家有关部门在甘肃和贵州进行了建设"农家书屋"的试点工作，受到了当地农民的欢迎，中央领导对此项工作给予了高度重视，"农家书屋"建设被纳入国家"十一五"文化发展规划，成为构建公共文

---

　　①　何燕：《公共图书馆为农村留守儿童服务探讨》，《图书馆论坛》2010 年第 6 期。

化服务体系的重要组成部分。2007 年 3 月，中央组织部等 8 部委联合下发《"农家书屋"工程实施意见》，以此为标志，"农家书屋"工程建设被列为国家工程。仅仅用了 5 年时间，目前全国已建成农家书屋近 30 万个，覆盖全国近半数行政村，完成了原定的"十一五"建设任务。新闻出版总署和财政部从 2010 年起提前启动了"十二五"农家书屋工程建设工作，到 2012 年能够基本实现全国"村村有书屋"的目标，这比原计划整整提前了 3 年。① 留守儿童监护人放任留守儿童高强度收看电视，最主要的原因是害怕留守儿童四处玩耍，安全出问题。每个农家书屋至少配备了 1500 册图书、30 种报刊、100 种音像制品，给留守儿童提供了一个让监护人放心的课外阅读场所，留守儿童也喜欢和同伴一起阅读，这样就使留守儿童逐步从深度电视沉溺中解放出来。

2012 年 12 月，研究者对陕西省汉中市南郑县 Z 镇 Z 村的农家书屋进行了实地调查研究。2011 年 11 月，Z 村建立了农家书屋，图书达 2000 余册，投影仪一台，光碟 300 余张，12 月正式投入使用，这是 Z 镇第一家农家书屋。Z 村的农家书屋放在了村部，一间 30 平方米的房子，既是农家书屋，也是 Z 村的会议室。书屋管理员由村卫生员兼任，没有工资，但有一定补助，书屋每周星期五开放。2011 年 12 月到 2012 年 12 月，借阅记录共计 247 人次。借阅排名前 10 位的图书为：《新课标成长作文/语文教材配套作文教程》《最新五年中考满分高分新作文》《全景阅读：中国成语故事（学生版）》《陕西历史百谜》《安徒生童话》《格林童话》《一步一步学电脑》《稻田养殖一月通》《黑木耳与香菇栽培 400 问》与《骆驼祥子》，其中《新课标成长作文》系列、《成语故事》《最新五年中考满分高分新作文》，这些书的封皮都磨得有些卷边了。从借阅记录来看，儿童是农家书屋的主体借阅者，作文书、工具书、童话书与简写本文学名著是农村儿童最喜欢的图书类型。村子里的留守老人和留守妇女，不论自己喜不喜欢看书，都会要求家里的孩子多读书，留守儿童相较于村子里其他人群，对农家书屋更为偏好。

日本郊区乡下的妈妈们通过建立小型家庭共享图书馆来提高孩子们的阅读环境——这些图书馆称为"Kodomo Bunko"（儿童家庭图书馆），也就是"家庭文库"。家庭文库对提升日本农村孩子的阅读素养方面起到深

---

① 王佳欣：《2010 年农家书屋工程建设回眸》，《中国新闻出版报》2011 年 1 月 6 日。

图7-8、图7-9　陕西省汉中市南郑县 Z 镇 Z 村的农家书屋

远影响。① 我们的农村也逐渐涌现了个人图书馆。浙江嘉兴斜桥镇庆云村的杨霄松家庭图书室，创办于 2004 年，8 年来，杨霄松家庭图书室已接待村民 5000 人次，出借图书 3000 余册。村民自发不断送来小桌子、小凳子、各类书籍与图片充实图书室。②

　　研究者在新疆昌吉回族自治州玛纳斯县北五岔镇 X 村调研时，结识了非留守女童 ZMG 的父亲 ZJZ，ZMG14 岁，上初二，品学兼优。ZJZ 为人比较健谈，早年外出务工，现回家务农，喜欢画国画，写毛笔字，家里笔墨纸砚俱全。X 村本来有个农家书屋，因为无人管理，已经关停两年之久，ZJZ 知道后通过努力，自己承担下来，于是农家书屋在他家书房落成。ZJZ 平时让女儿 ZMG 联络村子里的孩子们到他家看书，孩子们也把这当成一个可以畅所欲言、结伴阅读的好去处。由此研究者建议，西北农村地区农家书屋主管部门能否可以对农村个人图书馆也可以提供一定的支持，作为农家书屋的有效补充。

　　（2）移动图书馆：图书馆在农村社区具有生命力的延伸

　　移动图书馆的服务形式在 1935 年首先出现在英国的肯特郡，是以汽车作为交通工具，定期为偏远地区的居民送书。如今它已经成为英国农村图书馆为农民提供图书服务的主要方式。③ 我们可以洋为中用，把它作为图书馆在农村社区的延伸。2007 年 10 月，"广州少年儿童汽车图书馆"建设完成，使广州的少年儿童拥有了第一座"流动的图书馆"。④

---

①　陆和建、张芳源：《国外农村图书馆服务模式研究》，《图书情报知识》2012 年第 3 期。

②　罗铮、杨霄松：《家庭图书室带给农家书屋的启示》，《图书馆》2012 年第 4 期。

③　陆和建、张芳源：《国外农村图书馆服务模式研究》，《图书情报知识》2012 年第 3 期。

④　郭海平：《发挥汽车图书馆的优势　为农村少儿服务》，《中小学图书情报世界》2009 年第 5 期。

图 7 – 10、图 7 – 11　新疆昌吉回族自治州玛纳斯县北五岔镇
X 村村民 ZJZ 的书房和设置在书房里的 "农家书屋"

借助交通工具的移动图书馆服务方式灵活、机动，不需要馆舍，一年四季，车轮滚滚，都可正常运行。特别适用于居住地比较偏远、分散的广大西北农村地区。西北地区有的村子比较偏远，鼓励留守儿童去县城图书馆借书是缺乏现实基础的。移动图书馆是公共图书馆在这些偏远乡村极具生命力的延伸。研究者调研发现，摩托车与电动车是西北农村普及率非常高的交通工具，基本家家具备。出售盗版书与光碟的商贩骑着摩托车或电动车，携带成箱的书、碟走街串巷，流动售卖的景象随处可见。我们能否在规定时间，摩托车或电动车携带农家书屋借阅率较高的图书，流动办理借阅。研究者问及陕西省西安市 C 大学 20 位农村生源的大学生，寒暑假期间是否愿意充当摩托车或电动车上的农家书屋管理员，20 位同学中除了 3 位不会骑摩托车和电动车的女同学，其他 17 位同学都表示非常乐意。移动图书馆在西北农村的建立具有可操作性。

（3）留守儿童活动室：留守儿童结伴阅读的 "小窝"

安徽省从 2010 年至 2012 年，利用三年时间，投入 2616 万元，在全省 1308 个乡镇创建了农村留守儿童活动室，对每个活动室统一配送了书柜、图书、期刊、体育活动器材等。① 这一点非常值得西北农村地区学习，农村中、小学的家庭作业相较城市还是比较少，也不像城市的孩子课余还要参加英语、围棋、舞蹈、钢琴等兴趣班，农村儿童一般都能在学校下午的自习就把作业写完，回到家就是一头扎在电视机前面。有了留守儿

---

① 中华人民共和国财政部：《安徽省财政大力支持 "农村留守儿童活动室" 建设》，http：//www. mof. gov. cn/xinwenlianbo/anhuicaizhengxinxilianbo/201009/t20100926_ 340500. html。

童活动室，留守儿童就可以结伴在这个村子里的"阅读小窝"里进行阅读，而不是窝在家里长时间看电视。

二　图书馆三层支撑体系服务于西北地区农村留守儿童的路径

（一）县、市级公共图书馆——走进留守儿童的视野与活动范围

作为公共图书馆，以旧有面貌呈现，坐等留守儿童上门是非常被动的，主动地走进留守儿童的视野与活动范围，是最为重要的一步。

1. 春节时间，开辟"亲子识读阅览室"

对于县、市级公共图书馆来说，春节时间，是一个非常好的吸引留守儿童走进图书馆的时机，能否考虑开辟"亲子识读阅览室"，空间并不要多大，主要呈放适合学龄前及小学阶段孩子阅读的儿童文学、童话故事和少儿画报，让一年没有见到孩子的留守儿童父母和孩子一起阅读，增进亲子间的感情。先期可以通过农村校园进行"亲子识读阅览室"的推广活动。

2. 在电子阅览室设立"网络导航员"，提倡"绿色上网行动"

研究者在陕西省汉中市南郑县 Z 镇进行调研时，发现这里有网吧 5 家，最早的开办于 1994 年，虽然网吧内都标有"未成年人禁止入内"的标示，但是 5 家网吧，有 4 家都容留有未成年人。

从调研来看，在县、市级公共图书馆电子阅览室设立"网络导航员"，在留守儿童中推广"绿色上网行动"非常必要。可以邀请寒暑假回家的大学生志愿者讲解网络知识，指导留守儿童浏览适合他们阅读的优秀网站，提升留守儿童的网络使用水平，辨别虚假信息，远离网络暴力与色情信息。

3. 组织适合儿童的各种讲座与竞赛

在调研时发现，西北地区县、市级公共图书馆组织的各种讲座与竞赛还是很有号召力的。陕西省汉中市南郑县图书馆举行的 2010 年元宵灯谜会，吸引了周围许多村民，包括比较偏远的胡家营乡、歇马乡、忍水乡、高家岭乡的村民都携家带口纷纷赶来。西北地区县、市级公共图书馆可以不定期举行各类儿童读书竞赛、故事大王比赛、朗读比赛、儿童元宵灯谜会等活动，锻炼留守儿童的语言表达能力、参与活动能力，激发他们的表现力与创新力。

（二）校园图书馆——培养留守儿童对信息的审视与批判能力

校园图书馆身处校园环境，是培养留守儿童信息审视与批判意识的一

个理想场所，父母长期缺位的留守儿童在信息洪流面前不该是什么都安然接受的羔羊，而是主动进行信息择取的小主人。

1. 组织春季校园读书节

西北地区农村中、小学可以利用校园图书馆组织春季校园读书节，鼓励孩子们进行广泛阅读，消减电视与网吧依赖。通过读书节，引导孩子们比较看电视与读书的异同，写写读后感，评点各类电视节目，特别是选秀节目，辨识虚假广告与不良信息，逐渐培养孩子们有这样一个认识：大众媒介所传播的形形色色的信息并不一定都是好的，能够全盘吸收的，需要我们开动小脑筋，脑子里多转几个弯弯，勤思考：这个信息可靠吗？对我有益吗？这个信息传达的目的何在？

2. 校园图书馆活动与信息技术课对接，提升网络信息审视与批判意识

在调研中，发现农村校园图书馆根本没有条件阅读电子书籍与收看视频，但是只要是完全小学，都从高年级开始开设信息技术课，一般为每周一次，每次两节课。我们可以依托信息技术课，与校园图书馆活动对接，讲解网络信息获取知识，提醒孩子们网络是一把双刃剑，不要和陌生人聊天，不要随意留下真实信息，引导他们寻求各类信息帮助，如上网查询试卷、范文等，讨论如何消除网络不良信息的影响，提升留守儿童网络信息的审视与批判意识。

(三) 农村社区图书馆——媒介参与和媒介信息反哺

1. 以农家书屋、汽车图书馆与留守儿童活动室为据点推广媒介参与运动

西北地区农村社区可以由大学生村官、西部志愿者、村里寒暑假回来的大学生牵头，以农家书屋、汽车图书馆与留守儿童活动室为三个据点，给村子里的留守儿童讲解图书出版流程，报刊编辑知识，网页制作技术，数码相机和小型 DV 的使用方法，自办村庄小报，撰写村里大广播播出的稿件等，使留守儿童能够提高媒介参与意识，发出自己的声音。

2. 留守儿童利用"卫星数字农家书屋"进行信息反哺

2010 年 11 月，航天科技集团直播星信息数字技术有限公司分别与陕西省新闻出版局、湖北省新闻出版局签署了《"卫星数字农家书屋"战略合作协议》。目的是为陕西省、湖北省农家书屋工程增添一个利用卫星直接传输数字出版物的新型文化平台，探索陕西省、湖北省新型"卫星数

字农家书屋"的建设模式。① 南京大学周晓虹教授在 1988 年即开始使用
"文化反哺"这一概念来指代由年青一代将知识、文化传递给他们生活在
世的前辈的现象。② 利用农家书屋的数字信息设备，特别是有声读物与视
频资料，在农闲时节，成立"留守老人信息素养班"，"留守妈妈信息素
养班"；同时动员初、高中阶段的留守儿童，让他们对留守在家的爷爷奶
奶、妈妈进行信息反哺，在这种互动过程中，也提升了自身的信息素养水
平与信息择取能力。

---

① 王佳欣：《2010 年农家书屋工程建设回眸》，《中国新闻出版报》2011 年 1 月 6 日。

② 方建移、胡芸：《社会教育与儿童社会性发展》，浙江教育出版社 2005 年版。

第八章

西北地区农村留守儿童媒介素养教育四级进阶模式的构建与实践路径

第一节　西北地区农村留守儿童媒介素养教育四级进阶模式的构建

媒介素养（Media Literacy）研究起源于20世纪30年代的英国，经过近80年的发展，大多数西方发达国家已经建立了比较成熟的理论框架和实践体系。

英国的 ER. 利维斯（ER. Leavis）和他的学生丹尼斯·桑普森（Denys Thompson）于1933年出版的文学批评著作《文化和环境：培养批判意识》（Culture and Environment：The Training of Critical Awareness）。该书首次就学校引入媒介素养教育的问题作了系统的阐述并提出了一套完整的建议。[①]

媒介素养研究历经了四次可称之为"范式转移"的变化：30年代的保护主义立场；60年代强调提升对媒介内容的选择和辨别力；80年代重点对媒介文本的批判性解读；90年代以来的参与式社区行动（陆晔，2008）。[②]

1997年，卜卫在《现代传播》第1期上发表了中国大陆第一篇系统论述媒介素养教育的论文——《论媒介教育的意义、内容和方法》。该文追溯了"媒介教育"这个概念在西方的发展演变，并分析了媒介教育的

---

① ［英］大卫·帕金翰：《英国的媒介素养教育：超越保护主义》，宋小卫译，《新闻与传播研究》2000年第2期。

② 陆晔主编：《中国传播学评论·媒介素养专辑·媒介素养的全球视野与中国语境》，复旦大学出版社2008年版。

意义、内容、实施途径和方法。2002 年，卜卫的《媒介与儿童教育》出版，这是第一本指导儿童如何使用媒介的专著。中国传媒大学于 2003 年开始招收国内第一批传媒教育硕士研究生，并于 2004 年召开了"中国首届媒介素养教育国际研讨会"。此次会议拉开了我国媒介素养教育的序幕。2004 年秋，上海交通大学在中国大陆高校第一个开设媒介素养教育课程。

在我国大陆地区，媒介素养研究还存在不少研究空白点，媒介素养的内涵及意义还没有得到广泛的认知和充分的肯定。我国农村留守儿童媒介素养研究还是一块有待开垦的土地，适合农村留守儿童的媒介素养教育模式还未建立，实践路径尚不清晰。

一　推进西北地区农村留守儿童媒介素养教育三方联动

家庭是个体接受教育的源头，父母不仅是子女的首任教师，也是终身教师。家庭教育与学校教育、社会教育相比，其影响力贯穿于一个人的毕生发展。家庭是非常重要的儿童媒介素养教育场所，家庭对儿童媒介素养面貌的改善所起的作用是日积月累的，逐渐渗透的。

从研究者在西北五省区的入户调研结果来看，留守儿童多与妈妈，或爷爷奶奶共同生活。留守儿童和妈妈在家一起生活的达到 45.8%，和爷爷奶奶生活的占到 31.2%。相当一部分留守儿童的留守生活开始时间早，具有长期性、持续性的特点。有 69.1% 的外出务工父母在孩子 6 岁前就外出务工了。外出务工时间达 10 年以上的有 23.6%，7—9 年的有 14.6%，不到一年的仅有 9.8%。留守妈妈文化水平多为小学和初中，平时承担繁重的体力劳动，还要关照家里老人，照管孩子，精神上较为孤独苦闷。留守儿童祖辈监护人文化水平多为未接受学校教育与小学，精力不济，照管一个或多个孙辈日常起居已是勉为其难，有部分祖辈监护人长年受一些慢性病折磨，家里较大的留守儿童还需要照料爷爷奶奶的生活。在这种家庭结构失衡与弱化的前提下，电视因其便捷性与安全性，很自然的首当其冲，成为留守儿童监护人最依赖的"全天候保姆"，这位"全天候保姆"只要可以让精力旺盛的孩子安安静静地坐在家里即可，留守妈妈与祖辈监护人并没有明晰地意识到还需要关注这位"全天候保姆"到底以何种方式陪伴孩子，"全天候保姆"所提供的精神食粮是否需要加以认真辨别。87.7% 的留守儿童监护人对孩子观看电视的时长有所限制，只有

12.3%的留守儿童监护人"完全不控制，孩子想看多久就看多久"，于此形成鲜明对比的是，35.9%的留守儿童监护人"很少关注"或"从来不关注"孩子看什么样的电视内容。留守儿童监护人大多对留守儿童观看电视的时长加以限制，但对收看内容却缺乏关注。

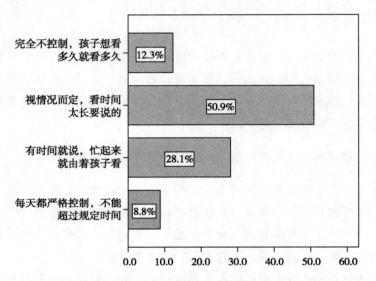

图 8-1　留守儿童监护人对留守儿童看电视时长的控制情况

　　只有4.4%的留守儿童监护人觉得陪孩子看电视非常必要，持"说不清""不太必要""没任何必要"态度的要占到52.6%。深度访谈发现：留守儿童监护人对陪伴孩子收看电视的行为颇不以为然，"专门陪娃看电视，那不是闲得慌。""又不是个瓜子（方言：傻瓜），看个电视，还得家长陪？"，"作业我都不管，还陪着看电视？"，"我看啥，娃看啥，陪着他看，还由得他上天哩。"

　　仅有2.6%的留守儿童监护人经常和孩子一起谈论孩子喜欢看的电视节目，"很少"和"从来不"和孩子一起谈论电视里的内容的高达59.6%。绝大部分西北地区农村家庭拥有一台电视，全家在堂屋共同收看。深度访谈发现：留守儿童监护人较少考虑孩子的观看需求与适宜内容，监护人收看含有暴力、恐怖、床上镜头的电视内容时，留守儿童一同收看的现象较为常见，特别是留守男童跟随收看的情况更为普遍。留守妈妈觉得自己辛苦一天，该看看电视放松，自己看什么孩子就该跟着看，要不就一边学习去；祖辈监护人年纪大，劳作一天，精力不济，多早睡，任

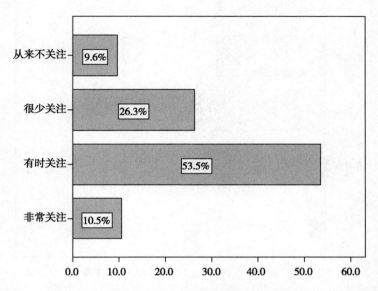

图 8 - 2　留守儿童监护人平时是否关注留守儿童看什么样的电视内容

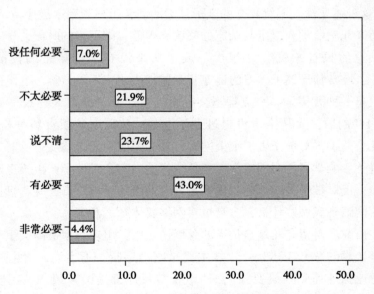

图 8 - 3　留守儿童监护人觉得陪孩子看电视是否必要

留守儿童独自收看电视。

　　从问卷调查和深度访谈资料的分析可以看出："控制孩子看电视的时长→关注孩子所看电视的内容→陪伴孩子看电视→和孩子讨论电视内

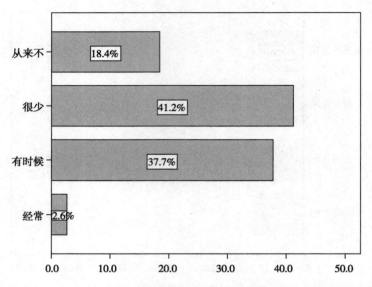

图 8 - 4　留守儿童监护人是否和孩子一起谈论孩子喜欢的电视内容

容"，这种逐层深入围绕媒介的亲子互动活动，出现频率逐级递减。

留守儿童监护人报纸与杂志的阅读率很低，闲下来的时候，喜欢看报纸、杂志的只有 5.3%。"很少"或"从来没有"陪孩子阅读的达到 59.7%，经常辅导孩子学习的留守儿童监护人也只有 9.6%，陪伴孩子阅读就更是一种奢望了。一点都不会电脑的留守儿童监护人有 65.9%，其中 42.1% 的监护人从来也没想过去学电脑。从深度访谈资料分析来看：留守儿童监护人对孩子去网吧上网多持较为鲜明的反对态度，反对的原因主要是怕影响学习，对网络上究竟什么样的内容会对孩子产生不良影响比较茫然，反对孩子去网吧的表现多为三言两语的简单斥责，并不真正了解孩子去网吧到底做些什么，自身也对网络媒体知之甚少。

在研究者对留守儿童监护人的深度访谈中，出现频率最高关于留守儿童媒介接触的意见表达是："娃主要是吃饱穿暖，不生病，看电视就随他，总比到外面到处疯耍强"；"电视节目那都是国家放的，还能害了娃"；"娃上网吧打游戏没够，我们也没法"。从调研情况来看，留守儿童监护人在对留守儿童媒介使用引导方面存在的问题主要有三个：（1）对大众媒介信息毫无保留信任，把电视当作留守儿童"尽职尽责的全天候保姆"；（2）对留守儿童接触不良信息根本无意识或漠视；（3）极少陪同留守儿童使用媒介。

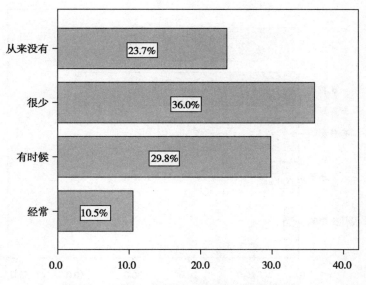

图 8 - 5　留守儿童监护人陪伴孩子阅读的情况

不过研究者同时发现一个令人非常振奋的事实，65.0%的留守儿童监护人认为大众媒介对留守儿童成长的影响"非常大"或"比较大"。如果对留守儿童监护人耐心地解释与说明"陪伴孩子看电视和与孩子讨论电视内容都有助于提高孩子对电视节目的分析与判断能力，更好地从电视内容中汲取营养"后，留守儿童监护人大多表示，"以前并不知道陪伴孩子收看与共同讨论电视内容还有这么重要的作用，如果知道，还是会尽量抽出时间去做的"，这种积极态度在留守妈妈群体中表现得更为明显。当问及留守儿童监护人"您认为培养孩子的'媒介素养'，就是培养孩子如何更好地理解报刊、广播、电视和网络所传播的各类信息，如何更加有效地利用这些媒体的一种能力是否必要"时，80.7%的留守儿童监护人认为"非常有必要"和"有必要"。留守儿童监护人能够意识到大众媒介对儿童的成长会产生比较大的影响，也认同提升孩子"媒介素养"的必要，只是他们由于自身文化水平与视野的局限，不知道该如何对孩子进行媒介素养教育。要推进留守儿童媒介素养教育，留守儿童监护人媒介素养教育就必须同步推进，监护人的媒介素养水平提升，对留守儿童媒介素养教育整体推进，特别是在早期媒介素养培育阶段非常重要。

除了家庭，学校也是一个非常重要的媒介素养教育场所。加拿大媒介素养之父 John Pungente 对全世界媒介素养成功案例的研究明确表明，其

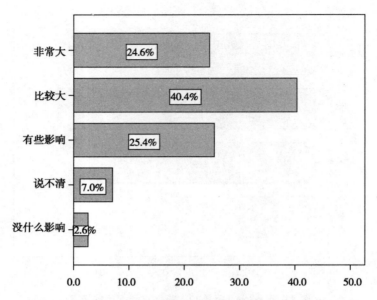

图 8 – 6   留守儿童监护人对大众媒介对孩子成长影响的看法

他国家的媒介素养是作为草根运动在教师引领下不断进行和发展的。①

从西北地区农村中、小学教师调研情况来看：86.6% 的农村中、小学教师认为大众媒介对学生的成长影响 "非常大" 或 "比较大"。通过研究者对农村中、小学教师问卷调查与深度访谈发现，农村中、小学教师的媒介素养面貌也急需改善，最突出的问题就是对媒体的认识比较片面、主观，集中于三点：（1）76.7% 的农村中、小学老师 "经常会"，23.3% 的 "有时会" 在课堂上对学生说 "放学之后，不要去网吧" 之类的话，但基本为大而化之说几句，很少对网络媒体本身与网络内容进行具体分析。（2）注重媒体的单一教育功能，强调媒体的负面影响，忽视媒体内容对学生舒缓压力与愉悦身心所起的积极作用。除了新闻和科学知识类节目，农村中、小学教师普遍认为其他节目均会对儿童造成程度不同的不良影响，尤其会导致学习成绩下降。（3）对商业讯息的排斥情绪浓厚，认为商业广告就是骗人乱花钱的，学生收看商业广告没有任何益处。让研究者欣慰的是，西北地区农村中、小学教师对学校开设 "媒介素养课程" 的

———————————

①   参见张开《从草根运动到政策推动——全球媒介素养教育正走向理性化的发展道路》，《现代远距离教育》2012 年第 4 期。

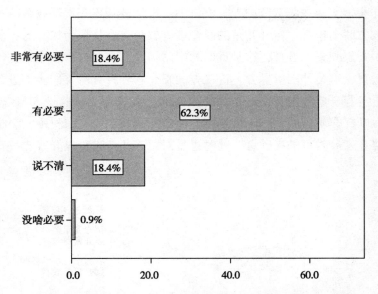

图8-7　留守儿童监护人对培养孩子"媒介素养教育"的态度

意愿是强烈的，有96.6%的教师认为自己所在学校"非常必要"和"有必要"开设媒介素养课程。

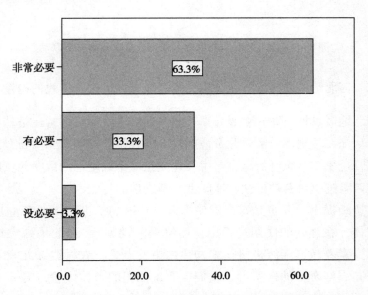

图8-8　农村中、小学教师对开设"媒介素养教育"课程的态度

推进西北地区农村留守儿童媒介素养教育远比城市儿童复杂，需要推

进留守儿童，留守儿童监护人，农村中、小学教师媒介素养教育的三方联动。三方联动包含：留守儿童的媒介素养教育，这是最为核心的；留守儿童监护人媒介素养教育，这是重要的中间辅助方；农村中、小学教师媒介素养教育，这是外围引导方。这三方的媒介素养教育需要同步推进，留守儿童自身媒介素养教育推进是最为重要的，但留守儿童监护人与农村中、小学教师媒介素养教育亦不可偏废，留守儿童监护人与农村中、小学教师既是媒介素养教育的接受者，同时也是对留守儿童进行媒介素养教育的实施者。

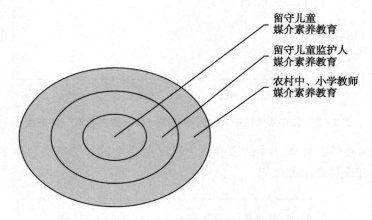

留守儿童
媒介素养教育

留守儿童监护人
媒介素养教育

农村中、小学教师
媒介素养教育

图 8-9　西北地区农村留守儿童媒介素养教育三方联动

二　西北地区农村留守儿童媒介素养教育四级进阶模式的构建

西北地区农村留守儿童媒介素养教育四级进阶模式的构建是基于留守儿童的认知发展规律、留守儿童群体媒介接触特点和留守儿童媒介素养水平的提升规律三个维度的综合考虑，建立在三个维度下的留守儿童媒介素养教育四级进阶具有贴近性、适度性、渐进性的特点。

施拉姆提出：儿童是媒介的使用者（USER），儿童不是孤立的、被动的个体，在媒介的使用过程中，始终是主动的。[①] 西北地区农村留守儿童媒介素养教育四级进阶模式构建的出发点是：农村留守儿童是积极主动并充满好奇心的探索者，我们应尊重他们的个体体验，充分考虑到

---

① W. Shramm, J. Lyle & W. B. Parker, *Television in the Lives of Our Children*, Stanford University Press, 1962.

他们现实所处的生活环境，调动他们的自主意愿，而不是僵化地自上而下硬性推广，这样就脱离了媒介素养教育的本意。需要指出的是：四级进阶的适宜年龄区间并不是固化、呆板的，这里只是提出了一个大致区间。

儿童心理学研究大师皮亚杰提出儿童认知发展的四个阶段：一是感知运动阶段（出生—2 岁）；前运算阶段（2—7 岁）；具体运算阶段（7—11 岁）；形式运算阶段（11 岁以后）。皮亚杰把儿童看作是主动建构者———一个能够操控新的事物和事件，并以此达到对其本质的某些理解的个体。认知发展是一个主动的过程，在这一过程中，儿童有规律地寻求并同化新经验，调整原有的图式，去顺应新经验，然后将已有的图式组成新的、更复杂的图式。①

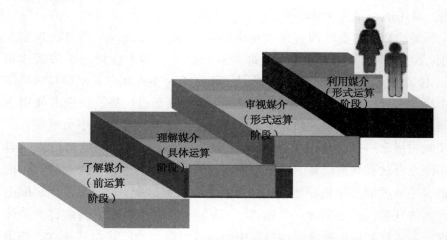

图 8－10　西北地区农村留守儿童媒介素养教育四级进阶模式图

（一）了解媒介（第一阶）

"了解媒介"是西北地区农村留守儿童媒介素养教育四级进阶中最基础的一阶。

1. 上阶适宜的年龄区间（2—7 岁）

2—7 岁属前运算阶段，这一阶段的儿童已能使用符号（如：词汇、头脑中的形象）来理解世界。扮演游戏开始出现，儿童能清楚地辨别出

---

① ［美］David R. Shaffer & Katherine Kipp：《发展心理学》第 8 版，邹泓等译，中国轻工业出版社 2009 年版，第 228 页。

现实与幻想的不同。思维是自我中心的,一直到这个阶段的后期,儿童才能考虑他人的观点。①

儿童在 2 岁多的时候,开始越来越多地一遍又一遍地看自己熟悉的电视内容。3 岁多的时候,幼儿观看电视时间显著加长了,他们会对生动的题材越来越感兴趣。4—5 岁的时候,他们开始逐渐理解电视中看到的不过是现实生活的一种反映,但他们仍然认为看起来是真的就是真的。② 到了 5 岁或 6 岁,他们使用更为高级的社会认知技能来理解电视所传递的信息,随着年龄的增长,他们变得对人物的动机更加敏感、对相关人物的行为暗示更加关注。与他们阅读的信息相比,儿童对从电视上看到的重复信息记忆得更好。③ 7 岁以下的儿童尚不能充分把握电视节目的虚构本质,常常认为电视中的主人公在真实生活中依然存在,并保持剧本中的一切特征 (Wright et al., 1994)。④

通过研究者在陕西省汉中市南郑县 C 镇 H 村的入户参与式观察发现,6 位 4—7 岁的留守儿童全部接触过电视,两人接触过学龄前读物 (1 位留守儿童的妈妈是一民办幼儿园的老师;1 位留守儿童的妈妈是高中毕业生,在村里开了一个小商店),无人接触过广播。研究者使用一周时间参与式观察了一位 4 岁留守女童的电视接触情况。中央电视台少儿频道播出一个《快乐大巴》的节目,小朋友答对问题就可以去玩具乐园拿自己喜欢的玩具。有位小朋友在玩具乐园挑中一个大毛绒熊,他揪着毛绒熊的耳朵拖在地上走。观察对象看到这里,大声说:“别揪毛毛熊的耳朵,毛毛熊疼,要抱着。”这位 4 岁的留守女童的语言典型体现了前运算推理的缺陷,即自我中心与泛灵论,他们只能站在自己的角度去想象问题,常将无生命物体赋予生命或者生命特质,比如认为它们具有痛感与行为动机。

研究者通过西北 5 省区 4—7 岁留守儿童的入户深度访谈发现,处于

---

① [英] 鲁道夫·谢弗:《儿童心理学》,王莉译,电子工业出版社 2005 年版,第 250、272 页。

② 白传之、闫欢:《媒介教育论》,中国传媒大学出版社 2008 年版,第 237 页。

③ 参见 [加] 居伊·勒弗朗索瓦《孩子们——儿童心理发展》第 9 版,王全志、孟祥芝等译,北京大学出版社 2004 年版,第 492 页。

④ 参见 [美] 戴维·谢弗《社会性与人格发展》第 5 版,陈会昌等译,人民邮电出版社 2012 年版,第 388 页。

7 岁前的留守儿童，看电视是最为主要的休闲娱乐活动，孩子的年龄比较小，留守儿童监护人一般不允许孩子去远处玩耍，看电视就成为监护人认为的比较安全的室内活动。动画片是这一阶段的留守儿童最为偏好的电视内容，《小牛向前冲》《哪吒传奇》《大耳朵图图》《大头儿子与小头爸爸》《喜羊羊与灰太狼》《熊出没》等情节与人物关系简单的动画片深受这一年龄段留守儿童的喜爱。留守儿童监护人也乐于让孩子观看各类动画片，在孩子观看的过程中，他们能够安心忙于洗衣服、扫院子、拌猪食、喂鸡鸭、收拾院子里的菜地等家务劳动。

2. 目的与意图

根据留守儿童的认知发展规律与媒介接触特点，"了解媒介"阶段核心的目的与意图就是使留守儿童对最常接触的电视媒体有一个基本了解。主要集中于三点：（1）明白电视中看到的只是一种屏幕再现，并非现实场景。例如出现食物，知道那是不能拿来食用的；呈现玩具，也是无法取来玩耍的。（2）能够辨别动画片和真人演出节目的不同。动画片中出现的形象是设计好的，并加以配音。真人演出，有现场的肢体动作与相对自由表达的语言。（3）知晓收看电视节目，哪怕是自己喜爱的电视节目，也是要有时间限制的，不能无节制收看。

（二）理解媒介（第二阶）

第二个阶梯是理解媒介，这也是农村留守儿童媒介素养教育中承上启下的重要一阶，这里的"理解"指对媒介信息符号与节目播出意图的理解。

1. 进阶的年龄适用区间（7—11 岁）

7—11 岁，这一年龄阶段属于具体运算阶段，儿童开始进行较为系统的推理，用逻辑的方式解决问题，最后放弃自我中心，获得了大量心理操作能力，例如：多重分类、逆向、序列以及守恒。通过这些运作，他们能够以不同的方式操纵符号。逻辑思维在这个时期出现了，但仍主要与具体事件而不是与抽象概念相联系。[①] 研究者在陕西省汉中市南郑县 C 镇 H 村的参与式观察发现：当问及"揪着毛绒熊的耳朵拖在地上走，毛绒熊会不会疼"的问题时，小学低年级的留守儿童都能肯定地回答："不疼，毛

---

① ［英］鲁道夫·谢弗：《儿童心理学》，王莉译，电子工业出版社 2005 年版，第 250、272 页。

绒熊是玩具，是假的，可也不能拖在地上走，会把毛绒熊弄脏的。"在具体运算阶段，儿童从泛灵论中解脱出来，从知觉假象中开始去中心化，进行初步的逻辑推理与判断。"毛绒熊拖在地上走不疼→它是玩具，没有生命→不能把毛绒熊拖在地上走→会把它弄脏"，这一逻辑推理过程是清晰、合理的。留守儿童在这一年龄阶段，思考方式变得更加具有持续性，也更有效，这可以帮助他们理解不同的媒介内容。

收看电视、阅读书籍从个体独立的媒介接触体验逐渐转变为一种社会交往活动。观看的电视内容，阅读的动漫书，成为这一阶段留守儿童与同学、朋友间的重要话题来源。留守儿童进入小学以后，兴趣相投的同学之间形成"小圈子"，成员也逐渐稳定下来，接触圈子成员都喜欢的媒介内容，并就此进行热烈讨论，成为一种"圈子文化"。留守儿童在这一阶段对各类媒介内容的理解力显著提高了。以电视剧为例，对剧中人物的虚构性有较为明晰的认识，可以对主要人物进行独立的评价与判断。研究者在深度访谈中问及"你认为电视剧里扮演美丽、善良的女主角的演员，在现实生活中也是这样吗?"7—11岁的留守儿童更倾向于回答"很难说"或"不是"。

> 留守女童ZX，8岁，小学二年级，甘肃省庆阳市西峰区彭原乡Z村人
>
> （父亲常年外出打工，母亲在家务农，父亲小学文化程度，母亲未接受过学校教育。学习基本上都交给老师，妈妈对孩子学习的态度是"女孩子能学怎样就怎样"。）
>
> 我最喜欢看《巴拉巴拉小魔仙》，每集都看，和我关系好的女孩都喜欢看，有的喜欢美琪，有的喜欢美雪，我喜欢魔仙小蓝。我们还去学校旁边的小店买魔法棒，课间可以拿着玩，装成小蓝、美琪、美雪。讨厌严莉莉，总是搞破坏，不过她不算最坏，最坏的是黑魔仙小月，许多坏主意都是她出的。不爱和我妈说我看了啥，说了她也不好好听，还会不耐烦，说我看的这个有啥意思。

> 留守男童WZQ，11岁，青海省湟中县上新庄镇Z村人。
>
> 我们男生最喜欢看《亮剑》，课间都爱讨论昨天晚上演到哪了。李云龙是抗日大英雄，勇敢不怕死，打鬼子特别过瘾。（研究者问及

"如果你周围有个李云龙这样的人呢?") WZQ 认真想了想说, 那说话就不能老是"老子""去他娘的", 课堂上也不能乱动。我们班要是有一个像李云龙的, 就反了天了, 老师早给赶出去了。

研究者对陕西省汉中市南郑县 W 小学与 G 小学一到五年级留守儿童进行了焦点小组访谈, 得出: 这一年龄段的留守儿童非常喜欢和伙伴交谈最近看过的电视内容。动画片是小学中、低年级留守儿童喜爱的讨论主题, 没有明显性别差异; 枪战片和鬼片是小学高年级留守男生喜爱的讨论与模仿主题; 偶像剧和娱乐节目是小学高年级留守女生喜爱的谈论话题。各年级留守儿童都有模仿电视剧中的动作和广告语的现象, 男生出现模仿现象的频率远大于女生, 如冲口而出"今年过节不收礼, 收礼只收脑白金", "胃! 你好吗?", 模仿僵尸伸直胳膊一跳一跳走路, 模仿枪战片中的人物端起冲锋枪猛烈扫射的场景。就商业讯息理解来说, 陈家华、麦箴时研究得出: 一年级的城市儿童已经开始了解什么是广告, 并对广告的说服意图有模糊认识。[①] 根据研究者的深度访谈结果: 留守儿童对广告说服意图的理解相对要晚一些, 二年级的留守儿童开始逐渐明白广告的劝服意图。

进入小学阶段的留守儿童, 接触的媒介类型由单一的电视媒体逐步趋于多样化。二三年级的留守儿童开始阅读动漫书; 三四年级的留守儿童, 主要是男童, 已有到网吧上网的现象; 独立收听广播(主要是音乐频道)的留守儿童在这一阶段也开始出现。电视仍是这一阶段留守儿童接触最频繁的媒介。

2. 目的与意图

从农村留守儿童的认知发展规律与媒介接触情况出发, 这一阶段最重要的目的与意图就是使留守儿童理解不同类型媒介的特征, 辨析日常接触的主要媒介内容的基本特性, 商业讯息的基本意图。主要做到: (1) 理解新闻的社会功能和产生过程, 会初步解读新闻。(2) 知晓媒介的内容呈现可能需要进行后期加工。(3) 明白偶像人物的媒体呈现具有美化与浮夸性。(4) 能够识别广告主是商业信息来源, 了解广告的意图与作用。(5) 学会合理自主分派电视、网络等媒体使用时间。

---

① 陈家华、麦箴时:《中国儿童与广告》, 中国科学文献出版社 2004 年版。

（三）审视媒介（第三阶）

媒介素养教育是希冀受众能以批判性态度审视媒介信息。在这一过程中，学会辨别媒介载体与内容的关键概念、建立关联、分辨谬误，这也是全面行使公民职责所必需的能力。对媒介的审视能力是儿童媒介素养教育的重要组成部分，从研究者调研的结果来看，留守儿童对媒介内容的审视能力存在很大提升的空间。

"审视媒介"是留守儿童媒介素养教育四级进阶中最具提升意义的一阶，也是留守儿童媒介素养中比较薄弱的一个环节。研究者通过入户调研发现，有55.8%的留守儿童"完全不能"或"有时能"判断电视节目是否适合自己。在深度访谈中研究者追问"你判断电视节目是否适合自己的标准是什么？"，初中高年级和高中年级的留守儿童倾向于回答"开阔眼界的""增长见识的""放松心情的""不恶俗的""引发思考的"等较为具体的缘由，并融入了自己的价值判断。小学及初中低年级的留守儿童则回答较为含糊与主观情绪化，多为"说不出来啥适合自己""自己喜欢就行""看当时心情""说不来""反正就是爱看"等。

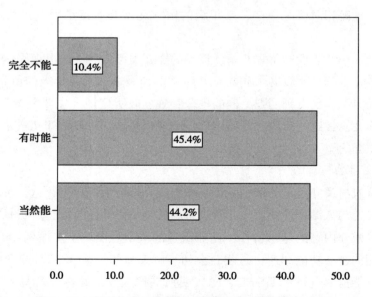

图 8－11　留守儿童能否判断电视节目内容是否适合自己

研究者在问卷中设计了一个问题："电视上播出一条新闻，有一个老太太被车撞了，路旁一个小伙子好心扶起她，反而被老太太冤枉是撞她的人，要小伙子赔医药费"，有 23.9% 的留守儿童认为"好人真难做，以后不要做好事了"，22.3% 的留守儿童觉得"电视上不应该播出这样的新闻，以后就不会有人愿意做好事了"，只有 36.5% 的留守儿童认为"好事还是要做，但也要注意保护自己"。通过深度访谈也可以看出，留守儿童对电视上所传播的信息多为全盘、机械性地接受，有效分析和自主判断的能力不足。

留守儿童对报纸上刊登出来的新闻"完全相信"和"基本相信"的有 64.2%；对电视上刊登出来的新闻持上述态度的有 61.2%；对广播上刊登出来的新闻持此态度的则是 59.8%；对网络上刊登出来的新闻信任度最低，"完全相信"和"基本相信"的只有 37.9%。研究者在深度访谈中发现：对于报纸上出现的新闻，留守儿童觉得比较可信，因为那是"国家的报纸""是印出来的""报纸有人管"，网络上的新闻不太可信的原因是"什么人都可以在网上写东西"，"网络没人管"。留守儿童判断一则新闻的可信度，与这则新闻刊登的媒介载体有密切关系，却缺乏对新闻本身内容真实性探寻的兴趣与热情。

大众媒介是向儿童提供消费知识和指导的重要渠道。从研究者的问卷调查结果来看：留守儿童对报纸中刊登出来的广告"半信半疑"的有 55%，"基本不信"与"完全不信"的有 20%；对广播中刊登出来的广告"半信半疑"的有 60.5%，"基本不信"与"完全不信"的有 16.6%；对电视上刊登出来的广告"半信半疑"的有 48.8%，"基本不信"与"完全不信"的有 30%；对网络中刊登出来的广告"半信半疑"的有 51.3%，"基本不信"与"完全不信"的有 30.3%。总体来看，留守儿童对报纸、广播、电视、互联网中出现的商业广告的信任度普遍是比较低的。留守儿童对电视上播出的商业广告的态度为"不太喜欢"与"很不喜欢"达 50.4%，深度访谈也支持了问卷调查结果。留守儿童对各媒体呈现的商业广告主观排斥情绪较强，缺乏理性的批判态度与分析的耐心。

1. 进阶的年龄适用区间（11 岁以上）

11 岁左右，儿童进入了形式运算阶段，达到了思维的高级阶段。儿童在这个时期能够进行包括抽象和逻辑思维推理在内的智力活动。他们不必经过实际操作就能想出不同的解决方案，他们有能力在完全假定的情境中解决问题，思考越来越建立在想法而不是具体事物的基础上。① 研究者对陕西省汉中市南郑县 C 镇 C 中学初中留守儿童做焦点小组访谈时，设计了一个问题："电视台为什么要放广告？"接受访谈的共有 11 位留守儿童，年龄在 12 岁到 14 岁之间，7 位孩子都明确回答出："做广告可以多卖东西，电视台放了广告就可以向生产东西的厂子要钱。"形式运算阶段的重要标志就是假设演绎推理，关于"电视台为什么要放广告？"的逻辑链条：厂家做广告为了多卖东西→电视台放广告→可以向厂家收钱，在 11 岁以上的留守儿童头脑中形成。这一阶，希冀培养留守儿童具有一定的理性的审视意识与思维方式，这种审视意识与思维方式不是局限于媒介文本分析，更应该是运用于具有重要道德、社会意义的问题上——如个人决策、社会行为和理想信念。

2. 目的与意图

这一阶段的核心目的与意图就是使留守儿童能够对媒介内容发出质疑与评估的信号，对不良信息具有辨别能力与批判能力。这种审视与批判能力，不是仅指掌握一些批判媒体内容论据的技能，更重要的是建构自己的立场。具体可归为：（1）理解媒介内容的生产过程和效益驱动，成为具有初步批判意识的媒介消费者。（2）自主、自发的去选择适合自己的媒介内容。（3）对广告，持有清醒而客观的态度，能将广告与自己的实际生活分开，不被广告所裹挟。（4）能够对电视中各类选秀节目选手的一夜成名理性对待。（5）对媒介暴力，特别是媒介中定位为正义一方所实施的暴力行为有较为清醒的认识。明确正义一方所施加的暴力行为是违背法律的，并将使自身遭受非常不幸而难以挽回的结果，更为认同遭受不公平、不公正待遇的一方可以用建设性的方法来解决矛盾冲突。（6）对媒体中呈现的涉性内容保持理性、健康的态度。对拥抱、接吻等场景不必抱有"很恶心""非常羞耻"的强烈憎恶态度。对堕胎流产广告所宣扬的"堕胎流产是一种随意的行为"予以排斥。（7）了解网络交友的误区，能分辨网络与现实交友的不同。（8）能够辨识虚假手机短信。

（四）利用媒介（第四阶）

审视媒介是利用媒介的基础，利用媒介是审视媒介的深化，这两阶的进阶年龄区间都以 11 岁以上为宜，两个阶段不是完全割离的，而是互有

---

① ［英］鲁道夫·谢弗：《儿童心理学》，王莉译，电子工业出版社 2005 年版，第 250、272 页。

渗透与促进。其意义在于：通过制作媒介信息表达自己的思想，应对各种议题，与外界进行对话。

从留守儿童参与各类媒介活动来看：有 97.5% 的留守儿童没有参与过广播中的互动节目。72.8% 的留守儿童没有参加过电视台的任何活动。

表 8 – 1 留守儿童参加过电视台的哪些活动

		响 应		个案百分比
		N	百分比	
参加过电视台的哪些活动	点播歌曲或影片	19	6.6%	7.3%
	有奖竞猜	15	5.2%	5.8%
	下载手机铃声或歌曲	32	11.1%	12.3%
	电视购物	6	2.1%	2.3%
	电视节目录制	2	.7%	.8%
	接受电视台记者访问	4	1.4%	1.5%
	什么活动都没有参与过	209	72.8%	80.4%
总计		287	100.0%	110.4%

从创造媒介内容方面来看：99.2% 的留守儿童没有当过报社的小记者。有 36.2% 的留守儿童完全不清楚一份报纸是怎么产生出来的。83.5% 的留守儿童没有自己动手制作过一份报纸。只有 1.9% 的留守儿童向报纸、杂志投过稿，留守儿童既对投稿缺乏兴趣与热情，也不知道该如何投稿。

表 8 – 2 留守儿童从来不给报纸、杂志投稿的原因

		响应		个案百分比
		N	百分比	
从来不给报纸、杂志投稿的原因	对投稿不感兴趣	83	23.2%	32.7%
	学习紧张，顾不上	77	21.5%	30.3%
	觉得自己没有那个能力	76	21.2%	29.9%
	根本不知道该如何投稿	99	27.7%	39.0%
	怕稿子没被采用，同学会笑话	23	6.4%	9.1%
总计		358	100.0%	140.9%

46.7% 的教师很少鼓励班里学生给报社投稿，经常鼓励的只有

6.7%。教师较少鼓励的原因主要是没有注意到这个问题。28.5% 的留守儿童完全不知道儿童也可以成为一些报社的小记者。留守儿童在深度访谈中表示：当报社的小记者是城市孩子的事情，自己没有那个条件。

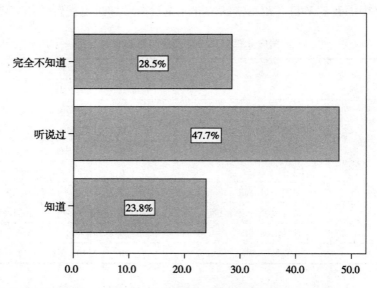

图 8 - 12   留守儿童是否知道儿童也可以成为一些报社的小记者

会上网的留守儿童中，有 63.6% 的留守儿童从来没有在网上发表过自己的言论，主要原因是"自己没有什么可说的"。59.5% 的留守儿童没有自己的博客或微博。在上网的留守儿童中，有 76.9% 的留守儿童从未通过网络购买商品。

分析表明：留守儿童参与媒体活动，创造媒介内容的比率均较低，留守儿童缺乏参与媒介活动和创造媒介内容的内在动力、自信心及途径。

1. 进阶的年龄适用区间（11 岁以上）

随着年龄的增长，处于青春期的留守儿童独处的时间日益增多。深度访谈中发现：初中阶段的留守男童上网吧，特别是双休日、寒暑假比较普遍；拥有手机的留守儿童也开始出现（主要是外出务工父母赠予或自己压岁钱购买的中低端机型）；对媒介内容拥有自己的认识与看法；对媒介内容有了不信任的趋向；和同学讨论媒介内容的现象较小学阶段逐步减少。进入青春期的留守儿童，特别是留守男童，如同斯坦利·霍尔（Stanley Hall）研究的那样，这个时期是一个"疾风怒涛"与"压力重重"的时期，因为这个时期的情绪波动、烦躁不安以及心理冲突都与性

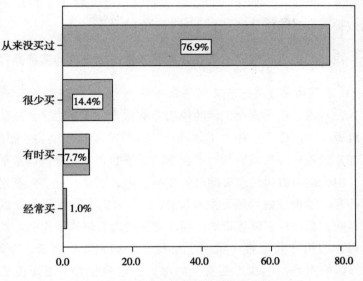

图 8 − 13 留守儿童是否在网上买过东西

激素的明显增长直接相关。[①] 通过深度访谈发现，在这一年龄阶段，留守儿童，特别是祖辈监护的留守男童与家人发生言语冲突的事件明显增多了，在收看电视节目时，也多希望独自观赏。

2. 目的与意图

这一阶段的核心目的与意图是：培养留守儿童具有制作和创造简单媒体内容的能力，如向报刊投稿、制作一份报纸等。留守儿童能够知晓可以通过媒介发出自己的声音，并具有表达自身群体诉求的愿望。利用媒介也是对留守儿童赋权的过程，其目标是培养主动的、自信的、具有创造力的信息解释者和消费者，传播活动的积极参与者，而不只是被动的接受者。

第二节　西北地区农村留守儿童媒介素养教育四级进阶模式的实践路径

西北地区农村留守儿童媒介素养教育四级阶梯的实践路径有两个方式：一个是自上而下的媒介素养教育推广，主要依靠当地教育部门、学校

————————

① 参见［加］居伊·勒弗朗索瓦《孩子们——儿童心理发展》第 9 版，王全志、孟祥芝等译，北京大学出版社 2004 年版，第 566 页。

与媒体；另一个是自下而上的媒介素养农村社区（村子）行动，留守儿童与其监护人都是农村社区（村子）行动的主体。

一　西北地区农村留守儿童媒介素养教育四级进阶的实践路径

（一）了解媒介（第一阶）的实践路径

在这一阶段，亲子媒介识读的作用非常重要。推进留守儿童监护人媒介素养教育，对留守儿童在"了解媒介"这一阶段起到至关重要的作用。要求留守儿童监护人与城市儿童家长达到同等的亲子媒介识读水平是很不现实的，但我们可以通过寒暑期的大学生志愿者活动、留守儿童之家、农家书屋等开办"留守妈妈媒介素养课堂"。在调研中发现，留守妈妈自身的文化水平，对媒介素养教育的认同度与接受度普遍高于祖辈监护人。以留守妈妈作为留守儿童第一阶"了解媒介"的主要担当者，较为可行。促使留守妈妈明确：电视不是安全的保姆，电视收看不能让孩子舒展身体，不允许孩子面对面提问题，过度收看电视，对孩子的身体健康、认知发展都会产生不利影响。倡导留守妈妈晚饭后抽出一点时间，陪留守儿童看看电视，鼓励孩子观看适合自身观看的电视节目，对电视中出现的场景、内容进行一定的讲解，这对于留守儿童增强对媒介的感性认识大有裨益。研究者在陕西省汉中市南郑县 Z 镇 W 村的调研中，鼓励两位 4 岁和 5 岁半的留守儿童的妈妈每星期抽出两三天的 18：00—18：30 陪孩子看少儿频道，经过两星期后的入户参与式观察，这两位学龄前留守儿童都可以流畅表述所看的动画片《小牛向前冲》的大致内容，并能就"大角牛"和"蝙蝠魔"表达自己的好恶倾向。在这一阶段，孩子年龄较小，需要留守儿童监护人限定清晰的收看时间，但不把禁止看电视作为惩罚孩子哭闹与顽皮的手段，否则只能让孩子更加迷恋电视。

（二）理解媒介（第二阶）的实践路径

这一阶段的留守儿童开始接受小学教育，可以把课堂渠道与留守儿童的自主能动结合起来，将"理解媒介"的相关内容融合在电脑课、语文教学与远程教育中。

从问卷调查来看，71.5% 的留守儿童所在学校都开设了电脑课。完全小学的高年级与初中年级基本能够保证每星期有一节电脑课，基本课时与授课场所都是有保证的，但是授课具体情况却不容乐观。入户深度访谈发现：电脑课"空架子"的现象较为普遍，人多电脑少，电脑多无法上网，学生只能打打字和画画图以打发时间。

留守男童 YRC，11 岁，陕西富平县 C 镇 C 村人
学校里开设了电脑课，我不咋喜欢上。老师上课教一教打字，有时直接上课开完机就不管了，从来不教我们怎么上网。

留守儿童 CXJ，男，13 岁，陕西渭南市临渭区 L 镇人
我们学校有电脑课，我们都不怎么爱上，电脑没联网，老师教过 world 和 ppt，希望学校开能上网的电脑课，让我们了解网络世界。

留守女童 LXM，14 岁，陕西安康市石泉县 L 镇 D 村人
学校里有电脑课，不怎么教上网，就教打打字什么的，挺无聊的。没开电脑课之前还挺期望的，现在开了，真失望。

非留守男童 CJT，15 岁，陕西渭南市临渭区 L 镇人。
学校有电脑课，不太喜欢，人多电脑少，两三个人挤一台，老师也没教过我们什么东西，就是学学打字。

留守女童 MZX，16 岁，陕西渭南市临渭区 L 镇人
学校里有电脑课，但我不喜欢上，因为学校的电脑都是摆设，里面啥都没有，没联网，只是有一两个小游戏让大家玩，老师没教过我们如何识别不良信息和假信息，说我们这么大了，自己就会辨别。

义务教育阶段的电脑课是目前西北地区农村儿童提升媒介素养教育最便利与最可行的平台。开设专门的媒介素养课，在广大西北农村地区并不现实，政府和相关教育部门可否考虑寻求高校新闻传播院系老师的帮助，设计适合农村儿童媒介素养教育的课程框架，包括课程内容、课程评价体系与测试标准等，组织信息技术课教师以现有的电脑课及远程教育网络为授课平台。全国文化信息资源共享工程是 2002 年起由文化部、财政部组织实施的一项社会主义文化建设标志性工程。据不完全统计，截至 2007 年底，覆盖率已超过全国现有约 65 万个乡村的 35%，初步形成由文化共享工程提供数字资源，通过农村党员干部现代远程教育和农村中小学现代

远程教育网络传递到乡村，服务广大农民群众的共建共享模式。文化共享工程发挥资源优势，选择适合农村中小学需要的资源，通过中国教育卫星宽带传输网，免费向农村中小学传输。这项工程的启动，为农村留守儿童提供了一个崭新的"绿色通道"。①

语文课的教学进度有教学大纲限制，但是可以利用语文课中的新闻作品、广告文案等应用文学习单元，让学生尝试分析新闻作品、熟悉广告文案的特性。

学校可以通过学生向监护人传达：监护人的电视收看活动会影响到孩子，希望他们可以尽量避免同孩子一同观看不适合儿童收看的电视节目。随着年龄的增长，留守儿童的自主意识显著加强，这就需要留守儿童监护人在限制孩子收看不适宜的内容时，有一个温和的态度，温和的态度下的控制行为，会使留守儿童产生更为积极的反馈。

（三）审视媒介（第三阶）的实践路径

这一阶段主要是通过课堂和家庭渠道。

通过校内的电脑课，提高学生对媒介不良信息，特别是对网络不良信息的辨识能力，讨论网络沉溺于暴力游戏的危害。通过思想品德课，可以组织一些专题，对电视上的暴力行为和消极行为进行批评性地讨论，如对盲目追星、媒介暴力、攀比炫富等进行课堂讨论。在语文课上，可以布置学生利用"周记"这种形式，写写自己感兴趣的电视节目与书籍，认为不好的电视节目，周围的虚假广告等。

美国失踪和被剥削儿童中心（National Center for Missing and Exploited Children，2002）是与美国司法部共同开展工作的一个非营利组织，根据他们的观点，父母应该警告他们的孩子决不能把个人信息，如家庭住址或电话号码提供给各类论坛和聊天室的人。另外，在父母不在场的情况下，儿童不能和他们通过电脑结识的人进行会面。② 在同步推进监护人媒介素养的前提下，使监护人对留守儿童的媒介接触行为加以引导，限制孩子接触含有较多暴力和性内容的电视内容，在茶余饭后，举例讲解一些不良媒介内容的特征与危害，督促孩子减少电视媒介的接触时间，警惕网络

---

① 徐佳：《试论乡镇图书馆对农村留守儿童的人性化服务》，《图书馆》2009 年第 5 期。

② ［美］罗伯特·费尔德曼：《发展心理学》第 4 版，苏彦捷等译，世界图书出版公司 2007 年版，第 338 页。

诈骗。

（四）利用媒介（第四阶）的实践路径

卜卫在留守儿童支持行动模式中强调"赋权"，指任何群体或任何人能够支配自己的生活，制定自己的生活议程，获得相应的技能，建立自信，能够参与有关自己的问题解决的决策。应该说明，赋权模式不是儿童自己就能完成的模式，它需要广泛的社会认同和有力的支持。媒介不仅可用来"关爱"留守儿童，也可用来"赋权"留守儿童。[1]

可以通过媒体、课堂渠道和农村社区（村子）活动提升留守儿童媒介利用的热情。

媒体方面，如福建省南平市少工委与市电视台合作《今晚九点半》节目，就开设"留守少年儿童心声"专栏。[2]留守儿童可以通过这个栏目表达自己的愿望与困惑。

通过义务教育阶段的电脑课引导农村儿童学习拍照、制作 PPT、设计简单网页，利用网络资源，寻求各类信息帮助，如上网查询试卷、作文、城市重点学校的公开课等。语文课可以让儿童自己办一份手工报纸，从写稿、编辑、画板，全部由儿童自己完成；鼓励孩子们把自己比较得意的作文投出去。

陆晔提出媒介素养经历了四次"范式转移"，第四个范式就是"20世纪 90 年代以来的参与式社区行动"，即由对媒介的批判性思考转为通过赋权"促成健康的媒介社区，而非仅仅只指责媒介的不是"。[3]我们可否通过当地文教局、社会团体、NGO 组织、农村志愿者、大学生村官、寒暑假回家的大学生等推行"媒介素养农村社区大行动"，实行以村为单位的留守儿童媒介参与式活动，促进留守儿童主动学习和使用媒介，达到运用、善用、乐用媒体的目的。利用志愿者带来的小型 DV，教村子里的孩子进行画面拍摄、对媒介内容进行评析、自办村级小报，撰写村里大广播播出的稿件等，使他们能够参与媒介素养社区规划和构建。由对媒介的批判性思考转为通过赋权，构建以农村社区（村子）为单位的健康的媒

---

① 卜卫：《关于农村留守儿童的研究和支持行动模式的分析报告》，《中国青年研究》2008年第 6 期。

② 全国少工委办公室：《手拉手关爱留守少年儿童工作材料汇编》，2007 年。

③ 陆晔主编：《中国传播学评论·媒介素养专辑·媒介素养的全球视野与中国语境》，复旦大学出版社 2008 年版。

介社区，促进农村留守儿童通过媒介参与提升对媒介的审视与创造能力。

二　同步启动媒介素养教育农村社区（村子）行动

媒介素养是一种终身学习过程，可以直接从农村社区（村子）媒介素养教育社区行动——这种草根运动中汲取养分和动力。

卜卫提出：媒介素养教育的推广应该特别尊重参与者的本土经验和地方知识，应该看参与者他本来的知识和经验是什么，应该以受众为中心，根据受众的需要来讨论要达到的目的。①

通过各类社会团体、NGO 组织、西部农村志愿者、村干部、大学生村官、村里的大学生等，在农闲时节，成立"留守老人媒介素养教育班"，"留守妈妈媒介素养教育班"，就媒介暴力、媒介中的性内容、媒介中的虚假信息、网络成瘾等进行专题教育。同时动员初、高中阶段的留守儿童，让他们对爷爷奶奶、妈妈进行媒介信息反哺。2010 年 11 月，直播星数字技术公司与陕西、湖北省新闻出版局签署了《"卫星数字农家书屋"战略合作协议》。目的是为两省农家书屋工程增添一个利用卫星直接传输数字出版物的新型文化平台。面对信息流，留守儿童的吸纳能力远超过他们的祖辈与父辈。在调研中发现，陕西省汉中市南郑县 Z 镇 Z 村在 2011 年底已建成"农家书屋"，图书 2000 余册，投影仪一台，光碟 300 余张，这也是 Z 镇和 C 镇第一家农家书屋。能否以农家书屋为据点，利用这里的场地和远程教育设备，特别是有声读物与视频资料，建立以村为单位的"媒介素养教育中心"，把媒介素养教育的相关活动放在这里。中央电视台少儿频道能否以媒介素养教育为主题，制作各类专题短片，在电视上播出，并制成光盘或通过农村远程教育网络，走进各个行政村的农家书屋。可以让初、高中阶段的留守儿童给爷爷奶奶、妈妈讲课，从而对留守在家的爷爷奶奶、妈妈进行媒介信息反哺，在这种互动过程中，既提高了监护人的媒介素养，也提升了自身的媒介素养水平。

三　对农村中、小学教师进行媒介素养教育培训

农村中、小学教师，普遍认同学生应该接受媒介素养教育。从研究者

---

① 陆晔主编：《中国传播学评论·媒介素养专辑·媒介素养的全球视野与中国语境》，复旦大学出版社 2008 年版。

的调研情况来看，农村中、小学教师，特别是承担思想品德与电脑课的教师，非常希望高校的信息技术专业老师，报社、杂志社、电台、电视台的专业从业人员给他们进行短期培训。

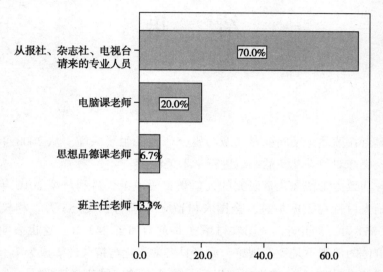

图8－14　如果开设了"媒介素养教育课"，谁来担任授课教师比较合适？

加强农村中小学教师的媒介素养意识，使他们对媒介的评价趋于客观，从而对在课堂上糅进媒介素养相关内容不排斥。媒介素养教育培训应当被纳入相关教师的培训程序中，并作为现行教师专业发展中的一部分。这需要相关教育部门的重视与配合，是否能够考虑首先让目前的电脑课老师接受媒介素养教育方面的培训。农村中、小学教师在接受媒介素养教育培训的同时，可以通过"家校通"和家长会作为传达器，对留守儿童监护人进行媒介素养知识的有效传播。

结　语

　　笔者在读硕士期间就对儿童与媒介研究产生了兴趣。从 2008 年开始对大众媒介对留守儿童的影响进行学术关注。

　　长期致力于留守儿童研究的人口学家段成荣、吕利丹据 2010 年第六次全国人口普查数据估算，全国农村留守儿童为 6102.55 万。相较 2005 年的 5861 万，5 年间，全国农村留守儿童增加了 242 万。这也表明留守儿童群体的出现不是短期现象，而是具有常态化与持久性。成为第一代留守儿童的农村 80 后，结婚成家以后，依然奔波于城市务工路上，他们的孩子依然在留守。

　　本研究从 2009 年 7 月开始在陕西省汉中地区南郑县着手建立留守儿童调研点，深度访谈法、焦点小组访谈法、参与式观察法、个案研究法，这四种定性研究方法在这一阶段研究中都加以交叉使用。2012 年 1—2 月，笔者带领调研团队开展了陕、甘、宁、青、新西北五省区农村地区，以留守儿童、留守儿童监护人（主要为留守妈妈与祖辈监护人）、留守儿童外出务工父母、非留守儿童及其父母、农村中小学教师等为调研对象的入户调研。入户调研将定量研究的问卷调查法与定性研究的深度访谈法、参与式观察法相结合。

　　家庭、大众媒介、学校、伙伴群体是影响儿童社会性发展的最重要的四种力量，就学校与伙伴群体而言，对留守儿童与非留守儿童的影响并没有什么不同。因此本研究从留守儿童的家庭层面入手，因为父母双方或一方的长期缺位，使家庭在留守儿童社会性发展进程中所起的作用弱化，与此同时，大众媒体在留守儿童社会性发展进程中所起的作用在快速提升，成为留守儿童的精神抚育者。

　　儿童的社会性发展是一个受多因素影响的渐进过程，如何将大众媒介对西北地区农村留守儿童社会性发展的影响进行有效剥离是重点。本研究对大众媒介对农村留守儿童社会性发展的影响进行了社会认知、社会态度与社会行为三方面的细化分解研究。在对策研究方面，提出建立留守儿童，留守儿童监护人，农村中、小学教师媒介素养教育的三方联动，提出留守儿童媒介素养教育"了解媒介""理解媒介""审视媒介"与"利用媒介"四级阶梯模式的构建与实践路径。

留守儿童的发展是一个长期的渐变过程，大众媒介对西北地区农村留守儿童社会性发展的影响是持续数年的，研究者虽然尽力开展相对长期的调研工作，但是由于所处的客观环境，还是难以持续长达数年的纵向研究，这一点比较遗憾。

周围常有人建议，你的研究辛苦又费力，而且离我们所处的现实生活也比较遥远，传播效果研究还是做一些与现实联系比较紧密的话题，如媒介融合，数字传播，大数据方向的比较好。研究者的内心想法是：这些热门研究领域已是学者云集，实在不缺我这一籍籍无名的青椒，研究者生于西北，长于西北，更想做点自己所脚踏的一方土地的研究内容。研究者通过自己在西北五省区农村入户调查发现，愿意留在家乡务农的留守儿童非常少，他们渴望逃离乡村生活，希望早日奔向无限向往与憧憬的大城市，他们的生活状态和精神面貌和我们息息相关。恐怕没有人，不论他身在何处，在留守儿童问题面前，可以置身事外，可以云淡风轻。

这本专著从理论梳理，到西北五省区入户调研；从数据整理与分析，再到构思框架，直到逐章撰写完成，再反复修改、校对，都是在完成繁重的教学任务和孩子入睡以后的时间完成的，共历时4年多，凝聚了笔者所思所学，因此，可以发自内心地说一句："真的尽力了。"

参考文献

英文文献

1. Bronfenbrenner, U., *The Ecology of Human Development*: *Experiments by Nature and Design*. Cambridge, MA: Harvard University Press, 1979.

2. Blumer, H. & Hauser, P. M, *Movies, delinquency, and crime*. New York: Macmillan, 1993.

3. Centerwall, B. S., *Exposure to TV as a cause of violence*. In G. Comstock (Ed.), Public communication and behavior, San Diego, CA: Academic Press, 1989.

4. Collins, R. L., Elliott, M. N., Berry, S. H., Kanouse, D. E., Kunkel, D., Hunter, S. B. & Miu, A., *Watching sex on TV predicts adolescent initiation of sexual behavior*. Pediatrics, 14 (3), 2004.

5. Gerbner G., T*he demonstration of power*: *violence profile*. No10, Journal of communication, 1979.

6. Grossman, D., *On killing*: *The psychological cost of learning to kill in war and society*. Boston: Little, Brown, 1996.

7. Himmelweit, H. T., Oppenheim, A. N. & Vince, P. *TV and the child*. London: Oxford University Press, 1958

8. Huesmann, L. R, *Psychological processes promoting the relation between exposure to media violence and and aggressive behavior by the viewer*. Journal of Social Issues, 1986.

9. Kunkel, D., Wilcox, B. L., Cantor, J., Palmer, E., Linn, S. & Dowrick, P., *Report of the APA task force on advertising and children*, 2004.

10. Liebert, R. M. & Sprafkin, J. *The early window*: *Effects of television on children and youth.* New York: Pergamon Press, 1988.

11. Magnusson D, Stattin H. Peron – Context interaction theories. In R M. Lerner (Ed.), *Theoretical models of human development.* Handbook of child psychology, Vol 1, NewYork: Wiley, 1998

12. Palmer, E. L. ; Hockett, A. B. & Dean, W. W. , *The TV family and children's fright reactions.* Journal of Family Issues, 4, 1983.

13. Postman Neil, *Amusing Ourselves to Death*, New York: Basie Book, 1985.

14. Rushton, J. P & Winene, *Cognition Development of Children.* Social and Children Psychology, 1975.

15. Sternberg, R. J. & Grajek, S. *The nature of love.* J. Pers. soc. Psychol: 47, 1984.

16. W. Shramm, J. Lyle & W. B. Parker, *Television in the Lives of Our Children*, Stanford University Press, 1962.

17. Zillmann (Eds.), *Responding to the screen*: *Reception and reaction processes*, Hillsdale, NJ: Erlbaum. 1991.

18. Zillmann (Eds.), *Media effects*: *Advances in theory and research.* Hillsdale, NJ: Erlbaum, 1994.

19. Zillmann, D. , Weaver, J. B, *Effects of prolonged exposure to gratuitous media violence on provoked and unprovoked hostile behavior.* Journal of Applied Social Psychology, 1999.

专（译）著

1. ［美］布莱恩特、兹尔曼：《媒介效果理论与研究前沿》第2版，石义彬译，华夏出版社2009年版。

2. ［美］丹尼斯·博伊德、海伦·比：《发展心理学：孩子的成长》，范翠英、田媛等译，机械工业出版社2011年版。

3. ［美］大卫·帕金翰：《童年之死》，张建中译，华夏出版社2005年版。

4. ［美］David R. Shaffer & Katherine Kipp：《发展心理学》第8版，邹泓等译，中国轻工业出版社2009年版。

5. ［美］戴维·谢弗：《社会性与人格发展》第5版，陈会昌等译，人民邮电出版社 2012 年版。

6. ［美］格兰·斯帕克斯：《媒介效果研究概论》第 2 版，何朝阳、王希华译，北京大学出版社 2008 年版。

7. ［美］简宁斯·布莱恩特、道尔夫·兹尔曼主编：《媒介效果理论与研究前沿》第 2 版，石义彬等译，华夏出版社 2009 年版。

8. ［美］约翰·W. 桑特洛克：《儿童发展》第 11 版，桑标等译，上海人民出版社 2009 年版。

9. ［美］约书亚·梅罗维茨：《消失的地域：电子媒介对社会行为的影响》，肖志军译，清华大学出版社 2002 年版。

10. ［美］克斯特尔尼克：《儿童社会性发展指南：理论到实践》第 4 版，邹晓燕等译，人民教育出版社 2009 年版。

11. ［美］柯克·约翰逊：《电视与乡村社会变迁》，展明辉译，中国人民大学出版社 2005 年版。

12. ［美］罗伯特·费尔德曼：《发展心理学》第 4 版，苏彦捷等译，世界图书出版公司 2007 年版。

13. ［美］罗斯·D. 帕克、阿莉森·克拉克–斯图尔特：《社会性发展》，俞国良、郑璞译，中国人民大学出版社 2014 年版。

14. ［美］尼尔·波兹曼：《童年的消逝》，章艳译，广西师范大学出版社 2009 年版。

15. ［美］桑德拉·L. 卡尔弗特：《信息时代的儿童发展》，商务印书馆 2007 年版。

16. ［英］鲁道夫·谢弗：《儿童心理学》，王莉译，电子工业出版社 2005 年版。

17. ［加］居伊·勒弗朗索瓦：《孩子们——儿童心理发展》第 9 版，王全志、孟祥芝等译，北京大学出版社 2004 年版。

18. ［日］福富护：《性发展心理学》，墨辰、本胜译，天津人民出版社 1989 年版。

19. ［日］山根清道：《犯罪心理学》，张增杰等译，群众出版社 1984 年版。

20. 把多勋、平惠敏：《制度变迁与东西部农村发展比较研究》，甘肃人民出版社 2002 年版。

21. 白传之、闫欢：《媒介教育论》，中国传媒大学出版社 2008 年版。

22. 蔡昉：《中国人口流动方式与途径》，社会科学文献出版社 2001 年版。

23. 陈家华、麦箴时：《中国儿童与广告》，中国社会科学出版社 2004 年版。

24. 陈旭主编：《留守儿童的社会性发展问题与社会支持系统》，人民出版社 2013 年版。

25. 方建移、何伟强：《家庭教育与儿童社会性发展》，浙江教育出版社 2005 年版。

26. 方建移、胡芸：《社会教育与儿童社会性发展》，浙江教育出版社 2005 年版。

27. 郭建斌：《独乡电视：现代传媒与少数民族乡村日常生活》，山东人民出版社 2005 年版。

28. 郭庆光：《传播学教程》，中国人民大学出版社 2002 年版。

29. 李强：《农民工与中国社会分层》，社会科学文献出版社 2004 年版。

30. 陆晔主编：《中国传播学评论·媒介素养专辑·媒介素养的全球视野与中国语境》，复旦大学出版社 2008 年版。

31. 全国妇联儿童工作部：《农村留守流动儿童状况调查报告》，社会科学文献出版社 2011 年版。

32. 任运昌：《空巢乡村的守望》，中国社会科学出版社 2009 年版。

33. 俞国良、辛自强：《社会性发展心理学》，安徽教育出版社 2004 年版。

34. 叶敬忠、[美] 詹姆斯·莫瑞：《关注留守儿童：中国中西部农村地区劳动力外出务工对留守儿童的影响》，社会科学文献出版社 2005 年版。

35. 叶敬忠、贺聪志：《静寞夕阳：中国农村留守老人》，社会科学文献出版社 2008 年版。

36. 叶敬忠、潘璐：《别样童年》，社会科学文献出版社 2008 年版。

硕博士论文

1. 王兴东：《会宁县青少年媒介素养教育研究》，硕士研究生论文，兰州大学，2007 年。

期刊

1. ［英］大卫·帕金翰：《英国的媒介素养教育：超越保护主义》，宋小卫译，《新闻与传播研究》2000 年第 2 期。

2. 卜卫：《关于农村留守儿童的研究和支持行动模式的分析报告》，《中国青年研究》2008 年第 6 期。

3. 蔡昉：《户籍制度改革与城乡社会福利制度统筹》，《经济学动态》2010 年第 12 期。

4. 陈斌斌、李丹等：《作为社会和文化情境的同伴圈子对儿童社会能力发展的影响》，《心理学报》2011 年第 43 卷第 1 期。

5. 陈香：《农村留守儿童心理健康问题及家庭应对策略》，《教学与管理》2007 年第 12 期。

6. 邓纯考、何晓雷：《我国东西部农村留守儿童社会化差异研究——基于浙江与贵州两省四县的比较》，《新疆社会科学》2013 年第 1 期。

7. 段成荣、吕利丹：《我国农村留守儿童生存和发展基本状况——基于第六次人口普查数据的分析》，《人口学刊》2013 年第 3 期。

8. 段成荣、周福林：《我国留守儿童状况研究》，《人口研究》2005 年第 1 期。

9. 方晓义：《亲子沟通问题与青少年社会适应的关系》，《心理发展与教育》2006 年第 3 期。

10. 范志光、魏欣等：《城市小学留守儿童攻击性行为的研究》，《现代预防医学》2013 年第 40 卷第 13 期。

11. 郭海平：《发挥汽车图书馆的优势　为农村少儿服务》，《中小学图书情报世界》2009 年第 5 期。

12. 郭晓红：《转型期弱势群体的相对剥夺感与犯罪》，《江西社会科学》2012 年第 9 期。

13. 何礼：《农村电视媒介消费风景独好——美兰德第十次全国电视频道覆盖及收视状况调查结果揭晓》，《广告主市场观察》2008 年第 12 期。

14. 何燕：《公共图书馆为农村留守儿童服务探讨》，《图书馆论坛》2010 年第 6 期。

15. 黄会林：《2009 年度未成年人电视媒体收视行为调研报告（上）》，

《现代传播》2010 年第 1 期。

16. 郝振、崔丽娟：《留守儿童界定标准探讨》，《中国青年研究》2007 年第 10 期。

17. 惠艳：《对公共图书馆服务农村留守儿童的理性思考》，《农业考古》2010 年第 3 期。

18. 寇彧、傅鑫媛等：《北京市三类儿童青少年对行贿的认知发展》，《北京社会科学》2012 年第 6 期。

19. 雷鹏、瞿斌：《流动儿童疏离感的特点及其与应对方式、学校态度的关系》，《心理与行为研究》2013 年第 3 期。

20. 李丹、陈秀娣：《儿童生命认知和生命体验的发展特点》，《心理发展与教育》2009 年第 4 期。

21. 李强、孟蕾：《"边缘化"与社会公正》，《天津社会科学》2011 年第 1 期。

22. 李晓敏：《农村留守经历大学生心理行为与人际关系分析》，《中国学校卫生》2010 年第 8 期。

23. 林崇德、陈英和：《中国发展心理学 30 年的进展》，《北京师范大学学报》（社会科学版）2009 年第 1 期。

24. 林宏：《福建省"留守孩"教育现状的调查》，《福建师范大学学报》2003 年第 3 期。

25. 刘君：《"基础环境"对媒介在西北欠发达地区农村传播影响分析》，《广西大学学报》（哲学社会科学版）2008 年第 9 期。

26. 刘丽莎、李燕芳等：《父亲参与教养状况对学前儿童社会技能的作用》，《心理发展与教育》2013 年第 1 期。

27. 陆和建、张芳源：《国外农村图书馆服务模式研究》，《图书情报知识》2012 年第 3 期。

28. 陆晔、黄艳琳：《重新认识"儿童"——从 BBC "天线宝宝"看儿童媒介发展的理念和框架》，《现代传播》2005 年第 2 期。

29. 罗阳富：《试析媒介的教育功能与农村发展》，《安徽农业科学》2008 年第 36 卷第 23 期。

30. 罗铮、杨霄松：《家庭图书室带给农家书屋的启示》，《图书馆》2012 年第 4 期。

31. 马皑：《相对剥夺感与社会适应方式：中介效应和调节效应》，《心理学报》2012 年第 44 卷第 3 期。

32. 马戎、马雪峰：《西部六城市流动人口调查综合报告》，《西北民族研究》2007 年第 3 期。

33. 潘璐、叶敬忠：《"大发展的孩子们"：农村留守儿童的教育与成长困境》，《北京大学教育评论》2014 年第 7 期。

34. 全国妇联：《全国农村留守儿童状况研究报告》，《中国妇运》2008 年第 6 期。

35. 沈彩霞：《电脑游戏对儿童和青少年心理发展的影响》，《应用心理学》2011 年第 17 卷第 3 期。

36. 石束、李建红、王芳：《从媒介消费看东西部农村之间的"信息沟"现象》，《西藏发展论坛》2006 年第 6 期。

37. 孙宏艳：《新媒体对青少年社会化的影响及应对策略》，《中国青年研究》2014 年第 2 期。

38. 唐萍萍、李世平：《农村劳动力转移效应和谐化研究——基于陕西省的实证分析》，《经济体制改革》2012 年第 2 期。

39. 王瑾：《11—14 岁农村留守儿童性问题》，《研究人口与社会》2014 年第 12 期。

40. 温义媛、曾建国：《留守经历对大学生人格及心理健康影响》，《中国公共卫生》2010 年第 2 期。

41. 吴虹、贾云鹏：《西北地区农村劳动力流动的实证调研分析——以西北四省区为例》，《西北人口》2008 年第 6 期。

42. 吴惠芳、叶敬忠：《丈夫外出务工对农村留守妇女的心理影响分析》，《浙江大学学报》（人文社科版）2010 年第 1 期。

43. 谢斌、冯玲玉：《甘肃省天水市 360 名留守儿童电视观看情况现状调查》，《中国心理卫生杂志》2010 年第 24 卷第 2 期。

44. 谢华：《农村留守中学生孤独感现状的调查研究》，《中国健康心理学杂志》2009 年第 1 期。

45. 谢建社：《融城与逆城：新生代农民工两难选择——基于 GGF 监狱调查》，《广州大学学报》（社会科学版）2010 年第 2 期。

46. 徐佳：《试论乡镇图书馆对农村留守儿童的人性化服务》，《图书馆》2009 年第 5 期。

47. 徐晓滢、刘世宏：《青少年生命认知及其生活满意度的干预研究》，

《心理与行为研究》2014 年第 3 期。

48. 杨靖、黄京华：《构建图书馆三级支撑体系　提升西部农村留守儿童媒介素养》，《图书馆建设》2011 年第 5 期。

49. 杨靖、黄京华：《农村留守儿童媒介素养教育四级阶梯的构建与实践路径思考》，《电化教育研究》2011 年第 6 期。

50. 杨靖：《媒介暴力对农村留守儿童的影响》，《当代传播》2012 年第 7 期。

51. 杨靖：《电视：西北地区农村留守儿童重度依赖的"精神抚育者"》，《兰州学刊》2014 年第 10 期。

52. 杨正喜：《二元结构下的中国农村人口流动》，《中南民族大学学报》（人文社会科学版）2009 年第 3 期。

53. 于杰、阳德华：《农村留守儿童青春期性心理发展及教育策略研究》，《内蒙古师范大学学报》（教育科学版）2006 年第 2 期。

54. 岳晓东、严飞：《青少年偶像崇拜系列综述（之一）——偶像崇拜的年龄差异》，《青年研究》2007 年第 3 期。

55. 张开：《从草根运动到政策推动——全球媒介素养教育正走向理性化的发展道路》，《现代远距离教育》2012 年第 4 期。

56. 赵景欣、刘霞、张文新：《同伴拒绝、同伴接纳与农村留守儿童的心理适应：亲子亲合与逆境信念的作用》，《心理学报》2013 年总第 45 卷第 7 期。

57. 张丽芳等：《留守儿童主观幸福感与教养方式的关系研究》，《中国健康心理学杂志》2006 年第 4 期。

58. 周福林、段成荣：《留守儿童研究综述》，《人口学刊》2006 年第 3 期。

59. 朱淑华：《儿童阅读推广系统概述》，《图书馆》2009 年第 6 期。

　报纸

1. 石述思：《留守女童与奶奶尸体独处 7 天的警示》，《工人日报》2011 年 10 月 9 日。

2. 谭飞等：《西部农村出现"信仰流失"　邪教力量快速扩张》，《瞭望新闻周刊》2007 年 2 月 5 日。

3. 王佳欣：《2010 年农家书屋工程建设回眸》，《中国新闻出版报》2011

年1月6日。

4. 魏光:《陕西5名小学生相约喝药自杀　多为留守儿童》,《华商报》2010年7月5日。

电子文献

1. 董馨:《农村留守儿童犯罪率高发　多为暴力犯罪》,《成都商报电子版》2010年12月14日,（http：//e. chengdu. cn/html/2010 – 12/14/content_ 200099. htm）。

2. 民工网:《涟水图书馆成为"留守儿童"温馨之家》,（http：//www. mingong123. com/news/lszn/200808/50ff22ed00d90f8b. html）。

3. 中华人民共和国财政部:《安徽省财政大力支持"农村留守儿童活动室"建设》,（http：//www. mof. gov. cn/xinwenlianbo/anhuicaizhengxinxilianbo/201009/t20100926_ 340500. html）。

4. 中华人民共和国文化部:《文化部、财政部〈关于推进全国美术馆、公共图书馆、文化馆（站）免费开放工作的意见〉》,2011年2月10日（http：//www. ccnt. gov. cn/sjzz/shwhs/whgsy/201102/t20110210_ 86869. html）。

5. 中国人口新闻:《国家人口计生委发布〈中国流动人口发展报告2012〉》,2012年8月7日（http：//www. China. com. cn/renkou/2012 – 08/07/contentJ26155072. html.）。

附录 1

留守儿童调查问卷及深度访谈提纲

所在省：①陕西　　②甘肃　　③宁夏　　④青海　　⑤新疆

问卷编号：_____　调研具体区域：_____

访问时间：_____　访员姓名：_____

留守儿童调查问卷

亲爱的同学：

你好！为了了解你阅读报刊，收听广播，收看电视，使用电脑和手机等的情况，我们进行了这次调查。答案没有对错的差别，请你根据自己的实际情况，在每道题的答案前直接打"√"。如果没有特殊说明，每个题目只选一项。

谢谢你的支持与合作！

第一部分（A）　基本情况及生活状况

A01. 你的姓名：_____　A02. 你的性别：【1】男　【2】女

A03. 你的年龄：_____　A04. 你的民族：_____

A05. 你所在学校及班级：_____

A06. 你的爸爸妈妈谁在外地务工？（单选）

【1】爸爸　【2】妈妈　【3】爸爸和妈妈

A07. 你的爸爸妈妈外出务工多久了？（单选）

【1】不到 1 年　【2】1—3 年　【3】4—6 年　【4】7—9 年

【5】10 年及以上

A08. 外出务工的爸爸妈妈多久给你打一次电话？（单选）

【1】2—3 天 1 次 【2】1 周 1 次 【3】2—3 周 1 次 【4】1 月 1 次 【5】2—3 月 1 次

A09. 外出务工的爸爸妈妈一般给你打多长时间的电话？（单选）

【1】3—5 分钟 【2】10 分钟左右 【3】20 分钟左右 【4】半个小时左右 【5】半个小时到 1 个小时

A10. 外出务工的爸爸妈妈多久回来一次？（单选）

【1】半年 【2】一年 【3】两年 【4】三年及以上

A11. 你爸爸妈妈在务工的城市里从事什么工作？ ＿＿＿＿＿＿＿

A12. 你去过爸爸妈妈务工的城市吗？（单选）

【1】从来没有 【2】去过。去了有多长时间呢？ ＿＿＿＿＿＿＿

A13. 你想去爸爸妈妈务工的城市生活吗？（单选）

【1】不想，原因是：＿＿＿＿＿＿＿＿＿＿＿＿＿＿

【2】有点想，原因是：＿＿＿＿＿＿＿＿＿＿＿＿＿

【3】很想，原因是：＿＿＿＿＿＿＿＿＿＿＿＿＿＿

A14. 你现在在家跟谁一起生活？（单选）

【1】妈妈 【2】爸爸 【3】爷爷奶奶 【4】外公外婆 【5】家里的亲戚 【6】隔壁邻居 【7】兄弟姐妹 【8】学校老师 【9】自己独自生活

A15. 你羡慕班上爸爸妈妈都在身边的同学吗？（单选）

【1】非常羡慕 【2】有些羡慕 【3】说不清 【4】不太羡慕 【5】一点都不羡慕

A16. 什么时候特别想念在外务工的爸爸妈妈？（可以多选）

【1】过生日 【2】生病 【3】过节 【4】受委屈和被人欺负 【5】考试没考好

A17. 你特别希望在外务工的爸爸妈妈为自己做什么？（可以多选）

【1】多打电话给我 【2】多回来看我 【3】带我去城里玩 【4】给我买我想要的东西 【5】再不要出去务工了，回来和我一起生活 【6】没什么特别希望爸爸妈妈做的

A18. 上学期，你期末考试总成绩在班级中的排名大概属于？（单选）

【1】在前面 【2】中等偏上 【3】中等 【4】中等偏下 【5】在后面

A19. 你的学习成绩在爸爸妈妈外出务工后，有变化吗？（单选）

【1】有进步，原因是：_____。

【2】没什么变化。

【3】有些退步，原因是：_____。

A20. 课余时间你喜欢做什么？（按喜欢程度，由高到低选三项）

_____，_____，_____。

【1】看电视　　【2】听广播　　【3】阅读课外书　　【4】去网吧上网

【5】和伙伴一起玩　　【6】逛街　　【7】和家里大人聊天

A21. 你平均每天的零花钱大概是多少？（单选）

【1】没有　　【2】1—5 元　　【3】6—10 元　　【4】11—15 元

【5】16—20 元

A22. 你平时会和照顾你的大人说哪些事情？（可以多选）

【1】学习问题　　【2】身体不舒服　　【3】该交学费了　　【4】要东西　　【5】委屈和心事　　【6】遇到的困难　　【7】什么都不想说

A23. 家里大人平时辅导你的学习吗？（单选）

【1】经常辅导　　【2】有时候辅导　　【3】很少辅导　　【4】从不辅导

A24. 家里的农活需要你干吗？（单选）

【1】经常需要　　【2】农忙的时候需要　　【3】基本不需要　　【4】从来不需要

A25. 你不开心的时候，会有下面哪些想法？（可以多选）

【1】想让爸爸妈妈安慰自己　　【2】想去城里找爸爸妈妈　　【3】觉得没人关心自己　　【4】觉得自己什么都不如别人　　【5】想离家出走【6】想快快长大成人，早点独立　　【7】不想读书了，想和爸爸妈妈一起到城里打工　　【8】觉得生活没意思　　【9】想和家里大人吵架，发泄一下不好的心情

A26. 当你犯了错误时，家里大人会？（单选）

【1】给我讲道理　　【2】大声责骂我　　【3】动手打我　　【4】不管不问

A27. 你觉得考大学重要吗？（单选）

【1】非常重要，这是我的理想，也是全家人对我的期望

【2】考上大学当然好，但是也要考虑家里的经济情况和自己的学习状况而定

【3】不重要，这个社会只要能赚到钱就行，上不上大学没关系

【4】说不清楚

A28. 你反感报刊、广播、电视和网络上把爸爸妈妈外出务工的孩子称为"留守儿童吗"？

【1】非常反感　【2】有些反感　【3】说不清　【4】不反感

第二部分（B）　报刊

B01. 请问你看报纸的情况？（单选）

【1】经常看（1周3次以上）　【2】有时看（1周1次）　【3】不经常看（半个月1次）　【4】很少看（1个月1次）

B02. 你不经常看或很少看报纸的原因是：（上题选择3或4的同学请回答，可以多选）

【1】学习压力大，没时间看　【2】家里大人怕影响学习，不让看

【3】家里经济比较紧张，没有条件买　【4】家里有电视看就足够了，没必要还买报纸　【5】对报纸内容不感兴趣，觉得没什么好看的

【6】想看，但不知道去哪里买

B03. 你喜欢看报纸的哪些内容？（可以多选）

【1】新闻类　【2】知识类　【3】体育类　【4】财经类　【5】娱乐类　【6】故事类　【7】广告类　【8】没什么爱看的内容

B04. 你获取报纸的主要途径是？（单选）

【1】自己买　【2】学校订阅　【3】同学传阅　【4】家里买

【5】没有固定途径

B05. 你平时都看哪些报纸？请写出具体名称：＿＿＿＿＿＿＿

B06. 家里大人对你看报纸的态度？（单选）

【1】非常支持　【2】支持　【3】无所谓　【4】不太支持

【5】很不支持　【6】不清楚

B07. 对于报纸上刊登出来的新闻，你相信吗？（单选）

【1】完全相信　【2】基本相信　【3】半信半疑　【4】基本不信

【5】完全不信

B08. 对于报纸中刊登出来的广告，你的态度是？（单选）

【1】完全相信　【2】基本相信　【3】半信半疑　【4】基本不信

【5】完全不信

B09. 你看杂志的情况：（单选）

【1】经常看（半个月 1 次）　　【2】有时看（1 个月 1 次）

【3】不经常看（3 个月 1 次）　　【4】很少看（半年 1 次）

B10. 你不经常看或很少看杂志的原因是：（上题选择 3 或 4 同学请回答，可以多选）

【1】学习压力大，没时间看　　【2】家里大人怕影响学习，不让看

【3】家里经济比较紧张，没有条件买　　【4】家里有电视看就足够了，没必要还买杂志　　【5】杂志是大人看的，自己不感兴趣　　【6】想看，但不知道去哪里买

B11. 你获取杂志的主要途径是？（单选）

【1】自己买　　【2】学校订阅　　【3】同学传阅　　【4】家里买

【5】没有固定途径

B12. 你平时都看哪些杂志？请写出具体名称：＿＿＿＿＿＿＿

B13. 家里大人对你看杂志的态度？（单选）

【1】非常支持　　【2】支持　　【3】无所谓　　【4】不太支持

【5】很不支持　　【6】不清楚

B14. 你是否向报纸、杂志投过稿？（单选）

【1】投过。投到哪？刊登出来了吗？请具体说明：＿＿＿＿＿＿

【2】从来没有投过

B15. 你从来不给报纸、杂志投稿，是因为：（上题选择 2 的同学请回答，可以多选）

【1】对投稿不感兴趣　　【2】学习紧张，顾不上　　【3】觉得自己没有那个能力　　【4】根本不知道该如何投稿　　【5】怕稿子没被采用，同学会笑话

B16. 你是否自己动手制作过一份报纸？（单选）

【1】是　　【2】否

B17. 你知道儿童也可以成为一些报社的小记者吗？（单选）

【1】知道　　【2】听说过　　【3】完全不知道

B18. 你是否当过报社的小记者？（单选）

【1】当过。都当过什么报社的小记者？＿＿＿＿　　【2】没有

B19. 你觉得农村孩子和城市孩子谁更适合当报社的小记者？（单选）

【1】农村孩子　　【2】城市孩子　　【3】没什么差别　　【4】说不清

B20. 你清楚一份报纸是怎么产生出来的吗？（单选）

【1】非常清楚　【2】知道一些　【3】完全不清楚

第三部分（C）　广　播

C01. 你收听广播的情况：（单选）

【1】经常听（1周3次以上）　【2】有时听（1周1次）　【3】不经常听（半个月1次）　【4】很少听（1个月1次）　【5】从来不听

C02. 你从来不听广播的原因是？（上题选择5的同学请回答，单选，答完此题，可以终止第三部分问答）

【1】没有收听条件　【2】有了电视，没必要听广播　【3】对广播内容毫无兴趣

C03. 你听广播主要是为了：（C01选择1、2、3或4的同学请回答，可以多选）

【1】娱乐休闲　【2】学习有用的知识　【3】增长见识，开阔眼界

【4】有广播的声音陪伴不觉得孤单　【5】没其他事情做，打发时间

【6】可以逃避生活中的压力

C04. 你一般用什么方式听广播？（单选）

【1】在家，使用收音机　【2】在学校，听学校广播　【3】其他：

_____

C05. 你喜欢听什么类型的广播节目？（可以多选）

【1】新闻类　【2】财经类　【3】体育类　【4】综艺娱乐类

【5】情感谈话类　【6】广播剧　【7】科教类　【8】音乐类　【9】广告类

C06. 请列出三个你很喜欢听的广播节目：

_____，_____，_____

C07. 对广播中播出的新闻，你的态度是？（单选）

【1】完全相信　【2】基本相信　【3】半信半疑　【4】基本不信

【5】完全不信

C08. 对广播中播出的广告，你的态度是？（单选）

【1】完全相信　【2】基本相信　【3】半信半疑　【4】基本不信

【5】完全不信

C09. 家里大人对你听广播的态度？（单选）

【1】非常支持　【2】支持　【3】无所谓　【4】不太支持
【5】很不支持

C10. 你参与过广播中的听众互动节目吗?（单选）

【1】没有　【2】参与过,请说明参与的是什么节目: _____

C11. 你最不喜欢听广播中的什么内容? _____

第四部分（D）　电　视

D01. 你喜欢看电视吗?（单选）

【1】非常喜欢　【2】喜欢　【3】一般　【4】不太喜欢　【5】很不喜欢

D02. 星期一到星期五,你平均每天看电视的时间大概有多久?（单选）

【1】不到 1 小时　【2】1—2 小时　【3】2—3 小时　【4】3 小时及以上

D03. 周六和周日,你平均每天看电视的时间大概有多久?（单选）

【1】不到 1 小时　【2】1—2 小时　【3】2—3 小时　【4】3—4 小时　【5】4 小时及以上

D04. 你喜欢看电视台播出的多集联播的电视剧吗?（单选）

【1】非常喜欢　【2】喜欢　【3】一般　【4】不太喜欢　【5】很不喜欢

D05. 你平时看电视的时间和与小伙伴在一起玩的时间相比:（单选）

【1】看电视的时间比与小伙伴在一起玩的时间多很多

【2】看电视的时间比与小伙伴在一起玩的时间多一些

【3】与小伙伴在一起玩的时间比看电视的时间多很多

【4】与小伙伴在一起玩的时间比看电视的时间多一些

【5】两者差不多

D06. 你看电视主要是为了:（可以多选）

【1】娱乐休闲　【2】学习有用的知识　【3】增长见识,开阔眼界
【4】和伙伴聊天时有话说　【5】没其他事情做,打发时间　【6】可以逃避生活中的压力

D07. 你最喜欢看什么类型的电视节目?（单选）

【1】新闻类　【2】体育类　【3】财经类　【4】综艺娱乐类

【5】动画片类　　【6】科教类　　【7】影视剧类　　【8】广告类

D08. 看到电视里反映的城市生活，你向往吗？（单选）

【1】非常向往　　【2】有些向往　　【3】不太向往　　【4】一点都不向往

D09. 对于电视中播出的新闻，你的态度是？（单选）

【1】完全相信　　【2】基本相信　　【3】半信半疑　　【4】基本不信　　【5】完全不信

D10. 中央电视台少儿频道有一个栏目叫"新闻袋袋裤"，就是专门播放适合儿童观看和了解的新闻，你对这样的栏目感兴趣吗？（单选）

【1】非常感兴趣　　【2】有些感兴趣　　【3】说不清　　【4】不太感兴趣　　【5】没任何兴趣

D11. 你喜欢看电视上播出的商业广告吗？（单选）

【1】很喜欢　　【2】喜欢　　【3】一般　　【4】不太喜欢　　【5】很不喜欢

D12. 你喜欢看电视上播出的公益广告吗？（单选）

【1】很喜欢　　【2】喜欢　　【3】一般　　【4】不太喜欢　　【5】很不喜欢

D13. 对于电视广告中所宣传的产品，你的态度是？（单选）

【1】完全相信　　【2】基本相信　　【3】半信半疑　　【4】基本不信　　【5】完全不信

D14. 你有没有想过，以后要是挣了钱，就要买广告中宣传的产品呢？（单选）

【1】经常想　　【2】有时想过　　【3】基本没想过　　【4】从来没想过

D15. 看到电视上出现打打杀杀的镜头，你会换频道吗？（单选）

【1】肯定会换　　【2】有时会换　　【3】基本不换　　【4】从来不换

D16. 你肯定会换或有时会换频道的原因是？（上题选择 1 或 2 的同学请回答，单选）

【1】血腥暴力，看着害怕　　【2】不想看好人被打得很惨　　【3】打来打去没意思

D17. 你基本不换或从来不换频道的原因是？（D15 题选择 3 或 4 的同学请回答，单选）

【1】电视上经常演，习以为常　【2】觉得很精彩，不想换
【3】想看到最后的结局

D18. 电视上播出一条新闻，说的是有一个老太太被车撞了，路旁一个小伙子好心扶起她，反而被老太太冤枉是撞她的人，要小伙子赔医药费，你看了以后感到：（单选）

【1】好人真难做，以后不要做好事了　【2】好事还是要做，但也要注意保护自己　【3】电视上演的是电视上演的，自己该扶还得扶
【4】电视上不应该播出这样的新闻，以后就不会有人愿意做好事了

D19. "好人杀死坏人，是因为坏人欺人太甚"，你对这种看法：（单选）

【1】非常同意　【2】比较同意　【3】不确定　【4】不太同意
【5】非常不同意

D20. 一个人为了给父母、兄弟报仇，杀死了仇人，你认同这种行为吗？（单选）

【1】非常认同　【2】比较认同　【3】不确定　【4】不太认同
【5】非常不认同

D21. 一个人杀死了许多贪官，把贪官的钱财都散发给穷人，你认同这种行为吗？（单选）

【1】非常认同　【2】比较认同　【3】不确定　【4】不太认同
【5】非常不认同

D22. 丈夫和妻子吵架，因为非常生气，打了他妻子一巴掌，你觉得：（单选）

【1】丈夫当然不对，怎么都不应该打妻子　【2】丈夫不是故意的，是生气后的第一反应　【3】妻子应该也打丈夫一巴掌　【4】如果妻子说了很多气人的话，丈夫打她也可以理解

D23. 你怎样看待电视上演的和现实社会中的暴力或犯罪现象？（单选）

【1】电视真实地反映了现实社会中出现的暴力或犯罪现象
【2】现实社会中存在的暴力或犯罪现象比电视上演的还要多，还要严重
【3】电视夸大了现实社会中出现的暴力或犯罪现象

D24. 你觉得电视上演的那种眼戴墨镜，一身黑衣，一呼百应的黑社

会大哥：（单选）

【1】特别讲义气，挺崇拜的　　【2】很威风、很酷，挺羡慕的
【3】是社会不良分子

D25. 你会学电视画面中的一些骂人的话骂别人吗？（单选）

【1】经常会　【2】有时会　【3】很少会　【4】从来不会

D26. 你会学电视画面中的一些打人的动作打别人吗？（单选）

【1】经常会　【2】有时会　【3】很少会　【4】从来不会

D27. 你怎样看待电视上演的和现实社会中的不公平、不公正现象？
（单选）

【1】电视真实地反映了现实社会中的不公平、不公正现象

【2】电视夸大了现实社会中的不公平、不公正现象

【3】现实社会中的不公平、不公正现象比电视上演的还要多，还要
严重

D28. "遇到不公平、不公正的待遇，用拳头说话比找地方说理管用"
你对这种看法：（单选）

【1】非常同意　【2】比较同意　【3】不确定　【4】不太同意
【5】非常不同意

D29. 当看到电视里播放男女主角拥抱、接吻等镜头时，你会感到：
（单选）

【1】这种行为让人厌恶，赶紧换台　【2】不好意思去看　【3】挺
有趣　【4】无所谓

D30. 你喜欢看鬼片吗？（单选）

【1】非常喜欢　【2】喜欢　【3】一般　【4】不喜欢　【5】很不
喜欢

D31. 你觉得这世界上到底有没有鬼呢？（单选）

【1】当然没有　【2】可能有　【3】说不清楚　【4】肯定有

D32. 你看完鬼片，会：（可以多选）

【1】晚上不敢去上厕所　【2】晚上不敢一个人睡　【3】晚上作噩
梦　【4】不害怕，觉得电视上演的都是假的　【5】模仿鬼片中的动作，
吓唬同学

D33. 家里大人对你看电视的态度？（单选）

【1】非常支持　【2】支持　【3】无所谓　【4】不太支持

【5】很不支持

D34. 家里大人会陪你一起看电视吗？（单选）

【1】经常会　【2】有时会　【3】很少会　【4】从来没有

D35. 家里大人会限制你看电视的时间吗？（单选）

【1】经常限制　【2】有时会限制　【3】基本不限制　【4】从来不限制

D36. 家里大人会限制你看的电视内容吗？（单选）

【1】经常限制　【2】有时会限制　【3】基本不限制　【4】从来不限制

D37. 家里大人都限制你看什么样的电视内容呢？（上题选择 1 或 2 的同学回答，可以多选）

【1】打打杀杀类　【2】谈情说爱类　【3】恐怖片、鬼片类　【4】综艺娱乐类　【5】其他类：_____

D38. 你最崇拜的人是？（单选）

【1】父母　【2】老师　【3】身边朋友　【4】政治人物　【5】英雄人物　【6】影视明星　【7】体育明星　【8】成功商人　【9】著名学者

D39. 你希望自己能一夜之间变成超级偶像吗？（单选）

【1】非常希望　【2】有时候希望　【3】从来不希望

D40. 你认为电视剧里扮演美丽、善良的女主角的演员，在现实生活中也是这样吗？（单选）

【1】是　【2】也许是　【3】很难说　【4】不是

D41. 聊天时，你周围的同学都在讨论的明星你不知道，你会感到：（单选）

【1】插不上话，心里不太舒服　【2】以后应该多关注一下同学们讨论的这个明星　【3】听别人讲讲也挺好的　【4】没什么感觉

D42. 写出你最喜欢的三个偶像人物，并说明原因

【1】_____，原因是：_____

【2】_____，原因是：_____

【3】_____，原因是：_____

D43. 写出你最喜欢的三部电视剧，并说明原因

【1】_____，原因是：_____

【2】_____，原因是：_____

【3】_____，原因是：_____

D44. 写出你最喜欢的三部动画片，并说明原因

【1】_____，原因是：_____

【2】_____，原因是：_____

【3】_____，原因是：_____

D45. 你是通过什么方式了解你所喜欢的偶像？（可以多选）

【1】报纸　　【2】杂志　　【3】广播　　【4】电视　　【5】网络
【6】和同学聊天　　【7】老师讲课提到

D46. 以后你想过怎样的生活？（单选）

【1】努力读书，考上大学，在大城市有一份好工作　　【2】像父母那样到城里务工挣钱　　【3】一直在农村务农生活　　【4】没有特别想过的生活　　【5】还没有想过这个问题

D47. 你这种理想的生活方式是怎样得到的？（单选）

【1】电视上学来的　　【2】报刊上看来的　　【3】广播上听来的
【4】自己想出来的　　【5】父母长辈教育的　　【6】学校老师教育的
【7】说不清楚

D48. 你非常难受的时候，会：（单选）

【1】看自己喜欢的电视，转移注意力　　【2】闷在心里，和谁都不说
【3】告诉家里大人　　【4】对好朋友说　　【5】记在日记里

D49. 你能否判断哪些电视节目内容适合自己，哪些不适合？（单选）

【1】当然能　　【2】有时能　　【3】完全不能

D50. 如果电视里介绍了一种新的学习方法，你会：（单选）

【1】不仅自己试一下这种学习方法，还介绍给同学们　　【2】自己试一下，不会介绍给别人　　【3】不会去尝试，以前怎么学习，现在还怎么学

D51. 你参加过电视台的哪些活动？（可以多选）

【1】点播歌曲或影片　　【2】有奖竞猜　　【3】下载手机铃声或歌曲
【4】电视购物　　【5】参加电视节目录制　　【6】接受电视台记者访问　　【7】什么活动都没有参与过

第五部分（E）　网络

E01. 你家里有电脑吗？（单选）

【1】没有，家里也不打算买 【2】没有，以后家里打算买 【3】有

E02. 你对电脑的掌握情况？（可以多选）

【1】完全不会 【2】会打字 【3】会上网 【4】会使用简单软件

E03. 你觉得掌握电脑知识重要吗？（单选）

【1】非常重要 【2】重要 【3】说不清 【4】不太重要 【5】一点也不重要

E04. 你学校里开电脑课了吗？（单选）

【1】没有 【2】有

E05. 你对电脑课感兴趣吗（上题选择 2 的同学请回答）

【1】非常感兴趣 【2】感兴趣 【3】说不清 【4】不太感兴趣 【5】一点也不感兴趣

E06. 你对上网感兴趣吗？（单选）

【1】很感兴趣 【2】比较感兴趣 【3】说不清 【4】不太感兴趣 【5】不感兴趣

E07. 你觉得上网对于你们：（单选）

【1】有好处，可以查各种信息和资料 【2】看如何使用，用来学习，就好；用来打游戏，就不好 【3】不好，容易沉迷在网络游戏里 【4】对上网不了解，也说不清楚

E08. 你上网吗？（单选）

【1】经常（平均 1 个星期 1 次） 【2】有时候（平均半个月 1 次）

【3】很少（平均 1 个月 1 次） 【4】从来不上网

E09. 你很少或是从来不上网的原因是？（上题选择 3 或 4 的同学请回答，可以多选）

【1】对学习没有帮助 【2】学习紧张，没时间上 【3】老师会批评 【4】家里大人不让 【5】没有钱上网 【6】网上不好的信息太多 【7】怕自己会上瘾 【8】不会上网

E10. 你大概每次上网的时间是多久？（没有上过网的同学可以终止第五部分问答）

【1】不到 1 小时 【2】1—2 小时 【3】3—4 小时 【4】5—6 小时 【5】7 个小时及以上

E11. 你上网喜欢做什么？（可以多选）

【1】打游戏　【2】聊天　【3】看影视剧　【4】听音乐　【5】看新闻　【6】查资料

E12. 你一般用什么方式上网？（单选）

【1】网吧　【2】学校机房　【3】家里电脑

E13. 你都去过几个网吧上过网？（单选）

【1】1—2 个　【2】3—4 个　【3】5—6 个　【4】7—8 个【5】太多，记不清了

E14. 你去过的网吧会不让未成年人上网吗？（单选）

【1】有的网吧不让　【2】从来没有网吧不让，随便上

E15. 家里大人对你上网的态度？（单选）

【1】非常支持　【2】支持　【3】无所谓　【4】不太支持【5】很不支持

E16. 你喜欢的网络内容类型：（可以多选）

【1】娱乐时尚类　【2】交友聊天类　【3】游戏类　【4】新闻类　【5】教育学习类　【6】文学小说类　【7】网络购物类　【8】占卜星座类

E17. 你有没有在网上发表过自己的内容？（单选）

【1】没有，不知怎么发　【2】没有，自己没有什么可说的【3】有过，但是没有引起大家注意　【4】有过，并且引起大家注意和讨论

E18. 你有自己的博客或是微博吗？（单选）

【1】有　【2】没有

E19. 你在网上买过东西吗？（单选）

【1】经常买　【2】有时买　【3】很少买　【4】从来没买过

E20. "网上卖的东西假货很多"，你对这种看法：（单选）

【1】非常同意　【2】比较同意　【3】不确定　【4】不太同意【5】非常不同意

E21. 请写出三个你经常去的网站：＿＿＿＿＿＿，＿＿＿＿＿＿，＿＿＿＿＿＿。

E22. 请写出三个你最喜欢的网络游戏和其中的角色，并说明原因

【1】游戏：＿＿＿＿＿＿角色：＿＿＿＿＿＿原因：＿＿＿＿＿＿

【2】游戏：＿＿＿＿＿　角色：＿＿＿＿＿　原因：＿＿＿＿＿＿

【3】游戏：＿＿＿＿＿　角色：＿＿＿＿＿　原因：＿＿＿＿＿＿

E23. 打游戏的过程中，看到对手一个一个被你所扮演的角色打死，你的感受是：（可以多选）

【1】自己扮演的角色真厉害　　【2】非常解气　　【3】很过瘾
【4】有些暴力、血腥　　【5】没什么感觉

E24. 对于网络中播出的新闻，你相信吗？（单选）

【1】完全相信　　【2】基本相信　　【3】半信半疑　　【4】基本不信
【5】完全不信

E25. 你喜欢看网络中出现的广告吗？（单选）

【1】很喜欢　　【2】喜欢　　【3】一般　　【4】不太喜欢　　【5】很不喜欢

E26. 对于网络中播出的广告，你的态度是？（单选）

【1】完全相信　　【2】基本相信　　【3】半信半疑　　【4】基本不信
【5】完全不信

E27. 你对网络黑客攻击网站的行为怎么看？（单选）

【1】觉得他们很厉害，挺崇拜　　【2】应该视具体情况而定
【3】觉得他们这样做不对　　【4】不了解，没看法

E28. 你会把你拍的各类照片传到网络上去吗？（单选）

【1】当然不会　　【2】有时会　　【3】经常会

E29. 就网络而言，你觉得你的老师懂得比你多吗？（单选）

【1】老师比我懂得多　　【2】老师和我懂得差不多　　【3】老师没我懂得多　　【4】不太清楚

E30. 你希望得到如何积极地使用网络方面的指导吗？（单选）

【1】非常希望　　【2】有些希望　　【3】无所谓　　【4】不太希望
【5】很不希望

第六部分（F）　手机

F01. 你是否拥有手机？（单选）

【1】是　　【2】否（可以终止第六部分问答）

F02. 你是否用手机上过网？（单选）

【1】经常　　【2】用过，但是很少　　【3】没有，以后想试试

【4】没有，以后也不想

F03. 对于不认识的号码给你发过来的短信，你会：（单选）

【1】好奇，回过去短信询问　　【2】给家里大人看，让他们帮助判断

【3】置之不理　　【4】生气，回过去短信，让他不要乱发

F04. 你会把收到的有趣的短信发给其他人吗？（单选）

【1】经常　　【2】有时候　　【3】很少　　【4】从来没有

F05. 你喜欢把手机屏保设置成什么画面？＿＿＿＿＿＿＿＿＿＿＿

第七部分（G）　对大众媒介的总体态度

G01. 下列的五种媒体，请按你接触时间的多少进行由多到少的排序：

【1】报纸　　【2】杂志　　【3】广播　　【4】电视　　【5】网络

排序：＿＿＿＿＿＿＿＿＿＿＿＿＿＿＿＿＿＿＿＿＿

G02. 请按你喜欢的程度对下列五项活动进行排序：

【1】看报纸　　【2】看杂志　　【3】听广播　　【4】看电视
【5】上网

排序：＿＿＿＿＿＿＿＿＿＿＿＿＿＿＿＿＿＿＿＿＿

G03. 你认为你日常生活中最离不开的是哪种媒体？（单选）

【1】报纸　　【2】杂志　　【3】广播　　【4】电视　　【5】网络

G04. 当你认为自己接触的媒体信息虚假时，你会：（单选）

【1】主动向媒体反映　　【2】告诉周围的同学不要相信　　【3】置之
不理

G05. 当发现不同媒体对同一事件说法不一致时，你更倾向于相信哪
种媒体的说法：（单选）

【1】报纸　　【2】杂志　　【3】广播　　【4】电视　　【5】网络

G06. 你认为学校开设一门"媒介素养课"，就是帮助你们更好地理
解报刊、广播、电视和网络所传播的各类信息，减少媒体中的不良信息对
你们的影响，并指导你们如何更加有效地利用这些媒体的课程：（单选）

【1】非常必要　　【2】有必要　　【3】说不清　　【4】不太必要
【5】没任何必要

本次问卷调查到此结束，再次感谢你的参与。祝你学业进步，快乐
成长！

留守儿童深度访谈提纲

一、生活状况

1. 你会给在外务工的爸爸妈妈主动打电话吗？你有了委屈和心事怎么办？遇到困难第一时间想到谁？家里现在谁管你学习？双休日上辅导班吗？

2. 你经常和家里大人主动聊天吗？都聊些什么？如果不经常，原因是什么？

3. 社会上把父母出去务工，留在家乡的孩子称为"留守儿童"，你对这个叫法是怎么看的？

4. 以后等你结婚有了孩子，你会长期离开你的孩子去外地挣钱吗？

5. 你觉得你和爸爸妈妈都在家里的同学有什么不同吗？

6. 你希望爸爸妈妈出去务工吗？你希望他们接你到城市一起生活吗？

7. 爸爸妈妈从城里回来，你觉得他们和以前有什么不一样？

8. 你的理想是什么？爸爸妈妈对你的期望是什么？

9. 你平时在家都喜欢做什么？

二、书籍

1. 家里大人看书吗？都看些什么书？家里大人平时鼓励你多看书吗？会陪你一起看书吗？

2. 你都喜欢看什么书？在哪里得到的？

3. 家里的课外书多吗，都是什么方面的课外书？是家里大人给你买的，还是你自己买的？

4. 你喜欢看动漫书吗？都爱看哪些？

三、报刊

1. 家里大人看报纸和杂志吗？他们都看些什么？家里大人平时鼓励你看报纸和杂志吗？家里大人会给你讲他们在报纸和杂志上看到的有意思的事情吗？

2. 你平时看报纸和杂志吗？都看些什么？在哪里得到的？

3. 家里大人鼓励过你给报社投稿吗？你觉得能在报纸上发表文章的都是些什么样的人？

4. 报纸上写的东西你都相信吗？有没有不相信的？家里大人说过，"报纸上写的这个就不像真的"之类的话吗？

5. 你想过当报社的小记者，或是电视台的小主持人吗，就像少儿频道"新闻袋袋裤"里面的小主持人那样？

6. 有没有报纸上写的人或事让你印象深刻，或者是对你产生了影响？

四、广播

1. 家里大人听广播吗？他们都听些什么？

2. 你平时听广播吗？都听些什么？

3. 现在广播节目里，治疗各种疾病的广告很多，你对这些广告怎么看？

4. 广播晚上经常会播出一些情感倾诉类节目，你爱听吗？你觉得那些听众打电话说的事情都是真的吗？当你觉得很委屈的时候，你会打电话给主持人诉说你的心事和烦恼吗？如果会，原因是什么？如果不会，是为什么呢？

5. 有没有广播上播出的人或事让你印象深刻，或者是对你产生了影响？

五、电视

1. 家里大人都知道你平时爱看什么样的电视节目吗？

2. 看电视时间长了，家里大人会说你吗？都是怎样说？

3. 家里大人会陪你一起看电视吗？你愿意家里大人陪你一起看电视吗？

4. 家里大人会关注你看的电视内容吗？鼓励你看什么，反对你看什么？家里大人会经常说"你看这样的电视不好"这样的话吗？会同时把频道也给你换了吗？

5. 看到电视里城市孩子的生活和学习场景，会羡慕吗？说明羡慕的方面，或者不羡慕的原因。

6. 电视上有没有让你印象深刻的打斗场面和骂人的场面？

7. 你模仿过电视中打人的一些动作或者是骂别人的话吗？

8. 回想你看过的电视内容，有没有让你觉得这个人确实该杀的情况？

9. 看到电视上有搂搂抱抱的镜头，家里大人会让你换台吗？你对这些镜头怎么看？

10. 李连杰创办了"壹基金"，帮助许多有困难的人，如果你以后成为有钱人，也会这样做吗？

11. 你有没有喜欢的广告？会模仿广告语吗，像"今年过节不收礼，收礼只收脑白金"之类？

12. 公益广告中出现给老人让座，把饮料瓶捡起来扔到垃圾箱，会想着在生活中照这样做吗？

13. 看到广告中出现的场景，比如好丽友的广告，"好东西要和好朋友一起分享"，你在生活中会照这样做吗？

14. 电视上演的东西你都相信吗？相信哪些，不相信哪些？

15. 看到偶像剧里的主角，住大房子、开好车、穿漂亮衣服，你羡慕吗？想过这样的生活吗？

16. 有没有想过像超级女声、快乐男声那样，一夜成名？如果没有，原因是什么？

17. 说说你最喜欢偶像？你平时通过哪些途径了解他们？

18. 有没有电视上演的人或事让你印象深刻，或者是对你产生了影响？

19. 有哪些电视中的人物是你学习的榜样？有哪些是你觉得一定不能像他那样的？

20. 只要艰苦奋斗，是不是就能改变自己的命运？

21. 一个人成功，是靠个人努力，还是家庭背景？

22. 你觉得社会不公正的地方主要表现在哪些方面？

六、网络

1. 你对上网是怎么看的？你觉得上网对于小孩来说是好还是坏？

2. 学校里有电脑课吗？（有的话追问）你喜欢上电脑课吗？老师教你们如何上网吗？教你们如何辨别网络上不好的信息吗？（没有的话追问）你希望学校开电脑课吗？

3. 你们学校周围网吧多吗？你去过网吧吗？（去过的同学追问）为什么想去网吧？家里大人知道你去网吧吗？假期你上网会花多少钱？有没有

因为上网花钱和家里大人争吵？

4. 你上网聊过天吗？你觉得那些没见过面的网友和现实生活中的朋友一样吗？

5. 你打过网络游戏吗？（打过的同学问）都喜欢打什么游戏？打游戏的时候有什么感受？

6. 据你所知，你们班上经常上网的同学，爸爸妈妈是出去务工的，还是都留在家里的？

七、手机

1. 你有手机吗？你觉得学生有手机必要吗？（有手机的同学追问）你的手机是多少钱买的，是谁给你买的？

2. 家里大人查看你的手机短信吗？

3. 你经常给好朋友发短信吗？

4. 你觉得手机上网有必要吗？

5. 你怎么判断收到的短信是骗人的短信？收到这样的短信你会怎么处理？

八、消费行为

1. 你会帮家里买一些生活日用品吗？比如牙膏、洗发水、洗衣粉、透明皂？你经常买哪些牌子，是不是因为这些牌子做过广告？

2. 你最想买的一件东西是什么？为什么最想拥有？

附录 2

留守儿童监护人调查问卷及深度访谈提纲

所在省：①陕西　　②甘肃　　③宁夏　　④青海　　⑤新疆

问卷编号：_____　调研具体区域：_____

访问时间：_____　访员姓名：_____

留守儿童监护人问卷

尊敬的家长：

您好！为了了解您和您的孩子阅读报刊，收听广播，收看电视，使用电脑和手机等的情况，我们进行了这次调查。答案没有对错的差别，请您根据自己的实际情况，在每道题的答案前直接打"√"。如果没有特殊说明，每个题目只选一项。

谢谢您的支持与合作！

01. 您的姓名：_____　02. 您的性别：_____

03. 您的年龄：_____　04. 您的民族：_____

05. 您与被监护儿童的关系：（单选）

【1】父亲　【2】母亲　【3】爷爷或奶奶　【4】姥姥或姥爷
【5】亲戚

06. 您的文化程度：（单选）

【1】未接受学校教育　【2】小学　【3】初中　【4】高中
【5】大专及以上

07. 您监护几个儿童？（单选）

【1】1 个　【2】2 个　【3】3 个　【4】4 个　【5】5 个及以上

08. 您会主动和老师联系，了解孩子的情况吗？（单选）

【1】经常　【2】有时会　【3】很少　【4】从来没有

09. 学校老师到家里做家访吗？（单选）

【1】经常　【2】有时会　【3】很少　【4】从来没有

10. 您觉得父母不在身边，对孩子成长影响大吗？（单选）

【1】影响很大　【2】有一些影响　【3】说不清　【4】没什么影响

11. 您教育孩子的知识主要是从哪里来的？（可以多选）

【1】电视上看到的　【2】报纸、杂志上看到的　【3】广播中听到的　【4】一辈一辈传下来的　【5】自己摸索的　【6】向别人打听的

12. 您平时辅导孩子学习吗？（单选）

【1】经常辅导　【2】有时候辅导　【3】不怎么辅导　【4】从来不辅导

13. 闲下来的时候，您最喜欢做什么？（单选）

【1】看电视　【2】看报纸、杂志　【3】听广播　【4】睡觉休息　【5】逛街　【6】到邻居家串门聊天　【7】打牌　【8】做针线活

14. 您喜欢看什么类型的电视节目？（多选）

【1】科教类　【2】军事类　【3】新闻类　【4】财经类　【5】综艺娱乐类　【6】武打、侦破类电视剧　【7】情感、家庭类电视剧　【8】访谈节目类

15. 您对孩子最大的期望是什么？（单选）

【1】好好读书，考上名牌大学　【2】能够挣大钱　【3】能到大城市生活　【4】健健康康，平平安安　【5】没具体期望，顺其自然，孩子能快乐成长就好

16. 您觉得大众媒介（报刊、广播、电视、网络）对孩子的成长影响大吗？（单选）

【1】非常大　【2】比较大　【3】有些影响　【4】说不清　【5】没什么影响

17. 您给孩子买课外书吗？（单选）

【1】经常　【2】有时候　【3】很少　【4】从来没有

18. 您平时会陪孩子一起阅读吗？（单选）

【1】经常　【2】有时候　【3】很少　【4】从来没有

19. 您对现在的广播内容最不满意的地方是：＿＿＿＿＿＿＿＿

20. 孩子出去和小伙伴玩与待在家里看电视相比：（单选）

【1】待在家里看电视好，安全，不用操心　【2】出去和小伙伴玩

好，可以运动身体，增强伙伴间的友谊　【3】两者都不好，耽误学习，时间还是用来学习好　【4】和小伙伴玩和看电视都行，只要不惹事就好

21. 您平时控制孩子看电视的时间吗？（单选）

【1】完全不控制，孩子想看多久就看多久　【2】视情况而定，看时间太长了要说的　【3】有时间就说，忙起来就由着孩子看　【4】每天都严格控制，不能超过规定时间

22. 您平时关注孩子看什么样的电视内容吗？（单选）

【1】非常关注　【2】有时关注　【3】很少关注　【4】从来不关注

23. 您觉得陪孩子看电视有必要吗？（单选）

【1】非常必要　【2】有必要　【3】说不清　【4】不太必要　【5】没任何必要

24. 您和孩子一起谈论电视里的内容吗？（单选）

【1】经常　【2】有时候　【3】很少　【4】从来不

25. 您会限制孩子看的电视内容吗？（单选）

【1】经常限制　【2】有时会限制　【3】基本不限制　【4】从来不限制

26. 您都限制孩子看什么样的电视内容呢？（上题选择 1 或 2 的家长回答，可以多选）

【1】打打杀杀类　【2】谈情说爱类　【3】恐怖片、鬼片类　【4】综艺娱乐类　【5】其他：＿＿＿＿＿＿＿＿＿＿＿＿

27. 中央电视台少儿频道有一个栏目叫"新闻袋袋裤"，就是专门播放适合儿童观看和了解的新闻，您觉得开办这样的栏目，有必要吗？（单选）

【1】非常必要　【2】有必要　【3】说不清　【4】不太必要　【5】没任何必要

28. 看到电视上出现打打杀杀的镜头，您会给孩子换个频道吗？（单选）

【1】肯定会　【2】有时会　【3】很少会　【4】从来不会

29. 您很少会和从来不会换频道的原因是？（上题选择 3 或 4 的家长请回答，单选）

【1】电视上这样的镜头很多，没必要换　【2】忙得顾不上给孩子换频道　【3】小孩子看不懂，不用换　【4】小孩子喜欢看，就让他（她）看　【5】挺精彩的，自己也想看

30. 您觉得充满暴力情节的电视内容，对孩子会有不良影响吗？（单选）

【1】不良影响很大　【2】会有一些不良影响　【3】说不清【4】基本不会有什么不良影响　【5】没有任何不良影响

31. 您觉得充满暴力情节的电视内容，对男孩不良影响大，还是对女孩不良影响大？（上题选择 1 或 2 的家长请回答，单选）

【1】对男孩不良影响大　【2】对女孩不良影响大　【3】不良影响一样大　【4】说不清

32. 看到电视上出现搂抱、亲吻和上床的镜头，您会给孩子换个频道吗？（单选）

【1】肯定会　【2】有时会　【3】很少会　【4】从来不会

33. 您很少会和从来不会换频道的原因是？（上题回答 3 或 4 的家长请回答，单选）

【1】电视上这样的镜头很多，没必要换　【2】忙得顾不上给孩子换频道　【3】小孩子看不懂，不用换　【4】小孩子喜欢看，就让他（她）看　【5】挺精彩的，自己也想看

34. 您觉得这些搂抱、亲吻和上床的镜头，对孩子会有不良影响吗？（单选）

【1】不良影响很大　【2】有些不良影响　【3】说不清　【4】基本没有不良影响　【5】没有任何不良影响

35. 您觉得这些搂抱、亲吻和上床的镜头，对男孩不良影响大，还是对女孩不良影响大？（上题选择 1 或 2 的家长请回答，单选）

【1】对男孩不良影响大　【2】对女孩不良影响大　【3】不良影响一样大　【4】说不清

36. 您觉得电视上播出的堕胎流产广告，对小孩不良影响大吗？（单选）

【1】不良影响很大　【2】有些不良影响　【3】说不清　【4】基本没有不良影响　【5】没有任何不良影响

37. 您觉得电视上播出的各类鬼片，会对孩子心理造成不良影响吗？

（单选）

　　【1】肯定会　　【2】可能会　　【3】说不清　　【4】基本不会
【5】肯定不会

　　38. 您会对孩子说"电视上看到的不一定都是真的"这样的话吗？
（单选）

　　【1】经常会说　　【2】有时会说　　【3】很少说过　　【4】从来没
说过

　　39. 孩子对您说过，"你说的不对，这是我从电视上看到的"类似这
样的话吗？（单选）

　　【1】经常会说　　【2】有时会说　　【3】很少说过　　【4】从来没
说过

　　40. 您对现在的电视内容最不满意的地方是：_____

　　41. 您对电脑的掌握情况？（可以多选）

　　【1】完全不会　　【2】会打字　　【3】会上网　　【4】会使用简单
软件

　　42. 您觉得上网对于孩子：（单选）

　　【1】有好处，可以查各种信息和资料　　【2】看如何使用，用来学
习，就好；用来打游戏，就不好　　【3】不好，很容易沉迷在网络游戏里
【4】对上网不了解，也说不清楚

　　43. 在经济条件允许的情况下，您觉得给孩子买台电脑，有必要吗？
（单选）

　　【1】非常必要　　【2】有必要　　【3】说不清　　【4】不太必要
【5】没任何必要

　　44. 您有没有想过，自己也要学习使用电脑？（单选）

　　【1】已经会使用　　【2】正在学习使用　　【3】以后肯定要去学
【4】以后可能会去学　　【5】从来没想过去学

　　45. 您知道"农家书屋"这回事吗？（单选）

　　【1】我们村里就有　　【2】听说过　　【3】不太清楚　　【4】从来没
听说过

　　46. 您认为培养孩子的"媒介素养"，就是培养孩子如何更好地理解
报刊、广播、电视和网络所传播的各类信息，如何更加有效地利用这些媒
体的一种能力是否必要？（单选）

【1】非常必要　　【2】有必要　　【3】说不清　　【4】不太必要
【5】没任何必要

47. 如果在村里开办一个"家长媒介素养教育培训班"，就是教您如何指导孩子看电视，如何让孩子辨别网络虚假信息之类的内容，您会：（单选）

【1】肯定参加，觉得很有用　　【2】如果不忙，会去听听　　【3】看村里人都参加不，参加得多，就去；参加的少，就不去　　【4】不会参加，觉得没什么用处

本次问卷调查到此结束，再次感谢您的参与。祝您全家幸福，孩子健康、快乐成长！

留守儿童监护人深度访谈提纲

01. 根据您的观察，您觉得村子里父母双方都出去务工的孩子、父母一方出去务工的孩子和父母都在身边的孩子，这三者区别大吗？区别主要表现在哪里？

02. 您在照顾孩子的过程中感觉有什么困难？您平时主动和孩子聊天吗，都聊些什么？孩子情绪有变化，您可以感觉到吗？

03. 孩子和您吵过架吗，都是为了什么事？孩子做错事，您会大声责骂他，或是打他吗？

04. 您平时看报纸、杂志吗，都看些什么？您鼓励孩子阅读吗？您知道孩子喜欢读什么吗？

05. 您听广播吗，都爱听些什么？您会和孩子一起听广播吗？

06. 你家里的电视机多大，安装了大锅吗，都是什么时候安的？村里安大锅的多吗？

07. 您家的电视可以收看有线电视吗？接入数字电视了吗？您对安装数字电视怎么看？

08. 您家现在能看到多少个频道的节目？

09. 您平时喜欢看什么电视节目？

10. 您觉得看电视对孩子好的影响是什么？不好的影响是什么？

11. 您对现在电视节目最不满意的地方是什么？

12. 您对孩子去网吧上网是怎么看的？您知道您家附近有几个网吗？

您都知道孩子去网吧做什么吗？您担心孩子打游戏上瘾吗？

13. 如果开办一个"家长媒介素养教育班"，您觉得有必要吗？

14. 近几年，村子里入基督教的群众多吗？逢年过节，去寺庙烧香的人多吗？

15. 如果村子里办一个"留守儿童之家"，村里父母外出务工的小孩在这里可以一起学习、看书，您会督促孩子去吗？

附录 3

留守儿童外出务工父母调查问卷及深度访谈提纲

所在省：①陕西　　②甘肃　　③宁夏　　④青海　　⑤新疆

问卷编号：＿＿＿＿＿＿＿　　调研具体区域：＿＿＿＿＿＿＿

访问时间：＿＿＿＿＿＿＿　　访员姓名：＿＿＿＿＿＿＿

留守儿童外出务工父母调查问卷

尊敬的家长：

您好！为了了解您和您的孩子阅读报刊，收听广播，收看电视，使用电脑和手机等的情况，我们进行了这次调查。答案没有对错的差别，请您根据自己的实际情况，在每道题的答案前直接打"√"。如果没有特殊说明，每个题目只选一项。

谢谢您的支持与合作！

01. 您的姓名：＿＿＿＿＿　02. 您的性别：＿＿＿＿＿

03. 您的年龄：＿＿＿＿＿　04. 您的民族：＿＿＿＿＿

05. 您在哪里务工：＿＿＿＿＿　06. 您主要从事什么工作：＿＿＿＿＿

07. 您的文化程度：（单选）

【1】未接受学校教育　【2】小学　【3】初中　【4】高中

【5】大专及以上

08. 您出去务工多长时间了？（单选）

【1】不到 1 年　【2】1—3 年　【3】4—6 年　【4】7—9 年

【5】10 年以上

09. 您第一次出去务工时孩子的年龄：（单选）

【1】出生前　【2】1—3 岁　【3】4—6 岁　【4】7—9 岁

【5】10—12 岁　【6】13—15 岁　【7】16—18 岁

10. 您大概多久回家一次？（单选）

【1】3 个月　【2】半年　【3】1 年　【4】2 年　【5】3 年
【6】4 年　【7】5 年及以上

11. 您每次回家，大概在家里待多长时间？（单选）

【1】不到 1 周　【2】1 周　【3】半个月　【4】1 个月　【5】1 个月以上

12. 您和孩子的主要联系方式是：（可以多选）

【1】写信　【2】打电话　【3】发手机短信　【4】托熟人捎口信
【5】发电子邮件

13. 您和孩子一般在电话里说什么？（可以多选）

【1】学习问题　【2】身体问题　【3】安全问题　【4】听家里大人的话　【5】需要什么东西　【6】孩子最近的心情

14. 您出去务工，是出于哪些方面考虑？（可以多选）

【1】单靠在家务农，挣不到钱　【2】到城里务工，机会多
【3】长些见识，开阔眼界　【4】村里的年轻人都出去了，我也得出去
【5】为了自己有更长远的发展

15. 您没有把孩子带在身边的原因是：（可以多选）

【1】孩子在城里找不到合适的学校上学　【2】城里花费太大，难以负担　【3】在城里工作太忙，照顾不了孩子　【4】孩子自己不愿意去城里生活　【5】家里有人照顾孩子，没必要带在身边

16. 留在家里的孩子来过您务工的城市生活过吗？（单选）

【1】来过，还在城市里上过学　【2】假期来玩过，但没有上过学
【3】从来没有

17. 您对您目前在城市务工的生活满意吗？（单选）

【1】很满意　【2】满意　【3】一般　【4】不满意　【5】很不满意

18. 您觉得父母不在身边，对孩子成长影响大吗？（单选）

【1】影响很大　【2】有些影响　【3】说不清　【4】没什么影响

19. 您在外面，比较担心孩子的什么问题？（可以多选）

【1】学习成绩　【2】身体健康　【3】心理健康　【4】人身安全
【5】是否和不良少年交朋友　【6】是否沾染不良恶习

20. 您外出务工，对留在家里照顾孩子的大人比较担心的是什么：（可以多选）

【1】太溺爱孩子　【2】无法辅导孩子学习　【3】管不住孩子
【4】孩子生病，不能及时就诊　【5】不能和孩子经常交流谈心
【6】无法保证孩子的安全　【7】没有什么可担心的

21. 您希望孩子成人以后，过怎样的生活？（单选）

【1】努力读书，考上大学，在大城市有一份好工作　【2】像我们这样到城里务工挣钱　【3】一直待在老家务农生活　【4】看孩子自己，顺其自然

22. 闲下来的时候，您最喜欢做什么？（单选）

【1】睡觉休息　【2】逛街　【3】看电视　【4】看报纸、杂志
【5】听广播　【6】上网　【7】给老家孩子打电话　【8】会老乡
【9】打牌　【10】做针线活

23. 您喜欢看什么类型的电视节目？（可以多选）

【1】科教类　【2】军事类　【3】新闻类　【4】财经类　【5】综艺娱乐类　【6】武打、侦破类电视剧　【7】情感、家庭类电视剧
【8】访谈节目

24. 过年回家，您一般会给孩子带些什么礼物？（可以多选）

【1】衣服、鞋帽　【2】糖果、糕点　【3】图书　【4】碟片
【5】玩具　【6】文具　【7】不带什么，直接给孩子钱

25. 过年回来，您发现孩子有什么变化？（可以多选）

【1】比以前懂事了　【2】生活自理能力强了　【3】比以前开朗、乐观了　【4】学习比以前自觉，成绩有进步　【5】不爱说话了，更内向了　【6】和我不太亲了，有陌生感　【7】更贪玩了，学习成绩退步了　【8】没什么变化

26. 2011 年平均下来，您每月的收入是：（单选）

【1】1000 元以下　【2】1000—1500 元　【3】1501—2000 元
【4】2001—2500 元　【5】2501—3000 元　【6】3001—3500 元
【7】3501—4000 元　【8】4000 元以上

27. 外出务工收入占家庭总收入的？（单选）

【1】30% 以下　【2】30%—50%　【3】50%—70%　【4】70%以上

28. 您花在孩子身上的钱，比没有外出务工前：（单选）

【1】明显增多了　　【2】有所增多　　【3】基本没有什么变化

29. 您觉得大众媒介（报刊、广播、电视、网络）对孩子的成长影响大吗？（单选）

【1】非常大　　【2】比较大　　【3】有些影响　　【4】说不清
【5】没什么影响

30. 过年期间，和孩子看电视的时候，出现打打杀杀的镜头，会给孩子换个频道吗？（单选）

【1】肯定会　　【2】有时会　　【3】很少会　　【4】从来不会

31. 您很少会和从来不会换频道的原因是？（上题选择3或4的家长请回答，单选）

【1】电视上这样的镜头很多，没必要换　　【2】忙得顾不上给孩子换频道　　【3】小孩子看不懂，不用换　　【4】小孩子喜欢看，就让他（她）看　　【5】挺精彩的，自己也想看

32. 您觉得充满暴力情节的电视内容，对孩子会有不良影响吗？（单选）

【1】不良影响很大　　【2】会有一些不良影响　　【3】说不清
【4】基本不会有什么不良影响　　【5】没有任何不良影响

33. 您觉得充满暴力情节的电视内容，对男孩不良影响大，还是对女孩不良影响大？（上题选择1或2的家长请回答，单选）

【1】对男孩不良影响大　　【2】对女孩不良影响大　　【3】不良影响一样大　　【4】说不清

34. 过年期间，和孩子看电视的时候，出现搂抱、亲吻和上床镜头，会给孩子换个频道吗？（单选）

【1】肯定会　　【2】有时会　　【3】很少会　　【4】从来不会

35. 您很少会和从来不会换频道的原因是？（上题选择3或4的家长请回答，单选）

【1】电视上这样的镜头很多，没必要换　　【2】忙的顾不上给孩子换频道　　【3】小孩子看不懂，不用换　　【4】小孩子喜欢看，就让他（她）看　　【5】挺精彩的，自己也想看

36. 您觉得这些搂抱、亲吻和上床的镜头，对孩子会有不良影响吗？（单选）

【1】不良影响很大 【2】会有一些不良影响 【3】说不清
【4】基本不会有什么不良影响 【5】没有任何不良影响

37. 您觉得这些搂抱、亲吻和上床的镜头，对男孩不良影响大，还是对女孩不良影响大？（上题选择 1 或 2 的家长请回答，单选）

【1】对男孩不良影响大 【2】对女孩不良影响大 【3】不良影响一样大 【4】说不清

38. 您觉得电视上播出的堕胎流产广告，对小孩不良影响大吗？（单选）

【1】不良影响很大 【2】会有一些不良影响 【3】说不清
【4】基本不会有什么不良影响 【5】没有任何不良影响

39. 您觉得电视上播出的各类鬼片，会对孩子心理造成不良影响吗？（单选）

【1】肯定会 【2】可能会 【3】说不清 【4】基本不会
【5】肯定不会

40. 您对现在的电视内容最不满意的地方是：＿＿＿＿＿＿＿＿＿

41. 您有没有想过，自己也要学习使用电脑？（单选）

【1】已经会使用 【2】正在学习使用 【3】以后肯定要去学
【4】以后可能会去学 【5】从来没想过去学

42. 您对电脑的掌握情况？（可以多选）

【1】完全不会 【2】会打字 【3】会上网 【4】会使用一些简单软件

43. 你上网喜欢做什么？（上题选择了 3 的家长请回答，可以多选）

【1】打游戏 【2】聊天 【3】看影视剧 【4】听音乐 【5】看新闻 【6】查资料

44. 您觉得上网对于孩子：（单选）

【1】有好处，可以查各种信息和资料 【2】看如何使用，用来学习，就好；用来打游戏，就不好 【3】不好，很容易沉迷在网络游戏里
【4】对上网不了解，也说不清楚

45. 在经济允许的情况下，给孩子买台电脑，您觉得有必要吗？（单选）

【1】非常必要 【2】有必要 【3】说不清 【4】不太必要
【5】没任何必要

46. 中央电视台少儿频道有一个栏目叫"新闻袋袋裤"，就是专门播放适合儿童观看和了解的新闻，您觉得开办这样的栏目，有必要吗？（单选）

【1】非常必要　　【2】有必要　　【3】说不清　　【4】不太必要
【5】没任何必要

47. 您认为学校如果专门设立一门"媒介素养教育课"，就是帮助学生更好地理解报刊、广播、电视和网络所传播的各类信息，减少这些媒体中的不良信息对学生的影响，并指导学生如何更加有效地利用这些媒体的课程：（单选）

【1】非常必要　　【2】有必要　　【3】说不清　　【4】不太必要
【5】没任何必要

48. 如果在村里开办一个"家长媒介素养教育班"，就是教家长如何指导孩子看电视，如何让孩子辨别网络虚假信息之类的内容，您觉得：

【1】非常必要　　【2】有必要　　【3】说不清　　【4】不太必要
【5】没任何必要

本次问卷调查到此结束，再次感谢您的参与。祝您全家幸福，孩子健康、快乐成长！

留守儿童外出务工父母深度访谈提纲

01. 您在外打工，最担心孩子的什么？您在城市生活，感受最深的地方是什么？让您高兴、伤心、气愤的都是些什么事情？

02. 您每月大概给家里寄多少钱，自己留下多少花？

03. 您觉得把孩子接到自己务工的城市生活可行吗？如果不可行，原因都是什么？

04. 您对您目前在城市务工的生活满意吗？请具体谈一下满意的地方和不满意的地方。

05. 如果您不出去务工，或是就近务工，陪在孩子身边，目前可行吗？

06. 就您在城市生活的感受，您觉得城市孩子和农村孩子，最大的差别在哪里？

07. 当您看到电视里，报纸上报道一些关于留守儿童的事情，您会有什么样的感受？

08. 您希望中央政府和地方各级政府，有关教育部门怎么做，来帮助父母外出打工的孩子？

09. 您平时看报纸、杂志吗，都看些什么？

10. 您听广播吗，都爱听些什么？

11. 您平时喜欢看什么电视节目？

12. 您对现在电视节目最不满意的地方是什么？

13. 您觉得看电视对孩子好的影响是哪些方面？不好的影响是什么？

14. 您去过网吧吗？（如果去过，追问）您打游戏，聊天吗？

15. 您觉得孩子掌握电脑知识重要吗？

16. 您对孩子去网吧上网是怎么看的？孩子去网吧，您最担心的问题是什么？

17. 对在村里开办一个"家长媒介素养教育班"，您是怎么看的？

18. 如果村子里办一个"留守儿童之家"，村里的留守孩子可以在一起学习、看书，您觉得有必要不？

附录 4

非留守儿童调查问卷及深度访谈提纲

所在省：①陕西　　②甘肃　　③宁夏　　④青海　　⑤新疆

问卷编号：＿＿＿＿＿＿＿＿　　调研具体区域：＿＿＿＿＿＿＿

访问时间：＿＿＿＿＿＿＿＿　　访员姓名：＿＿＿＿＿＿＿＿

非留守儿童调查问卷

亲爱的同学：

你好！为了了解你阅读报刊，收听广播，收看电视，使用电脑和手机等的情况，我们进行了这次调查。答案没有对错的差别，请你根据自己的实际情况，在每道题的答案前直接打"√"。如果没有特殊说明，每个题目只选一项。

谢谢你的支持与合作！

第一部分（A）　基本情况及生活状况

A01. 你的姓名：＿＿＿＿＿＿＿　　A02. 你的性别：【1】男【2】女

A03. 你的年龄：＿＿＿＿＿＿＿　　A04. 你的民族：＿＿＿＿＿＿

A05. 你所在学校及班级：＿＿＿＿＿＿＿＿

A06. 上学期，你期末考试总成绩在班级中的排名大概属于：（单选）【1】在前面　【2】中等偏上　【3】中等　【4】中等偏下【5】在后面

A07. 课余时间喜欢做什么？（按喜欢程度，由高到低选三项）＿＿＿＿，＿＿＿＿＿＿，＿＿＿＿＿＿。

【1】看电视　【2】听广播　【3】阅读课外书　【4】去网吧上网
【5】和伙伴一起玩　【6】逛街　【7】和爸爸妈妈聊天

A08. 你每天的零花钱大概是多少？（单选）

【1】没有　【2】1—5 元　【3】6—10 元　【4】11—15 元
【5】16—20 元

A09. 你平时会和爸爸妈妈说那些事情？（可以多选）

【1】学习问题　【2】身体不舒服　【3】该交学费了　【4】要东
西　【5】委屈和心事　【6】遇到的困难　【7】什么都不想说

A10. 爸爸妈妈平时辅导你的学习吗？（单选）

【1】经常辅导　【2】有时候辅导　【3】很少辅导　【4】从不
辅导

A11. 家里的农活需要你干吗？（单选）

【1】经常需要　【2】农忙的时候需要　【3】基本不需要　【4】从
来不需要

A12. 你不开心的时候，会有下面哪些想法？（可以多选）

【1】想让爸爸妈妈安慰自己　【2】觉得没人关心自己　【3】觉得
自己什么都不如别人　【4】想离家出走　【5】想快快长大成人，早点
独立　【6】觉得生活没意思　【7】想和爸爸妈妈吵架，发泄一下不好
的心情

A13. 当你犯了错误时，爸爸妈妈会：（单选）

【1】给我讲道理　【2】大声责骂我　【3】动手打我　【4】不管
不问

A14. 你觉得考大学重要吗？（单选）

【1】非常重要，这是我的理想，也是全家人对我的期望

【2】考上大学当然好，但是也要考虑家里的经济情况和自己的学习
状况而定

【3】不重要，这个社会只要能赚到钱就行，上不上大学没关系

【4】说不清楚

A15. 你觉得班上爸爸妈妈出去务工的同学：（单选）

【1】他们爸爸妈妈不在身边，很孤单　【2】他们没有爸爸妈妈成天
管束，很自由　【3】他们爸爸妈妈不在身边，比较独立　【4】和我没
什么不一样

A16. 你希望爸爸妈妈也去外地务工赚钱吗？（单选）

【1】非常希望 【2】有些希望 【3】去不去都行 【4】不太希望 【5】很不希望

A17. 你觉得班上爸爸妈妈出去务工的同学羡慕你爸爸妈妈都在身边吗？（单选）

【1】非常羡慕 【2】有些羡慕 【3】不清楚 【4】不太羡慕 【5】一点都不羡慕

第二部分（B） 报刊

B01. 请问你看报纸的情况？（单选）

【1】经常看（1周3次以上） 【2】有时看（1周1次） 【3】不经常看（半个月1次） 【4】很少看（1个月1次）

B02. 你不经常看或很少看报纸的原因是：（上题选择3或4的同学请回答，可以多选）

【1】学习压力大，没时间看 【2】爸爸妈妈怕影响学习，不让看 【3】家里经济比较紧张，没有条件买 【4】家里有电视看就足够了，没必要还买报纸 【5】对报纸内容不感兴趣，觉得没什么好看的 【6】想看，但不知道去哪里买

B03. 你喜欢看报纸的哪些内容？（可以多选）

【1】新闻类 【2】知识类 【3】体育类 【4】财经类 【5】娱乐类 【6】故事类 【7】广告类 【8】没什么爱看的内容

B04. 你获取报纸的主要途径是？（单选）

【1】自己买 【2】学校订阅 【3】同学传阅 【4】家里买 【5】没有固定途径

B05. 你平时都看哪些报纸？请写出具体名称：＿＿＿＿＿＿＿＿＿

B06. 爸爸妈妈对你看报纸的态度？（单选）

【1】非常支持 【2】支持 【3】无所谓 【4】不太支持 【5】很不支持 【6】不清楚

B07. 对于报纸上刊登出来的新闻，你相信吗？（单选）

【1】完全相信 【2】基本相信 【3】半信半疑 【4】基本不信 【5】完全不信

B08. 对于报纸中刊登出来的广告，你的态度是？（单选）

【1】完全相信　【2】基本相信　【3】半信半疑　【4】基本不信
【5】完全不信

B09. 你看杂志的情况：（单选）

【1】经常看（半个月 1 次）　　【2】有时看（1 个月 1 次）
【3】不经常看（3 个月 1 次）　　【4】很少看（半年 1 次）

B10. 你不经常看或很少看杂志的原因是：（上题选择 3 或 4 同学请回答，可以多选）

【1】学习压力大，没时间看　【2】爸爸妈妈怕影响学习，不让看
【3】家里经济比较紧张，没有条件买　【4】家里有电视看就足够了，没必要还买杂志　【5】杂志是大人看的，自己不感兴趣　【6】想看，但不知道去哪里买

B11. 你获取杂志的主要途径是？（单选）

【1】自己买　【2】学校订阅　【3】同学传阅　【4】家里买
【5】没有固定途径

B12. 你平时都看哪些杂志？请写出具体名称：＿＿＿＿＿＿＿＿

B13. 爸爸妈妈对你看杂志的态度？（单选）

【1】非常支持　【2】支持　【3】无所谓　【4】不太支持
【5】很不支持　【6】不清楚

B14. 你是否向报纸、杂志投过稿？（单选）

【1】投过。投到哪？刊登出来了吗？请具体说明：＿＿＿＿＿＿

【2】从来没有投过

B15. 你从来不给报纸、杂志投稿，是因为：（上题选择 2 的同学请回答，可以多选）

【1】对投稿不感兴趣　【2】学习紧张，顾不上　【3】觉得自己没有那个能力　【4】根本不知道该如何投稿　【5】怕稿子没被采用，同学会笑话

B16. 你是否自己动手制作过一份报纸？（单选）

【1】是　【2】否

B17. 你知道儿童也可以成为一些报社的小记者吗？（单选）

【1】知道　【2】听说过　【3】完全不知道

B18. 你是否当过报社的小记者？（单选）

【1】当过。都当过什么报社的小记者？＿＿＿＿＿＿＿　【2】没有

B19. 你觉得农村孩子和城市孩子谁更适合当报社的小记者？（单选）

【1】农村孩子 【2】城市孩子 【3】没什么差别 【4】说不清

B20. 你清楚一份报纸是怎么产生出来的吗？（单选）

【1】非常清楚 【2】知道一些 【3】完全不清楚

第三部分（C） 广 播

C01. 你收听广播的情况：（单选）

【1】经常听（1 周 3 次以上） 【2】有时听（1 周 1 次） 【3】不经常听（半个月 1 次） 【4】很少听（1 个月 1 次） 【5】从来不听

C02. 你从来不听广播的原因是？（上题选择 5 的同学请回答，单选，答完此题，可以终止第三部分问答）

【1】没有收听条件 【2】有了电视，没必要听广播 【3】对广播内容毫无兴趣

C03. 你听广播主要是为了：（C01 选择 1、2、3 或 4 的同学请回答，可以多选）

【1】娱乐休闲 【2】学习有用的知识 【3】增长见识，开阔眼界
【4】有广播的声音陪伴不觉得孤单 【5】没其他事情做，打发时间
【6】可以逃避生活中的压力

C04. 你一般用什么方式听广播？（单选）

【1】在家，使用收音机 【2】在学校，听学校广播 【3】其他：
_____

C05. 你喜欢听什么类型的广播节目？（可以多选）

【1】新闻类 【2】财经类 【3】体育类 【4】综艺娱乐类
【5】情感谈话类 【6】广播剧 【7】科教类 【8】音乐类 【9】广告类

C06. 请列出三个你很喜欢听的广播节目：
_____，_____，_____

C07. 对广播中播出的新闻，你的态度是？（单选）

【1】完全相信 【2】基本相信 【3】半信半疑 【4】基本不信
【5】完全不信

C08. 对广播中播出的广告，你的态度是？（单选）

【1】完全相信 【2】基本相信 【3】半信半疑 【4】基本不信

【5】完全不信

C09. 爸爸妈妈对你听广播的态度？（单选）

【1】非常支持　【2】支持　【3】无所谓　【4】不太支持
【5】很不支持

C10. 你参与过广播中的听众互动节目吗？（单选）

【1】没有　【2】参与过，请说明参与的是什么节目：_____

C11. 你最不喜欢听广播中的什么内容？_____

第四部分（D）　电　视

D01. 你喜欢看电视吗？（单选）

【1】非常喜欢　【2】喜欢　【3】一般　【4】不太喜欢　【5】很
不喜欢

D02. 星期一到星期五，你平均每天看电视的时间大概有多久？（单
选）

【1】不到1小时　【2】1—2小时　【3】2—3小时　【4】3小时
及以上

D03. 周六和周日，你平均每天看电视的时间大概有多久？（单选）

【1】不到1小时　【2】1—2小时　【3】2—3小时　【4】3—4小
时　【5】4小时及以上

D04. 你喜欢看电视台播出的多集联播的电视剧吗？（单选）

【1】非常喜欢　【2】喜欢　【3】一般　【4】不太喜欢　【5】很
不喜欢

D05. 你平时看电视的时间和与小伙伴在一起玩的时间相比：（单选）

【1】看电视的时间比与小伙伴在一起玩的时间多很多

【2】看电视的时间比与小伙伴在一起玩的时间多一些

【3】与小伙伴在一起玩的时间比看电视的时间多很多

【4】与小伙伴在一起玩的时间比看电视的时间多一些

【5】两者差不多

D06. 你看电视主要是为了：（可以多选）

【1】娱乐休闲　【2】学习有用的知识　【3】增长见识，开阔眼界
【4】和伙伴聊天时有话说　【5】没其他事情做，打发时间　【6】可
以逃避生活中的压力

D07. 你最喜欢看什么类型的电视节目？（单选）

【1】新闻类　　【2】体育类　　【3】财经类　　【4】综艺娱乐类
【5】动画片类　　【6】科教类　　【7】影视剧类　　【8】广告类

D08. 看到电视里反映的城市生活，你向往吗？（单选）

【1】非常向往　　【2】有些向往　　【3】不太向往　　【4】一点都不
向往

D09. 对于电视中播出的新闻，你的态度是？（单选）

【1】完全相信　　【2】基本相信　　【3】半信半疑　　【4】基本不信
【5】完全不信

D10. 中央电视台少儿频道有一个栏目叫"新闻袋袋裤"，就是专门
播放适合儿童观看和了解的新闻，你对这样的栏目感兴趣吗？（单选）

【1】非常感兴趣　　【2】有些感兴趣　　【3】说不清　　【4】不太感
兴趣　　【5】没任何兴趣

D11. 你喜欢看电视上播出的商业广告吗？（单选）

【1】很喜欢　　【2】喜欢　　【3】一般　　【4】不太喜欢　　【5】很不
喜欢

D12. 你喜欢看电视上播出的公益广告吗？（单选）

【1】很喜欢　　【2】喜欢　　【3】一般　　【4】不太喜欢　　【5】很不
喜欢

D13. 对于电视广告中所宣传的产品，你的态度是？（单选）

【1】完全相信　　【2】基本相信　　【3】半信半疑　　【4】基本不信
【5】完全不信

D14. 你有没有想过，以后要是挣了钱，就要买广告中宣传的产品呢？
（单选）

【1】经常想　　【2】有时想过　　【3】基本没想过　　【4】从来没
想过

D15. 看到电视上出现打打杀杀的镜头，你会换频道吗？（单选）

【1】肯定会换　　【2】有时会换　　【3】基本不换　　【4】从来不换

D16. 你肯定会换或有时会换频道的原因是？（上题选择1或2的同学
请回答，单选）

【1】血腥暴力，看着害怕　　【2】不想看好人被打得很惨　　【3】打
来打去没意思

D17. 你基本不换或从来不换频道的原因是？（D15 题选择 3 或 4 的同学请回答，单选）

【1】电视上经常演，习以为常　　【2】觉得很精彩，不想换
【3】想看到最后的结局

D18. 电视上播出一条新闻，说的是有一个老太太被车撞了，路旁一个小伙子好心扶起她，反而被老太太冤枉是撞她的人，要小伙子赔医药费，你看了以后感到：（单选）

【1】好人真难做，以后不要做好事了　　【2】好事还是要做，但也要注意保护自己　　【3】电视上演的是电视上演的，自己该扶还得扶
【4】电视上不应该播出这样的新闻，以后就不会有人愿意做好事了

D19. "好人杀死坏人，是因为坏人欺人太甚"，你对这种看法：（单选）

【1】非常同意　【2】比较同意　【3】不确定　【4】不太同意
【5】非常不同意

D20. 一个人为了给父母、兄弟报仇，杀死了仇人，你认同这种行为吗？（单选）

【1】非常认同　【2】比较认同　【3】不确定　【4】不太认同
【5】非常不认同

D21. 一个人杀死了许多贪官，把贪官的钱财都散发给穷人，你认同这种行为吗？（单选）

【1】非常认同　【2】比较认同　【3】不确定　【4】不太认同
【5】非常不认同

D22. 丈夫和妻子吵架，因为非常生气，打了他妻子一巴掌，你觉得：（单选）

【1】丈夫当然不对，怎么都不应该打妻子　　【2】丈夫不是故意的，是生气后的第一反应　　【3】妻子应该也打丈夫一巴掌　　【4】如果妻子说了很多气人的话，丈夫打她也可以理解

D23. 你怎样看待电视上演的和现实社会中的暴力或犯罪现象？（单选）

【1】电视真实地反映了现实社会中出现的暴力或犯罪现象
【2】现实社会中存在的暴力或犯罪现象比电视上演的还要多，还要严重

【3】电视夸大了现实社会中出现的暴力或犯罪现象

D24. 你觉得电视上演的那种眼戴墨镜，一身黑衣，一呼百应的黑社会大哥：（单选）

【1】特别讲义气，挺崇拜的 【2】很威风、很酷，挺羡慕的 【3】是社会不良分子

D25. 你会学电视画面中的一些骂人的话骂别人吗？（单选）

【1】经常会 【2】有时会 【3】很少会 【4】从来不会

D26. 你会学电视画面中的一些打人的动作打别人吗？（单选）

【1】经常会 【2】有时会 【3】很少会 【4】从来不会

D27. 你认为电视上演的和现实社会中的不公平现象一样吗？（单选）

【1】电视真实地反映了社会中的不公平现象 【2】电视夸大了社会中的不公平现象 【3】现实社会中的不公平现象比电视上演的还要多，还要严重

D28. "遇到不公平、不公正的待遇，用拳头说话比找地方说理管用"你对这种看法：（单选）

【1】非常同意 【2】比较同意 【3】不确定 【4】不太同意 【5】非常不同意

D29. 当看到电视里播放男女主角拥抱、接吻等镜头时，你会感到：（单选）

【1】这种行为让人厌恶，赶紧换台 【2】不好意思去看 【3】挺有趣 【4】无所谓

D30. 你喜欢看鬼片吗？（单选）

【1】非常喜欢 【2】喜欢 【3】一般 【4】不喜欢 【5】很不喜欢

D31. 你觉得这世界上到底有没有鬼呢？（单选）

【1】当然没有 【2】可能有 【3】说不清楚 【4】肯定有

D32. 你看完鬼片，会：（可以多选）

【1】晚上不敢去上厕所 【2】晚上不敢一个人睡 【3】晚上作噩梦 【4】不害怕，觉得电视上演的都是假的 【5】模仿鬼片中的动作，吓唬同学

D33. 爸爸妈妈对你看电视的态度？（单选）

【1】非常支持 【2】支持 【3】无所谓 【4】不太支持

【5】很不支持

D34. 爸爸妈妈会陪你一起看电视吗？（单选）

【1】经常会　【2】有时会　【3】很少会　【4】从来没有

D35. 爸爸妈妈会限制你看电视的时间吗？（单选）

【1】经常限制　【2】有时会限制　【3】基本不限制　【4】从来不限制

D36. 爸爸妈妈会限制你看的电视内容吗？（单选）

【1】经常限制　【2】有时会限制　【3】基本不限制　【4】从来不限制

D37. 爸爸妈妈都限制你看什么样的电视内容呢？（上题选择 1 或 2 的同学回答，可以多选）

【1】打打杀杀类　【2】谈情说爱类　【3】恐怖片、鬼片类【4】综艺娱乐类　【5】其他类：＿＿＿＿＿＿＿＿＿＿

D38. 你最崇拜的人是？（单选）

【1】父母　【2】老师　【3】身边朋友　【4】政治人物　【5】英雄人物　【6】影视明星　【7】体育明星　【8】成功商人　【9】著名学者

D39. 你希望自己能一夜之间变成超级偶像吗？（单选）

【1】非常希望　【2】有时候希望　【3】从来不希望

D40. 你认为电视剧里扮演美丽、善良的女主角的演员，在现实生活中也是这样吗？（单选）

【1】是　【2】也许是　【3】很难说　【4】不是

D41. 聊天时，你周围的同学都在讨论的明星你不知道，你会感到：（单选）

【1】插不上话，心里不太舒服　【2】以后应该多关注一下同学们讨论的这个明星　【3】听别人讲讲也挺好的　【4】没什么感觉

D42. 写出你最喜欢的三个偶像人物，并说明原因

【1】＿＿＿＿＿＿＿＿，原因是：＿＿＿＿＿＿＿＿＿＿＿＿

【2】＿＿＿＿＿＿＿＿，原因是：＿＿＿＿＿＿＿＿＿＿＿＿

【3】＿＿＿＿＿＿＿＿，原因是：＿＿＿＿＿＿＿＿＿＿＿＿

D43. 写出你最喜欢的三部电视剧，并说明原因

【1】＿＿＿＿＿＿＿＿，原因是：＿＿＿＿＿＿＿＿＿＿＿＿

【2】_____，原因是：_____

【3】_____，原因是：_____

D44. 写出你最喜欢的三部动画片，并说明原因

【1】_____，原因是：_____

【2】_____，原因是：_____

【3】_____，原因是：_____

D45. 你是通过什么方式了解你所喜欢的偶像？（可以多选）

【1】报纸　【2】杂志　【3】广播　【4】电视　【5】网络
【6】和同学聊天　【7】老师讲课提到

D46. 以后你想过怎样的生活？（单选）

【1】努力读书，考上大学，在大城市找到一份好工作　【2】学会一门手艺，到大城市务工挣钱　【3】一直在农村务农生活　【4】没有特别想过的生活　【5】还没有想过这个问题

D47. 你这种理想的生活方式是怎样得到的？（单选）

【1】电视上学来的　【2】报刊上看来的　【3】广播上听来的
【4】自己想出来的　【5】父母长辈教育的　【6】学校老师教育的
【7】说不清楚

D48. 你非常难受的时候，会：（单选）

【1】看自己喜欢的电视，转移注意力　【2】闷在心里，和谁都不说
【3】告诉爸爸妈妈　【4】对好朋友说　【5】记在日记里

D49. 你能否判断哪些电视节目内容适合自己，哪些不适合？（单选）

【1】当然能　【2】有时能　【3】完全不能

D50. 如果电视里介绍了一种新的学习方法，你会：（单选）

【1】不仅自己试一下这种学习方法，还介绍给同学们　【2】自己试一下，不会介绍给别人　【3】不会去尝试，以前怎么学习，现在还怎么学

D51. 你参加过电视台的哪些活动？（可以多选）

【1】点播歌曲或影片　【2】有奖竞猜　【3】下载手机铃声或歌曲
【4】电视购物　【5】参加电视节目录制　【6】接受电视台记者访问　【7】什么活动都没有参与过

第五部分（E）　网络

E01. 你家里有电脑吗？（单选）

【1】没有，家里也不打算买　【2】没有，以后家里打算买
【3】有

E02. 你对电脑的掌握情况？（可以多选）

【1】完全不会　【2】会打字　【3】会上网　【4】会使用简单软件

E03. 你觉得掌握电脑知识重要吗？（单选）

【1】非常重要　【2】重要　【3】说不清　【4】不太重要　【5】一点也不重要

E04. 你学校里开电脑课了吗？（单选）

【1】没有　【2】有

E05. 你对电脑课感兴趣吗（上题选择 2 的同学请回答）

【1】非常感兴趣　【2】感兴趣　【3】说不清　【4】不太感兴趣
【5】一点也不感兴趣

E06. 你对上网感兴趣吗？（单选）

【1】很感兴趣　【2】比较感兴趣　【3】说不清　【4】不太感兴趣　【5】不感兴趣

E07. 你觉得上网对于你们：（单选）

【1】有好处，可以查各种信息和资料　【2】看如何使用，用来学习，就好；用来打游戏，就不好　【3】不好，容易沉迷在网络游戏里
【4】对上网不了解，说不清楚

E08. 你上网吗？（单选）

【1】经常（平均 1 个星期 1 次）　【2】有时候（平均半个月 1 次）
【3】很少（平均 1 个月 1 次）　【4】从来不上网

E09. 你很少或是从来不上网的原因是？（上题选择 3 或 4 的同学请回答，可以多选）

【1】对学习没有帮助　【2】学习紧张，没时间上　【3】老师会批评　【4】爸爸妈妈不让　【5】没有钱上网　【6】网上不好的信息太多　【7】怕自己会上瘾　【8】不会上网

E10. 你大概每次上网的时间是多久？（没有上过网的同学可以终止第五部分问答）

【1】不到 1 小时　【2】1—2 小时　【3】3—4 小时　【4】5—6 小时　【5】7 个小时及以上

E11. 你上网喜欢做什么？（可以多选）

【1】打游戏　【2】聊天　【3】看影视剧　【4】听音乐　【5】看新闻　【6】查资料

E12. 你一般用什么方式上网？（单选）

【1】网吧　【2】学校机房　【3】家里电脑

E13. 你都去过几个网吧上过网？（单选）

【1】1—2 个　【2】3—4 个　【3】5—6 个　【4】7—8 个　【5】太多，记不清了

E14. 你去过的网吧会不让未成年人上网吗？（单选）

【1】有的网吧不让　【2】从来没有网吧不让，随便上

E15. 爸爸妈妈对你上网的态度？（单选）

【1】非常支持　【2】支持　【3】无所谓　【4】不太支持　【5】很不支持

E16. 你喜欢的网络内容类型：（可以多选）

【1】娱乐时尚类　【2】交友聊天类　【3】游戏类　【4】新闻类　【5】教育学习类　【6】文学小说类　【7】网络购物类　【8】占卜星座类

E17. 你有没有在网上发表过自己的内容？（单选）

【1】没有，不知怎么发　【2】没有，自己没有什么可说的　【3】有过，但是没有引起大家注意　【4】有过，并且引起大家注意和讨论

E18. 你有自己的博客或是微博吗？（单选）

【1】有　【2】没有

E19. 你在网上买过东西吗？（单选）

【1】经常买　【2】有时买　【3】很少买　【4】从来没买过

E20. "网上卖的东西假货很多"，你对这种看法：（单选）

【1】非常同意　【2】比较同意　【3】不确定　【4】不太同意　【5】非常不同意

E21. 请写出三个你经常去的网站：＿＿＿＿＿＿＿，＿＿＿＿＿＿＿，＿＿＿＿＿＿＿。

E22. 请写出三个你最喜欢的网络游戏和其中的角色，并说明原因

【1】游戏：＿＿＿＿＿　角色：＿＿＿＿＿　原因：＿＿＿＿＿

【2】游戏：＿＿＿＿＿＿角色：＿＿＿＿＿＿原因：＿＿＿＿＿＿

【3】游戏：＿＿＿＿＿＿角色：＿＿＿＿＿＿原因：＿＿＿＿＿＿

E23. 打游戏的过程中，看到对手一个一个被你所扮演的角色打死，你的感受是：（可以多选）

【1】自己扮演的角色真厉害　　【2】非常解气　【3】很过瘾【4】有些暴力、血腥　【5】没什么感觉

E24. 对于网络中播出的新闻，你相信吗？（单选）

【1】完全相信　【2】基本相信　【3】半信半疑　【4】基本不信【5】完全不信

E25. 你喜欢看网络中出现的广告吗？（单选）

【1】很喜欢　【2】喜欢　【3】一般　【4】不太喜欢　【5】很不喜欢

E26. 对于网络中播出的广告，你的态度是？（单选）

【1】完全相信　【2】基本相信　【3】半信半疑　　【4】基本不信【5】完全不信

E27. 你对网络黑客攻击网站的行为怎么看？（单选）

【1】觉得他们很厉害，挺崇拜　　【2】应该视具体情况而定【3】觉得他们这样做不对　【4】不了解，没看法

E28. 你会把你拍的各类照片传到网络上去吗？（单选）

【1】当然不会　【2】有时会　【3】经常会

E29. 就网络而言，你觉得你的老师懂得比你多吗？（单选）

【1】老师比我懂得多　【2】老师和我懂得差不多　【3】老师没我懂得多　【4】不太清楚

E30. 你希望得到如何积极地使用网络方面的指导吗？（单选）

【1】非常希望　【2】有些希望　【3】无所谓【4】不太希望【5】很不希望

第六部分（F）　手机

F01. 你是否拥有手机？（单选）

【1】是　【2】否（可以终止第六部分问答）

F02. 你是否用手机上过网？（单选）

【1】经常　【2】用过，但是很少　【3】没有，以后想试试

【4】没有，以后也不想

F03. 对于不认识的号码给你发过来的短信，你会：（单选）

【1】好奇，回过去短信询问 【2】给爸爸妈妈看，让他们帮助判断

【3】置之不理 【4】生气，回过去短信，让他不要乱发

F04. 你会把收到的有趣的短信发给其他人吗？（单选）

【1】经常 【2】有时候 【3】很少 【4】从来没有

F05. 你喜欢把手机屏保设置成什么画面？_____

第七部分（G） 对大众媒介的总体态度

G01. 下列的五种媒体，请按你接触时间的多少进行由多到少的排序：

【1】报纸 【2】杂志 【3】广播 【4】电视 【5】网络

排序：_____

G02. 请按你喜欢的程度对下列五项活动进行排序：

【1】看报纸 【2】看杂志 【3】听广播 【4】看电视

【5】上网

排序：_____

G03. 你认为你日常生活中最离不开的是哪种媒体？（单选）

【1】报纸 【2】杂志 【3】广播 【4】电视 【5】网络

G04. 当你认为自己接触的媒体信息虚假时，你会：（单选）

【1】主动向媒体反映 【2】告诉周围的同学不要相信 【3】置之不理

G05. 当发现不同媒体对同一事件说法不一致时，你更倾向于相信哪种媒体的说法：（单选）

【1】报纸 【2】杂志 【3】广播 【4】电视 【5】网络

G06. 你认为学校开设一门"媒介素养课"，就是帮助你们更好地理解报刊、广播、电视和网络，减少媒体中的不良信息对你们的影响，并指导你们如何有效地利用这些媒体的课程：

【1】非常必要 【2】有必要 【3】说不清 【4】不太必要 【5】没任何必要

本次问卷调查到此结束，再次感谢你的参与。祝你学业进步，快乐成长！

非留守儿童深度访谈提纲

一、生活状况

1. 你觉得班里爸爸妈妈出去务工的同学和你们有什么不一样的吗？你有这样的朋友吗？你觉得他们（她们）有什么特点？

2. 你经常和爸爸妈妈主动聊天吗？都聊些什么？

3. 爸爸妈妈对你影响最大的方面是什么？生活中遇到什么事情你会征求爸爸妈妈的意见？

4. 爸爸妈妈对你的学习抓得紧吗？双休日上辅导班吗？

5. 你希望自己爸爸妈妈也外出打工挣钱吗？

6. 你的理想是什么？爸爸妈妈对你的期望是什么？

7. 你平时在家都喜欢做什么？

二、书籍

1. 爸爸妈妈看书吗？都看些什么书？爸爸妈妈平时鼓励你多看书吗？会陪你一起看书吗？

2. 你都喜欢看什么书？在哪里得到的？

3. 家里的课外书多吗，都是什么方面的课外书？是爸爸妈妈给你买的，还是你自己买的？

4. 你喜欢看动漫书吗？都爱看哪些？

三、报刊

1. 爸爸妈妈看报纸和杂志吗？他们都看些什么？爸爸妈妈平时鼓励你看报纸和杂志吗？爸爸妈妈会给你讲他们在报纸和杂志上看到的有意思的事情吗？

2. 你平时看报纸和杂志吗？都看些什么？在哪里得到的？

3. 爸爸妈妈鼓励过你给报社投稿吗？你觉得在报纸上能发表文章的都是些什么样的人？

4. 报纸上写的东西你都相信吗？有没有不相信的？爸爸妈妈说过"报纸上写的这个就不像真的"之类的话吗？

5. 你想过当报社的小记者，或是电视台的小主持人吗，就像少儿频道"新闻袋袋裤"里面的小主持人那样？

6. 有没有报纸上写的人或事让你印象深刻，或者是对你产生了影响？

四、广播

1. 爸爸妈妈听广播吗？他们都听些什么？

2. 你平时听广播吗？都听些什么？

3. 现在广播节目里，治疗各种疾病的广告很多，你对这些广告怎么看？

4. 广播晚上经常会播出一些情感倾诉类节目，你爱听吗？你觉得那些听众打电话说的事情都是真的吗？当你觉得很委屈的时候，你会打电话给主持人诉说你的心事和烦恼吗？如果会，原因是什么？如果不会，原因是什么？

5. 有没有广播上播出的人或事让你印象深刻，或者是对你产生了影响？

五、电视

1. 爸爸妈妈都知道你平时爱看什么样的电视节目吗？

2. 看电视时间长了，爸爸妈妈会说你吗？都是怎样说？

3. 爸爸妈妈会陪你一起看电视吗？你愿意爸爸妈妈陪你一起看电视吗？

4. 爸爸妈妈会关注你看的电视内容吗？鼓励你看什么，反对你看什么？爸爸妈妈会经常说"你看这样的电视不好"这样的话吗？会同时把频道也给你换了吗？

5. 看到电视里城市孩子的生活和学习场景，会羡慕吗？说明羡慕的方面，或者不羡慕的原因。

6. 电视上有没有让你印象深刻的打斗场面和骂人的场面？

7. 你模仿过电视中打人的一些动作或者是骂别人的话吗？

8. 回想你看过的电视内容，有没有让你觉得这个人确实该杀的情况？

9. 看到电视上有搂搂抱抱的镜头，爸爸妈妈会让你换台吗？你对这些镜头怎么看？

10. 李连杰创办了"壹基金"，帮助许多有困难的人，如果你以后成为有钱人，也会这样做吗？

11. 你有没有喜欢的广告？会模仿广告语吗，像"今年过节不收礼，收礼只收脑白金"之类？

12. 公益广告中出现给老人让座，把饮料瓶捡起来扔到垃圾箱，会想着在生活中照这样做吗？

13. 看到广告中出现的场景，比如好丽友的广告，"好东西要和好朋友一起分享"，你在生活中会照这样做吗？

14. 电视上演的东西你都相信吗？相信哪些，不相信哪些？

15. 看到偶像剧里的主角，住大房子、开好车、穿漂亮衣服，你羡慕吗？想过这样的生活吗？

16. 有没有想过像超级女声、快乐男声那样，一夜成名？如果没有，原因是什么？

17. 说说你最喜欢偶像？你平时通过哪些途径了解他们？

18. 有没有电视上演的人或事让你印象深刻，或者是对你产生了影响？

19. 有哪些电视中的人物是你学习的榜样？有哪些是你觉得一定不能像他那样的？

20. 只要艰苦奋斗，是不是就能改变自己的命运？

21. 一个人成功，是靠个人努力，还是家庭背景？

22. 你觉得社会不公正的地方主要表现在哪些方面？

六、网络

1. 你对上网是怎么看的？你觉得上网对于小孩来说是好还是坏？

2. 学校里有电脑课吗？（有的话，追问）你喜欢上电脑课吗？老师教你们如何上网吗？教你们如何辨别网络上不好的信息吗？（没有的话，追问）你希望学校开电脑课吗？

3. 你们学校周围网吧多吗？你去过网吧吗？（去过的同学追问）为什么想去网吧？爸爸妈妈知道你去网吧吗？假期你上网会花多少钱？有没有因为上网花钱和爸爸妈妈争吵？

4. 你上网聊过天吗？你觉得那些没见过面的网友和现实生活中的朋友一样吗？

5. 你打过网络游戏吗？（打过的同学问）都喜欢打什么游戏？打游戏的时候有什么感受？

6. 据你所知，你们班上经常上网的同学，爸爸妈妈是出去务工的多，还是留在家里的多？

七、手机

1. 你有手机吗？你觉得学生有手机必要吗？（有手机的同学追问）你的手机是多少钱买的，是谁给你买的？

2. 爸爸妈妈查看你的手机短信吗？

3. 你经常给好朋友发短信吗？

4. 你觉得手机上网有必要吗？

5. 你怎么判断收到的短信是骗人的短信？收到这样的短信你会怎么处理？

八、消费行为

1. 你会帮家里买一些生活日用品吗？比如牙膏、洗发水、洗衣粉、透明皂？你经常买哪些牌子，是不是因为这些牌子做过广告？

2. 你最想买的一件东西是什么？为什么最想拥有？

附录 5

非留守儿童父母调查问卷及深度访谈提纲

所在省：①陕西　　②甘肃　　③宁夏　　④青海　　⑤新疆

问卷编号：_____　　调研具体区域：_____

访问时间：_____　　访员姓名：_____

非留守儿童父母问卷

尊敬的家长：

您好！为了了解您和您的孩子阅读报刊、收听广播、收看电视、使用电脑和手机等的情况，我们进行了这次调查。答案没有对错的差别，请您根据自己的实际情况，在每道题的答案前直接打"√"。如果没有特殊说明，每个题目只选一项。

谢谢您的支持与合作！

01. 您的姓名：_____　　02. 您的性别：_____

03. 您的年龄：_____　　04. 您的民族：_____

05. 您的文化程度：（单选）

【1】未接受学校教育　　【2】小学　　【3】初中　　【4】高中
【5】大专及以上

06. 您没有选择外出务工的原因是什么？（单选）

【1】在家里的收入还可以，没必要出去务工　　【2】不愿意背井离乡去挣钱　　【3】舍不得离开孩子　　【4】家里老人身体不好，没法照管孩子

07. 如果您以前出去务工过，现在回来不去了，原因是：（单选）

【1】城里挣钱也越来越难了　【2】家里挣钱的机会比以前多了
【3】觉得陪在孩子身边更重要　【4】受不了城市的一些不公正对待

08. 2011 年平均下来，您家庭的月收入是：（单选）

【1】1000—2000 元　【2】2001—3000 元　【3】3001—4000 元
【4】4001—5000 元　【5】5001—6000 元　【6】6001—7000 元
【7】7000元以上

09. 您会主动和老师联系，了解孩子的情况吗？（单选）

【1】经常　【2】有时会　【3】很少　【4】从来没有

10. 学校老师到家里做家访吗？（单选）

【1】经常　【2】有时会　【3】很少　【4】从来没有

11. 您觉得父母不在身边，对孩子成长影响大吗？（单选）

【1】影响很大　【2】有些影响　【3】说不清　【4】没什么影响

12. 根据您的观察，您觉得父母出去务工的孩子和父母都在身边的孩子差别大吗？（单选）

【1】差别很大　【2】有些差别　【3】说不清　【4】基本没差别
【5】没任何差别

13. 上题选择 1 或 2 的家长请具体说明差别主要体现在哪？＿＿＿＿＿＿＿
＿＿＿＿＿＿

14. 您教育孩子的知识主要是从哪里来的？（可以多选）

【1】电视上看到的　【2】报纸、杂志上看到的　【3】广播中听到的　【4】一辈一辈传下来的　【5】自己摸索的　【6】向别人打听的

15. 您平时辅导孩子学习吗？（单选）

【1】经常辅导　【2】有时候辅导　【3】不怎么辅导　【4】从来不辅导

16. 闲下来的时候，您最喜欢做什么？（单选）

【1】看电视　【2】看报纸、杂志　【3】听广播　【4】睡觉休息
【5】逛街　【6】到邻居家串门聊天　【7】打牌　【8】做针线活

17. 您喜欢看什么类型的电视节目？（可以多选）

【1】科教类　【2】军事类　【3】新闻类　【4】财经类　【5】综艺娱乐类　【6】武打、侦破类电视剧　【7】情感、家庭类电视剧
【8】访谈节目类

18. 您对孩子最大的期望是什么？（单选）

【1】好好读书，考上名牌大学　【2】能够挣大钱　【3】能到大城市生活　【4】健健康康，平平安安　【5】没具体期望，顺其自然，孩子能快乐成长就好

19. 您觉得大众媒介（报刊、广播、电视、网络）对孩子的成长影响大吗？（单选）

【1】非常大　【2】比较大　【3】有些影响　【4】说不清　【5】没什么影响

20. 您给孩子买课外书吗？（单选）

【1】经常　【2】有时候　【3】很少　【4】从来没有

21. 您平时会陪孩子一起阅读吗？（单选）

【1】经常　【2】有时候　【3】很少　【4】从来没有

22. 您对现在的广播内容最不满意的地方是：＿＿＿＿＿＿＿＿＿＿

23. 孩子出去和小伙伴玩与待在家里看电视相比：（单选）

【1】待在家里看电视好，安全，不用操心　【2】出去和小伙伴玩好，可以运动身体，增强伙伴间的友谊　【3】两者都不好，耽误学习，时间还是用来学习好　【4】和小伙伴玩和看电视都行，只要不惹事就好

24. 您平时控制孩子看电视的时间吗？（单选）

【1】完全不控制，孩子想看多久就看多久　【2】视情况而定，看时间太长了要说的　【3】有时间就说，忙起来就由着孩子看　【4】每天都严格控制，不能超过规定时间

25. 您平时关注孩子看什么样的电视内容吗？（单选）

【1】非常关注　【2】有时关注　【3】很少关注　【4】从来不关注

26. 您觉得陪孩子看电视有必要吗？（单选）

【1】非常必要　【2】有必要　【3】说不清　【4】不太必要　【5】没任何必要

27. 您和孩子一起谈论电视里的内容吗？（单选）

【1】经常　【2】有时候　【3】很少　【4】从来不

28. 您会限制孩子看的电视内容吗？（单选）

【1】经常限制　【2】有时会限制　【3】基本不限制　【4】从来

不限制

29. 您都限制孩子看什么样的电视内容呢？（上题选择 1 或 2 的家长回答，可以多选）

【1】打打杀杀类　　【2】谈情说爱类　　【3】恐怖片、鬼片类【4】综艺娱乐类

【5】其他：_____

30. 中央电视台少儿频道有一个栏目叫"新闻袋袋裤"，就是专门播放适合儿童观看和了解的新闻，您觉得开办这样的栏目，有必要吗？（单选）

【1】非常必要　　【2】有必要　　【3】说不清　　【4】不太必要【5】没任何必要

31. 看到电视上出现打打杀杀的镜头，您会给孩子换个频道吗？（单选）

【1】肯定会　　【2】有时会　　【3】很少会　　【4】从来不会

32. 您很少会和从来不会换频道的原因是？（上题选择 3 或 4 的家长请回答，单选）

【1】电视上这样的镜头很多，没必要换　　【2】忙的顾不上给孩子换频道　　【3】小孩子看不懂，不用换　　【4】小孩子喜欢看，就让他（她）看　　【5】挺精彩的，自己也想看

33. 您觉得充满暴力情节的电视内容，对孩子会有不良影响吗？（单选）

【1】不良影响很大　　【2】会有一些不良影响　　【3】说不清【4】基本不会有什么不良影响　　【5】没有任何不良影响

34. 您觉得充满暴力情节的电视内容，对男孩不良影响大，还是对女孩不良影响大？（上题选择 1 或 2 的家长请回答，单选）

【1】对男孩不良影响大　　【2】对女孩不良影响大　　【3】不良影响一样大　　【4】说不清

35. 看到电视上出现搂抱、亲吻和上床的镜头，您会给孩子换个频道吗？（单选）

【1】肯定会　　【2】有时会　　【3】很少会　　【4】从来不会

36. 您很少会和从来不会换频道的原因是？（上题回答 3 或 4 的家长请回答，单选）

【1】电视上这样的镜头很多，没必要换　【2】忙的顾不上给孩子换频道　【3】小孩子看不懂，不用换　【4】小孩子喜欢看，就让他（她）看　【5】挺精彩的，自己也想看

37. 您觉得这些搂抱、亲吻和上床的镜头，对孩子会有不良影响吗？（单选）

【1】不良影响很大　【2】有些不良影响　【3】说不清　【4】基本没有不良影响　【5】没有任何不良影响

38. 您觉得这些搂抱、亲吻和上床的镜头，对男孩不良影响大，还是对女孩不良影响大？（上题选择1或2的家长请回答，单选）

【1】对男孩不良影响大　【2】对女孩不良影响大　【3】不良影响一样大　【4】说不清

39. 您觉得电视上播出的堕胎流产广告，对小孩不良影响大吗？（单选）

【1】不良影响很大　【2】有些不良影响　【3】说不清　【4】基本没有不良影响　【5】没有任何不良影响

40. 您觉得电视上播出的各类鬼片，会对孩子心理造成不良影响吗？（单选）

【1】肯定会　【2】可能会　【3】说不清　【4】基本不会【5】肯定不会

41. 您会对孩子说"电视上看到的不一定都是真的"这样的话吗？（单选）

【1】经常会说　【2】有时会说　【3】很少说过　【4】从来没说过

42. 孩子对您说过，"你说的不对，这是我从电视上看到的"类似这样的话吗？（单选）

【1】经常会说　【2】有时会说　【3】很少说过　【4】从来没说过

43. 您对现在的电视内容最不满意的地方是：＿＿＿＿＿＿＿＿＿＿＿＿＿＿＿＿＿

44. 您对电脑的掌握情况？（可以多选）

【1】完全不会　【2】会打字　【3】会上网　【4】会使用简单软件

45. 您觉得上网对于孩子：（单选）

【1】有好处，可以查各种信息和资料　【2】看如何使用，用来学习，就好；用来打游戏，就不好　【3】不好，很容易沉迷在网络游戏里　【4】对上网不了解，也说不清楚

46. 在经济条件允许的情况下，您觉得给孩子买台电脑，有必要吗？（单选）

【1】非常必要　【2】有必要　【3】说不清　【4】不太必要【5】没任何必要

47. 您有没有想过，自己也要学习使用电脑？（单选）

【1】已经会使用　【2】正在学习使用　【3】以后肯定要去学【4】以后可能会去学　【5】从来没想过去学

48. 您知道"农家书屋"这回事吗？（单选）

【1】我们村里就有　【2】听说过　【3】不太清楚　【4】从来没听说过

49. 您认为学校如果专门设立一门"媒介素养教育课"，就是帮助学生更好地理解报刊、广播、电视和网络所传播的各类信息，减少这些媒体中的不良信息对学生的影响，并指导学生更加如何有效地利用这些媒体的课程：（单选）

【1】非常必要　【2】有必要　【3】说不清　【4】不太必要【5】没任何必要

50. 如果在村里开办一个"家长媒介素养教育培训班"，就是教您如何指导孩子看电视，如何让孩子辨别网络虚假信息之类的内容，您会：（单选）

【1】肯定参加，觉得很有用　【2】如果不忙，会去听听　【3】看村里人都参加不，参加得多，就去；参加得少，就不去　【4】不会参加，觉得没什么用处

本次问卷调查到此结束，再次感谢您的参与。祝您全家幸福，孩子健康、快乐成长！

非留守儿童父母访谈提纲

01. 您为什么没有出去务工呢？

02. 您以前出去务工过吗？如果以前出去过，那您现在回来的原因是什么？您今后还打算出去务工吗？

03. 根据您的观察，您觉得村子里父母双方都出去务工的孩子、父母一方出去务工的孩子和父母都没有外出务工的孩子，这三者区别大吗？区别主要表现在哪里？

04. 您平时主动和孩子聊天吗，都聊些什么？孩子情绪有变化，您可以感觉到吗？

05. 孩子和您吵过架吗，都是为了什么事？孩子做错事，您会大声责骂他，或是打他吗？

06. 您平时看报纸、杂志吗，都看些什么？您鼓励孩子阅读吗？您知道孩子喜欢读什么吗？

07. 您听广播吗，都爱听些什么？您会和孩子一起听广播吗？

08. 你家里的电视机多大，安装了大锅吗，都是什么时候安的？村里安大锅的多吗？

09. 您家的电视可以收看有线电视吗？接入数字电视了吗？您对安装数字电视怎么看？

10. 您家现在能看到多少个频道的节目？

11. 您平时喜欢看什么电视节目？

12. 您觉得看电视对孩子好的影响是什么？不好的影响是什么？

13. 您对现在电视节目最不满意的地方是什么？

14. 您对孩子去网吧上网是怎么看的？您知道您家附近有几个网吧？您都知道孩子去网吧做什么吗？您担心孩子打游戏上瘾吗？

15. 如果开办一个"家长媒介素养班"，您觉得有必要不？

16. 近几年，村子里入基督教的群众多吗？逢年过节，去寺庙烧香的人多吗？

附录6

教师调查问卷及深度访谈提纲

所在省：①陕西　　　②甘肃　　　③宁夏　　　④青海　　　⑤新疆

问卷编号：＿＿＿＿＿＿＿　调研具体区域：＿＿＿＿＿＿＿＿＿

访问时间：＿＿＿＿＿＿＿　访员姓名：＿＿＿＿＿＿＿＿＿＿＿

教师问卷

尊敬的老师：

您好！为了了解您对大众媒介对农村儿童的影响问题的看法，我们进行了此次调查。答案没有对错的差别，请您根据实际情况，在每道题的答案前直接打"√"。如果没有特殊说明，每个题目只选一项。

谢谢您的支持与合作！

01. 您的姓名：＿＿＿＿＿＿　02. 您的性别：＿＿＿＿＿＿

03. 您的年龄：＿＿＿＿＿＿　04. 您的民族：＿＿＿＿＿＿

05. 您所教的年级与课程：＿＿＿＿＿＿＿＿＿＿＿＿＿

06. 您的教龄：（单选）

【1】1—5 年　【2】6—10 年　【3】11—15 年　【4】16—20 年

【5】21—25 年　【6】26—30 年　【7】30 年以上

07. 您的学历：（单选）

【1】高中　【2】中专　【3】大学专科　【4】大学本科

08. 您班里的留守儿童能占到班级总人数的：（单选）

【1】10%　【2】10%—30%　【3】30%—50%　【4】50%—70%　【5】70%以上

09. 您到留守儿童家里做过家访吗？（单选）

【1】经常　【2】有时候　【3】很少　【4】从来没有

10. 父母出去务工的学生和父母都在身边的学生差别大吗？（单选）

【1】差别很大　【2】有些差别　【3】说不清　【4】基本没差别

【5】没任何差别

11. 上题选择 1 或 2 的老师请具体说明差别主要体现在哪？＿＿＿＿＿＿

＿＿＿＿＿＿＿＿＿＿＿＿＿＿＿＿＿＿＿＿＿＿＿＿＿＿＿＿＿＿＿

12. 如果让您提个建议，您会建议留守儿童的父母：（单选）

【1】母亲尽量别出去务工，留在家里照顾孩子　【2】不要两个人都
出去务工，至少家里留一个家长　【3】尽量把孩子带在身边

13. 您觉得大众媒介（报刊、广播、电视、网络）对学生的成长影响
大吗？（单选）

【1】非常大　【2】比较大　【3】有些影响　【4】说不清
【5】没什么影响

14. 您鼓励过班里学生给报社投稿吗？（单选）

【1】经常　【2】有时候　【3】很少　【4】从来没有

15. 您很少或是从来没有鼓励过班里学生给报社投稿的原因是：（上
题选择 3 或 4 的老师请回答，单选）

【1】怕耽误学生日常功课的学习　【2】觉得学生投稿被采用的可能
性很小　【3】不知道告诉学生往哪个报社投稿　【4】没有注意到这个
问题　【5】所教授课程不涉及投稿问题

16. 中央电视台少儿频道有一个栏目叫"新闻袋袋裤"，就是专门播
放适合儿童观看和了解的新闻，您觉得开办这样的栏目，有必要吗？（单
选）

【1】非常必要　【2】有必要　【3】说不清　【4】不太必要
【5】没任何必要

17. 您觉得充满暴力情节的电视内容，对学生会产生不良影响吗？
（单选）

【1】不良影响很大　【2】会有一些不良影响　【3】说不清
【4】基本不会有什么不良影响　【5】没有任何不良影响

18. 您觉得充满暴力情节的电视内容，对男学生不良影响大，还是对
女学生不良影响大？（上题选择 1 或 2 的老师请回答，单选）

【1】对男学生不良影响大　【2】对女学生不良影响大　【3】不良影响一样大　【4】说不清

19. 您觉得电视中搂抱、亲吻和上床的镜头，对学生会产生不良影响吗？（单选）

【1】不良影响很大　【2】有些不良影响　【3】说不清　【4】基本没有不良影响　【5】没有任何不良影响

20. 您觉得这些搂抱、亲吻和上床的镜头，对男学生不良影响大，还是对女学生不良影响大？（上题选择1或2的老师请回答，单选）

【1】对男学生不良影响大　【2】对女学生不良影响大　【3】不良影响一样大　【4】说不清

21. 您觉得电视上播出的堕胎流产广告，对学生不良影响大吗？（单选）

【1】不良影响很大　【2】有些不良影响　【3】说不清　【4】基本没有不良影响　【5】没有任何不良影响

22. 您觉得电视上播出的各类鬼片，会对学生心理造成不良影响吗？（单选）

【1】肯定会　【2】可能会　【3】说不清　【4】基本不会　【5】肯定不会

23. 您在课堂上会对学生说"电视上看到的不一定都是真的"类似这样的话吗？（单选）

【1】经常会说　【2】有时会说　【3】很少说过　【4】从来没说过

24. 学生对您说过，"老师，您说的不对，这是我从电视上看到的"类似这样的话吗？（单选）

【1】经常会说　【2】有时会说　【3】很少说过　【4】从来没说过

25. 您对现在的电视内容最不满意的地方是：＿＿＿＿＿＿＿＿＿＿＿＿

26. 您所在的学校开设了电脑课吗？（单选）

【1】开设了　【2】还没有

27. 您对电脑的掌握情况？（可以多选）

【1】完全不会　【2】会打字　【3】会上网　【4】会使用简单

软件

28. 您有没有想过，自己也要学习使用电脑？（单选）

【1】已经会使用　【2】正在学习使用　【3】以后肯定要去学
【4】以后可能会去学　【5】从来没想过去学

29. 您觉得上网对于学生：（单选）

【1】有好处，可以查各种信息和资料　【2】看如何使用，用来学习，就好；用来打游戏，就不好　【3】不好，很容易沉迷在网络游戏里
【4】对上网不了解，也说不清楚

30. 您会在课堂上对学生说，"放学之后，不要去网吧"之类的话吗？（单选）

【1】经常会说　【2】有时会说　【3】很少说过　【4】从来没说过

31. 您认为学校如果专门设立一门"媒介素养教育课"，就是帮助学生更好地理解报刊、广播、电视和网络所传播的各类信息，减少这些媒体中的不良信息对学生的影响，并指导学生如何更加有效地利用这些媒体的课程：（单选）

【1】非常必要　【2】有必要　【3】说不清　【4】不太必要
【5】没任何必要

32. 您觉得如果开设了"媒介素养教育课"，谁来担任授课教师比较合适？（单选）

【1】班主任老师　【2】语文课老师　【3】思想品德课老师
【4】电脑课老师　【5】从报社、杂志社、电视台请来的专业人员
【6】其他：＿＿＿＿＿＿

本次问卷调查到此结束，再次感谢您的参与。祝您工作顺利，身体健康！

教师深度访谈提纲

01. 您班里有多少留守儿童？有辍学的留守儿童吗？

02. 据您了解，社会上对留守儿童都有哪些评价？以您自己对留守儿童的了解，您对这些评价持什么样的态度？

03. 根据您的观察，您觉得班里父母双方都外出务工的孩子，父母单方外出务工的孩子，父母都在身边的孩子，这三者区别大吗？区别主要表现在哪里？

04. 您班上的留守男童有什么特点？课堂表现怎么样？学习成绩呢？思想品德呢？

05. 您班上的留守女童有什么特点？课堂表现怎么样？学习成绩呢？思想品德呢？

06. 您觉得父母出去务工对学生最大的影响是什么？您有没有什么好的建议？

07. 您觉得看电视对学生好的影响是什么？不好的影响是什么？

08. 您对现在电视节目最不满意的地方是什么？

09. 您对学生去网吧上网是怎么看的？您知道学校附近有几个网吧？您都知道学生去网吧做什么吗？您担心学生打游戏上瘾吗？

10. 您最早知道有学生去网吧上网，是什么时候？

11. 现在班里经常去网吧的学生多吗？据您的了解，您班上经常上网的同学，是父母都出去务工的多，还是父母留在家里的多？您觉得网吧对留守儿童的影响大吗？

12. 您觉得在农村中小学开设"媒介素养教育"课程有必要吗？您对这个问题是怎么考虑的？

附录 7

留守儿童及非留守儿童观察记录表

留守儿童观察记录表

留守儿童 编号：	被观察儿童姓名： 儿童年龄：　　　　儿童性别： 观察情境： 观察日期：　　　开始观察时间：　　　结束观察时间： 描述观察情境的特点：
行为描述	时间段 1：【开始时间：　　　结束时间：　　　】 解释 1： 时间段 2：【开始时间：　　　结束时间：　　　】 解释 2： 时间段 3：【开始时间：　　　结束时间：　　　】 解释 3： 总体评价：

非留守儿童观察记录表

非留守儿童编号：	被观察儿童的姓名： 儿童的年龄：　　　　　儿童的性别： 观察情境： 观察日期：　　　开始观察时间：　　　结束观察时间： 描述观察情境的特点：
客观行为描述	时间段 1：【开始时间：　　　　结束时间：　　　　】 解释 1： 时间段 2：【开始时间：　　　　结束时间：　　　　】 解释 2： 时间段 3：【开始时间：　　　　结束时间：　　　　】 解释 3： 总体评价：

附录 8

调研执行过程中的部分照片

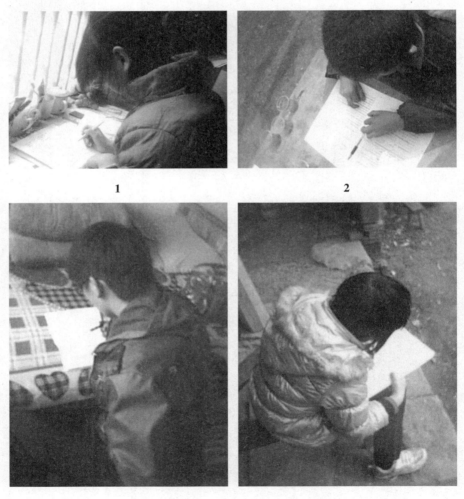

1

2

3

4

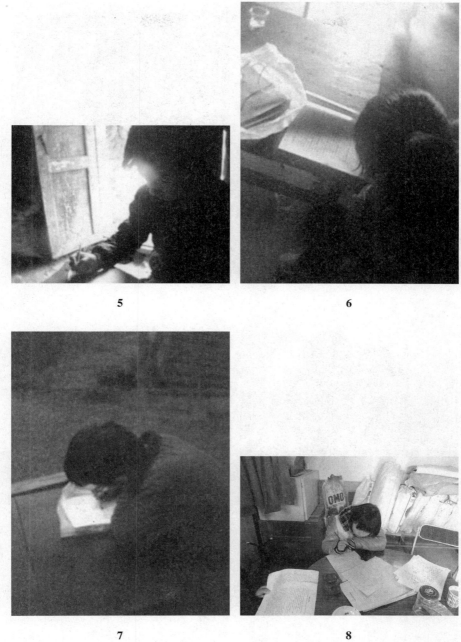

5

6

7

8

9   10

11   12

1—13　留守儿童与非留守儿童填答问卷

14—15　父子填问卷

16　姐弟俩填问卷　　　17　非留守儿童给爸爸解释问卷中的问题

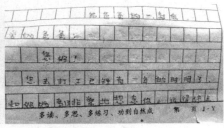

18　非留守儿童父亲认真填答问卷，
并接受深度访谈

19　留守儿童的作文
《给爸爸的一封信》

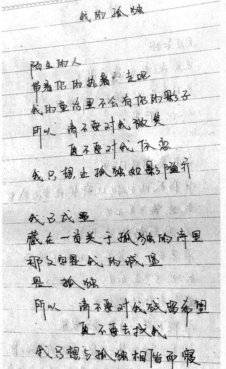

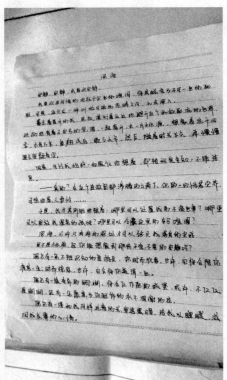

20—21　留守儿童写的小诗和散文

22—23　陕西省西安市户县初级中学 G 中学八年级一班的
教室和正在上自习同学们

24　陕西省西安市临潼区穆寨乡
D 中学新配备的化学实验室

25　大雨过后的陕西省咸阳市
旬邑县城关镇 Z 村

26　如一幅水粉画的陕西省安康市
石泉县池河镇 C 村

27　群山环绕，土地贫瘠的陕西省
汉中市勉县土关铺乡 Z 村

28　风雪中的新疆昌吉回族自治州
阜康市水磨沟乡

29　冬雪覆盖的新疆昌吉回族自治州
昌吉市大西渠乡 D 村

30　冬雪过后的新疆昌吉回族自治州玛纳斯县北五岔镇 X 村

31—32　陕西省汉中市南郑县 Z 镇 W 村大量肥沃的水稻田被房地产商征用

33   部分农村家庭也购置了电脑

34—35   今日的西北农村，依然有一些农村家庭生活非常贫困

36—37   外墙在西北农村是非常有效的一种户外传播载体

38—39   漫漫调研路，最先迎接我们的往往是它们兴奋的叫声

42   西北农村地区老百姓离不开面食，
喜欢在自家院子里晾晒面条，风干
以后储存起来

40   政府免费发放的图书

41   村民的剪纸作品

43   西北农村地区常见的草垛子，
孩子们有时喜欢躲在里面捉迷藏

后　记

　　这本专著是国家社科青年基金"大众媒介对西北地区农村留守儿童社会性发展的影响研究"（11CXW029）的结项成果，成果的鉴定等级为良好。

　　此书得以完成首先要感谢我的博士生导师、中国传媒大学广告学院黄京华教授，在2008年读博士之前，我是一个连校级课题都没有的"青椒"，曾一度想做城市儿童消费行为研究，老师认为这个方向并不理想，给我指引了新的研究方向："西北农村儿童与媒介研究"，这一研究方向的拓展使我在其后几年中顺利申请到国家社科青年基金、教育部青年基金和陕西省社科基金，研究生涯就此起步。感谢西北大学新闻传播学院杨立川教授，无论从项目开题、进行到完成，还是当我感觉艰难甚至无法继续的时候给予我如明灯般的指引。

　　感谢我的公公，作为一位有着42年教龄的乡村小学老师，在我的调研中提供了大力帮助。感谢参与西北五省区实地调研的王艺轲、崔博、王希、汪丹华、李想、刘本群、马宁、支乐、王丹、高凤凤、耿路、李催侠、张彦斌、王兴刚、陶敏、卫正芳、文建玲、张文丽同学。王艺轲、崔博和王希同学完成了问卷资料的数据输入工作。

　　感谢我的硕士导师杨魁教授、王天定教授，在兰州大学新闻传播学院三年的硕士学习，让我领悟到了什么是踏实与坚韧。感谢黄升民教授和丁俊杰教授，中国传媒大学广告学院三年的博士学习，让我明白了何为开拓与创新。感谢长安大学李刚教授和陈敏直教授对我的鼓励与指教。感谢西安交通大学新闻与新媒体学院杨琳教授，在项目开题时给予我悉心指导。

　　这本书的完成共用了四年多时间，也是自己这几年学术成果的系统总结，从前期文献梳理、实地调研、一手资料整理与分析，到专著每一章的文字、图表和注释都是用心完成的。在专著的完成过程中，愈发感觉自己在学术研究方面天资不足，只有用专注和韧性去弥补。

　　感谢我的父母兄长、公公婆婆。我的丈夫，就像一棵大树，替我遮风挡雨。家人永远是我的精神支柱与坚强后盾。

　　内心一直怀有一个想法：等女儿和儿子 18 岁，把这本专著的手稿和所有实地调研札记作为成年礼送给他们，告诉他们，在妈妈平淡无奇的职业生涯中，做了自己想做也觉得值得做的一件事：在西北乡村行走过、记录过、研究过这样一个非常特殊的群体——留守儿童。也希望，"留守儿童"到那时候早已成为只能在历史文献中寻找到的词汇。

杨　靖

2017 年 6 月于长安大学